Les fondements de l'état de droit en Afrique précoloniale

Etudes Africaines

Collection dirigée par Denis Pryen et François Manga Akoa

Dernières parutions

Igniatiana SHONGEDZA, *Les programmes du Commonwealth au Zimbabwe et en République sud-africaine*, 2007.
Fidèle MIALOUNDAMA (sous la dir.), *Le koko ou Mfumbu (Gnétacéés), plante alimentaire d'Afrique Centrale*, 2007.
Jean de la Croix KUDADA, *Les préalables d'une démocratie ouverte en Afrique noire. Esquisse d'une philosophie économique*, 2007.
Jacques CHATUÉ, *Basile-Juléat Fouda*, 2007.
Bernard LABA NZUZI, *L'équation congolaise*, 2007.
Ignatiana SHONGEDZA, *Démographie scolaire en Afrique australe*, 2007.
Olivier CLAIRAT, *L'école de Diawar et l'éducation au Sénégal*, 2007.
Mwamba TSHIBANGU, *Congo-Kinshasa ou la dictature en série*, 2007.
Honorine NGOU, *Mariage et Violence dans la Société Traditionnelle Fang au Gabon*, 2007.
Raymond Guisso DOGORE, *La Côte d'Ivoire : construire le développement durable*, 2007.
André-Bernard ERGO, *L'héritage de la Congolie*, 2007.
Ignatiana SHONGEDZA, *Éducation des femmes en Afrique australe*, 2007.
Albert M'PAKA, *Démocratie et vie politique au Congo-Brazzaville*, 2007.
Jean-Alexis MFOUTOU, *Coréférents et synonymes du français au Congo-Brazzaville. Ce que dire veut dire*, 2007.
Jean-Alexis MFOUTOU, *La langue française au Congo-Brazzaville*, 2007.
Mouhamadou Mounirou SY, *La protection constitutionnelle des droits fondamentaux en Afrique. L'exemple du Sénégal*, 2007.
Cheikh Moctar BA, *Etude comparative entre les cosmogonies grecques et africaines*, 2007.
Mohamed Saliou CAMARA, *Le pouvoir politique en Guinée sous Sékou Touré*, 2007.
Pierre SALMON, *Nouvelle introduction à l'histoire de l'Afrique*, 2007.

Mbog BASSONG

Les fondements de l'état de droit en Afrique précoloniale

L'Harmattan

5-7, rue de l'Ecole polytechnique ; 75005 Paris

http://www.librairieharmattan.com
diffusion.harmattan@wanadoo.fr
harmattan1@wanadoo.fr

ISBN : 978-2-296-04139-4
EAN : 9782296041394

En hommage à Cheikh Anta Diop.

« Aujourd'hui, le chercheur africain, le chercheur occidental de l'époque de la décolonisation ne sauraient avoir la prétention d'avancer la science dans la connaissance de l'Afrique, s'ils continuent à ignorer l'expérience propre à l'Afrique, les racines socio-épistémologiques de son savoir spécifique, la logique interne qui sous-tend le développement de ses sociétés et l'indissociabilité des phases "traditionnelle" et "moderne" de celle-ci. »

Prince Dika-Akwa nya Bonambela, *Problèmes de l'anthropologie et de l'histoire africaines*, Yaoundé, Clé, 1982, p.362.

« Cela peut chagriner beaucoup de reconnaître que s'il existe des sociologues, la sociologie n'existe pas encore. Mais d'autres, dont moi-même, puisent de l'ardeur à l'idée que la sociologie doit naître. »

Edgar Morin, *Sociologie*, 2e édition revue et augmentée par l'auteur, Fayard, 1994, p.141. Collection Points. Série Essais.

INTRODUCTION

La sociologie politique africaine est confrontée, dès le départ, aux stéréotypes idéologiques furent essentiels à la légitimation de la pensée occidentalo-chrétienne. Ils reléguèrent au rang de prélogismes, les expériences originales de vie politique des sociétés africaines. Aujourd'hui encore, un certain intellectualisme débridé oppose à la prospective endogène, des idéaux politiques et scientifiques dépassés ; à tel point qu'il nous paraît essentiel de structurer, ici et maintenant, la valeur et l'intérêt de ces expériences -en philosophie et en épistémologie- à la fois juridiques et politiques.

Dans la conscience intellectuelle moderne, l'opinion scientifique devenue plus alerte renonce à l'omnicertitude du savoir que la connaissance dite rationnelle avait la prétention d'atteindre[1]. Plus encore, elle s'ouvre enfin à d'autres formes de pensée, en l'occurrence, la pensée africaine. Un historien des sciences écrit :

> *« La revalorisation relativement récente des arts de l'Afrique, de ses figures et de ses rythmes, prélude à une réévaluation de ses savoirs et de leurs logiques. On peut penser que ce n'est pas sans raison qu'on y recourt comme d'instinct quand le progrès "civilisé" fait craindre des arrêts ou des déviations. La préoccupation ainsi manifestée est de réconcilier la science et toutes connaissances dans une intelligence plus globale de l'humain. »*[2]

---

1. La pensée classique reposait sur l'omnicertitude à laquelle la physique et la mathématique prétendaient, à savoir, la prédictibilité parfaite des phénomènes, la réversibilité du temps, etc. Le calcul des prédicats de Kurt Gödel montre l'impossibilité de parvenir à une axiomatisation complète de l'arithmétique, et de prouver pour ainsi dire qu'un système ne peut être à la fois cohérent en lui-même et complet. D'où la notion d'incomplétude qui met aussi la théorie du social dans une posture mentale "relativiste", contre la vision clôturante (hégélienne) de l'histoire.
2. Charles Morazé, *La science et les facteurs de l'inégalité. Leçons du passé et espoirs de l'avenir,* avec les contributions de Ahmad Y. al-Hassan, James A. Dator, Joseph

Nous partageons cette manière de voir d'autant plus que :

- la pensée africaine fournit à l'herméneute avisé, une antichambre philosophique des plus pertinentes aux perspectives sur l'être entrevues par les théories cosmologiques avancées de notre temps[3]. En tant que méthode de la pensée, l'herméneutique projette en effet, une recollection du Sens rendu à l'interprétation rationnelle des mythes, symboles, rites et croyances ;

- la science admet désormais les limites des logiques déterministes et la nécessité d'une plus grande prise en compte de la logique du vivant[4] pour laquelle l'Afrique a accordé une place de choix sans précédent dans l'histoire de la pensée[5] ;

- la science n'a apporté ni plus de paix, ni plus de bonheur ; l'humanité accède à une phase critique de son histoire, celle d'un monde

---

Needham, André K. Olodo, Federico Pannier, S. N. Sen et Derek de Solla Price, Paris, UNESCO, 1979, p. 154.

3. Le savant africain Théophile Obenga, dans *La philosophie africaine de la période pharaonique. 2780 - 330 avant notre ère*, Paris, L'Harmattan, 1990, p. 31, soutient : « *Dans l'Egypte ancienne, on peut dire que l'Idée sort, puissante, de la Matière brute. Au commencement, il y a la matière, une eau faible, obscure, abyssale, mais puissante, dynamique, créatrice, novatrice, génératrice des dieux eux-mêmes et du reste de la création. Toutes les formes de la Vie sont issues de l'eau initiale, increée : l'origine même de tout développement ultérieur (...) De nos jours en effet l'une des explications fondamentales de l'Univers, indique que l'Univers a commencé par un état de densité infinie constitué de particules élémentaires libres.* »
L'empirisme ramène à une interrogation logique, ontologique ; le mythe de la création pose ainsi la pensée africaine comme connaissance de ce qui *est*.

4. Lire par exemple l'éminent économiste René Passet, *L'Economique et le Vivant*, Paris, 2e édition Economica, 1996, p. 288. Ouvrage couronné par l'Académie des Sciences morales et politiques, qui situe l'enjeu ainsi qu'il suit : « *Les vraies questions concernant l'Homme, obscurcies pendant des millénaires par les exigences de lutte pour la survie, se posent donc enfin à lui : elles se réfèrent à son être, sa place par rapport à l'ordre des choses et ses relations avec la nature.* » Et cet autre physicien de nous éclairer : « *Nous avons favorisé notre propre outrecuidance au détriment de la coopération, l'élargissement au détriment de la préservation conservatrice, etc. Ce développement à sens unique a désormais atteint un niveau alarmant : une crise aux dimensions sociale, écologique, morale et spirituelle.* », cf. Fritjof Capra, *Le Tao de la physique*, Paris, nouvelle édition complétée Sand, 1985, p. 12.

5. Lire le chapitre VI du présent ouvrage pour en savoir plus. Nous y avons développé le concept de *Maât* en tant que *fundamentum* du réalisme conceptuel africain ; *Maât* est Vérité - Justice, unité principielle porteuse de la valeur, de l'ordre universel.

fini où se rejoignent les époques et les cultures, avec leurs logiques historiques propres et leurs vérités, désaccordées et conflictuelles. Et,

> « *comme la terre, de plus en plus petite et surpeuplée ne permettra plus à l'humanité de s'isoler en mondes isolés et clos, dotés chacun d'une logique exclusive, il faut nous demander si l'humanité doit accepter cette logique totale de l'Etat réduisant la société à une masse atomisée d'individus isolés, que la colonisation s'est efforcée d'imposer.* »[6]

Ce n'est plus uniquement au procès de la science que nous assistons, il y a aussi celui du mode de régulation politique dominant imposé à l'humanité tout entière par la colonisation. Une question se pose désormais : comment valoriser la diversité culturelle comme une richesse, assurer une meilleure utilisation des ressources terrestres épuisables sans pour autant compromettre la vie, les équilibres sociologiques acquis, le progrès et le développement humains rendus précaires par l'illusion scientiste, les lois de la régulation par le marché, l'individualisme anthropologique et l'administration centralisée, tous véhiculés par le modèle dominant ? Autant de questions qui font que la présente contribution s'inscrit dans cette autre considération : manifester au temps de la revendication d'une culture africaine authentique et cohérente, *celui de ses prétentions à la vérité éthiques, esthétiques et herméneutiques.*

Nous ne nous attarderons pas, pour cette raison, sur les considérations ethnologiques[7] du pseudo - darwinisme racial de l'idéologie conquérante. Toutefois, il convient de rappeler certains aspects essentiels de l'histoire qui expliquent, en partie, l'esprit de cette démarche. Les nombreuses cautions morales accordées à la mission dite

---

6. Yves Person, « L'Etat-Nation et l'Afrique » in : *Le Mois en Afrique*, n° 190-191, Octobre - Novembre 1981, p. 28. Coll. Etudes Politiques, Economiques et Sociologiques africaines.

7. De l'avis même du Professeur émérite d'anthropologie Jacques Lombard, *Introduction à l'ethnologie*, Paris, 2e édition Armand Colin/HER, 1998, p. 8, « *Il y a quelques années encore l'ethnologie était considérée comme l'étude des sociétés qu'on disait sans écriture ou sans machinisme, pour ne pas dire "primitives". On concevait alors que ces peuples sans écriture, sans technique différenciée, sans histoire étaient à l'origine de la longue chaîne de l'évolution humaine et donc en opposition radicale avec nos sociétés occidentales dites "civilisées".* »

"civilisatrice" ont fondé, en droit comme en philosophie, la supériorité de la "race blanche"[8], les sociétés africaines étudiées étant alors qualifiées de sociétés sans "Etat", "anarchiques", "archaïques", etc. ; l'idée était d'y justifier aussi, après coup, une influence occidentaloïde[9] (contre nature et culture) des empires d'Egypte, du Ghana, du Mali, etc, présumés culturellement et scientifiquement avancés pour être le seul fait des sociétés négro -africaines observées et analysées dans un état de régression historique.

Si les controverses au sujet de ces débats n'ont plus cours[10], la nécessité d'une meilleure appréhension de la réalité historique nous incite, en revanche, à interroger avec un intérêt accru, la spécificité et la nature des phénomènes politiques africains. Ceci avec comme moyen d'investigation la science, maintenant qu'il est acquis pour tous que « *les sociétés humaines produisent du politique et sont toutes perméables au fluide historique.* »[11]

Les traditions déterministes et réductionnistes, naguère rompues à cette inflation "racialiste" d'une pensée ceinturant l'histoire[12], cèdent enfin le pas à la perspective dynamiste, même si de manière discrète certains auteurs embrigadent le débat historique de fond, pour s'en tenir à

8. Prenant appui sur les thèses de Darwin (1809-1882) et sa sélection des espèces, l'idéologie conquérante a avalisé les thèses racistes formulées par Hegel, Levy-Brühl, Arthur de Gobineau ou Guernier.

9. Lire surtout Robert et Marianne Cornevin, *Histoire de l'Afrique des origines à nos jours*, Paris, 2e édit. revue et complétée, 1966. Mais il y a aussi Migeod, Palmier et Urvoy sans oublier tous ceux qui ont combattu les thèses de Cheikh Anta Diop avant de s'incliner devant les faits ; entre autres, Raymond Mauny, Jean Suret - Canale, Jean Devisse, Georges Balandier ou Louis-Vincent Thomas.

10. Avec le colloque du Caire (Egypte) tenu du 28 janvier au 03 février 1974 sur le thème "*Le peuplement de l'Egypte ancienne et le déchiffrement de l'écriture méroïtique*, Paris, UNESCO, 1978, p. 87, tout rentre dans l'ordre des choses ainsi que le confirment les témoignages des savants Vercoutter et Leclant. Pour le premier, il est clair que « *l'Egypte était africaine dans son écriture, dans sa culture et dans sa manière de penser* » ; quant au second, il reconnaît « *ce même caractère africain dans le tempérament et la manière de penser des Egyptiens.* » Certes, des débats de salon animent encore quelques cercles de pensée restreints ; mais ils sont sans consistance scientifique.

11. Georges Balandier, *Anthropologie politique*, Paris, 4e éd. Quadrige/PUF, 1999, p. 230.

12. Lire Hegel, *Leçons sur la philosophie de l'histoire*, Paris, Vrin, p. 102, à propos de l'Afrique a - historique.

une *Anthropologie politique*[13] sans un fonds expositoire objectivé par la dynamique évolutive ou involutive du temps.

Nous sommes en 1967 ; il faudra attendre quatorze années pour que soit enfin envisagée la problématique épistémologique africaine, sous un angle historico-anthropologique. L'audace est à la hauteur des enjeux. L'auteur du livre intitulé "*Problèmes de l'anthropologie et de l'histoire africaines*" traite en son chapitre IV de "*La succession d'Etats en 54 siècles et ses lois tendancielles*" ; étude pénétrante qui, selon les propres termes de l'auteur, « *ne vise à rien moins qu'à contribuer à la clarification de certains problèmes épineux sans laquelle la décolonisation de la science en général, de l'anthropologie et de l'histoire de l'Afrique en particulier, resterait un vain mot.* »[14]

En clair, il s'agit bien de lever les « *obstacles épistémologiques* » qui inhibent le déploiement de la pensée politique africaine.

Il y enfonce la brèche ouverte par ses prédécesseurs, les savants Cheikh Anta Diop et Théophile Obenga. Son effort de rationalisation et de potentialisation ontologique de l'histoire rend ainsi possible une densification théorique de la réalité socio-politique africaine. Puis, presque plus rien comme étude dont l'attaque concerne le traitement de l'armature théorique ou herméneutique, et surtout, le décryptage du paradigme opératoire qui consacre la pensée africaine de l'Etat (de droit).

La première caractéristique de ce sujet est donc sa relative nouveauté. Son intérêt est d'évaluer dans quelle mesure notre analyse du paradigme théorique et organisationnel de l'Etat se situe dans le prolongement de la théorie africaine du politique chère à Georges Balandier et, en quoi elle constitue un apport spécifique de systématisation de l'approche scientifique de Dika-Akwa, sous le double angle onto-dynamique et systémique. Nous voudrions y greffer une *esthétique* de l'Etat, mais aussi celle de ses formes auto-organisatrices et complexifiantes.

---

13. Balandier et bien d'autres auteurs évitent de se prononcer sur les empires de l'Egypte, du Ghana, du Mali, pour s'en tenir à une vision synchronique des sociétés dites "primitives". Tout en reconnaissant le bien-fondé de l'histoire dans leur perspective dynamiste, ils esquivent cette question essentielle en étudiant des sociétés historiquement appauvries (clan, tribu ...).

14.Prince Dika - Akwa, *Problèmes de l'histoire...*, Yaoundé, Clé, 1982, p. 13.

Une interrogation s'impose en conséquence : pourquoi devant l'échec de l'Etat-nation annoncé depuis près de quatre décennies par l'érudition scientifique, les contributions qu'on est en droit d'espérer pour sortir le continent noir de l'ornière sont-elles si minces ?

Nous entrevoyons comme réponses à cette interrogation quatre ensembles de faits qui nous paraissent essentiels :

- le handicap psychosociologique né de la (trop) grande influence des présupposés épistémologiques de la rationalité dominante ;
- la forte parcellisation des disciplines universitaires et la difficulté conjointe d'une herméneutique du "savoir" africain ;
- le conformisme analytique des recherches universitaires souvent empreintes de mandarinat intellectuel ;
- la crétinisation d'une sociologie appauvrie par la méconnaissance d'une histoire et d'une culture africaines authentiques, objectives et cohérentes.

Ces quatre ensembles vont influencer l'orientation de notre problématique, la rationalisation des enjeux scientifiques et la contextualisation de notre démarche de conceptualisation.

Au départ, il apparaît donc nécessaire de sélectionner et de mettre en ordre les faits soumis à l'analyse ; de fixer les dimensions historiques et spatiales du phénomène étatique donné à l'observation.

Ensuite, l'axe, le contenu et les limites de cette étude seront précisés ; sous quelles conditions y entreprendre une analyse sociologique de l'Etat ?

Enfin, que devons-nous entendre par concept ? Quels hypothèses de travail et modèle d'analyse doivent accompagner la démarche de conceptualisation, en termes de choix de la méthode et du plan d'étude ?

Pour chacun de ces trois points respectifs, nous essayerons chaque fois de poser clairement une problématique de départ.

SECTION I : LE PHENOMENE

Comme première tâche, nous devons justifier le choix et préciser le sens des termes utilisés ; ceci permettra de délimiter le phénomène étatique dans ses dimensions les plus diversement admises ; encore importe-t-il de préciser les limites d'une telle approche : la critériologie est utile pour un premier repérage des problèmes qui vont se poser mais, quel que soit son degré de perfectionnement, elle ne saurait devenir un instrument d'analyse de ce phénomène.

§1- QUESTIONS DE SEMANTIQUE

Le terme "Etat", en concurrence avec bien d'autres termes tels que royaume, empire, chefferie, semble désigner le même phénomène ; aussi devons-nous justifier notre choix. Le problème qui se pose ainsi est celui d'une définition du vocable "Etat" et du sens à donner aux termes qui lui sont concurrentiels.

A-Problèmes de vocabulaire

La littérature ambiante donne un témoignage éloquent des confusions souvent liées à la culture du chercheur, au jugement que celui-ci se fait de l'objet observé. Les termes sont ainsi chargés d'un jugement de valeur qui ne cadre pas nécessairement avec la réalité observée. Le choix du vocabulaire répond donc au souci de ne pas conditionner l'analyse, c'est-à-dire de ne pas introduire, *a priori*, un début de réponse à la question que nous nous proposons d'étudier, à savoir, les phénomènes politiques conduisant à l'émergence de l'Etat. La question ainsi abordée mérite qu'on s'y attarde quelque peu d'autant plus que des opinions y afférentes conduisent à des développements souvent divergents.

De ce point de vue, l'historien de renom Joseph Ki-Zerbo conclut après analyse :

> « *On a distingué, peut-être un peu facilement, en Afrique, les sociétés à Etat et les sociétés sans Etat, en définissant évidemment ce dernier selon les normes de sa propre expérience collective.* »[15]

Il semble admis, en sociologie politique africaine, qu'il faille opérer une distanciation conceptuelle dans l'analyse des phénomènes

---

15.« Les méthodes interdisciplinaires utilisées dans cet ouvrage » in *Histoire générale de l'Afrique. Méthodologie et préhistoire africaine*, ouvrage collectif, Jeune Afrique / Stock / UNESCO, pp. 392-393. Directeur de volume : Joseph Ki-Zerbo.

dont la nature procède d'une expérience spirituelle et historique différente, voire opposée. C'est cette même attitude précautionneuse qui commande aussi cette contribution suggestive du Professeur Théophile Obenga :

> « *l'apport des sociologues et des politicologues permet de redéfinir des savoirs théoriques et culturels. En effet, les concepts de "royaume", "nation", "Etat", "empire", "démocratie", "féodalité", "parti politique", etc., utilisés de façon certainement adéquate, ne sont toujours pas automatiquement applicables à la réalité africaine.* »[16]

A défaut de redéfinir chacun des termes, il s'agira d'en actualiser les contenus conceptuels.

Deux alertes donc, venues des personnalités de renom du monde scientifique moderne qui ne peuvent laisser indifférentes. Elles invitent à repérer des méthodes d'analyse autres que celles qui qualifient la rationalité dominante.

En somme, la banalisation du vocable Etat justifiée à bien d'égards comme poncive pourrait donc dérouter sur le plan interprétatif de l'histoire. C'est pourtant cette indélicatesse conceptuelle qui paraît séduisante et qui revêt un intérêt heuristique. En effet :

-le terme "Etat" apparaît de loin le plus fréquemment utilisé dans les travaux de certains chercheurs[17]. En nous donnant comme tâche d'en saisir les idées-forces, le fond et la forme, il semble commode de l'adopter pour le suivi des analyses effectuées ;

-le terme "Etat" est aussi, par son imprécision sémantique formelle, celui qui présente le plus de neutralité quant aux causes et aux caractères des diverses formes d'organisation politique ;

16.« Sources et techniques spécifiques de l'histoire africaine. Aperçu général » in : *Histoire générale de l'Afrique. Méthodologie et préhistoire africaine*, *op. cit.*, p. 109.

[17] Georges Balandier, *op. cit.*, p. 176, envisage dans son analyse les « *Aspects de l'Etat traditionnel* » ; le politologue Mwayila Tshiyembe, « Le défi de la renaissance africaine au XXe siècle » in : *Inpact tribune*, n°4, premier trimestre 2001, écrit : « *Et ce, à l'image de l'Etat segmentaire dit empire d'Ethiopie, du Ghana, du Mali...* » ; Yves Person, *op. cit.*, p. 32, parle des Kiembara de Korhogo qui « *ont constitué au milieu du XVIIIe siècle un petit Etat dont les entreprises militaires ont menacé les voisins.* »

-le terme "Etat" renvoie à l'idée d'un minimum d'organisation politique ; il traduit par là l'option d'une approche efficace de notre objectif : considérer tous les maillons de la chaîne étatique depuis la parenté lignagère jusqu'à l'appareil politique perfectionné, ou tout au moins à un degré supérieur d'organisation qui structure la vie publique.

Ayant justifié ainsi le vocabulaire utilisé, il nous faut à présent en maîtriser la signification. C'est la question de la définition qui s'y pose.

B-Problèmes de définition

En quoi les auteurs précités ayant témoigné de l'existence des Etats en Afrique Noire s'accordent-ils avec la littérature scientifique dominante ?

Il convient pour ainsi dire, de partir d'une définition de départ, c'est-à-dire d'attente qui, sans préjuger d'analyse, permette de circonscrire la matière, les caractères constitutifs et, d'éliminer les conceptions passionnelles, tendancieuses. Les critères d'appréciation du phénomène étatique nous intéressent donc au premier plan. Un éminent politologue observe :

> « *En Afrique comme ailleurs, l'Etat apparaît quand se constitue une structure politique et militaire contrôlant un certain espace, en dehors du réseau de la société globale.* »[18]

De ce propos, un constat s'impose : il semble bien que l'Etat revêt un caractère historique et universel. En d'autres termes, on peut en déterminer les attributs essentiels.

Pour certains auteurs, tel Georges Balandier, il y a par ailleurs une difficulté réelle à créer une ligne de démarcation entre l'Etat traditionnel et l'Etat moderne :

> « *L'Etat traditionnel ne peut être défini par un type (ou modèle) sociologique qui l'opposerait "radicalement" à l'Etat moderne. Dans la mesure où il est un Etat, il se conforme d'abord aux caractéristiques communes.* »[19]

18.Yves Person, *op. cit.*, pp. 32-33.
19.Georges Balandier, *op. cit.*, p. 175.

Quelles sont alors ces caractéristiques communes et spécifiques ?

Lisons Balandier, qui définit ce qu'il entend par Etat :

> « *Organe différencié, spécialisé et permanent de l'action politique et administrative, il requiert "un" appareil de gouvernement capable d'assurer la sécurité au dedans et sur les frontières. Il s'applique à un territoire et organise l'espace politique de telle manière que cet aménagement corresponde à la hiérarchie du pouvoir et de l'autorité, et assure l'exécution des décisions fondamentales dans l'ensemble du pays soumis à sa juridiction.* »[20]

L'accent est alors mis sur la permanence, sur la différenciation et sur le degré de perfectionnement de l'appareil politique, sans que pour autant les critères de seuil démographique, de seuil de parenté ou de superficie territoriale soient spécifiés. Il y a donc davantage une idée de différence de degré et non de nature. Marcel Prélot et Jean Boulouis affirment à juste titre :

> « *On trouve déjà dans la Cité antique un grand nombre de traits sociologiques et juridiques qui marqueront l'Etat contemporain.* »[21]

La chose publique, la *Res publica* rejoint ainsi dans le sens commun, *estat* en latin, *Staat* en allemand, *state* en anglais. La France, l'Angleterre, l'Espagne sont des Etats issus des régimes féodaux marqués dans leurs configurations par la physionomie fluctuante de ce concept.

En droit international moderne, les éléments constitutifs de l'Etat sont précisés :

> « - *le territoire qui fixe le cadre à l'intérieur duquel il exerce le commandement à titre exclusif ;*
>
> - *la population qui habite ce territoire et se trouve de ce fait soumise à son autorité ;*
>
> - *l'organisation politique qui exerce cette autorité de manière souveraine, c'est-à-dire sans être tenue de se*

20.*Idem*, pp. 175-176.

21. *Institutions politiques et droit constitutionnel*, Paris, 6e édition, Dalloz, 1972, p. 4.

conformer à d'autres règles que celles, très lâches, du droit international. »[22]

La définition de l'Etat pourrait donc se résumer ainsi qu'il suit, en considérant le politique comme un ordre relatif à l'organisation et à l'exercice du pouvoir :

> « *Un Etat est l'institution politique dotée d'autorité qui exerce sa souveraineté sur un territoire reconnu.* »[23]

L'avantage d'une telle perspective est qu'elle s'appuie sur le phénomène concret en ses éléments constitutifs. Elle conduit à ne point considérer un cliché de reconnaissance des modalités de l'organisation étatique, encore moins des finalités préétablies. Parce que celles-ci s'adaptent aux contingences, leur intelligibilité requiert les points de vue de l'histoire et de l'anthropologie.

Après avoir donné un contenu à ce concept, il convient à présent d'examiner son champ d'application, tant historique que géographique.

§2- HISTOIRE ET GEOGRAPHIE

La tendance raisonnable serait de considérer l'Etat comme un phénomène aussi vieux que l'histoire des sociétés, marquée par un rayonnement plus ou moins accentué des civilisations, en fonction des périodes.

A partir de quand l'histoire africaine disposerait-elle de sources fiables, susceptibles d'analyse du phénomène étatique ?

De l'avis des chercheurs et savants, il semble bien que l'Egypte pharaonique soit un point de repère historique fiable pour les négro-africains. Comme l'affirme Dika-Akwa,

> « *Il est de plus en plus établi que l'expérience étatique de ceux-ci remonte à l'époque de la 1ère dynastie égyptienne (3188-2815 avant notre ère) au moins, mais la vie politique en tant que telle semble avoir vu le jour aux*

22.Bernard Chantebout, *Droit constitutionnel et science politique*, Paris, 2e édition, Armand Colin / Masson Editeurs, 1996, p. 13.

23. I. William Zartman, « Introduction : comment se pose le problème de l'Etat ? » in *L'effondrement de l'Etat*, ouvrage collectif sous la direction de l'auteur, Paris, Nouveaux Horizons, 1995, p. 6.

temps immémoriaux du Néolithique nubien et saharien. »[24]

Le politique aurait donc précédé l'avènement de l'Etat. Et si l'on s'en tient à ce témoignage, il devient alors possible de saisir une continuité historique entre des époques éloignées. Le savant africain Cheikh Anta Diop situe l'enjeu de la perspective diachronique ainsi abordée :

> « *L'histoire africaine ainsi raccordée à celle de l'Egypte et de l'Ethiopie, tout rentre dans l'ordre, et l'on voit que Ghana a surgi de l'intérieur du continent au moment du déclin de l'Egypte, tout comme en Occident les Empires sont nés avec le déclin de Rome.* »[25]

S'il en est ainsi, nous adoptons comme point de départ historique du phénomène étatique en Afrique, l'Egypte antique, au nord du continent noir. Ce phénomène va se prolonger à l'intérieur de l'Afrique, le long du cordon sahélien et se manifester dans les régions forestières : le facteur écologique semble y avoir introduit des déterminismes organisationnels, des "cas-types" que le concept d'Etat recouvrirait. Examinons la question de près.

§3- TYPOLOGIE

En rejetant de manière provisoire la typologie chefferie, royaume, empire pour dégager les éléments constitutifs de l'Etat, il s'est agi de manifester une volonté d'objectivation des faits étatiques, et ce faisant, de disqualifier un certain nombre de préjugés.

L'avantage qu'a la typologie, c'est de mettre en évidence le point de vue *descriptif* et pas forcément *classificatoire*. L'intérêt y est d'ordre épistémologique, à savoir envisager des ressemblances et des différences organisationnelles, mais aussi des situations représentatives mettant à pied d'œuvre la dialectique *ordre – désordre* inhérente au fonctionnement des systèmes vivants et sociaux. C'est à partir d'une étude de toutes ces manifestations étatiques qu'il sera possible d'isoler le modèle africain, de lui fournir une armature épistémologique. Dès lors,

---

24.Prince Dika-Akwa nya Bonambela, *op. cit.* p. 209.

25.Cheikh Anta Diop, Interview accordée à la revue culturelle *Le Sistre*, n°1, avril 1992, p. 12.

qu'importe l'empirisme des termes, la connaissance des diversités revêt la même importance que celle des uniformités de même qu'elle permet de situer la norme. C'est dire que la typologie seule, sans théorie de l'Etat, n'a pas de valeur. En effet, c'est dans la justification du phénomène "Etat" qu'elle s'actualise, suscite une information, un événement qui mettent en jeu désordre, invariance, mémoire et régénération. L'émergence d'une forme étatique nouvelle traduit ainsi une dynamique à l'interface système social - environnement. La savane semble avoir produit davantage des empires, l'écran forestier ayant réduit l'extension des chefferies à certains ensembles politiques auxquels il a été attribué le terme royaume. Tel paraît être en tout cas, le cas du royaume de Kongo dont Obenga pense qu'il ne reflète suffisamment pas l'essence de cette formation en Afrique :

> « *A examiner la réalité de plus près, le "royaume" de Kongo se ramène en définitive à une vaste chefferie, c'est-à-dire un système de gouvernement qui englobe les petites chefferies locales.* »[26]

Ce type de "royaume" semble caractériser le modèle sociologique africain. Aussi le chercheur conclut-il après analyse de la royauté occidentale que « *Le "royaume de Kongo" ne désigne donc pas un Etat gouverné par un roi, au sens occidental.* »[27]

L'utilité de la typologie pour l'élaboration d'une théorie de l'Etat est donc certaine ; aussi importe-il de considérer ces "cas-types" comme des notions empiriques, et donc comme des hypothèses de travail, mais en aucun cas, comme des acquis scientifiques.

A la lumière de l'examen que nous venons d'effectuer certes de façon brève, il est possible d'indiquer la direction et les limites de notre démarche de conceptualisation.

Dans le présent essai, il s'agira de mettre en lumière les fondements conceptuels et théoriques de l'Etat dans l'histoire politique négro-africaine en remontant à l'Egypte pharaonique comme *matrice d'une herméneutique de leur paradigme épistémique*. Le terme fondement signifie ici l'existence d'un principe qui organise la réflexion

---

26.Théophile Obenga, *op. cit.*, p. 109.
27.Idem.

théorique, singularise un point d'assise, de base, de repère ou d'appui pour la formulation d'un système de pensée explicatif de la réalité.

Cette formulation s'attachera aussi à expliquer comment le droit, saisi dans son déroulement historique, génère les institutions socio-politiques, notamment les formes de l'Etat. En outre, le droit confère la capacité de réguler le cadre super structurel devant régir les phénomènes politiques.

Une telle approche permettra d'examiner les problèmes essentiels entre les sociétés, le droit, le politique et l'Etat, du point de vue de l'organicité de leurs liens, c'est-à-dire de la nature et de l'expression du jeu politique, des règles et normes lui donnant ses assises, sa substance, sa structure, ses principes. Il s'agira par conséquent d'y saisir le statut de l'Etat, à savoir sa constitution.

La théorie de l'Etat ne serait pertinente que si nous avons poussé la recherche assez loin, d'une manière exhaustive et suffisante qui permette de tendre vers une explication complète de ses manifestations, enfin, d'y dégager les énoncés généraux de leurs formalisations et des propositions cohérentes entre elles. Nous n'avons pas la prétention d'épuiser ici l'étude de tous les cas historiques connus. Nous nous en tiendrons aux systèmes politiques les mieux décrits et représentatifs des coupures majeures de l'histoire.

De cette analyse, nous retiendrons des leçons pour la constitution d'une nation africaine moderne, et surtout, la fondation d'une épistémologie moderne attendue par les récents développements de la pensée.

Tel est le champ de notre étude. Mais encore faudrait-il montrer dans quelle mesure et de quelle manière le phénomène de l'Etat peut être posé comme un problème dans le champ de la sociologie politique.

SECTION II : LE PROBLEME

En réaction contre la sociologie "pure", "classique" et ses conclusions simplistes, réductionnistes et mécanicistes, la sociologie moderne admet la nécessité d'une collaboration multidisciplinaire pour une saisie réaliste des phénomènes sociaux considérés comme complexes. Tout en reconnaissant le bien- fondé d'une telle attitude davantage ouverte aux développements récents de la science de la complexité, nous estimons qu'il importe d'éviter le passage d'une extrême limite à une autre, lequel aurait pour conséquence de verser dans un autre type de sociologisme. Aussi allons-nous insister sur deux points favorisant un certain équilibre : le rejet des logiques réductionnistes d'une part, et d'autre part, l'affirmation du caractère essentiellement sociologique du phénomène étatique, malgré l'exigence multi-disciplinaire.

§1- LE REJET DE L'IDEAL REDUCTIONNISTE ET DETERMINISTE

L'analyse d'un phénomène comme celui de l'Etat, perçu comme un processus historique, donc complexe, discrédite désormais les thèses déterministes et fonctionnalistes. Les premières ont postulé un cheminement unilinéaire des sociétés humaines, tandis que les secondes ont réfuté la clause d'ouverture à la dynamique de l'histoire, se contentant d'une étude synchronique des sociétés en état de régression historique.

L'explication causale adoptée par les évolutionnistes a conduit bien des chercheurs à imaginer la culture de ces sociétés comme le reflet des cultures ancestrales que jadis l'Europe avait connues. Nous connaissons la suite :

> « *L'objet essentiel de la recherche est d'expliquer historiquement les différents stades de l'humanité par la découverte des "lois" ayant permis le passage d'un stade à un autre.* »[28]

Les défauts de cette approche sont aujourd'hui connus. Ces "lois" sociologiques considèrent la société comme un système déterministe, trivial, susceptible de subir un traitement scientifique au sens physique du terme, à l'instar de la mécanique newtonienne ou des sciences biologiques. Or les sociétés humaines ne sont pas expérimentables en laboratoire. Qui plus est, elles subissent des aléas comportementaux qui ne laissent pas de place aux déterminismes physiques, eux-mêmes soumis aux complexités. Par ailleurs, ces "lois" invalidées par la science moderne, se sont heurtées dans le cadre de la recherche anthropologique à des critiques internes.

---

28. Jacques Lombard, *op. cit.*, p. 33.

Le déterminisme de la rationalité occidentale a toute une histoire derrière elle, liée à sa conception du monde. Voyons à présent ce qui en a été des sources et de leurs influences sur la pensée sociologique classique.

L'idéal déterministe de la pensée occidentale a été fortement tributaire du discours philosophique de Descartes à partir du XVIIe siècle. Le savant introduit dans sa pensée un déterminisme rigoureux de la rationalité. Celui-ci s'appuie pour ce faire sur l'idée d'une causalité définie engendrant un effet déterminé. Avec la perspective newtonienne de la science, le XVIIIe et le XIXe siècles connaissent alors un plein essor de l'aboutissement scientiste dont va aussi s'emparer la sociologie naissante. C'est dans les termes de Simon Laplace, célèbre mathématicien que l'on perçoit avec netteté les certitudes absolues de la mécanique newtonienne :

> « *Un intellect qui à un instant donné connaîtrait toutes les forces en action dans la nature et la position de chaque chose dont le monde est fait - en supposant que ledit intellect soit suffisamment vaste pour soumettre ces faits à l'analyse - comprendrait dans la même formule les mouvements des plus grands corps de l'univers et ceux des atomes les plus infimes ; rien ne serait incertain pour lui, et l'avenir comme le passé, serait présent à ses yeux.* »[29]

La logique déterministe doit à cette appréciation des faits son glissement discursif et sa perspective destinale, onto-logique voire anthropo-logique.

En droit comme en philosophie, cette affirmation a eu d'importantes répercussions sur la conscience intellectuelle de l'Europe conquérante, à savoir, la légitimation d'une "race" porteuse de rationalité et de science explicatives de l'ordre du monde, donc de *civilisation*. C'est au nom de cette rationalité que s'est manifesté l'idéal d'*être* et d'*absolu sociologique*. Karl Marx, Durkheim et Auguste Comte y ont perçu la voie royale pour une "scientification" de la méthode sociologique. Résumons ce qu'il en a été du point de vue de la justification du social et de l'idéal évolutionniste.

---

[29] Simon Laplace, cité par Fritjof Capra, *op. cit.*, p. 59.

Le déterminisme marxien a entrevu dans sa logique interprétative de l'histoire, le passage inéluctable du mode de production dit "primitif", "lignager" aux stades connus de l'évolution de la société européenne à savoir, la féodalité et le capitalisme, le socialisme et le communisme constituant les modèles idéaux de leur aboutissement. Dans la pensée durkheimienne, les sociétés traditionnelles à forte solidarité dite mécanique, connaîtraient elles aussi, avec la division du travail, une évolution vers les sociétés modernes, à solidarité organique, c'est-à-dire à la conscience collective appauvrie. Selon le sociologue, les liens de solidarité cesseraient d'être mécaniques du fait même de cette évolution qui donne davantage de place aux rapports corporatistes, lesquels sont intéressés. Auguste Comte, quant à lui, soutenait que les sociétés "primitives", attachées aux pratiques fétichistes et vénérant la nature, s'en détacheraient progressivement avec l'émergence d'une métaphysique critique qui, elle-même, mettrait fin aux tabous. De la sorte, la voie serait ouverte à la théorisation et à la systématisation de tout phénomène.

On peut donc douter de la pertinence de toutes ces conjectures, et même les rejeter. De fait, le continent noir a livré d'autres critères de perception du Sens qui n'ont pas échappé aux africanistes honnêtes et aux témoins véritables de l'histoire.

En ouvrant la voie à l'emprunt et à l'imitation, les tenants du diffusionnisme ont ouvert une brèche à la critique des thèses évolutionnistes. Ils ont montré la nécessité de considérer chaque culture dans sa spécificité avec cet intérêt marqué pour l'influence de la réalité environnementale. Avec Léo Frobenius (1873-1938), puis Baumann et Westermann (1948), l'anthropologie, l'histoire, et la psychologie participent de l'étude de la société comme un Tout. Dans cette démarche de type holiste, la société est considérée comme une totalité systémique complexe où l'organisation, les relations politiques, les alliances, etc., sont dignes d'intérêt dès lors qu'elles contribuent à la socialisation de l'individu. Malheureusement, cette démarche ne contribue pas à saisir la nature du phénomène politique que la démarche typologique elle, va tenter d'élucider. Celle-ci met alors un accent sur l'existence ou la non-existence de l'Etat et vise à déterminer les types de systèmes politiques. Or ces types "définis" ne sont pas pour autant figés. C'est là que la nécessité s'est faite sentir d'envisager ce qui rend la société mouvante. L'action politique, le pouvoir, la compétition, etc., deviennent des notions d'analyse dont le but est de structurer la part commune à tous les systèmes politiques étudiés. Dans cet effort, la démarche terminologique se substitue à la démarche typologique en intégrant dans l'analyse, en plus de l'anthropologie, la linguistique qui permet de mieux décrypter la pensée indigène. Il faudrait relever, en dernière analyse, que la nature des contradictions suscitées par ces démarches est devenue le catalyseur de l'ouverture à une approche plurielle de la réalité. Georges Balandier avoue :

> « *C'est donc par le jeu d'une nécessité devenue manifeste que la théorie dynamique des sociétés, l'anthropologie et la sociologie politiques et l'histoire ont été conduites à coaliser leurs efforts.* »[30]

En plus de cette activité interniste, il faut souligner le fait que sur le plan scientifique proprement dit, les applications théoriques de la physique moderne vont mettre à mal l'"absolu" newtonien. Il n'est pas indiqué de reprendre ici l'arsenal des théories scientifiques qui ont conduit à une révision des notions absolues d'espace et de temps, de solidité des particules, de nature causale des phénomènes physiques ou de description idéale et objective de l'univers. Signalons simplement que la théorie de la relativité restreinte et générale, et la physique quantique invalident le caractère déterministe des lois de la nature en cédant le pas aux possibilités d'apparition, aux tendances probabilistes de prédictibilité d'un fait, et donc à la notion d'un hasard intentionnel inscrit comme une nécessité. Ces conclusions auxquelles aboutit la science moderne créent une disposition logique du "relatif". Désormais l'idéal d'un cheminement unilinéaire et déterministe de la réalité n'a plus de sens en logique scientifique et s'apparente à une illusion *parfaite* de la réalité.

Les données d'une sociologie ouverte aux disciplines les plus diverses sont progressivement mises en valeur : la psychologie, la mythologie, la linguistique, la théorie des jeux et les sciences cognitives en général participent de la mise en scène de l'approche multidisciplinaire explicative du comportement des systèmes sociaux. Celle-ci fonde un discours s'articulant autour de plusieurs disciplines dont les procédures d'analyse, bien que diverses, sont susceptibles d'enclencher une perspective heuristique et épistémologique satisfaisante. Une telle approche, diversifiée et réaliste, n'empêche pas

---

[30] Georges Balandier, *op. cit.* pp. 26-27.

pour autant d'envisager, comme cadre théorique de notre étude, la primauté de la sociologie.

§2- PRIMAUTE DE LA SOCIOLOGIE

Nous l'avons vu plus haut, le phénomène de l'Etat en tant que processus historique complexe, ne peut être analysé valablement que si le chercheur fait appel aux sources disciplinaires complémentaires que sont l'anthropologie, l'histoire, la mythologie, la tradition orale, la linguistique, la psychologie, la théorie de l'information, la cybernétique et la théorie des systèmes appliquées à la compréhension de la logique du vivant et des phénomènes sociaux. Aucune de ces sciences n'est capable d'apporter à elle toute seule une solution totale. Cette conclusion qui constitue l'aboutissement de la recherche moderne peut provoquer un sentiment de confusion ou d'impuissance. Car comment construire un modèle d'analyse, une méthode et un plan susceptibles d'intégrer de manière claire et opérationnelle des données aussi diverses ? Comment y définir des objectifs et des priorités alors que chacune œuvre selon sa propre logique ?

Autant il paraît souhaitable de dépasser le stade d'une sociologie "pure", "abstraite" ou "isolée", autant il nous semble indispensable d'éviter de nous accommoder d'un syncrétisme savant. Nous voudrions donc soutenir ici la thèse d'une primauté de la sociologie.

Si nous considérons l'Etat en tant que phénomène et objet d'étude scientifique, ce qui a été dit sur la complémentarité des diverses disciplines reste incontestable ; mais, si l'on s'intéresse à l'Etat en tant que problème, c'est-à-dire situation non satisfaisante dans sa version actuelle pour laquelle une politique thérapeutique (en tant qu'expression des besoins à satisfaire) s'impose pour y répondre, alors la question apparaît fondamentalement comme un problème de sociologie politique.

Précisons le contenu de cette distinction entre phénomène et problème. Envisageons par exemple la question ethnique en Afrique Noire souvent considérée comme un frein à l'essor de l'Etat-nation ; ceci ne signifie pas que les pays ainsi caractérisés soient incapables de construire de grandes Nations. La thèse inverse paraît même vraisemblable ; le Professeur Ayitteh est éclectique dans sa démarche :

> « *Un Etat africain peut être considéré comme un "empire" rassemblant plusieurs tribus différentes sous un seul gouvernement. Dans ce cas, l'histoire fournit des leçons pour la constitution d'une nation africaine moderne.* »[31]

Vu sous cet angle, le phénomène "Etat" fondé sur la rationalité tribalocratique ou communaucratique ne revêt pas seulement un intérêt historique ; l'intérêt sociologique y devient manifeste : il engage le critère "clanique" ou "tribal" dans l'expression du choix des leaders ou des options d'équilibre politique à l'échelle régionale et nationale. De fait, le problème devient alors la non considération de la rationalité tribalocratique dans l'organisation du domaine étatique. Pour le politologue Mwayila Tshiyembe, ce qu'il y a lieu de mettre en cause, c'est la « *capacité d'invention politique des Africains de cette fin de XXe siècle, mis au défi d'imaginer une tension équilibrée entre la reconnaissance politique du pluralisme ethnique et la construction d'une société politique fondée sur un nouveau pacte républicain, unissant dans le même destin les citoyens et les nations dites ethnies.* »[32]

Pour généraliser, nous affirmerons que l'avènement de l'Etat moderne en Afrique Noire s'inscrit comme un dilemme anthropologique : le placage en Afrique d'un modèle institutionnel régi par le code du rationalisme individuel avec son culte du profit et de la matière sur un réalisme communaucratique dont font à peine cas les institutions dominantes quand celles-ci ne l'ignorent pas totalement.

Depuis bientôt quatre décennies d'indépendance politique, le continent noir subit dans son ensemble, une situation générale de désajustement structurel et fonctionnel du champ politique : le concept d'Etat hérité du mode de régulation politique dominant n'est ni une donnée universelle, ni une pensée neutre, d'un point de vue axiologique ; l'Europe y a rationalisé ses valeurs et intérêts, puis légitimé sa logique de domination militaire, politique, économique, culturelle et religieuse.

Le problème qui se pose ainsi est donc celui d'un modèle de l'Etat dominant qui, en raison même de cette dominance, compromet à

---

[31] G. B. N. Ayitteh, "La démocratie en Afrique précoloniale », in *Afrique 2000*, Revue africaine de politique internationale de l'Institut Panafricain de Relations Internationales, n°2, Juillet - Août - Septembre 1990.
[32] Mwayila Tshiyembe, *op. cit.*, p. 4.

l'échelle de la planète, la convivialité, les solidarités et les équilibres sociologiques installés, au mépris des aspirations fondamentales des peuples et de leurs intérêts dignes de protection juridique et politique.

Aussi réaliste qu'il ait été dans l'histoire de l'Europe conquérante, le concept d'Etat-nation s'avère dépassé, car incapable de soutenir un projet, un idéal d'être conforme à la logique du vivant et à celle du développement durable[33]. Bien des voix s'élèvent dans la conscience intellectuelle mondiale pour en manifester l'échec ou les limites. Le penseur français Jacques Attali précise :

> « *Ce n'est pas là caprice de théoriciens, mais à la fois progrès conceptuel et transformation du réel, aboutissant à la recommandation d'une "organisation neuve de l'Etat".* »[34]

L'Europe est désormais à la recherche d'un nouveau sujet historique pour sortir de sa clause d'enfermement anthropologique et narcissique. Dans cette perspective, l'élargissement de ses frontières politiques semble lui offrir une alternative conséquente, tout au moins provisoire, en attendant une révision des fondements théoriques de sa pensée, avec ce que cela suppose comme re-examen de ses présupposés ontologiques et épistémologiques. C'est en ces lieux, précisément, que s'offre à la sociologie africaine, la possibilité de s'imposer comme une dimension de la philosophie et de l'épistémologie juridiques et politiques[35]. Son apport ne saurait dès lors se cristalliser hors du moule historique de son expérience spirituelle et collective intrinsèque. Là s'offre une alternative possible à la dérive du politique.

Le politologue Yves Person est un des premiers à avoir fustigé l'entêtement des leaders africains à penser la société africaine dans les normes d'une rationalité mise en cause :

---

[33] Le terme "durable" renvoie dans le jargon moderne à la nécessité de ne point compromettre l'existence des générations futures par les principes déviants d'une rationalité économique qui accélère la dégradation de la planète.

[34] J. Attali, *Les trois mondes. Pour une théorie de l'après-crise*, Paris, Fayard, 1981, p. 52.

[35] Nous considérons les théories politiques et sociologiques dominantes comme des modèles d'approche théorique d'une réalité sociale occidentale sans grand rapport avec la réalité africaine.

> « *Deux siècles de progrès, conçu comme une simple croissance de la production matérielle aux dépens des rapports humains et menant à une accumulation sans issue qui se heurte aux dimensions limitées de la terre, tel est le bilan de l'Etat-nation, dont l'Europe a un besoin urgent de dépasser les limites. Il me semble que les sociétés africaines peuvent échapper à cette impasse, et peut-être nous montrer la voie, si elles savent animer les espaces d'autonomie qui vivent en elles-mêmes, au lieu de vouloir les étouffer.* »[36]

Les propos du politologue rassurent et édifient. A eux seuls, ils suffisent à mettre au grand jour un fait jusqu'ici occulté : la crise de l'Etat-nation.

Le risque alors encouru par cette Afrique en quête de modernité, c'est d'emboîter le pas à l'Europe par pur mimétisme, sans s'en référer à une étude clairement analysée des rapports sociétés africaines/Etat aux fins de tirer avantage de son expérience historique. D'où cette nécessité d'interpréter les connaissances du passé en établissant des liens logiques avec la rationalité moderne. Il est question de rétablir une cohérence entre tradition et modernité dans la rationalisation du phénomène étatique, d'y fonder une épistémologie du politique.

Telle est donc la matière brute sur laquelle nous comptons faire peser notre effort de réflexion : reconstituer les phénomènes politiques envisagés comme objet de science et de suivi de leurs développements historiques aux fins de proposer, en alternative au modèle dominant, une thérapeutique appropriée qui tienne compte de la vision africaine du réel, de la valeur et des fins.

L'enjeu, c'est précisément de découvrir la rationalité et le sens des phénomènes politiques poussés à leurs termes avec l'avènement de l'Etat, de sorte que les influences exogènes, islamo-peules et occidentalo-chrétiennes historiquement situées, ne desservent pas l'idéal d'aboutissement à une logique de constitution interne de l'Etat, à une théorie de l'Etat.

C'est dans ce sens que nous paraît justifiée une analyse préalable du phénomène ; l'essence du problème y est de nature sociologique.

---

[36] Yves Person, *op. cit.*, p. 35.

C'est pour cette raison que nous partageons ce point de vue d'Edgar Morin :

> « *Une sociologie qui se veut attentive et contemporaine à l'événement, à la crise, doit d'abord être phénoménologique.* »[37]

Nous avons successivement envisagé l'Etat comme un phénomène, puis comme un problème. Il nous faut à présent préciser ce que nous entendons par concept.

SECTION III : LE CONCEPT

Le concept est en premier un instrument d'analyse dont il importe de préciser les caractères et la fonction. A partir du postulat de valeur adopté pour le concept d'Etat, il convient d'établir des hypothèses de travail, et de construire notre modèle d'analyse.

D'autre part, le concept d'Etat est un ensemble de connaissances concrètes, un inventaire des matériaux disponibles dans ce domaine doit être effectué.

Enfin, le concept d'Etat se doit d'être le fruit d'une enquête scientifique dont il paraît essentiel de justifier la démarche de conceptualisation.

§1- LE CONCEPT D'ETAT EN TANT QU'INSTRUMENT D'ANALYSE

Le concept, du latin *concipere*, c'est-à-dire concevoir, est une représentation générale obtenue en retenant les caractères essentiels d'un objet soumis à l'analyse. Le concept d'Etat par exemple se caractérise par un territoire, une population et une structure politique plus ou moins perfectionnée. Plus haut, il a été question de ranger dans cette même désignation les vocables royaume, empire, voire chefferie. Le concept renvoie précisément à une construction de l'esprit ; en cela, il diffère de la notion reçue comme une idée, car il suppose un ensemble de connaissances établies sur un sujet où la dimension historique intervient dans une dialectique de transformation et de densification de ses

---

[37] Edgar Morin, *Sociologie*, Edition revue et augmentée par l'auteur, Paris, Fayard, 1994, p. 74.

caractères. Aussi l'histoire permet-elle de potentialiser ce mouvement de transformation.

Chefferies, royaumes, empires représentent par conséquent autant d'expériences consacrées dans l'histoire politique du concept d'Etat en Afrique Noire, bien avant l'avènement de l'Etat-nation. Cette dernière forme est elle-même appelée à suivre la trajectoire de l'histoire, à y subir un dépassement logique de sa structure comme le laisse entrevoir l'émergence politique de l'Union Africaine.

Le concept d'Etat est donc loin d'être un instrument d'analyse figé ; sa construction est permanente, active et traduit un faisceau de possibilités toujours renouvelées, soumises aux aléas, aux probabilités, aux bifurcations. Il est confronté, en somme, à la transformation du réel par l'action agissante. On le pressent, la conceptualisation suppose par conséquent un jugement scientifique, une disposition éthique et une dimension praxéologique du savoir. Approfondissons les conséquences de toutes ces attitudes du concept d'où procéderont les choix du plan et de la méthode.

A- Concept et jugement scientifique: le niveau systémique

Admettre l'existence d'un concept d'Etat suppose deux choses :

- qu'il existe des sociétés sans Etat, auquel cas il faudrait préciser dans quel ordre de "choses" celles-ci ne sauraient être des sociétés à Etat, puis de juger la nature de ce "déficit" qui les réduit aux simples manifestations sociales ou politiques ;
- qu'il faudrait préciser les termes pour lesquels l'émergence de l'Etat s'inscrit comme une possibilité de manifestation d'ordre, étant entendu que le droit et le politique le précèdent.

Dès lors, à quelle téléologie renvoie l'idée de l'Etat en Afrique ?

B- Concept et éthique: le niveau téléologique

Comme on peut le constater, le concept ne traduit pas uniquement un jugement scientifique sur la question étudiée ; il traduit aussi une éthique de la réalité sociale, du point de vue de la vision des valeurs, des moyens et des fins. C'est la raison pour laquelle Dika-Akwa parle de cette « *distance que les chercheurs étrangers gardent volontairement de l'objet étudié.* » Et il ajoute :

« *Dans l'étude des autres, ils ne peuvent donc pas s'arracher un moment de la projection de leurs propres catégories. La valorisation excessive de leur culture oriente le comportement cognitif vers l'ignorance des vraies valeurs des systèmes politiques, économiques, sociaux et religieux des peuples étudiés.* »[38]

A cela, poursuit-il, « *Le laminage des cerveaux a été tel qu'il est devenu impossible de concevoir ou d'imaginer un autre mode de formation sociale ou de relation sociétale.* »[39]

Dans la présente démarche, il est question de ne point sevrer la formulation des problématiques de nature à valoriser les idéaux symboliques pour lesquels se justifient les caractères normatifs de l'expérience africaine.

Il est à prendre en compte l'influence des présupposés épistémologiques dans la maîtrise du sujet, mais aussi, l'intérêt que le chercheur accorde à la notion de valeur sous-jacente aux concepts utilisés ; ceux-ci véhiculent une histoire et pour cette raison, assurent souvent une orientation des démarches épistémologiques et conceptualisatrices.

Le danger n'est pas, en fin de compte, dans la manifestation de cette disposition éthique ; il réside dans le fait que, sous prétexte d'objectivité et de science, on évite soigneusement d'en parler. Sous-jacente, elle conditionne pourtant nos analyses et nos conclusions. L'honnêteté et la liberté de la recherche posent ainsi deux exigences fondamentales pour l'objectivité scientifique :

- la claire formulation du postulat de valeur pour lever toute ambiguïté sur la signification, le suivi et l'évolution de l'analyse ;
- la réduction à l'essentiel de ce postulat pour éviter qu'une démarche exogène n'étende son magistère sur l'ensemble de la pensée politique.

Rappelons notre point de départ pour fixer les idées.

Une "définition" de l'Etat nous a été proposée avec ses caractères essentiels : le territoire, la population et une organisation politique.

---

[38] Prince Dika-Akwa, *op. cit.*, p. 35.
[39] *Idem.*

Cette définition, "postulat et modèle normatif du phénomène étatique" présente à cet effet un double avantage.

En premier lieu, elle nous sert de définition d'attente. En second lieu, sa formulation est assez générale pour laisser toute liberté à la recherche : elle n'implique aucune explication *a priori* du phénomène étatique. Elle n'est liée ni à un système particulier, ni à l'analyse d'un modèle quelconque. Elle conduit seulement à associer des manifestations politiques à l'avènement du phénomène étatique proprement dit qui en est le prolongement, voire l'aboutissement dans l'action et le consensus sociaux.

C- Concept et action : le niveau praxéologique

Vu sous le double angle scientifique et d'éthique, le concept d'Etat apparaît comme la formulation simplifiée d'une théorie de la pratique ou d'une pratique de la théorie. De fait, le postulat de valeur est antérieur à la conceptualisation et l'action vise à traduire la construction théorique en projet politique. L'orientation initiale s'achève donc tout naturellement par une norme d'action soutenue par des fondements théoriques. Nous nous en tenons au fait que le concept d'Etat n'est pas une construction rationnelle satisfaisante en elle-même. L'objectif est qu'il prenne une signification, une valeur susceptible de fonder une praxéologie politique dans le contexte de l'Etat moderne donné à l'analyse sociologique.

En fin de compte, nous avons défini l'objectif que nous nous assignions en analysant les caractères et les attributs du concept d'Etat. Il nous faut, à présent, recourir à un modèle d'analyse pertinent qui intègre dans un même élan la dialectique du fait social[40] et de l'action sociale[41].

---

[40] Au sens de Durkheim, « *Est fait social toute manière de faire, fixée ou non, susceptible d'exercer sur l'individu une contrainte extérieure ; ou bien encore, qui est générale dans l'étendue d'une société donnée tout en ayant une existence propre, indépendante de ses manifestations individuelles.* », in *Les règles de la méthode sociologique*, Paris, 21e édition, Quadrige/PUF, 1983, p. 14.

[41] Le concept d'action sociale « *se déduit de celui de rapport social. L'acteur social est en effet un des pôles, individuel ou collectif, d'un rapport social défini comme relation de coopération conflictuelle* », cf. Raymond Quivy et Luc Van Campenhoudt, *Manuel de recherches en sciences sociales*, Paris, 2e édition revue et corrigée, Dunod, 1985, p. 124.

Il s'agit de construire un ensemble de concepts logiquement articulés entre eux par des relations formulées en hypothèses de travail "falsifiables", "testables" de manière indéfinie. Ces hypothèses revêtent, pour cette raison, un caractère de généralité et admettent en contradiction des énoncés opposables.

§2- LE MODELE D'ANALYSE

Nous considérons que le fait social et l'action sociale s'influencent mutuellement dans le déroulement phénoménologique de l'Etat de sorte que la réalité observée procède d'une coopération conflictuelle où les valeurs se trouvent renforcées et actualisées en fonction des contingences historiques de l'action sociale. Ici, action sociale et action politique ont leurs limites diffuses.

Le tableau ci-joint[42] donne un aperçu des angles à partir desquels les données seront traitées. Le concept d'Etat y est perçu en ses dimensions, composantes et indicateurs. Les concepts de lignage, chefferie, royaume, tribu, nation, etc., sont sauvegardés pour les besoins de l'analyse en attendant de leur donner un contenu définitif.

---

[42] La construction de notre modèle d'analyse est inspirée de Raymond Quivy et Luc Van Campenhoudt, *op. cit.*, p. 131. Les auteurs y ont construit le concept d'acteur social. Leurs éléments nous ont permis de dilater le concept systémique en l'enrichissant d'hypothèses de base empiriques.

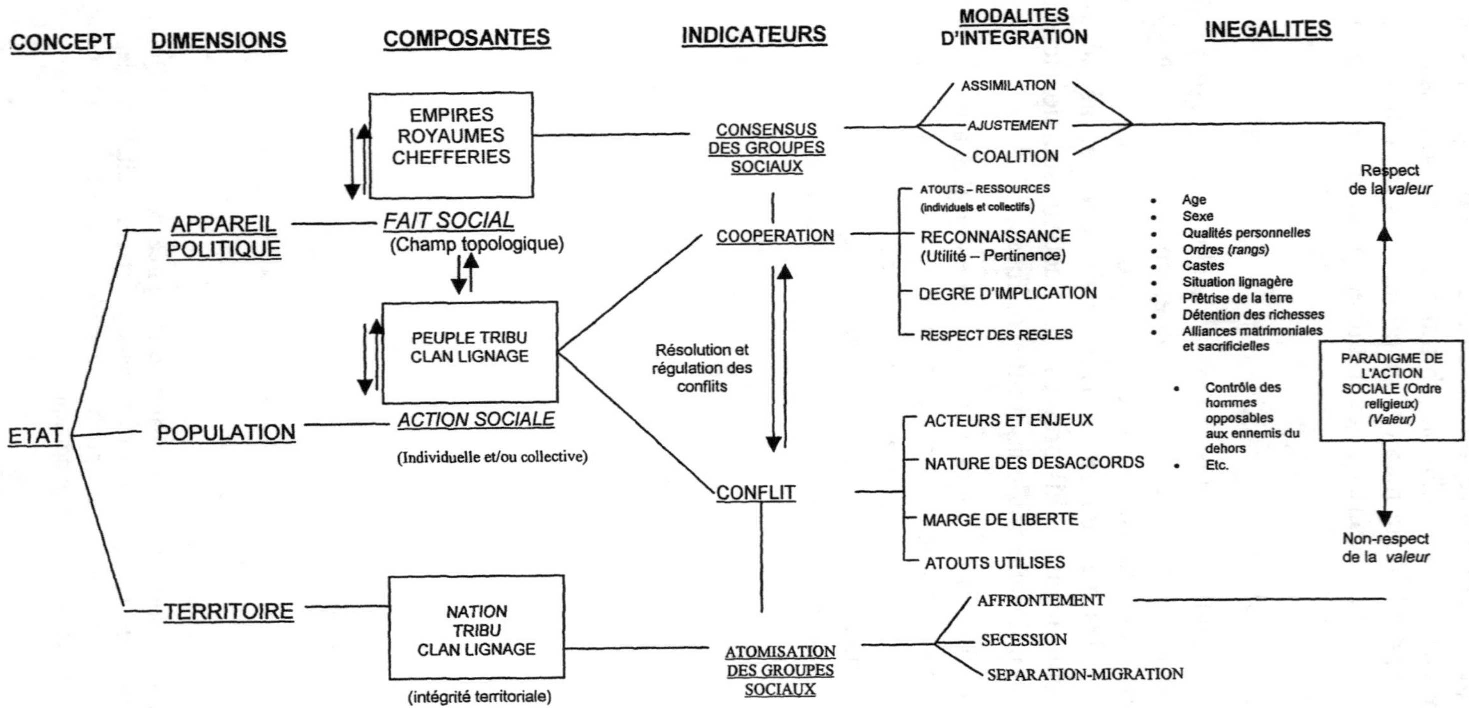

MODELE D'ANALYSE CONCEPT SYSTEMIQUE

D'un point de vue historique, la réalisation d'une vie collective procède d'idées, de sentiments, de "conçus" et "vécus" juridiques susceptibles d'assurer les conditions d'une vie et d'une cohésion sociales.

L'existence en Afrique des empires, royaumes, chefferies, historiquement attestées, suggère que d'une certaine manière, l'organisation étatique a procédé d'une vie politique réglementée ; la division du travail, l'organisation territoriale de l'Etat, les rapports entre les unités et sous unités locales, les droits et obligations des gouvernants et gouvernés, et les mécanismes garantissant la sauvegarde des règles juridiques et de la constitution y ont modelé la vie des collectivités.

Si l'on juge la longévité exceptionnelle des empires africains, Egypte pharaonique (environ 3000 ans), Ghana - Mali (1250 ans), Luanda (300 ans), il n'est pas exagéré de considérer avec intérêt le modèle africain où il apparaît que « *Les forces de modification dépendent davantage des conditions externes que de la contestation agissant à l'intérieur du système.* »[43]

Autrement dit, les Africains étaient relativement satisfaits de leurs institutions.

Il n'est donc pas vain de saisir "de l'intérieur" la vie politique conduite à son terme avec l'apparition de l'Etat, mais aussi les causes des ruptures créatrices d'un nouveau sens, évolutives ou involutives, avec les facteurs de changement social qu'imposent les données de l'environnement (économie, technologie, démographie, idéologies religieuses, conflits entre groupes ou individus, guerres d'invasion ou de conquête, etc.)

A la démarche ainsi élaborée, hypothético-inductive (empirique) va s'articuler progressivement une hypothético-déductive, qui constituera l'armature de notre système théorique.

Il importera alors d'y saisir les principes axiologiques qui ont gouverné les évolutions socio-historiques de l'Etat, sans cesse fluctuantes, mais toujours en relation avec leur matrice principielle, organisatrice. Dika-Akwa fait remarquer à juste titre :

---

[43] G. Balandier, *op. cit.*, p. 175.

« Au terme d'une longue analyse des organisations étatiques on découvre plusieurs royaumes et empires africains qui nous ont présenté des structures similaires et des mythes à peine différents les uns des autres. On pourrait en déduire que l'Afrique traditionnelle avait distribué partout les mêmes institutions au niveau de l'Etat. »[44]

Il n'est pas exclu qu'au cours de notre enquête scientifique, nous aboutissions à un même moule philosophique déterminant le sens de l'action politique dont nous devinons l'intérêt : dégager une pensée politique commune aux africains. Nous pouvons à présent faire un inventaire des ressources possibles pour cette tâche.

§3. LES MATERIAUX

La prise en considération de l'Etat comme un problème et la tentative de lui opposer une rationalité alternative ne sont pas antérieurs, nous l'avons précisé, à quatre décennies d'indépendance politique.

Si la première a cristallisé les effets pervers induits par la colonisation et la mondialisation des économies, la deuxième pose des problèmes de traitement méthodologique qui débordent le cadre de la sociologie classique. Les matériaux arrivent ainsi dans toutes les directions et ne demandent qu'à être sélectionnés et minutieusement choisis.

Deux types d'analyses présentent un intérêt pour notre étude, mais aucune d'elles ne s'attaque directement à la formulation du principe paradigmatique qui fonde l'action politique africaine.

L'apport décisif de Georges Balandier (1967) donne du relief à la démarche dynamiste. Sa théorie du champ politique dans les sociétés dites "primitives" vient compléter, et renforcer d'une façon avantageuse, les réflexions de ses prédécesseurs[45]. La question de l'Etat traditionnel

---

[44] Prince Dika Akwa, *op. cit.*, p. 319.

[45] G Balandier dit de E. R. Leach qu'il « *a contribué directement à l'élaboration de cette démarche* » en incitant « *à la prise en considération du contradictoire, du conflictuel, de l'approximatif et du relationnel "externe"* », *op. cit.*, pp. 23-24. A E.R. Leach, il faudrait associer Evans-Pritchard pour la réhabilitation de l'histoire ; S. F. Nadel fait intervenir dans ses études sur les Nupe du Nigeria la dimension de la conscience historique comme expression de l'histoire dite "objective" et l'histoire dite

est abordée d'une manière compréhensive même s'il s'agit d'un angle anthropologique. *Anthropologie politique,* d'après son auteur, se «*propose à cet égard une première synthèse, un premier essai de réflexion générale portant sur les sociétés politiques - étrangères à l'histoire occidentale - révélées par les anthropologues.* »[46]

Ce livre séduit par la qualité de ses analyses et la critique des théories, méthodes et résultats parus jusqu'à la date de son édition. Il va être suivi dans ce sens quatorze ans plus tard par la publication d'un livre intitulé *Problèmes de l'anthropologie et de l'histoire africaines*. L'auteur appréhende la réflexion sous l'angle d'un conflit épistémologique entre la pensée négro-africaine et la pensée occidentale. Dika-Akwa ouvre ainsi une voie pour la maîtrise des enjeux de l'épistémologie moderne :

> «*La nécessité du renversement des bases épistémologiques de l'anthropologie et de l'histoire actuelles passe par une saisie interdisciplinaire des réalités africaines.* »[47]

Avec les travaux de Théophile Obenga et Cheikh Anta Diop, l'essence des phénomènes politiques africains commence à être mieux cernée. Il s'agit là d'un véritable sursaut qualitatif dont la pensée africaine doit mesurer toute l'importance : là se dessinent aussi nos points d'ancrage documentaire[48].

A côté des publications de ces maîtres de la pensée, foisonnent des études et recherches qui consacrent davantage des aspects plus descriptifs qu'analytiques des systèmes politiques africains, et parfois les deux à la fois. Il existe aussi des observations et analyses touchant soit à une région, soit à un pays, soit même à l'ensemble de l'Afrique, avec des orientations et des problématiques différentes. Toujours est-il que de telles études peuvent permettre de déblayer le terrain de l'approche phénoménologique.

"idéologique" en relation avec l'organisation du pouvoir politique. D'une façon plus récente, J. Vansina en a apprécié l'enjeu à propos du Rwanda où l'histoire idéologique sert les stratégies de domination et d'asservissement politique.

[46] G. Balandier, *op. cit.*, p. 1.

[47] Prince Dika-Akwa, *op. cit.*, p. 358.

[48] Les travaux de ces chercheurs constituent l'ossature de notre perspective de conceptualisation.

Quant au reste de la documentation disponible, ces auteurs s'attachent pour la plupart à la description des phénomènes politiques et étatiques sans plus, avec quelques considérations théoriques plutôt rares. Il faut reconnaître que ces analyses supposent une connaissance plus ou moins approfondie de l'Etat traditionnel.

La recherche et la formulation des concepts sous-jacents au fondement paradigmatique de l'action politique en Afrique noire constituent donc une partie importante de notre travail. La transformation de cette recherche pour la fondation de l'épistémologie politique préfigure aussi la phase terminale de cet essai. La contribution de l'égyptologie y sera déterminante.

Nous voici amenés à exposer et à justifier, en dernier lieu, notre démarche de conceptualisation.

§4- LA DEMARCHE DE CONCEPTUALISATION

Après avoir analysé les caractères et attributs du concept, puis construit le modèle d'analyse, les conclusions effectuées commandent les choix de la méthode et du plan.

A- Choix de la méthode

La méthode dite *qualitative* est celle qui peut nous permettre de tendre vers une explication aussi complète que possible des manifestations de l'Etat. La neutralité scientifique consistera à tenir compte de l'implication subjective et éthique de notre approche et à y objectiver la réalité avec le maximum de distance. Puisque subjectivité et objectivité opèrent dans un rapport dialectique de complémentarité et de conflit, il s'agira de présenter les faits, et enfin, de fournir à leur sujet un système explicatif général. La théorie sociologique de l'Etat, poussée à son terme, devra fournir les énoncés généraux qui la structurent. Faut-il le répéter, c'est la manière dont nous percevons et interrogeons les choses qui leur confère une signification et une valeur.

Nous penchons davantage pour une approche *systémique* à laquelle nous voudrions associer une approche *multidisciplinaire*. La première a cet avantage d'analyser les relations unissant les éléments de chaque système socio-politique et de mettre en relief les principes organisateurs, les niveaux d'organisation, les finalités, les principes d'autorégulation et de rétrocontrôles. Préconisée par Bertanlanffy[49], cette approche a l'avantage de rechercher la nature des finalités et fonctions grâce auxquelles le système tout entier s'adapte à l'environnement, en transmettant son code et ses invariants. Cette méthode est globalisante et holistique: elle considère l'ensemble comme un Tout (holos). Si elle facilite l'appréhension de la dialectique du fait social et de l'action politique, elle ne permet pas pour autant de saisir la signification profonde des faits. Là intervient la deuxième approche. Son principe de base fait intervenir plusieurs disciplines. Ces deux approches nous permettront d'approfondir notre analyse, de lui donner une trajectoire positivée, à mi-chemin entre l'essayisme et l'épistémologie, la qualité et l'objectivité scientifique.

La sociologie devient complexe. Une rude épreuve attend le chercheur. Celui-ci sera confronté à d'autres spécialistes qui apprécieront certaines démonstrations bien en deçà de leurs attentes, voire inappropriées ou obsolètes. D'autres experts trouveront l'analyse fastidieuse, ou mal préparée, voire peu cohérente sous un angle déterminé. Mais il s'agit bien d'un *essai* avec ce que cela suppose comme défaut et qualité. De fait, la méthode *qualitative* ne suscite pas toujours l'unanimité ; autant multiplier le nombre de sources pour rencontrer le maximum d'objectivité. Il est clair que les problèmes environnementaux, démographiques, historiques, économiques, technologiques, etc., dont le propre est d'influencer le fonctionnement de la société politique ne sauraient échapper à l'analyse sociologique sous prétexte d'une pureté disciplinaire. En effet, le politique est par essence le garant des objectifs généraux, des principes de fonctionnement de la société, des normes, des idéaux et des valeurs en circulation.

Ayant ainsi posé les problèmes, justifié les enjeux et précisé la méthode, il y a lieu à présent de dégager un ordre logique d'exposition de la présente étude.

B- Choix du plan

Il est important de montrer ce que les sociétés africaines ont été en elles-mêmes et surtout, de justifier la pertinence de leur modèle par rapport à un environnement donné, historiquement et géographiquement. Une telle approche ne se préoccupe pas *a priori* du caractère positif ou

---

[49] L. Von Bertanlanffy, *Théorie générale des systèmes*, Paris, Dunod, 1972.

négatif des transformations subies par l'Etat africain, mais il rend possible une conceptualisation positivée d'un modèle étatique spécifique. Enfin, que peut apporter la pensée africaine au modèle de l'Etat-nation devenu, par la force des choses, la forme d'organisation politique dominante qui déstructure progressivement les institutions traditionnelles ?

Ce sont ces problèmes de fond qui déterminent notre plan. Nous tenterons de les élucider en envisageant successivement les deux parties suivantes :

- approche phénoménologique : les fondements normatifs ;
- tentative d'interprétation : les fondements idéaux et symboliques.

PREMIERE PARTIE

APPROCHE PHENOMENOLOGIQUE : LES FONDEMENTS NORMATIFS

La présente approche phénoménologique a pour objet l'analyse des fondements normatifs de ce qui apparaît dans la réalité sociale comme formes d'action politique avec ce caractère de nécessité inhérent à tout processus historico-social structurant ou déstructurant.

L'action politique comme par ailleurs toute action humaine est commandée d'un point de vue cognitif par des valeurs ; celles-ci induisent des conduites humaines et des jugements dont le caractère normatif structure la cohérence du système social global.

C'est là que la norme se saisit comme un champ expérimental de l'action individuelle ou collective ; elle est une hypostase de la valeur devenue règle de conduite, prescription, savoir, contrainte, légitimés ou légaux, en vue de la réalisation des fins du groupe social.

Il nous paraît important d'apporter la preuve de l'expérience originale de vie communautaire des sociétés africaines de l'antiquité à nos jours, mais aussi, celle de la cohérence et de la pertinence de leur mode de régulation socio-politique. Celui-ci peut encore susciter quelque intérêt à l'heure où l'Europe envisage encore confusément, une éthique de vie politique davantage pacifiée, confrontée qu'elle l'est au redéploiement conflictuel des religions, langues, cultures et tribus que l'on pensait assagies.

C'est dire que la réalité clanique, tribale ou identitaire garde toute son importance pour la compréhension des phénomènes de contestation politique et de manipulation de l'information symbolique dans la conquête du pouvoir. Selon que les communautés historiques restent marquées par un passé seigneurial, féodal, aristocratique où subissent encore le charisme de l'autorité monarchique, la contestation se nourrit d'une tonalité singulière dont les racines plongent, en général, dans la conscience historique.

Il n'est pas exagéré d'affirmer que toute forme d'organisation sociale a vocation au politique et le politique se développant tend à favoriser le développement de l'Etat. Aussi, Yves Person a-t-il raison de souligner que « *Ce caractère unique de l'Etat-nation, né en Europe et étendu par elle au monde, montre qu'il ne s'agit pas d'un universel et que l'évolution des cultures humaines aurait pu suivre une autre voie.* »[50]

La vie politique en Afrique se poursuit bon gré mal gré avec ses grandeurs et misères ; elle y préfigure les configurations institutionnelles à venir qu'il nous appartient de décrypter pour orienter la maîtrise de notre destin historique. Dans la mesure où des groupes sociaux, clans, tribus, etc., peuvent influencer la réaction du pouvoir, le jeu politique s'anime en inscrivant, en filigrane, une spatialisation de l'action sociale (organisation ou re-organisation des terroirs et territoires), les formes d'action politique y assurant la fonction de cohésion sociale des entités auto-organisées.

Malheureusement, les épigones de la pensée classique négligent jusqu'à présent ces phénomènes de production endogène du politique. Quand bien même ils en tiennent compte, c'est davantage pour initier des solutions liées à la préservation de leurs équilibres sociaux ou intellectuels, à la conquête de nouveaux privilèges ou à la promotion des politiques susceptibles d'assurer le maintien et la conservation de ceux-ci. La pensée sociologique elle-même n'est pas plus avancée.

Les propos du sociologue Emile Durkheim paraissent dès lors, toujours d'actualité :

> « *Au lieu d'observer les choses, de les décrire, de les comparer, nous nous contentons alors de prendre conscience de nos idées, de les analyser, de les combiner. Au lieu d'une science des réalités, nous ne faisons plus qu'une analyse idéologique. Sans doute, cette analyse n'exclut pas nécessairement toute observation.* »[51]

Mais l'observation est ici nourrie d'apriorismes et de préjugés qui font alors office de prémisses pour des démonstrations hasardeuses.

Pour toutes ces raisons, la théorie sociologique de l'Etat doit s'imposer, à part entière, comme une démarche de la pensée qui adhère au substrat de la réalité historico-sociale africaine ; ce faisant, elle doit élargir son champ de conceptualisation aux disciplines les plus diverses

---

[50] « L'Etat-nation et l'Afrique » in *le Mois en Afrique*, n° 190-191, Octobre - Novembre 1981, p. 28. Coll. Etudes Politiques, Economiques & Sociologiques Africaines.
[51] *Les règles de la méthode sociologique*, Paris, 21e édit., Quadrige/PUF, 1983, p. 15.

aux fins d'en tirer des ressources pour la fondation d'une sociologie moderne.

La dimension historique et anthropologique de tout phénomène politique est désormais partie intégrante de l'explication de l'événement, de la crise, de la mutation, de la norme.

Avec les indépendances politiques, le XXIe siècle voit renaître et se développer en Afrique la perspective endogène, contestatrice, conflictuelle et souvent explosive. L'Afrique profonde dit son mot ; elle exprime son être et y mobilise d'autres configurations perceptives de la réalité politique. Avant de présenter les principales articulations de cette perspective endogène, il est utile de rappeler au départ le legs de la pensée classique[52].

Nous devons justifier une telle démarche : les problématiques jusqu'ici envisagées ou reçues résultent de la transposition des méthodes d'analyse de la pensée classique. Il convient de nous prononcer sur la validité de cette transposition et son intérêt en épistémologie.

Quatre domaines de recherche semblent s'imposer, parce qu'ils rassemblent l'essentiel des informations dont nous avons besoin pour établir les fondements normatifs de l'Etat. Ils constituent aussi la charpente des chapitres qui suivent :

- Chapitre I : Le concept d'Etat-nation ;
- Chapitre II : Le champ juridique de l'action politique ;
- Chapitre III : L'organisation du pouvoir politique ;
- Chapitre IV : Les usurpations politiques et leurs conséquences.

[52] La question des limites de cette pensée a été approfondie au chapitre VII.

CHAPITRE I : LE CONCEPT D'ETAT - NATION

> « L'Etat classique aborde présentement sans nul doute un nouvel âge, celui de son dépassement. »
>
> J. Gicquel et A. Hauriou, *Droit constitutionnel et institutions politiques*, Paris, 8e Edit., Montchrestien, 1984, p. 127.

Le concept d'Etat-nation hérité de l'idéologie bourgeoise conquérante du XVIIIe siècle constitue le cadre général d'expression de la rationalité moderne de l'Etat, avec son culte de l'individualisme, son formalisme scientiste et une organisation du travail bourgeoise tournée vers un marché industriel mondialisé.

La première section du présent chapitre vise une problématisation du legs de la pensée politique classique ; la deuxième justifie l'apport spécifique de la civilisation occidentale dans sa dimension anthropologique de la réalité étatique ; la troisième établit les limites de ce concept aujourd'hui admises par l'évolution de la pensée et de la science modernes.

Il s'agira aussi d'envisager dans chaque cas, en quoi la réalité africaine se rapproche ou s'éloigne du concept d'Etat-nation d'une part, et d'autre part les leçons à en tirer.

Les considérations qui vont être rapportées sont pour l'essentiel inspirées du livre intitulé *Droit constitutionnel et institutions politiques* de Jean Gicquel et André Hauriou ; elles restent d'actualité.

SECTION I : ASPECTS DE L'ETAT-NATION

L'Etat-nation constitue avec sa population (nation), son territoire et son organisation politique, le cadre d'expression du Droit constitutionnel. Ces trois éléments essentiels reconnus en droit international formalisent le cadre juridique qui, lui-même, matérialise un phénomène sociologique : l'avènement de la nation dont l'autorité politique exclusive exerce sa souveraineté dans le cadre des frontières délimitées et ouvertes au marché libéral.

Il nous paraît important de nous appesantir sur ces aspects sociologiques, juridiques et politiques pour lesquels se cristallise une organisation verticale qui met en œuvre différentes espèces d'Etats.

§1- LES ASPECTS SOCIOLOGIQUES

Jean Gicquel et André Hauriou insistent sur la nécessaire coïncidence entre l'individualité sociologique et l'individualité juridique[53]. La juxtaposition des termes Etat-nation justifie le résultat d'un processus historique considéré comme un aboutissement cristallisant l'âme d'un peuple : la nation; l'Etat « *apparaissant en dernier lieu, pour centraliser politiquement et juridiquement la nation* »[54].

Que serait donc la nation pour laquelle se constitue un Etat ?

A- La nation (population)

Pour l'essentiel, la nation est le résultat d'un processus de cohésion sociale née d'un lien de solidarité entre individus ayant en commun des intérêts matériels et immatériels, et désireux de les consolider en s'identifiant comme un groupe social autonome, différent des autres.

L'organisation politique du pouvoir réside donc dans l'avènement de l'Etat et après fondation de l'individualité propre appelée "Nation". En référence aux Nations Européennes dont, pour la plupart, la formation a précédé le cadre juridique de l'Etat, le droit international admet *via* le principe des nationalités, que toute nation peut disposer d'elle-même, devenir un Etat.

Pétition de principe dont les engagements nobles ne coïncident avec aucune réalité africaine pour laquelle, ni les cultures, ni les terroirs organisés en clans ou tribus, n'ont été pris en compte dans l'avènement des Etats-nations africains. La colonisation n'a pas retenu la nation comme un critère sociologique (clans, tribus), comme une entité historiquement libre de disposer d'elle-même; de sorte que celle-ci s'est trouvée embarquée dans un type de « *rapport ambigu, voire schizophrène, par rapport aux Etats qui prétendent parler en leur nom,*

---

[53] *Op. cit.*, p. 88.
[54] *Idem.*

alors qu'ils ne font, pour l'essentiel, que prolonger les structures coloniales, y compris des variations significatives selon que le modèle européen a été français, britannique ou portugais. »[55]

Au nom de son idéologie de domination et de ses intérêts de classe, l'Etat-nation a nié la pulsion sociologique organisatrice, pour valoriser l'idéal de citoyenneté conforme à l'ambition monarchique, à savoir, la catégorisation des intérêts individuels (sujets du roi), pour mieux endiguer les élans révolutionnaires des nations à forte personnalité tels les Basques, Corses, Bretons, etc. Telle fut aussi la solution pour la neutralisation des pays africains. Le continent noir évolue ainsi dans un système reflétant la logique de la bourgeoisie européenne si bien que, « *Les formes sociales et culturelles que l'on prétend généraliser au nom de l'égalité abstraite des citoyens, sont en fait propres à une fraction de ces citoyens, qui se trouvent ainsi placés dans une situation réelle de supériorité, quant à la classe et à la culture.* »[56]

Nous verrons plus loin combien cette vision bourgeoise de la réalité politique a été néfaste dans le cadre de l'intégration nationale, même si, par ailleurs, elle a favorisé une accélération des grandes mutations scientifiques et technologiques de notre temps.

B- Le territoire

Dans la perspective d'exercice de sa souveraineté, l'Etat délimite son territoire et lui assigne des fonctions. Qu'elles soient terrestres, maritimes ou aériennes, les frontières ont été de tout temps, en Afrique comme ailleurs, l'enjeu de la formation et de la survie des nations (connues ou méconnues en tant qu'Etat), c'est-à-dire disposant d'une autorité politique effective dont l'organisation est plus ou moins différenciée, prononcée. Bien qu'apparaissant quelque peu évident, le rôle du territoire dans l'Etat mérite quelques considérations portant sur les notions de territoire - sujet, de territoire - objet, et en enfin, de territoire - limite.

---

[55] Y. Person, *op. cit.*, p. 27. Les britanniques, rejetant la méthode française beaucoup plus par une logique de ruse que par affection pour les opprimés, entrevoyaient dans cette méthode, une possibilité de reconquête de l'initiative historique de ceux-ci, par assimilation de leur civilisation. C'est bien plus une logique de conservation de cette initiative qui aura guidé leurs instincts.

[56] *Ibidem.*

1- Le territoire - sujet suppose que l'Etat ne peut affirmer sa volonté et sa personnalité sans le territoire. Sa souveraineté ne se manifeste que par et dans ce cadre qui devient, pour ainsi dire, un élément de cette volonté et de cette personnalité. Il y a ici projection/identification du sujet considéré, à savoir, le territoire.

2- Le territoire – objet quant à lui procède des droits de l'Etat. Le territoire y est considéré comme son domaine éminent, en tant que propriétés.

3- Le territoire - limite circonscrit le domaine à l'intérieur duquel l'Etat exerce sa toute puissance.

Si les sujets théoriques ci-dessus exposés n'échappent pas à la rationalité africaine quant à leur fonds expositoire, il est opportun de souligner qu'ils doivent néanmoins prendre en compte les idéaux de la pensée africaine dont les sentiments se rapportant à la terre sont opposés à l'héritage "bourgeois", individualiste et conquérant[57].

C- La souveraineté de l'Etat

L'autorité politique qui s'exerce de manière exclusive et effective sur une population rassemblée en un territoire déterminé dispose, le cas échéant, de la souveraineté. Ce qui suppose une autonomie réelle vis-à-vis de tout autre Etat.

---

[57] Le sociologue Joseph Mboui prend clairement position avec toute la lucidité qu'on lui reconnaît. Dans *Inpact tribune*, bulletin trimestriel d'analyses et de débats de la Fondation panafricaine de lutte contre le tribalisme, n°018 du premier trimestre 2001, p. 13, il situe la question foncière : « *Les historiens du droit sont bien outillés pour dire comment on est passé du concept du droit foncier colonial qui parlait des terres vacantes et sans maîtres à la notion de domaine national, entendu comme espace que la collectivité publique autorise le citoyen qui en a besoin à le mettre en valeur moyennant l'accomplissement de certaines formalités.* » Aussi, poursuit-il, « *Il faut immédiatement retirer à l'autorité préfectorale de rendre de manière prétendument discrétionnaire en fait, tout à fait arbitraire et quelque peu intéressée, tout le domaine privé de l'Etat.* » Et ce ne serait pas tout ; car, quant au fond, ajoute-t-il, « *Il est d'abord impérieux de procéder à une critique radicale du droit foncier actuel, en mettant à nu ses présupposés coloniaux et post coloniaux qui puisent en réalité à la commune source du colonialisme dont le propre est de négliger les intérêts des nations ethniques autant que ceux de la nouvelle nation multiethnique dont l'édification résulte d'une série d'événements pour le moins équivoques.* »

La question de l'origine de l'exercice démocratique du pouvoir, qu'elle soit inhérente à la qualité de certains individus et/ou au caractère divin de la charge, n'a d'importance que si elle tient le langage du consensus, de la participation, de l'argumentaire et de la délibération effective de la chose publique. Or il semble bien que les caractères propres au pouvoir d'Etat relèvent à la fois, écrivent Gicquel et Hauriou, du pouvoir « *de superposition et de centralisation* »[58]. De même ces auteurs se prononcent-ils sur la notion de souveraineté, entendue dans le double sens de la souveraineté de l'Etat - ce qui relève du Droit international - et la souveraineté dans l'Etat sur le plan interne. L'un est complémentaire de l'autre. Si l'Etat est souverain dans le premier sens, celui-ci peut mettre en œuvre des pouvoirs et des droits : « *Droits de législation et de réglementation, de police, de justice, droit de battre monnaie, droit de légation, droit d'entretenir une armée, etc.* »[59]

Quant au deuxième sens, nous voudrions souligner que ces faits participent de la nature même du pouvoir politique et des significations à donner aux idées juridiques que se font les peuples de l'Etat.

§2- LES ASPECTS JURIDIQUES

A- L'origine de l'Etat

La thèse de l'origine contractuelle de l'Etat correspond à l'esprit d'une époque qui a accompagné la révolution. Cette thèse est aujourd'hui battue en brèche[60].

Assimilant l'Etat à « *un organisme social structuré* », Hauriou met en relief la dynamique des volontés tendant vers l'objectif de rationalisation de l'idéal étatique ; ce faisant, il précise :

---

[58] J. Gicquel et A. Hauriou, *op. cit.*, p. 97.

[59] *Idem*, p. 102.

[60] Le *Contrat social* de Jean-Jacques Rousseau est un effort de perception de l'idéal politique occidental en accord avec la réalité de son époque et ses tendances rationalistes, psychoaffectives. Il faut se souvenir que le nouvel ordre social est fondé sur le respect des droits et libertés de l'individu. La bourgeoisie y est très attachée aux conventions écrites qui matérialisent à leurs yeux le gage de ce respect des droits. Gicquel et Hauriou soulignent : « *Sans doute Rousseau reconnaît qu'on ne trouve pas de traces historiques du contrat social, mais il affirme que "logiquement", la société et l'Etat ne peuvent être fondés que sur la force ou les conventions. Si l'on admet que les Etats sont fondés par la violence ou, tout au moins, la contrainte, on renonce, par là même, à leur donner une base juridique. Seule l'hypothèse du contrat peut fournir une explication juridique touchant la naissance et la formation des Etats.* », *op. cit.*, p. 105.

« L'erreur de Jean-Jacques Rousseau et des partisans du contrat social est donc de croire que, dès qu'il y a apparition d'éléments consensuels, il y a forcément contrat. C'est là une généralisation abusive. »[61]

En outre, il faudrait considérer que ces éléments consensuels faits d'approbations et d'adhésions, fondent le droit même non écrit. Hauriou pense en effet que « *Le groupe fonctionne alors avec cet ensemble complexe : idée directrice, pouvoir organisé, groupe des individus intéressés à la réalisation de l'idée et il constitue ce qu'on appelle une "institution".* »[62]

L'idée est séduisante : une vie juridique et politique se précise, modifiée par l'ambiance des conflits, et voit naître une constitution. Telle nous paraît être, en effet, la démarche logique de fondation de l'Etat dont la nature dépendra surtout des règles d'équité et d'échange internes, révélatrices de l'état de sujétion des membres du groupe social, de leurs statuts respectifs relativement aux inégalités naturelles, sociales et culturelles.

B- La nature juridique de l'Etat

Le droit constitutionnel classique engage la notion de *personne morale* pour indiquer le fait que certaines personnalités accomplissent des actes de leurs fonctions qui engagent la responsabilité de l'Etat : « *les hommes passent, les institutions demeurent* ». Dès lors, l'Etat ne peut être considéré comme une entité physique. Il devient une personnalité morale et juridique. C'est bien le sens à donner à ce comportement abstrait sur lequel s'édifie le concept. Les effets s'en font ressentir ; la finalité c'est de « *prendre en charge, de façon permanente, les intérêts d'un groupe humain appelé, on le sait, la nation.* »[63] Ce trait juridique est généralisé à l'ensemble des sociétés historiques. Cependant, une difficulté sérieuse peut apparaître entre la notion de personnalité morale et juridique de l'Etat et ses effets appliqués aux intérêts d'une nation. L'Afrique présente cette particularité de s'organiser en ethnies ou clans assurant dans bien des cas les intérêts de la nation sociologique en lieu et place de l'Etat

---

[61] J. Gicquel et A. Hauriou, *op. cit.*, p. 107.
[62] *Idem.*
[63] *Ibidem*, p. 110.

défaillant. Une telle approche nous conduit à examiner, en droit constitutionnel classique, les espèces d'Etats connus.

En fait, la question qui se pose ainsi est celle du modèle organisationnel de l'Etat.

§3- L'ORGANISATION VERTICALE DE L'ETAT

Les Etats souverains reconnus en droit international public se présentent tantôt sous la forme d'Etats dits unitaires, simples : ce sont les plus nombreux; tantôt sous la forme de groupements d'Etats, dits Etats composés, fédéraux, constitués d'Etats fédérés. En ce qui concerne la première, la France constitue une exemplarité ; les Etats-Unis représentent le modèle - type de la seconde. Le présent éclairage est de nature à faire apparaître des modalités d'organisation du politique qui ne semblent nullement étrangères à l'Afrique[64], ne serait-ce que sur le plan des regroupements d'Etats dont il faut souligner le caractère tardif dans la pensée occidentale classique. Il semble bien que cette forme est reconnue et éprouvée dans les traditions politiques africaines[65].

A- L'Etat unitaire

L'enjeu de l'Etat unitaire, c'est de conjurer les tendances fédéralistes. Son principe est celui de l'unité et de l'indivisibilité. La

---

[64] Prince Dika-Akwa nya Bonambela, *Problèmes de l'anthropologie et de l'histoire africaines,* Yaoundé, 1982, Clé, p. 281, écrit : « *Dans le cadre de la nouvelle harmonie, chaque empire joue son rôle, son chef acquiert une fonction précise par rapport aux autres fonctions des autres empereurs.*

L'historien s'efforcera donc de ramener à la surface les mécanismes voilés de ce processus d'expansion des Etats provinciaux et périphériques, inséparable d'une recherche de l'équilibre de puissance entre eux. »

[65] Cheikh Anta Diop, *L'Afrique noire précoloniale*, Paris, Présence Africaine, 2e édition, 1987, p. 97, affirme : « L'empire du Ghana a précédé de cinq cents ans celui de Charlemagne dont le sacre eut lieu en l'an 800. Depuis le démembrement de l'empire romain au IVe siècle, jusqu'à cette date, l'Europe ne fut qu'un chaos, sans organisation comparable à celle de l'empire africain. C'est avec Charlemagne que commença le premier effort de centralisation, mais on peut affirmer, sans exagération, que l'Europe n'a jamais trouvé, pendant tout le Moyen Age, une forme d'organisation politique supérieure à celle des Etats africains. On est d'accord sur le fait que le type d'organisation africaine est indigène : il ne saurait venir de la Méditerranée aryenne ou sémitique. S'il fallait absolument le rattacher à des formes antérieures, il faudrait songer à la centralisation administrative de l'Egypte pharaonique, avec ses nomes. Chaque gouverneur de province en Afrique noire, était une réplique du roi, avec sa petite cour. »

collectivité étatique ainsi considérée s'impose à l'ensemble des citoyens ; elle se veut une volonté politique unique qui ne soit pas divisible en parties méritant tout aussi la qualité juridique d'Etat. Il est donc question d'un seul centre de décision et d'animation qui fonde ainsi le principe de l'unité. Des mesures de *déconcentration* et de *décentralisation* peuvent être prises pour éviter la paralysie du système. Ces deux mesures ont en commun que l'autorité politique exclusive demeure l'apanage de l'Etat. La différence réside dans le fait que pour la première mesure, l'administration locale est assumée par des agents locaux nommés par le pouvoir central ; ceux-ci sont responsables devant l'autorité hiérarchique dont ils reçoivent délégation du pouvoir administratif et qui lui sont soumis. Dans cette perspective, l'Etat unitaire est centralisé.

Pour la deuxième mesure, l'Etat unitaire est dit décentralisé. Ce qui signifie que : « *les décisions administratives à prendre pour l'exécution des lois et intéressant plus spécialement certaines catégories de citoyens sont prises, sinon par les intéressés eux-mêmes, du moins sous leur contrôle par des autorités qu'ils ont élues.* »[66] L'œuvre décentralisatrice en France est récente. C'est en 1968 que celle-ci est appliquée au fonctionnement des Universités françaises. La loi du 02 mars 1982 donne en effet aux communes, départements et régions la possibilité d'être administrés par des conseils élus. La gauche au pouvoir aménage un sursaut qualitatif en ce qui concerne le droit des collectivités locales. La perspective dans nos pays africains s'annonce lointaine et on peut mesurer, à toutes fins utiles, combien nous sommes restés dépendants des principes politiques venus d'ailleurs. C'est toujours le complexe d'infériorité du colonisé qui prévaut avec comme conséquence « *la peur de remettre en cause les échafaudages construits par les spécialistes coloniaux.* »[67] La réalité objective de la nation sociologique, ethnique, qui domine l'expression souveraine des idéalités organisatrices, n'est pas encore prise dans l'objectif de décentralisation des pays africains. L'Afrique précoloniale montre, une fois de plus, son avance sur la pensée classique. Yves Person y témoigne des rapports entre l'Etat et les collectivités :

---

[66] B. Chantebout, *Droit constitutionnel et science politique*, Paris, 13e édit., Armand Colin/Masson Editeurs, 1996, p. 67.
[67] Prince Dika-Akwa nya Bonambela, *op. cit.*, p. 55.

> « *Pourtant, une fois certaines obligations satisfaites, et en général elles n'étaient pas très lourdes, les communautés de base conservaient pour l'essentiel leur autonomie.* »[68]

La réalité de l'Etat-nation en Europe procède d'une configuration anthropologique qui, dans bien des cas, apparaît opposée à celle de l'Afrique communautarisée et communaucratisée. Il est question d'en décrire les processus et d'en maîtriser les significations pour envisager une perspective davantage salutaire dans le cadre de la maîtrise de notre destin car, à bien d'égards, « *Les communautés de base qui subsistent, et où les cultures africaines restent vivantes sont, dans le meilleur cas, ignorées et méprisées ; leurs forces latentes, qui pourraient être bénéfiques par leur fédération en communautés plus vastes, sont négligées ou combattues.* »[69]

L'Etat-nation est pris en otage par sa perspective réductionniste. Désormais, l'évolution et la transformation du monde le contraignent d'une part, au dépassement de ses frontières actuelles et de l'autre, à un aménagement conceptuel et organisationnel de la pensée classique européenne. Par la force des choses, confédération et fédération s'imposent au réalisme politique moderne.

B- Les Etats composés : confédération et fédération

Pour Chantebout, « *Un Etat est dit "fédéral" quand les unités territoriales qui le composent sont dotées, en matière constitutionnelle, législative et juridictionnelle, d'une autonomie telle qu'elles méritent le nom "d'Etats", bien qu'elles n'aient pas en principe de compétences internationales. L'Etat fédéral est donc un Etat composé de plusieurs autres Etats avec lesquels il partage les compétences qu'exerce ailleurs l'Etat unitaire.* »[70] Le caractère fédéraliste suppose qu'il existe une collectivité étatique qui transcende les Etats fédérés. Le Canada, le Brésil, l'Argentine, le Mexique, les Etats-Unis, la Russie, etc., en constituent quelques exemples[71]. Le super-Etat dispose d'une différence

---

[68] Y. Person, *op. cit.*, p. 33.
[69] *Idem.*
[70] B. Chantebout, *op. cit.*, p. 68.
[71] Les caractères du fédéralisme apparaissent différents d'un pays à l'autre. Nous préférons nous appesantir ici sur les traits communs. Quelques cas de fédéralisme sont connus en Afrique. C'est le cas de l'Afrique du Sud, du Nigéria et des Comores.

de nature avec l'Etat unitaire ; selon Gicquel et Hauriou, superposition, autonomie et participation en sont les principes organisationnels. Examinons tour à tour ces principes.

1- Le principe de superposition

L'existence d'un nouvel ordre juridique et politique fait apparaître un caractère unitaire et une organisation politique distincte des Etats fédérés. La création de la fédération procède souvent d'un rapprochement entre Etats souverains ; aussi la confédération[72] précède-t-elle la création de l'Etat fédéral. La fédération des Etats-Unis de 1787 a succédé à la confédération de 1776. L'Union Européenne procède davantage d'une confédération dans la mesure où ses structures sont fixées par des traités et non par une constitution. L'entrée en vigueur du traité de Maastricht laissera-t-elle la place au fédéralisme ? Qu'en sera-t-il de l'Union Africaine ? En somme, bien que dépouillées de leurs souverainetés respectives, les unités fédérées conservent une certaine autonomie préservée par la constitution.

2- Le principe d'autonomie

> « *Le principe d'autonomie implique que chaque Etat fédéré a des compétences propres et les exerce sans ingérence des autorités fédérales. C'est là, semble-t-il, que se situe le critère essentiel qui permet de distinguer les Etats fédérés des simples collectivités décentralisées : à la différence de celles-ci, ils tiennent leurs compétences, non de la volonté de l'Etat central, mais de la constitution de celui-ci, qui s'impose à lui, et qui ne peut être modifiée sans leur consentement.* »[73]

Il semble bien que la pensée africaine a assimilé ce mode d'organisation à quelques nuances près :

> « *L'Etat traditionnel concède, par nécessité, une large place à l'empirisme ; il se crée à partir d'unités politiques*

---

[72] Gicquel et Hauriou définissent la confédération comme « *une association d'Etats, au sens du droit international, dont le seul intérêt à bien d'égards, consiste à favoriser l'apprentissage de la vie en commun ; bref le passage à la forme plus élaborée de la fédération.* », *op. cit.*, p. 118.

[73] B. Chantebout, *op. cit.*, p. 71.

préexistantes qu'il ne peut abolir et sur lesquelles sont établies ses propres structures ; il parvient mal à imposer la suprématie du centre politique et conserve un caractère diffus qui le différencie de l'Etat moderne centralisé ; il reste menacé par la segmentation territoriale. »[74]

Il s'agira d'évaluer cette disposition constitutionnelle africaine, d'en saisir les modalités et le processus ayant conduit les sociétés traditionnelles à l'adopter. En attendant, il est essentiel de constater qu'elles ont parfaitement adapté leurs mœurs aux deux principes précités, selon le cas, si l'on considère la disposition fractale évoquée par Anta Diop.

Un équilibre instable en somme, porteur de flexibilité, d'indéterminisme, ouvert à la constitution de chacune des unités politiques sous réserve du principe de superposition posé par la constitution fédérale en vue de garantir la cohésion des unités condensées en son sein. Cheikh Anta Diop fait valoir le mérite et l'efficacité des structures politiques africaines, en l'occurrence, l'Empire du Ghana par le fait que, « *durant 1250 ans, des empereurs noirs se sont succédé sur le trône d'un pays vaste comme l'Europe, sans qu'il soit démembré par des attaques extérieures ou des tensions internes.* »[75]

Ce qui signifie aussi que malgré le caractère instable de l'équilibre politique, les principes démocratiques de consensus et de participation sont vécus, au point de donner longévité aux constitutions politiques.

Dès lors, comment ne pas interroger la réalité politique africaine? N'est-il pas manifeste que le continent noir a réussi à maîtriser l'initiative politique bien avant l'Europe et les Etats-Unis ?

3- <u>Le principe de participation</u>

La participation est, en principe, un acte des plus démocratiques dans le cadre de la fédération dès lors que :

> « *Le super - Etat est une création "volontaire" des unités fédérées. Dans ces conditions,* poursuivent les auteurs, *elles sont partie prenante.* »[76]

---

[74] G. Balandier, *Anthropologie politique*, Paris, 4e édit., Quadrige/PUF, 1999, p. 176.
[75] C.A. Diop, *op. cit.*, p. 89.
[76] J. Gicquel et A. Hauriou, *op. cit.*, p. 126.

Ce faisant, poursuivent-ils, « *une tendance actuelle favorise, comme on l'a observé, le super - Etat, qui n'hésite pas à se parer de l'autorité centralisatrice, au détriment de l'autonomie des unités fédérées.* »[77]

C'est donc que poussé par l'histoire, le super - Etat est contraint de se réaliser contre nature, dans une sorte d'avortement de l'idéal fédéraliste. Le problème qui se pose est celui de la permanence du rationalisme individuel constitutif de la pratique juridique occidentale. Nous voudrions y saisir le caractère particulier de la civilisation occidentale qui a sans doute permis d'accélérer son avance technologique et économique sur le reste des peuples de la planète, mais en même temps, compromis les équilibres sociologiques.

SECTION II : LE RATIONALISME INDIVIDUEL DE L'OCCIDENT

Le rationalisme individuel est au cœur des fondements théoriques de l'idéalisme libéral et son modèle de démocratie. Les régimes politiques contemporains lui doivent son esprit et ses méthodes. C'est avec l'antiquité gréco-romaine que vont s'organiser les ressources intellectuelles de ce rationalisme moderne ; celui-ci se cristallisera ensuite avec les apports successifs de la pensée chrétienne, de la féodalité moyenâgeuse et ceux du siècle des Lumières.

§1- L'ANTIQUITE ET LA SAGESSE GRECQUE

Si Rome est à l'origine de la science juridique et administrative de la "Res publica", c'est bien parce que la Grèce antique aura au préalable moulé la logique de sa philosophie politique. Cette philosophie politique, esclavagiste, constitue le fonds culturel de la sagesse Occidentale ; Rome, puis l'Europe Occidentale doivent aux institutions grecques l'obéissance du citoyen à la loi, les notions d'égalité, de liberté et de primauté de l'individu. Malheureusement, les femmes, les étrangers, les esclaves et les enfants ne possèdent aucun droit. Les mécanismes psychiques de l'individualisme interviennent ici sur le fonds culturel d'une abstraction sociologique. Il semble bien que :

---

[77] *Idem*, p. 127.

> « *La notion d'Etat territoire groupant plusieurs cités, ou celle d'empire leur est sans conteste venue du monde méridional et, en particulier, de l'exemple égyptien.* »[78]

S'appuyant sur les travaux de Fustel de Coulanges, le savant africain Cheikh Anta Diop explique :

> « *Les familles des différents citoyens qui constituent la cité sont autant de cellules si indépendantes que c'est un sacrilège que les maisons se touchent ; ces sentiments d'indépendance remontent à la vie des steppes.* »[79]

Pour le savant, l'organisation de la société politique prolonge l'individualisme né du nomadisme ancestral de sorte que la notion de citoyenneté met l'individu nez à nez avec la Cité-Etat. Le patriotisme local coïncide aussi avec le patriotisme religieux. La mémoire culturelle et historique ne s'est donc pas encore émancipée de l'ordre socio-politique nomade si bien que « *La religion constitue ainsi un obstacle à l'établissement d'un vaste Etat et même un frein à la confédération des cités.* »[80]

Si donc la Grèce a inventé la notion de citoyen, la conception laïque du pouvoir et la souveraineté de la loi, l'Etat national est en revanche inconnu. La confirmation des propos de Diop nous vient de Timbal et Castaldo :

> « *Alexandre et ses successeurs ont toutefois introduit dans l'histoire occidentale une conception du pouvoir d'origine orientale.* »[81]

De plus, contrairement à l'autoritarisme d'Alexandre et ses successeurs, il est intéressant de retenir que :

> « *Le pouvoir de l'Etat, bien qu'étant centralisé de l'Egypte au reste de l'Afrique noire, n'a jamais assujetti les consciences des citoyens d'une façon aussi forte.* »[82]

---

[78] C.A. Diop, *op. cit.*, p. 28.
[79] *Idem*, p. 30.
[80] P.C. Timbal et André Castaldo, *Histoire des institutions et des faits sociaux*, Paris, 7e édit., Dalloz, 1985, p. 19.
[81] *Idem*, p. 28.
[82] C.A. Diop, *op. cit.*, p. 30.

Tout semble nous persuader que, finalement, la pensée africaine a influencé l'évolution de la rationalité européenne. Il en va de même du christianisme dont l'apport, inspiré des traditions africaines à partir de Platon, se fera sentir avec le monothéisme universaliste.

§2- L'APPORT DU CHRISTIANISME

La pensée chrétienne est reconnue sous Constantin, et bénéficie de richesse, d'honneur et d'autorité sous Théodose qui en fait une religion d'Etat à la fin du IVe siècle. Elle aura subi au préalable le revers de ses prétentions dans une société esclavagiste où prêcher la paix et l'amour relevait d'une subversion des idées reçues par l'éducation[83].

La pensée chrétienne dénonce ainsi l'esclavage et affirme les notions d'égalité et de dignité humaine ; ce faisant, elle stimule la résistance de l'individu face au pouvoir temporel. L'individu peut alors assurer le salut de son âme et se libérer des « besoins » terrestres qui entravent la marche vers ce salut. Les concepts de personnalité et de liberté y gagnent aussi en rationalité et préparent l'individu à assumer son destin d'une façon responsable. Sans doute aussi, cette pensée a-t-elle contribué à favoriser l'émergence des nouveaux seigneurs, propriétaires de terres et forteresses. En cela, l'ordre féodal a suivi de très près la trajectoire anthropo-philosophique du rationalisme grec.

§3- L'APPORT DE LA FEODALITE

La conception de la vie à l'époque médiévale fait d'un propriétaire terrien un individu puissant qui exerce sous un aspect économique des prérogatives politiques. Elle fait également de la féodalité un ordre dont le type d'organisation est inexistant en Afrique. Le droit privé envahit ainsi l'espace du droit public que l'empire romain organisé, avait mis en place. La notion de lien politique unissant le vassal (désireux d'être protégé face à l'insécurité) au seigneur (acceptant de le faire moyennant ses services) a fait naître les concepts de loyalisme vis-à-vis du Prince, même dictateur, mais aussi d'honneur et de fidélité au

[83] Avec le refus du serment à l'empereur, les édits de persécution ont fait de la pensée chrétienne une inspiration sectaire. Grâce à l'édit de Milan en 313 après J. C., l'Eglise s'affirme et s'organise sur la base du modèle romain. Elle tire de cette expérience, un souci permanent de collaboration avec les pouvoirs qui se succéderont, en l'occurrence avec la construction carolingienne.

maître. L'individu, à défaut de l'Etat, a besoin d'un encadrement bâti autour d'une personnalité puissante, capable de défendre ses intérêts, même s'il est opprimé[84]. Mais on le pressent, il s'agit d'une excroissance du rationalisme individuel grec, dominateur et conquérant. Avec le Siècle des Lumières, il n'y a pas changement de nature de la raison, mais davantage de degré. Nous nous justifions à ce sujet.

§4- LES APPORTS DES LUMIERES ET DE LA REVOLUTION

Il faudrait certainement mettre au bénéfice de la philosophie des Lumières, l'apport décisif de la raison humaine centrée sur l'individu comme producteur de logique et capable, en vertu de sa nature et de ses potentialités d'assurer le bien-être social, politique et économique à l'humanité. Le bonheur est donc là, à portée de main, pourvu que la société permette à l'individu de valoriser son génie dans tous les domaines de la connaissance. Il convient ainsi d'élaborer un cadre institutionnel qui fasse éclore ce génie. De façon fort opportune, la classe bourgeoise correspond à cet idéal volontariste ; elle peut même en conduire durablement et valablement le processus. L'environnement s'y prête, notamment en raison du "pouvoir" individuel accru, de la rationalité de l'organisation politique, institutionnelle et économique et de l'évolution du dialogue social dont la raison, maîtresse du savoir, devient porteuse.

---

[84] Nous reviendrons sur cette question qui a vu naître le débat sur l'existence ou non d'une féodalité, voire d'un esclavage en Afrique. Nous tenons, néanmoins, à faire partager le sentiment de Cheikh Anta Diop qui, mieux que quiconque, peut parler de l'Afrique avec l'autorité que lui confèrent ses recherches : « *Tandis qu'au Moyen Age tout le système féodal va dériver de la possession de la terre, par une frustration progressive des habitants protégés - c'est ainsi qu'est née la noblesse terrienne -, en Afrique Noire, ni le roi, ni un seigneur quelconque n'ont jamais eu le sentiment d'une possession réelle du sol. La possession de la terre n'a jamais polarisé la conscience du pouvoir politique* », *op. cit.*, p. 100. Le sacré de la terre et la légitimation de son occupation sont liés au culte des ancêtres ; ces sentiments, largement partagés n'ont pas permis d'y favoriser une expérience africaine de la féodalité. Le sentiment aigu de la propriété privée dans l'Afrique actuelle procède d'une contamination du modèle européen. C'est bien la raison pour laquelle la présente section entend spécifier ce rationalisme individuel de l'Occident orienté par son historicité.

A- Les implications idéologiques du "pouvoir" individuel

Les libertés de pensée, de presse, de parole, de réalisation scientifique, technique et économique, ouvrent les portes à la reconnaissance des libertés. Celles-ci confèrent ainsi l'égalité de chances sur un plan juridique et politique. Mais il ne s'agit en aucun cas, de niveler les égos et les aspects matériels de l'existence ; la logique libérale se veut égalité au plan juridique. Elle ne signifie pas égalité des revenus ; elle voudrait simplement favoriser les potentialités individuelles.

Tout naturellement, l'individualisme anthropologique a commandé le suffrage universel de la période antique, et entraîné la généralisation de l'éligibilité et de l'électorat, sur les plans politique et social. Si l'Etat a pour interlocuteur l'individu (le citoyen), rationalisme individuel, pouvoir et liberté vont caractériser un type de régime représentatif (connu en Afrique depuis le Moyen-âge, donc bien avant l'Europe)[85]. Nous retenons ici les équilibres politiques et institutionnels pour lesquels nous manifestons quelque intérêt pour la suite de notre analyse.

B- Les équilibres politiques

Le phénomène de l'*alternance* politique revêt une importance majeure dans la conception occidentale du pouvoir. Chaque citoyen peut être tour à tour gouvernant et gouverné, du fait même de la généralisation de l'éligibilité et de l'électorat. Majorité et opposition, irréductibles, apparaissent comme la tension nécessaire à la neutralisation de l'oligarchie dominante dont la tendance est à la radicalisation de ses intérêts. Le pluralisme politique inspire ainsi l'idéal démocratique. S'il a eu un certain succès, il est bon de faire remarquer que bien de défauts d'une institutionnalisation majorité - opposition persistent. Il nous suffira tout simplement de constater les dérèglements engendrés par l'élévation du taux d'abstention, la montée de la droite extrémiste, le dialogue

[85] C. A. Diop, *op. cit.*, p. 51, affirme en ce qui concerne la Constitution mossi : « *Chaque profession a ses mandataires au sein du gouvernement ; ils sont chargés de présenter, le cas échéant, ses doléances. Tel est l'esprit de cette constitution ; pour en saisir l'originalité il faudrait supposer, au plein Moyen Age occidental (1352 - 1353, date du voyage d'Ibn Batouta au Soudan, guerre de cent Ans) non pas un seigneur provincial quelconque, mais le roi de France ou d'Angleterre, associant au pouvoir, avec voix délibérative, les serfs de la campagne, attachés à la glèbe, les paysans libres, les artisans des villes groupés en corporations, les commerçants.* »

politique démagogique, etc[86]. De l'antiquité à nos jours, les régimes politiques de l'Europe n'ont cessé d'être modifiés ; s'ils témoignent de la vitalité d'un modèle social qui se remet en cause et renonce, chaque fois, à certains principes qui ont pourtant moulé sa vie antérieure, on peut à l'opposé, s'interroger sur le fait qu'en Afrique, ce ne sont point les institutions qui sont mises en cause, mais les rois incapables d'en assumer les clauses ; des auteurs de bonne foi témoignent de la note de satisfaction que procure aux africains les institutions traditionnelles[87]. Derrière cette insatisfaction érigée en norme et moyen de l'alternance politique en Europe, il y a, assurément, un déficit de rigueur institutionnelle que nous pensons être d'ordre anthropologique. Le modèle institutionnel dominant subit encore l'illusion scientiste du rationalisme individuel prolongé dans l'organisation "oligarchique" d'une élite qui contrôle, avec l'aide des groupes de pression, l'ordre politique dominant, en orientant les équilibres institutionnels dans le sens qui assure ses intérêts de classe.

Le processus de démocratisation de la vie politique et son cadre électif subissent encore dans le cadre de ces équilibres, la dynamique individualiste et sa corporation monopoliste ; celles-ci renvoient le peuple au simple rôle d'animation du jeu politique[88].

Si on peut en relativiser les effets en Occident, ce processus constitue en Afrique la technique la plus appropriée pour formaliser l'adhésion des gouvernés à la volonté politique de l'oligarchie dirigeante. Le monopole de la légitimité démocratique concocté pour la circonstance, montre combien sont fragiles les équilibres entre pouvoir central et collectivités locales, gouvernement et parlement. En fait, ceux-

---

[86] A la vérité, les élections disputées ne sauraient consacrer le fait démocratique ; surtout s'il faut ajouter à cela, les élections truquées, la manipulation de l'opinion, la confiscation de la souveraineté par l'oligarchie au pouvoir.

[87] Georges Balandier, *op. cit.*, p. 174, rassure : « *Leurs structures ne sont pas mises en cause, mais seulement les détenteurs du pouvoir et de l'autorité.* » Et cet autre témoignage de T. Olawale Elias, *La nature du droit coutumier*, Paris, présence africaine, 1961, p. 31, souligne : « *Il n'y a cependant pas de place pour les démagogues, ni pour les individus compétents. Les dirigeants sont mis en place et déposés conformément à leurs mérites. Le peuple est l'arbitre final de l'idéal démocratique, tel qu'il est conçu dans ces communautés.* »

[88] Ceux qui manipulent les règles de l'exercice du pouvoir et orientent la vie politique institutionnalisent des méthodes de ruse juridique au bénéfice de la classe dominante à laquelle ils appartiennent.

ci dissimulent mal l'utopie d'une construction démocratique de la nation sur les bases d'un modèle dont l'occident reconnaît lui-même les limites conceptuelles et institutionnelles.

C- **Les équilibres institutionnels**

Désormais, le problème des équilibres institutionnels se heurte à un fait majeur : la montée des foyers de nationalismes dont l'autorité politique redoute le caractère contestataire et explosif. L'Occident, et dans une large mesure l'Afrique, se trouvent ainsi pris dans l'étau des concepts de liberté et d'égalité introduits par la bourgeoisie conquérante en vue de maintenir et de promouvoir ses intérêts. De fait, ces concepts ne servent guère à compenser les inégalités comme cela se conçoit aisément dans le système social africain[89] ; ils visent, bien au contraire, à neutraliser les groupes organisés, syndicats, associations, organisations d'ouvriers, et la périphérie dont la structuration menace les privilèges et les acquis de l'oligarchie dirigeante.

1- Le centre contre la périphérie

La question de la décentralisation (centre/périphérie) se pose encore parce que sa nature est contraire aux intérêts et privilèges de l'esprit individualiste de la bourgeoisie. Cette nature a sa racine dans l'antiquité gréco-romaine ; elle a renouvelé sa méthode conceptuelle à la fin du XVIIIe siècle avec l'histoire constitutionnelle en récupérant le vitalisme individualiste dont l'avaient privé la période féodale et la société de l'Ancien régime[90].

Même les thèses modernistes des théoriciens de la séparation des pouvoirs tels Rousseau ou John Locke ont vu leurs beaux principes gangrenés par l'inflation des options libéralistes, à tout le moins mesquines, en Occident comme dans l'Afrique actuelle.

---

[89] Cheikh Anta Diop, *op. cit.*, p. 12, écrit : « *La spécificité du système consiste donc dans le fait que le travailleur manuel, au lieu d'être frustré du fruit de son travail, comme l'artisan ou le serf du Moyen Age, peut au contraire l'accroître en y ajoutant des biens donnés par le "seigneur".* »

[90] Le nouveau régime, issu de la révolution de 1789, est d'essence bourgeoise et libérale. Mais il couve en son sein, le principe de l'individualisme qui a marqué la société esclavagiste grecque et féodale moyenâgeuse.

Le continent noir hérite donc de l'esprit individualiste et de sa traduction politique, à savoir l'illusion que le rationalisme individuel engendre le progrès et le bonheur et ce, contre les structures tribalocratiques africaines maintenues et éprouvées depuis bientôt quatre millénaires.

Notons cette importante différence entre les structures politiques européennes et africaines : les premières sont fondées sur des corps de métier et autres organisations institutionnelles auxquels adhèrent des individus isolés, tandis que les secondes sont fondées sur des liens de sang, affinitaires ; celles-ci s'auto-instituent, en droit comme en politique, et la décentralisation de l'Etat s'y effectue par réalisme. Prince Dika-Akwa en singularise la nature organisationnelle :

> « *Le système ne "détribalise" pas les groupes en présence dans l'espace matériel, il se contente d'établir des modalités de coexistence entre lignages différents et d'intégration clanique.* »[91]

Contrairement aux bourgeois qui accumulent les terres au nom de l'égalité juridique pour mieux exploiter les démunis[92], la pensée africaine révèle une toute autre approche pour minimiser l'injustice sociale avec cet accent théocratique :

> « *La maîtrise de l'espace matériel s'étant réalisée par accord avec le dieu ou les génies du coin, les droits des pré-installés sont respectés en dépit de leurs défaites militaires, et les nouvelles unités développent la structure dominante qui n'a pas été retenue par les "autochtones".* »[93]

Ce n'est pas la table rase des institutions dominantes, mais l'intégration pour "donner" davantage de vie et conjurer la revanche politique.

---

[91] Prince Dika-Akwa, *op. cit.*, p. 171.
[92] Cheikh Anta Diop précise : « *Le sol, en Afrique, n'appartient pas aux conquérants; l'esprit de la classe nobiliaire n'est pas tourné vers le sol, vers la possession de grands domaines fonciers que l'on fait cultiver par des serfs rivés à la glèbe; en ce sens il n' y a pas eu de féodalité en Afrique.* », *op. cit.*, p. 20.
[93] Prince Dika-Akwa, *op. cit.*, p. 171.

Il y a là un "esprit" africain dont il nous paraît important d'analyser les fondements théoriques et leur portée. Il potentialise une culture démocratique et de non-violence dont le monde moderne a besoin. Certes, il y a une difficulté réelle à résoudre, celle de l'expérience républicaine en cours :

> « *Les africains n'ont donc jamais vécu l'expérience d'une république laïque, bien que les régimes aient été presque partout démocratiques, avec des pouvoirs équilibrés.* »[94]

Ce qui semble donc en jeu, c'est la nature de l'Etat et du droit :

> « *Une caractéristique dominante des systèmes indigènes de gouvernement était que, quel que soit le pouvoir des chefs individuels ou de la classe dominante, ils ne disposaient d'aucun appareil par lequel ils pouvaient imposer l'obéissance à leurs ordres (contrairement aux pouvoirs des régimes absolus prévalant à un certain stade de l'histoire de l'Europe).* »[95]

Examinons, pour ainsi dire, l'équilibre au sein du pouvoir central.

2- Le pouvoir central

L'équilibre au sein du pouvoir central se pose en termes d'équilibre entre gouvernants et censeurs des gouvernements. En Europe, c'est dans l'histoire de l'Angleterre que naît la théorie de la séparation des pouvoirs. D'abord parce que ce pays échappe à l'influence du droit romain ; de plus, son insularité le met à l'abri des menaces extérieures dont le penchant naturel aurait été le renforcement du pouvoir pour résister aux invasions. A l'instar de l'Afrique où règne une paix relative, l'Angleterre peut donc, à partir du XVe siècle, faire l'expérience du Parlement.

Parmi les grands théoriciens de la séparation des pouvoirs qui se rapprochent de la pensée politique africaine, il faudrait citer John Locke[96]

---

[94] C. A. Diop, *op. cit.*, p. 74.

[95] T. Olawale Elias, *op. cit.*, pp. 31-32.

[96] John Locke est considéré comme l'un des premiers théoriciens modernes de la séparation des pouvoirs, avec Thomas Hobbes (pacte de soumission) et Jean-Jacques Rousseau (pacte d'union). Il a fondé l'hypothèse d'une origine contractuelle du pouvoir,

au XVIIe siècle et Montesquieu[97] au XVIIIe siècle. Leur approche nous permet de retenir deux principaux régimes politiques nés de l'idée d'une séparation des pouvoirs: le régime présidentiel et le régime parlementaire. Il faut préciser que le régime présidentialiste actuel correspond davantage aux traditions monarchiques occidentales.

- Le régime présidentiel classique

Le principe de l'*irrévocabilité mutuelle des pouvoirs* fait qu'aux Etats-Unis, le Président ne peut dissoudre le Congrès (Sénat et chambre des Représentants) auquel revient la fonction législative et budgétaire ; il ne peut non plus le contraindre à voter une loi. A cela correspond qu'en retour, le Congrès ne peut le révoquer, lui et ses ministres. Cette pétition de principe doit alors suivre une procédure de destitution.

Mais déjà, notons que dans les modèles traditionnels africains, à l'instar du principe américain précité, « *le caractère non absolu de la monarchie est révélé par le fait qu'une fois investis, les ministres ne peuvent pas être révoqués par le roi.* »[98] Parce que ce caractère est présent dans l'Afrique monarchique et tribale, on peut penser qu'il plonge dans la nuit des temps. Cheikh Anta Diop précise, en conséquence, « *qu'aussi longtemps que la tradition était vécue à l'abri des influences extérieures, le roi remplissait une fonction dans laquelle aucun usurpateur ne pouvait le suppléer.* »[99]

Monarchie pour monarchie, on voit quelle avance l'Afrique a eu sur l'Europe en matière d'histoire constitutionnelle quand on sait qu'au XVIe siècle, en France, le monarque choisit ses ministres qu'il peut révoquer librement ; on sait aussi que Louis XIV dirigeait personnellement l'action de ses ministres. « *Le roi a toujours cherché à être le maître de la composition de son conseil et il a toujours pu y appeler qui il voulait* »[100], soulignent Timbal et Castaldo. Ce n'est qu'au

---

de même qu'il a supposé que pouvoir législatif, différent de l'exécutif, doit lui être subordonné pour qu'il n'y ait point d'abus.

[97] Dans son *Esprit des lois* (1748), Montesquieu ne veut point que les libertés individuelles soient compromises par l'absolu du pouvoir. Il propose donc de conjuguer la séparation des pouvoirs et l'instauration des contre - pouvoirs en privilégiant des corps intermédiaires tels que la noblesse, les pouvoirs locaux, les cours de justice.

[98] Cheikh Anta Diop, *op. cit.*, p. 51.

[99] *Ibidem*, p. 65.

[100] *Op. cit.*, p. 380.

début du XVIIIe siècle, que *« l'existence d'un "principal ministre" est reconnue en droit. »*[101]

En Egypte et en pays Mossi, le Vizir tout comme le Togo Naba jouent le rôle de Premier ministre. Ainsi pendant près de quatre mille ans, les différentes castes, professions ou catégories sociales ont leurs mandataires au gouvernement. Réunis en conseil, ils investissent un roi dont les qualités satisfont aux critères de la royauté[102]. Ce sont ces mandataires qui exercent le mode législatif traditionnel. Voyons à présent, ce qu'il en est du régime parlementaire classique.

- Le régime parlementaire classique

Le régime parlementaire naît en Grande Bretagne, dans un cadre monarchique. Au départ, des moyens s'équivalent entre les membres de la Chambre des communes et le gouvernement (les premiers peuvent contraindre le gouvernement à démissionner et les seconds peuvent dissoudre la chambre). Ils finissent par la suite à céder le pas au renforcement du gouvernement. En fait, le parti vainqueur gouverne, et même légifère grâce à une majorité parlementaire.

Il faut donc bien préciser que la législation par décrets du chef ou du roi si régulière dans les modèles occidentaux du pouvoir, est combattue en Afrique ; cela ne peut se comprendre que si l'on considère la genèse même des castes dont l'autorité sur le pouvoir se fait ressentir au stade clanique. Olawale précise :

> « *Partout où existait un système régulier de gouvernement, le mode législatif traditionnel consistait en Afrique dans la prise des décisions par un chef assisté de ses principaux adjoints territoriaux. La hiérarchie de chefferies trouvait ainsi son expression dans la dévolution du pouvoir législatif, les chefs de village ayant eux-mêmes avec la collaboration des chefs de famille le pouvoir de prendre les décisions d'intérêt local de même que d'assurer à l'échelon du village l'exécution des lois.* »[103]

---

[101] *Idem*, p. 374.
[102] T. Olawale Elias, *op. cit.*, p. 210.
[103] Dans presque tous les cas de figure, on tenait compte de leurs qualités intellectuelle, morale, physique. Ils étaient davantage désignés qu'élus, en vertu de ces considérations. Tant que le roi exerce convenablement sa mission, il est dans les bonnes grâces du

Le roi délègue à ceux-ci l'initiative des lois ; bien qu'étant associé à ce mode législatif, la sagesse lui commande l'intérêt général, contre le droit "positif" où des privilégiés du système politique ambiant s'accaparent l'initiative juridique souvent orientée vers leurs intérêts et ceux du Prince.

- Le régime présidentialiste

Le problème du régime présidentialiste naît de ce que la présidence, en régime parlementaire, "possède" le roi ; en d'autres termes, le régime parlementaire paralyse sa "toute" puissance. En régime présidentialiste, l'unanimisme de certains régimes dictatoriaux s'accompagne d'une modalité pluraliste qui s'accommode à la fois de la primauté présidentielle et du dirigisme présidentiel.

Si dans les premières constitutions de la période de révolution (fin du XVIIIe siècle), une séparation rigide est conclue entre l'exécutif et le législatif, force est de reconnaître que ces pouvoirs ont été contraints de collaborer. La vie politique repose davantage sur la dialectique majorité - opposition, animation - contrôle dont on peut se poser la question de savoir si une telle disposition est pertinente dans cette Afrique où le réflexe tribal est consubstantiel de la réalité politique, et pertinent pour le contrôle du pouvoir.

Ce qui nous intéresse à présent, c'est moins le fonctionnement de la machine étatique héritée de l'idéologie coloniale que les effets pervers introduits dans la structure de l'Etat-nation, tant de conséquences enfin perçues comme désastreuses. Parce que nous vivons le temps du monde *fini* ceinturé par la rationalité étatique dominante, il faudrait envisager dès lors, ses principaux manquements.

SECTION III : LE TEMPS DU MONDE FINI

Le temps de notre monde ressorti désormais à celui d'un monde fini, dans lequel nous devons assumer notre responsabilité en tant qu'humain.

> « *Les dimensions limitées de la terre et de ses ressources*, affirme Person, *apparaissent tout d'un coup en*

conseil et du peuple. Il peut être démissionné par celui-ci. Comme nous l'avons signalé, « *si un roi abuse de son pouvoir*, pour reprendre les termes de T. Olawalé, *ses chefs subordonnés ont le droit de faire succession, ou bien de le déposer* », *op. cit.*, p. 28.

> *contradiction avec l'éclatement démographique du Tiers-monde et le gaspillage de la minorité privilégiée.* »[104]

Nous sommes à l'heure du bilan avec ce que cela suppose en termes de logique pour le salut du vivant.

§1- LE BILAN

Le célèbre économiste René Passet dresse le bilan de la situation actuelle de notre monde *fini* :

> « - *au plan individuel, la croissance de l'avoir n'est plus, comme nous l'avons vu, création mais destruction de l'être ;*
>
> - *au plan social, au terme d'une évolution dont nous nous sommes efforcés de dégager le cheminement, le moyen a pris figure de fin ; ce qui dissocie devient alors plus fort que ce qui rassemblait : là où l'adhésion à des valeurs communes permettait de surmonter les oppositions et de maîtriser l'usage des choses, la compétition pour la possession et le contrôle des moyens place les hommes dans une situation d'antagonisme radical ; les vieilles solidarités s'estompent et rien ne peut les remplacer qu'une sorte de loi de la jungle, à peine camouflée par le cynisme d'affirmations morales, dont chacun sent bien qu'elles servent plus à canaliser les aspirations des faibles qu'à refréner les appétits des puissants ;*
>
> - *au plan de la biosphère enfin, la régression des pénuries concernant les produits s'accompagne de l'épuisement des ressources dont ils proviennent et du blocage des mécanismes régulateurs dont la disparition menace dans sa production le milieu qui constitue le support de toute sa vie.* »[105]

---

[104] Y. Person, *op. cit.*, p. 30.

[105] *L'Economique et le Vivant*, Paris, 2e édit., Economica, 1996, pp. 229-230.

Nombreux sont les penseurs qui envisagent un scénario - catastrophe si l'homme n'interroge pas la sagesse du monde. Jacques Attali est de ceux-là :

> « *De ce voyage au règne des mots, surgit la sourde certitude d'une certaine mort de l'espèce humaine. Non d'une mort à venir, mais d'une mort déjà accomplie, depuis que, voilà bien longtemps déjà, le fleuve au fil duquel nous coulons a trouvé son lit.* »[106]

Yves Person y voit, singulièrement, la disposition logique du schème de l'Etat-nation et de ses effets pervers induits par le modèle libéral :

> « *Au moment où l'Europe cherche un nouveau sujet historique, pour lutter contre les phénomènes de domination et de massification, en imaginant des espaces d'autogestion limitant les effets destructeurs de la croissance, alors que l'automation va réduire rapidement le travail disponible, il serait tragique que l'Afrique s'engage dans cette voie sans issue, au nom de l'Etat-nation et de sa prétention à refaire la société.* »[107]

Voilà qui est clair. La culture du "capitalisme" qu'accompagne le rationalisme individuel de l'Occident est un sujet préoccupant. L'individualisme, la démocratie, la liberté, l'égalité, l'Etat de droit, la laïcité de l'Etat, etc., sont autant de supports de cette forme radicale de jouissance universalisée. Elle accuse, sous toutes ses formes, le capital comme source de violence. Ce n'est pas sans raison que René Passet affirme :

> « *Le politique et le social réduits à l'économique et celui-ci au financier, c'est ce double réductionnisme qui régente aujourd'hui les affaires de la planète. Entre la logique du vivant et celle de l'argent se joue l'avenir du monde.* »[108]

La polarisation du capitalisme mondial ne rencontre pas d'obstacles sérieux en Afrique. Accepter les valeurs de l'Occident est

---

[106] *Les trois mondes. Pour une théorie de l'après-crise*, Paris, Fayard, 1981, p. 10.
[107] *Op. cit.*, p. 35.
[108] *Op. cit.*, p. 231.

sans doute la démarche locative d'un esprit devenu infécond pour avoir intériorisé le fait que l'Occident occupera toujours le devant de la scène, que nos cultures seront, par conséquent, toujours battues, et que le réalisme commande cette lecture attentiste de l'histoire.

Le point de vue de la science que nous défendons revêt ici toute son importance :

> « *L'esprit scientifique, en effet, ne s'attaque pas à un problème pour la seule raison qu'il est sérieux ; il y perdrait son temps si n'étaient assez grandes les chances de le résoudre.* »[109]

On peut même affirmer qu'il affine ses méthodes et fait preuve d'intuitions rationnelles nouvelles ; celles-ci appellent la grande réflexion soulevée par la question de l'éthique et de la responsabilité envers les générations futures, à savoir, le comment d'un développement durable.

§2- ENTRE ETHIQUE ET RESPONSABILITE

La question d'un développement durable, désormais à l'ordre du jour, s'impose enfin à la conscience occidentale. René Passet situe l'enjeu :

> « *La crise actuelle est trop générale, les crises spécifiques se révèlent trop nombreuses, pour ne pas traduire une transformation fondamentale des mécanismes sur lesquels fonctionnent les sociétés, en même temps qu'une régression des systèmes de valeurs dont elles tirent leur justification.* »[110]

Il poursuit ainsi sa réflexion :

> « *Ce qui se trouve mis en cause derrière ces évènements c'est le primat de l'économique posé comme finalité des conduites individuelles et critère ultime des grandes décisions publiques.* »[111]

---

[109] Charles Morazé, *La science et les facteurs de l'inégalité*, avec les contributions de Ahmad Y. al - Hassan, James A. Dator, Joseph. Needham, André K. Olodo, Federico Pannier, S.N. Sen et Derek de Solla Price, Paris, UNESCO, 1979, p. 5.

[110] *Op. cit.*, p. 2.

[111] *Idem.*

En prenant ainsi à témoin, les grands penseurs de l'histoire contemporaine, il était question de solliciter leurs analyses pour renouveler une cohérence de notre être, entre "éthique et responsabilité".

Nous arrivons toujours à la même conclusion : le blocage du développement durable est attribué à un facteur sociologique. La structure de l'Etat appelle une autre construction théorique, une autre conception de l'homme d'action et une autre vision du réel, des valeurs et des fins. C'est d'un nouvel ordre social, alliant éthique et responsabilité, dont il est question.

Or, dans une économie libre et un ordre dissymétrique des relations internationales, la pensée classique offre peu de place à une conception originale de l'Etat et du développement. De plus, dans ce système social, les pays africains eux-mêmes, incapables de suivre la compétition, voient leur part réduite dans l'échange et du coup, s'en trouvent marginalisés. Le problème n'est plus uniquement celui d'une nouvelle construction théorique ; celui-ci concerne à présent l'existence d'écarts sensibles et insupportables dans les niveaux de développement atteints par les différents pays. En direction de l'Afrique, l'idée de développement a une connotation davantage paradoxale. René Passet écrit :

> « *Le développement durable ne saurait se confondre avec une simple croissance quantitative et unidimensionnelle, mesurée par l'augmentation du produit national. "Développement", on le définira comme une "croissance complexifiante multidimensionnelle".* »[112]

Il importe de nous attarder sur cette considération et sur les concepts que le savant déploie. Il entend par "croissance complexifiante" le fait que celle-ci soit, « *accompagnée d'un double mouvement de diversification et d'intégration permettant au système de croître en se réorganisant, sans perdre sa cohérence.* »[113]

Or, le modèle de l'Etat-nation dé-structure le potentiel organisationnel des traditions, dessert les solidarités horizontales en accentuant les inégalités entre et dans les nations, puis provoque les haines et la violence à une échelle dont la mesure est à la hauteur de la

---

[112] *Ibidem.*
[113] *Ibidem.*

production des instruments de destruction massive. De plus, ce développement durable se veut aussi "multidimensionnel" :

> « *Dans la mesure où, par delà l'économique au sens strict, est prise généralement en compte la qualité des relations établies entre les hommes au sein de la sphère humaine et avec leur environnement naturel : lorsque le produit par tête s'accroît au prix d'une dégradation des valeurs socioculturelles, d'un phénomène d'exclusion sociale ou d'une altération de la relation avec le milieu, on peut parler de croissance mais s'agit-il d'un développement ?* »[114]

Le caractère durable du développement apparaît dès lors comme une articulation entre le milieu social intégré à l'équilibre global des milieux naturels et, auquel correspond la volonté d'agir en conformité avec cet équilibre : éthique et responsabilité engagent la durabilité.

Nous pouvons à présent tirer les premières conclusions qui s'imposent.

Comme nous l'avons vu, la pensée classique exclut une analyse originale du phénomène étatique. Cependant, les éléments de définition du développement durable fournissent un point de départ pour une construction théorique nouvelle de l'Etat moderne, si l'on disqualifie aussi les marxistes dont la vision déterministe du système d'accumulation capitaliste de l'Europe ne correspond pas à la réalité historique africaine[115] et universelle bien comprise.

Nous organiserons la première partie de notre recherche autour des deux voies d'approche qui nous ont été suggérées par la pensée moderne de la complexité, à savoir la nécessité d'une cohérence interne

---

[114] *Ibidem.*

[115] Cheikh Anta Diop, op. cit., p. 150, montre qu'en Afrique, « Il n' y a pas, d'une part, une minorité sociale qui possède ces moyens et les accumule dans quelques ateliers, et, d'autre part, une masse d'expropriés obligés de vendre leur force de travail à cette minorité, pour vivre. » Nous verrons, que l'accumulation des richesses dessert globalement l'équilibre du système ; elle sert davantage les hiérarchies de prestige et du pouvoir lorsqu'elle se pratique. C'est dire qu'entre le collectivisme africain et la notion d'accumulation du capital repose une donnée sociologique qui ne peut avoir de signification que dans les données objectives de l'existence. L'aspect déterministe de la vision marxienne du développement y perd du crédit.

du système social, en termes d'intégration et de diversification, et celle de l'harmonie sociale et universelle en vue d'y assurer un développement durable. Ces deux voies peuvent aussi être considérées comme les deux grandes intuitions rationnelles de la science moderne :

- la première voie nous conduira à analyser le phénomène étatique en termes fonctionnels : il existe, en effet, des moteurs et des mécanismes anthropologiques de la tradition dont les vertus et le potentiel dans l'organisation étatique sont une condition nécessaire au fonctionnement harmonieux du système social, voire suffisante pour enclencher le développement. Dans les institutions modernes, l'absence de ces moteurs et mécanismes traditionnels crée une situation permanente de non état de droit, de justice, d'équité et de développement ;
- La seconde voie nous conduit vers une conception de l'Etat résultant d'une vision du réel et de la valeur en vue de la réalisation des fins universelles aujourd'hui contrariées par le modèle de l'Etat-nation dominant et son rationalisme libéral producteur de violences.

Ces deux attitudes ont en commun un postulat que nous pouvons schématiser comme suit : la pensée politique africaine apporte sa contribution à la pensée universelle en montrant la manière dont elle a systématisé l'Etat multinational et la société multiculturelle. La pensée occidentale classique n'a pas pu mettre en oeuvre cette démarche dans son histoire politique. Le problème posé par la faillite de l'Etat-nation européen est celui de la généralisation de sa réalité socio-économico-anthropologique à l'ensemble du monde moderne.

Les trois chapitres qui suivent abordent les différentes démarches par lesquelles la pensée africaine a approfondi les deux grandes intuitions de la science moderne. Ils cernent au préalable le champ juridique de l'action politique avant d'entrevoir les modalités organiques et normatives de cette action. Cette démarche a l'avantage de présentifier d'emblée, l'approche normative africaine des droits de l'homme.

CHAPITRE II : LE CHAMP JURIDIQUE DE L'ACTION POLITIQUE

> « Le véritable facteur de stabilisation est constitué par le désir des unités sociales équivalentes de réaliser un équilibre social et politique. »
>
> T. Olawale Elias, *La nature du droit coutumier africain*, Paris, Présence africaine, 1961, pp. 30-31.

Tout ce qui a été dit doit à présent trouver une explication dans les fondements normatifs de l'action politique, c'est-à-dire dans l'organisation rationnelle du juridique africain.

Etudiant le domaine du politique et confrontant les méthodes qui opposent les chercheurs, Georges Balandier montre la nécessité méthodologique d'envisager le pouvoir (politique) « *comme un produit de la compétition et comme un moyen de la contenir.* »[116] Il y envisage ensuite deux problématiques : la nécessité de considérer, au delà des relations politiques, la nature des phénomènes politiques - d'un point de vue analytique-, puis de saisir - c'est le point de vue synthétique - les formes d'organisation politique qui le caractérisent. Ce qui est en jeu, c'est la rationalité juridique de leur dynamisme interne et surtout, l'étude des savoirs et leurs significations sur l'activité politique. En d'autres termes, l'interdépendance de ce que les acteurs politiques perçoivent de et dans l'environnement, et qui constitue un champ de phases en résonance, donc "topologique". En somme, il est question des valeurs juridiques qui déterminent la vie et les conduites. C'est autour de ces constructions mentales qui organisent le statut juridique des acteurs politiques (section I) que seront aussi exposées les modalités juridico-politiques d'intégration territoriale (section II).

---

[116] *Anthropologie politique*, Paris, 4e édit. Quadrige/PUF, 1999, pp. 32-42.

SECTION I : LE STATUT JURIDIQUE[117] DES ACTEURS POLITIQUES

Les acteurs politiques sont des individus ou des groupes de coopération qui influencent la vie publique par leurs activités inter-relationnelles et interactionnelles.

La nature des phénomènes politiques dépend de la nature de la société étudiée. C'est celle-ci qui fixe, entre les gens qui perçoivent la réalité de et dans l'environnement, la place qu'occupent les individus et les unités sociales en présence. Le consensus organise les droits et devoirs des individus, mais aussi les activités sociales auxquelles participent les groupes. Il régule les possibilités que les uns et les autres offrent en termes d'atouts et de ressources individuels ou collectifs, de degré d'implication, d'utilité, de respect des règles, etc. La présente section vise la découverte du paradigme qui, en fin de compte, anime la vie politique africaine. En fait, il s'agit de savoir comment se justifie et s'organise l'*Etat (de droit)*.

Vu sous cet angle, le concept de "statut" fixe une double tâche : expliquer la manière dont, vus de l'extérieur, les mécanismes relationnels de groupe à groupe, d'individu à individu, ont favorisé la cohésion sociale et la stabilité relative des institutions politiques dans le temps et dans l'espace malgré le jeu des modifications relationnelles intervenues et des combinaisons juridiques toujours renouvelées. Les travaux remarquables d'Olawale Elias[118] nous apportent des lumières sur ces questions.

§1- L'ACTION POLITIQUE

L'existence des litiges dans et entre les familles et lignages, mais aussi des modalités de règlements de conflits, des différends et d'autres systèmes d'alliance constituent la première armature qui fonde l'ordre politique. Olawale considère que « *l'unité du clan n'est qu'une fiction*

---

[117] Pour Allen, cité par T. Olawale Elias, *La nature du droit coutumier africain*, Paris, Présence africaine, 1961, p. 115, le statut ainsi exprimé est « *la condition juridique découlant de l'appartenance à une catégorie particulière de personnes à qui la loi assigne certaines capacités ou incapacités déterminées.* »

[118] Idem.

adoptée par ses membres pour le défendre dans les relations qu'il entretient avec les autres groupes de la collectivité. »[119]

Il paraît essentiel de saisir la complexité de ce mode d'organisation où l'antagonisme participe de la stabilité, de l'intégrité et de la régularité structurantes de l'espace social.

Comme le montre Balandier, sont mises en œuvre des oppositions au sein d'une même cellule - souche, mais celles-ci se transforment en segments solidaires dans une unité transcendante qui, elle-même, s'oppose à cette autre unité homologue et ainsi de suite. Il s'en suit que :

> « *Les modes de conciliation des différends, les types d'affrontement et de conflit, les systèmes d'alliance et l'organisation territoriale sont en corrélation avec l'agencement général des segments lignagers et des lignages.* »[120]

Le principe antagoniste entre les unités est de type organisationnel.

La dynamique lignagère et le territoire impriment, par conséquent, la première marque du champ du politique[121] ; mais c'est à l'intérieur de cette descendance que s'intègre le statut juridique des acteurs politiques.

Contrairement aux sociétés occidentales, la terre n'appartient ni à un individu, ni au bourgeois, mais à une famille dans laquelle sont organisés des droits et devoirs. Aussi des parcelles sont-elles allouées aux personnes en âge de les exploiter utilement, aux fins de l'habitation ou de l'exploitation des ressources du sol. Des règles précises organisent l'octroi des parcelles, et la liberté de les mettre en valeur, dès le stade

---

[119] *Idem*, p. 102.

[120] G. Balandier, *op. cit.*, p. 63.

[121] Prince Dika - Akwa nya Bonambela, *Problèmes de l'anthropologie et de l'histoire africaines*, Yaoundé, Editions Clé. 1982, p. 170. Coll. Etudes et documents africains, note à propos du lignage qu'il « *intègre des lignages entiers des tribus et des peuples raciaux étrangers aux siens. Cette intégration se réalise sur la base d'une "alliance sacrificielle" doublée d'une série "d'alliances matrimoniales". Il y a donc à la fois le processus d'acculturation et le processus de parentalisation qui interviennent pour que naisse la structure classique. Elle explique le rapport des groupes et de la terre.* »

familial et lignager. Le droit s'y constitue certes d'un point de vue privé, mais il préfigure aussi les contours du droit public à venir.

Au sein de la famille élargie ou d'un groupe de coopération, sont circonscrits des droits de l'individu, qui fluctuent selon des exigences liées à la complexité croissante de l'appareil juridique. Les liens entre individus, familles et groupes de coopération se trouvent imbriqués dans une unité complexe qui tend à neutraliser les antagonismes et les conflits relationnels.

Les droits et devoirs de l'individu, même reconnus, obligent aussi la famille en cas de délinquance. Le devoir de solidarité de la famille tenue de veiller moralement à ce que le dommage soit réparé renforce le caractère collectif de la responsabilité familiale qui peut alors s'étendre à un groupe de coopération quand il s'agit de la répartition des efforts liés au processus de sédentarisation.

Il y a dans cette méthode, captation du désordre et des aléas perturbateurs au profit de l'organisation.

Si l'individu est responsable d'un point de vue légal, c'est la famille ou le groupe qui sont aussi concernés. L'attitude collectiviste soulignée tient à la mentalité organisatrice qui fait de l'individu, un maillon important dans la chaîne de solidarité du groupe au rendement collectiviste. Aussi la liberté individuelle contraint-elle à l'observation précautionneuse des normes qui régulent la cohésion du groupe. C'est bien cette solution de survie du groupe qui est aussi celle de l'individu. Celle-ci donne l'impression d'une passivité globale de la société. Il faut, dès lors, préciser que la réalité collectiviste nivelle les égos trop fortement perçus dans les sociétés individualistes. L'"unanimisme" apparent de la première n'est qu'impression qui dissimule mal les vertus du consensus ; celui-ci justifie aussi le statut juridique du groupe ou de la famille sociologiquement élargie. Celle-ci singularise le cadre social et économique qui en organise l'espace en dehors du seul cadre physiologiquement défini de la famille génitrice. Cependant, l'individuation débouche difficilement sur l'individualisme au sens des sociétés féodales et monarchiques de l'Occident. Olawale précise justement concernant l'Africain que « *L'étendue de ses rapports, de ses obligations, dépendra évidemment de l'organisation sociale du groupe ou de la collectivité où le hasard l'a placé. Cependant quel que soit le caractère d'une société donnée, une analyse nourrie montrera que les divers membres conservent plus d'individualité qu'on le croit généralement.* »[122]

Les obligations et les avantages que l'individu tire d'un groupe ou d'une collectivité fondent un statut qui implique la reconnaissance des capacités ou des incapacités garanties par la loi. C'est ici que l'action familiale influence la vie publique et anticipe le cadre du politique et de l'Etat à créer. **En somme, l'enjeu c'est bien l'idée d'une organisation/réorganisation qui fonde les registres interrelationnels et interactionnels entre individu et société.**

§2- LE STATUT JURIDIQUE DE L'INDIVIDU

Nous retiendrons les principales catégories suivantes : les rois et chefs, les enfants, les femmes, les étrangers, les esclaves.

- Les rois et les chefs

En général, la royauté africaine et la chefferie sont considérées comme sacrées. Malgré ce fait majeur, ce droit considéré comme divin en vue de la régulation harmonieuse de la société ne met pas le chef ou le roi au dessus de la loi. L'autorité est limitée ici par la constitution, et sa désignation n'est pas automatique. Très peu de cas nous montrent un chef tyrannique. Il existe en général un conseil ou collège de mandataires qui veille au respect des normes régissant le gouvernement et auxquelles il est bien entendu assujetti. Ce conseil est aussi habilité à désigner le chef selon des critères bien définis[123].

Il est remarquable que malgré le fait qu'il soit garant de l'ordre ontologique, terrestre et social, seules ses aptitudes intellectuelles, morales, physiques et organisationnelles inspirent son respect[124]. Il peut être déposé en cas de défaillance, voire condamné au suicide[125].

---

[122] *Op. cit.*, p. 113.

[123] Prince Dika - Akwa, *op. cit.*, p. 261, écrit : « *Le système est conçu de manière à conférer la stabilité à l'Etat tout en faisant place à une possibilité de remise en cause. On s'en rend compte à l'examen du droit successoral de l'immense majorité des chefferies et Etats traditionnels.* » Nous reviendrons sur cette importante question qui ouvre le débat sur le cadre de la monarchie constitutionnelle, ses origines et sa genèse. Si le principe de la séniorité et de la proximité généalogique joue à plein temps, ce n'est pas toujours le plus âgé de la génération la plus âgée qui en hérite.

[124] Cheikh Anta Diop, *L'Afrique noire précoloniale*, Paris, 2e édit. Présence Africaine, 1987, p. 67, précise : « *Ces rois étaient quelquefois si conscients de leur rôle qu'ils*

Georges Balandier montre le rapport étroit qui existe aussi entre le pouvoir et certains phénomènes économiques :

> « *Certains privilèges économiques (droit éminent sur les terres, droit aux prestations de travail, droit sur les marchés, etc.) et certaines contreparties économiques (obligation de générosité et d'assistance) sont associés à l'exercice du pouvoir et de l'autorité.* »[126]

Les rois et les chefs sont en réalité contraints, malgré l'étendue de leurs droits : ils sont captifs d'un système qui ménage leurs actions en capitalisant leur sens du devoir et du sacré.

Tels apparaissent, d'un point de vue général, les obligations et devoirs des rois et chefs. Insistons davantage sur la question du droit éminent sur les terres. Nous avons mentionné le fait que les droits de l'individu coexistent avec ceux du groupe. La pensée africaine fait alors du chef un simple administrateur des biens. Le sociologue Joseph Mboui écrit :

> « *L'idéologie terrienne s'est forgée depuis au moins deux siècles, car c'est depuis cette période que l'expansion démographique structure les conceptions sur l'organisation générale de la société, le chef devenant non pas comme on l'a parfois abusivement avancé, l'unique propriétaire, mais bien au contraire, le gestionnaire sacralisé de cet élément absolument indispensable à la survie d'une de collectivités fondamentalement agraires vivant dans des espaces qui leur sont mesurés depuis longtemps déjà par la nature.* »[127]

---

cherchaient par tous les moyens à garder le contact avec le peuple, à s'instruire directement de ses doléances, à prendre, à tout prix, la température politique et sociale. Tel le Moro Naba qui se déguise la nuit et parcourt le quartier populaire de sa capitale dans l'anonymat absolu, écoutant les conversations. » Dans certains cas aussi c'était, à ce qu'il paraît, pour conjurer une révolution de palais. Cheikh Anta Diop souligne que certains Damels (rois) de Cayor se livraient à de telles ruses au XVIe siècle.

125 Un tyran peut être chassé en cas de tyrannie. Le peuple se soulève et est accompagné dans ce mouvement par les chefs légitimes des clans ou des représentants au gouvernement central.

126 *Op. cit.*, p. 41.

127 Joseph Mboui, « Le domaine national comme solution à la question foncière dans un Etat multiethnique » in *Inpact tribune*, Bulletin trimestriel d'analyses et de débats de la

En d'autres termes, la propriété de la terre revient au groupe, mais c'est toujours l'individu qui jouit de sa possession, le chef ou le roi régulant tout simplement sa juste répartition entre les familles ou groupes. C'est bien ce que le juriste Olawale Elias confirme :

> « *Le chef est partout considéré comme le symbole de la terre possédée par son groupe. Il joue à l'égard de celui-ci le rôle d'une sorte de dépositaire ou d'administrateur universel de la terre ; il répartit entre les chefs de familles les portions de terre, que ceux-ci redistribuent à leur tour entre les membres individuels du groupe familial.* »[128]

Mention doit donc être faite que la pensée africaine distingue sur le plan juridique, propriété et possession.

- ***L'esclave***

Nous sommes bien loin de l'idéologie dominatrice des possédants de l'antiquité grecque. Si la terre y est sacrée, elle appartient, en revanche aux seuls possédants ayant des ancêtres, un dieu, ou un culte domestique. Le régime féodal qui naîtra au moyen âge fera aussi apparaître un seigneur installé sur une terre, établissant des rapports de dépendance avec les populations. Celles-ci vivent dans l'insécurité la plus totale. Le serf, attaché à la glèbe, peut être ainsi vendu et ses enfants partagés.

Dans cette optique, l'esclavage antique coïncide avec la notion de servage. Même lorsque les habitants des bourgs vont s'organiser pour s'émanciper de la tutelle politique des seigneurs, la nouvelle bourgeoisie, enrichie par un commerce en plein essor, prendra sa revanche auprès des seigneurs endettés par les croisades. Elle deviendra l'élite politique et économique. A l'appropriation des terres par des bourgeois, correspondra une aliénation des catégories inférieures. En Afrique l'accent est mis sur l'usufruit, sur la mise en valeur des lopins de terre, y compris pour l'esclave.

> « *L'esclave,* dit Diop, *a son lopin de terre ; l'individu qui vient d'arriver ce matin au village aura aussi le sien. Un mouvement d'expropriation comme celui que connut*

Fondation panafricaine de lutte contre le tribalisme, n°018, premier trimestre 2001, p. 13.

[128] T. Olawale Elias, *op. cit.*, p. 185.

l'Europe du XVIe siècle est impensable dans l'histoire de l'Afrique précoloniale. C'est peut-être l'étendue énorme des terres cultivables qui a mis l'Afrique à l'abri de ce problème social. L'Afrique n'a donc pas connu ce capitaliste campagnard qu'est le fermier, intermédiaire entre le véritable possesseur du sol et le salarié agricole exproprié. »[129]

Toujours sur le plan juridique, la condition de l'esclave africain est différente de celle de l'esclave européen. Le vocable esclave apparaît, pour ainsi dire, inadéquat.

Pour saisir la question de l'esclavage africain, il faudrait poser le problème juridique de son statut, nuancé par les captures dans les guerres ou par le gage des dettes.

Si l'esclave peut avoir son lopin de terre, quelle est donc sa condition juridique ? Nous mettons de côté la condition de l'esclave issu des guerres du djihad islamique, l'influence du modèle arabo-islamique ayant joué en sa défaveur.

Nous avons vu que la question de l'esclavage s'est posée depuis l'antiquité. L'esclave, on le sait, n'a aucune condition juridique acceptable en Europe, de la Grèce jusqu'à la période féodale. C'est un paria dans la société; il n'a aucun droit. Il est important de noter que l'esclavage en tant que système d'assujettissement à la limite d'une animalisation de l'homme a été introduit en Egypte antique par la force des choses. L'Egypte nègre est constamment attaquée par les peuples nordiques et on sait que Ramsès II portera pour des raisons de violence préventive, les frontières de l'Egypte bien loin de ses frontières traditionnelles, jusqu'en Mésopotamie. Les invasions de l'Egypte par les Hyksos (2300 avant J-C), puis (vers 580 avant J-C), y ont créé une forte cargaison d'esclaves dont la présence paraît fort embarrassante. Cheikh Anta Diop l'explique :

« *C'est un double lien religieux et économique qui retient chaque individu dans sa caste, sauf en ce qui concerne l'esclave qui, n'étant pas indigène appartient en réalité à une catégorie laïque traditionnelle. La société a été conçue sans tenir compte de son existence, il y a été*

[129] Cheikh Anta Diop, *op. cit.*, p. 144.

introduit de force, comme un intrus ; on lui a fait une place, tant bien que mal, sans attacher à celle-ci une signification religieuse : il est assujetti de force ni plus ni moins pour des raisons économiques, matérielles. »[130]

L'esclavage n'est pas institutionnalisé ; il apparaît comme un incident dans le champ social. Il n'est pas considéré comme un maillon dans la chaîne de production du travail.

Cela justifie le fait que les avis soient partagés dans les sociétés africaines, spécifiquement religieuses, où la vie procède du sacré. Le juriste T. Olawale Elias souligne avec intérêt :

> « *En ce qui concerne les prisonniers de guerre, la pratique différait selon les communautés. Quelques unes ne voulaient pas qu'un hasard de la guerre transforme un être humain en esclave et les captifs étaient immédiatement libérés, avec la permission d'aller où ils le désiraient.* »[131]

On peut donc mesurer la portée morale et symbolique de l'action politique africaine du point de vue de sa philosophie humaniste.

Ailleurs l'esclave apparaît comme une nouvelle catégorie et son insertion pose problème. Cheikh Anta Diop déclare qu'en pays Wolof, l'esclave forme le gros de l'infanterie militaire et bénéficie par ailleurs de traitements favorables. Partis pour former la classe révolutionnaire, maltraitée, l'épisode de la guerre ne devient qu'un triste souvenir :

> « *Ce sont les "esclaves du roi" qui forment le gros de sa force militaire et qui, par conséquent, vont voir leur condition extrêmement améliorée. Ils ne sont plus esclaves que de nom ; les griefs qu'ils portaient au cœur se sont émoussés à la suite des faveurs dont ils sont comblés : ils ont une part du butin après les expéditions ; sous la protection du roi, pendant les périodes de troubles sociaux, ils peuvent même se livrer à des pillages plus ou moins discrets à l'intérieur du territoire national, contre les paysans pauvres, les "bâ - dolo", mais jamais contre*

---

130 *Idem*, p. 13.
131 T. Olawale Elias, *op. cit.*, p. 125.

> *les artisans qui ont toujours la possibilité de se faire restituer leurs biens confisqués.* »[132]

Il y a mieux : l'esclave accède à des niveaux de responsabilité et peut même faire partie du gouvernement. Tel semble être le cas dans la monarchie du Cayor (Sénégal) :

> « *Les esclaves sont commandés par un des leurs, le général d'infanterie, un pseudo - prince, dans la mesure où il peut régner sur un fief habité par les hommes libres.* »[133]

La société admet donc qu'un esclave reçoive une promotion au point d'avoir autorité sur les hommes libres. En occident, seule une révolution politique de type plébéienne peut conduire à de tels renversements de condition sociale.

On peut se dire à quel point une telle marque de confiance à l'endroit du vaincu peut étonner : l'ennemi d'hier est le général d'aujourd'hui. Tel a été le cas du généralissime d'armée, *Djarâf bunt Keur*, représentant des esclaves au gouvernement, et honoré par ses potentialités reconnues et tout à la fois craintes :

> « *Sa force, sa puissance sont tellement réelles que le jour où il trahira c'en sera fait du royaume du Cayor.* »[134]

En pays Mossi, la constitution va plus loin. La troisième personnalité du régime après le Moro Naba (empereur) et le Togo Naba (premier ministre) est le Rassam Naba ou Bingo Naba ; il sort de la famille des esclaves et a en charge les finances, le Trésor, les objets précieux.

Tout ceci ne peut être le fait d'un simple hasard si l'on se souvient que dans la Bible, Joseph, vendu par ses frères, se retrouve être le principal collaborateur du pharaon à qui il va par ailleurs demander d'accorder à ses frères le droit de séjour en terre égyptienne. Leurs descendants constitueront la grande famille des Hébreux. Joseph doit avoir eu conscience de la condition sans doute enviable des étrangers et des esclaves. Il semble aussi que les minorités blanches qui vivaient au

---

132 Cheikh Anta Diop, *op. cit.*, p. 13.
133 *Idem*, pp. 13 - 14.
134 *Ibidem*, p. 14.

Ghana, dans cet empire composite du moyen âge africain, ne subissaient aucune discrimination raciale. Elles pratiquaient aussi l'esclavage ; ce qui laisse supposer un traitement équivalent à celui des hommes libres :

> « *Toutes les minorités blanches qui vivaient en Afrique pouvaient posséder des esclaves noirs, mais esclaves et maîtres blancs étaient également les sujets d'un empereur noir : ils étaient tous soumis au même pouvoir politique africain.* »[135]

Dans l'ensemble des témoignages dont nous possédons les certitudes d'une réelle objectivité des auteurs, il apparaît que les mauvais traitements de départ ont cédé le pas à une meilleure considération de l'esclave. Seuls les capacités et le caractère de celui-ci ont accéléré, selon le cas, son assimilation comme membre à part entière du foyer du maître. Ils étaient, pour ainsi dire, adoptés et devenaient au bout d'un certain temps des chefs de famille. A l'occasion, ils bénéficiaient de lopins de terre pour leur exploitation personnelle et obtenaient par la suite, un statut social enviable s'ils faisaient preuve de caractère et de capacités naturelles appréciables. « *Nulle part le maître n'avait le droit de tuer un esclave innocent, bien que parfois le maître abusât de son pouvoir.* »[136]

Les esclaves pour dettes, système de gage, diffèrent des esclaves de guerres. Ils doivent effectuer au profit de leurs créanciers, un certain nombre de services pour compenser les dettes contractées :

> « *Dans certains cas, la libération était obtenue par le rachat de la dette par un parent ou un ami.* »[137]

En dehors de l'esclave du roi, devenu par la force des choses associé au gouvernement ou à l'infanterie[138], il y a l'esclave de la maison ou de la mère, captif de celle-ci, car acheté au marché, à moins qu'il provienne d'un héritage ou d'un don. Celui-ci est intégré à la famille, et respecté. Dans tous les cas de figure observés, le terme esclave recouvre en Afrique et en Europe des réalités différentes. Le défaut de terme nous

---

[135] *Ibidem*, p. 90.
[136] T. Olawale Elias, *op. cit.*, p. 126
[137] *Idem*, p. 125.
[138] Cheikh Anta Diop, *op. cit.*, p. 14, signale : « *Seul l'anoblissement d'un esclave, fût-ce par le roi, est impossible en Afrique, contrairement à l'usage des cours européennes.* »

oblige à utiliser celui-là même que convoitent toutes les confusions enregistrées par la littérature. De fait, « *c'est au contact de l'Europe que le sort des esclaves africains a subitement empiré car l'occasion s'offrait de les vendre à des gens qui les exportaient, avec tout le cortège des malheurs connus qui entouraient ces voyages forcés.* »[139]

S'il a existé un "type" d'esclave en Afrique, c'est bien celui que nous avons décrit. La contribution de l'Afrique à l'esclavage de type occidental procède de la logique pré-capitaliste du modèle marchand instauré avec l'islamisation des mœurs. Dans ce commerce honteux, la responsabilité de certains chefs traditionnels africains n'est pas des moindres. En somme, l'esclave africain est davantage un "captif", "attaché" à quelqu'un, mais un tel attachement est valorisant.

- Les étrangers

Les règles d'hospitalité en Afrique sont connues : elles plaident pour l'accueil, l'hébergement et l'ouverture des peuples aux étrangers. Si la condition juridique de l'esclave est acceptable, à plus forte raison celle de l'étranger dont on est loin de soupçonner les liens possibles, directs ou indirects, proches ou lointains : liens par la langue, mariages exogamiques, amitiés lointaines et princières, etc. La notion d'allogénie est ici éclairée par le fait que certaines conditions président à l'intégration de l'étranger. Celui-ci doit avoir passé un certain temps dans le groupe et reçu le consentement du chef ou du conseil des anciens après observation de sa conduite. « *Ensuite, il devient membre de plein droit de la communauté, est assujetti à ses lois et coutumes, jouit des privilèges normalement accordés à ses membres et assume les mêmes responsabilités qu'eux. Telle est la procédure de naturalisation des immigrants.* »[140]

Dans la Grèce antique, le sentiment d'insécurité générale qui règne condamne l'étranger aux conditions permanentes de victime. Il en est de même au XVIe siècle en Europe au sortir de la féodalité où les Seigneurs s'entouraient de forteresses pour échapper à la violence et à l'insécurité. Karl Marx en fait témoignage en France sous le règne de Louis XVI :

[139] *Idem*, p. 146.
[140] T. Olawale Elias, *op. cit.*, p. 124.

« *Tout homme sain et bien constitué, âgé de seize à soixante ans et trouvé sans moyens d'existence et sans profession, devait être envoyé aux galères. Il en est de même du statut de Charles Quint pour les Pays-Bas, du mois d'Octobre 1537, du premier édit des Etats et des villes de Hollande, du 19 mars 1614, de celui des Provinces Unies, du 25 juin 1649, etc.* »[141]

La situation est généralisée à toute l'Europe. Ce sont bien les monarques qui décident ainsi.

A l'opposé, en Afrique, les rois et le peuple entier s'investissent pour protéger la vie et les biens des étrangers circulant sur leurs territoires. Au XIVe siècle, Ibn Batouta qui a visité le Mali à cette époque évoque la sécurité dont jouissent les étrangers mais aussi, cet esprit de justice qui anime le peuple tout entier :

« *Les actes d'injustice sont rares chez eux ; de tous les peuples, c'est celui qui est le moins porté à en commettre et le sultan (roi nègre) ne pardonne jamais à quiconque s'en rend coupable. De toute l'étendue du pays, il règne une sécurité parfaite ; on peut y demeurer et voyager sans craindre le vol ou la rapine. Ils ne confisquent pas les biens des hommes blancs qui meurent dans leur pays, quand même la valeur en serait immense, ils n'y touchent pas ; au contraire, ils préposent à l'héritage des curateurs choisis parmi le hommes blancs et il reste entre leurs mains jusqu'à ce que les ayants-droit viennent le réclamer.* »[142]

Rien donc à voir avec l'insécurité généralisée à l'ensemble de l'Europe avec la bénédiction des monarques. Ici, l'injustice, la violence sont des conçus et des vécus juridiques.

Venant d'Ibn Batouta qui a effectué beaucoup de voyages d'études, il convient de prendre très au sérieux un tel témoignage. A cette époque, l'Afrique justifie une fois de plus, avant la pénétration coloniale, d'un idéal de justice qui se présente aussi comme un phénomène social.

---

[141] Karl Marx, *Le capital* (traduit par Joseph Roy). Bureau d'Edition, 1939. Livre I, Tome 3, pp. 194 - 195, cité par Cheikh Anta Diop, *op. cit.*, p. 141.
[142] *Idem*, p. 122.

Dans un empire comme le Mali, aussi vaste qu'une bonne partie de l'Europe entière, la sécurité sur toute l'étendue du territoire est attestée. La loi est donc volontairement acceptée parce que équitable sur les plans individuel et collectif.

- Les enfants

Les classes d'âge et les rituels qui les accompagnent semblent constituer ici le facteur politique relationnel des plus importants. Ils conduisent au dépassement de l'organisation parentale et préparent l'avènement de la nationalité[143]. Il faut, dans cet ordre d'idées, différencier le passage d'une classe à une autre de celui de l'entrée dans une organisation religieuse, culturelle ou sociale. Suivant l'âge, qui varie d'une collectivité à une autre, des activités sociales sont organisées, les capacités et incapacités naturelles reconnues légales. Dans bien des cas de figure, l'âge de la puberté cristallise la tranche d'âge de validité de celles-ci, et l'initiation correspondant aux diverses classes d'âge. Des rites fixés permettent ensuite à l'enfant d'obtenir le droit légal de se marier. La stratification des groupes d'âge s'en réfère ainsi à l'âge et à la procédure rituelle qui donne accès au système. Une fille est considérée comme pubère entre 14 et 16 ans et un garçon entre 16 et 18 ans. Olawale note à ce propos :

> « *Mais en fait dans la plupart des collectivités les filles doivent attendre un peu plus longtemps pour jouir de tous leurs droits ; quant aux garçons, ils ne peuvent souvent se marier que beaucoup plus tard, parce qu'ils doivent avoir de quoi payer le "prix de la mariée", très élevé dans bien des cas ou participer à des expéditions militaires.* »[144]

L'âge de la puberté est, en quelque sorte, le point de départ à l'évaluation des capacités légales, à savoir des droits de se marier, de bénéficier d'un lopin de terre qui justifie aussi le fait qu'un individu a cessé d'être un "enfant". Il apparaît que l'âge nubile varie généralement

---

[143] Chez le Gbaya, le Labi est un rite d'initiation qui les prépare à la vie active. Elle comprend 5 phases. Adala Gildo écrit : « *Commence alors une nouvelle vie pour ces jeunes initiés, qui, devenus "Kpang - labi", c'est-à-dire, "Anciens" (entendez, hommes véritables) ont maintenant la responsabilité de veiller sur la génération suivante, pour assurer la continuité du labi.* », « Le Labi – Gbaya. Pour un festival d'immortalisation ! » in *Culture - info*, numéro spécial du FENAC Ngaoundéré 96, Ministère de la culture - Yaoundé.

[144] T. Olawale Elias, *op. cit.*, p. 121.

entre 23 et 30 ans si l'on s'en tient aux auteurs ayant effectué des recherches sur cette question en Afrique noire[145].

- Les femmes

Dans son analyse du matriarcat, Cheikh Anta Diop arrive à la conclusion significative selon laquelle :

> « *Le matriarcat est à la base de l'organisation sociale en Egypte comme dans le reste de l'Afrique noire. Par contre, on n'a jamais pu prouver l'existence d'un matriarcat dit paléo - méditerranéen et qui serait l'apanage d'une race blanche.* »[146]

On aurait là le trait distinctif, explicatif de la condition juridique enviable de la femme africaine, mieux lotie que celle de la femme indo-aryenne et européenne. La grande particularité du matriarcat nègre est donc que l'hérédité régalienne est assurée par la femme dès lors qu'on est certain que son fils a nécessairement le sang royal. En fait aucun homme ne pourrait jurer, *a priori*, que l'enfant se trouvant dans le sein de son épouse est bien son enfant.

Aussi, « *c'est la femme qui transmet les droits politiques.* »[147] Du coup, c'est la condition de la femme qui s'en trouve juridiquement haussée. Dans le royaume Ashanti du XVIIe siècle, Joseph Amegboh et Françoise Ligier signalent à propos de la mère d'Obiri Yeboa :

> « *La reine est seule maîtresse de la vie quotidienne de son peuple. Si tu as offensé les dieux, si tu as enfreint les coutumes, trompé le maître de la famille ou le roi, la reine sera ton dernier juge.* »[148]

---

[145] *Idem*, pp. 121 - 122. L'auteur cite des chercheurs ayant effectué de tels travaux, entre autres, Johnson, *History of the Yoroubas*, pp. 100 et suivantes : chez les Yorouba, l'âge nubile est en général fixé à 30 ans. Chez les Basuto, la plupart des hommes se marient entre 23 et 26 ans. Les femmes habituellement entre 18 et 24 ans, selon H. Ashton, *The Basuto*, p. 62. Chez les Masaï, ce serait entre 28 et 30 ans, d'après les sources de Lowie, *Primitive society*, pp. 335 - 336.

[146] Cheikh Anta Diop, *Nations nègres et culture*, Tome I, Paris, 3e édition, Présence Africaine, 1979, pp. 214 - 215.

[147] *Idem*, p. 217.

[148] Joseph Amegboh, *Ossei Toutou. Fondateur de la confédération Ashanti*, ABC/NEA, 1976, p. 54. Coll. Grandes figures africaines. Directeur historique : Ibrahima Baba Kake, Direction littéraire : François Poli.

A la mort de son fils -le roi Obiri Yeboa-, c'est elle qui anticipe la transmission de la royauté. L'enfant de sa propre fille, Ossei Toutou, est proposé à l'héritage devant le conseil des sages où tous les clans sont représentés, afin d'entériner la décision après consultation des oracles. Voici ce qu'elle dit quelques temps avant sa mort :

> « *Ossei Toutou est-il gaucher ? Lui manque-t-il un seul auriculaire ? A-t-il une hernie ombilicale ? Est-il intempérant ? Non. Il n'a aucune malformation physique ou morale l'empêchant d'être roi. Moi, la reine qui vais entrer dans le silence, je dis ceci à vous, sages des sept clans : Ossei sera roi de l'Ashanti ou l'Ashanti ne sera plus…* »[149]

Nous connaissons la suite. Ossei Toutou est devenu l'Ashantihéné, premier roi de tous les Ashanti après décision du conseil des sages à la fin du XVIIe siècle. Il succède ainsi à son oncle Obiri Yeboa.

A relire les propos d'Ibn Batouta, il semble bien que c'est une pratique juridique courante en Afrique. Il confirme :

> « *Ils (les Nègres) se nomment d'après leur oncle maternel et non d'après leur père ; ce ne sont pas les fils qui héritent des pères mais bien les neveux, fils de la sœur du père. Je n'ai jamais rencontré ce dernier usage autre part, excepté chez les infidèles de Malabar dans l'Inde.* »[150]

Les infidèles ainsi considérées sont bien des populations noires qui ont influencé l'évolution des mœurs sociales en Inde.

Aussi loin que l'on remonte dans le temps en Afrique noire, à l'époque de César-Auguste et dans l'antiquité pharaonique, les reines sont connues. Les traditions occidentales ne favorisent guère l'émancipation juridique des femmes. Aussi les droits sont-ils transmis par le père, même si, une femme est apte à les recevoir. C'est ainsi que Jeanne d'Arc apparaît bien plus tard, au Moyen-Âge, alors que les reines soudanaises ont déjà fait leur preuve, de sorte que « *Kandaka (Candace),*

---

[149] Joseph Amegboh, *op. cit.*, p. 54.

[150] Ibn Batouta, *Voyage au Soudan*, traduction Slane, p. 12., cité par Cheikh Anta Diop, *op. cit.*, p. 219.

le nom, ou plus exactement le titre de reines du Soudan, à partir de César - Auguste, est porté par les premiers rois du Kaou (Gao), d'après Bekri ; on les appelait Kanda. »[151]

On peut noter ici la valeur symbolique d'une telle allégeance. En effet, la reine Kandace du Soudan opposa à César-Auguste une confrontation sans pareil dans l'histoire, après avoir perdu un œil au cours du combat.

Une telle aventure est aussi révélée dans le royaume Gambaga, en pays Mossi. Yennenga, fille unique du roi Nédéga est celle qui conduisit les opérations militaires de ce royaume au XIIe siècle. Les Mossi doivent à son fils Ouedraogo d'avoir ouvert la lignée prestigieuse des Mogho Naba. Il fonda l'empire et le pouvoir traditionnel sut en retour honorer sa mère de distinctions posthumes. Son tombeau sert de pèlerinage aux souverains Mossi. Une fois de plus, la femme est anoblie pour son courage et le matriarcat y est de rigueur. Le droit successoral, matrilinéaire est encore présent, dans les traditions de l'Ouest du Cameroun. La Mafô, véritable Grande Royale, a des droits politiques. A l'instar de la reine ashanti, elle participe au choix du successeur sans que ce choix soit automatique, pour autant automatique. Chez les Bamun, Dika-Akwa souligne le fait que « *le successeur sera désigné secrètement par les reines-mères (Nadam) et No-manchut parmi les fils puînés, les sept consuls ne feront que confirmer ce choix en intronisant l'élu sur la "pierre du pays".* »[152]

Chez les Bassa du Cameroun, la confrérie du Koo est réservée aux femmes[153]. De plus, son rôle pivot dans la société Bassa relève du statut juridique et économique relativement élevé qu'impose le fait qu'elle est détentrice des richesses de la terre. C'est qu'en réalité, la sédentarisation requiert un espace réservé aux cultures agricoles dont les femmes sont gardiennes.

Il faut à présent faire une parenthèse sur une caractéristique commune aux sociétés africaines et qu'on n'a pas souvent expliqué avec

---

[151] Cheikh Anta Diop, *L'Afrique Noire précoloniale*, ..., p. 204.
[152] Prince Dika-Akwa, *op. cit.*, p. 270.
[153] Nkén Simon, *La profondeur du Mbog Basaa à la lumière du monde égyptien : Essai d'étude historique*, mémoire de maîtrise d'histoire sous la direction du Professeur Kange Ewane, Yaoundé, 1996.

cette objectivité des analyses pénétrantes de Cheikh Anta Diop. Celui-ci écrit :

> « *Un autre fait caractéristique du matriarcat africain et sur lequel on s'est mépris jusqu'ici, est la dot donnée par l'homme à la femme tandis que nous assistons à la coutume inverse dans les pays européens. Cette coutume, incomprise en Europe, a fait penser que la femme est achetée en Afrique Noire comme si un africain disait aujourd'hui que la femme achète l'homme en Europe.* »[154]

Le statut juridique de la femme impose une telle alternative en raison de son rôle prépondérant en milieu sédentaire. La femme produit des biens économiques agraires, pendant que l'homme se livre à la chasse. Aussi la dot se présente-t-elle comme une forme de compensation juridique. L'emprise économique se prolonge par une emprise éducationnelle sur les enfants, sans oublier que, la maternité, considérée comme sacrée, lui confère aussi une assurance régalienne. A l'opposé, la femme occidentale verse cette même compensation, en raison du caractère inférieur de son statut fragilisé par les conditions difficiles du nomadisme ancestral où la force physique s'impose comme moyen de défense et de survie dans un environnement hostile. « *Voilà pourquoi les Indo - Européens, façonnés par le milieu géographique, auront des conceptions de la vie diamétralement opposées à celles des Nègres.* »[155]

On saisit aussi mieux le renversement de la condition juridique actuelle de la femme, due uniquement au fait colonial, pour lequel les africains aujourd'hui culpabilisés par leur complexe d'infériorité, croient cette condition liée à leur retard "ontologique" sur le progrès. Retenons, en somme, qu'en bien de points, s'expliquent la malédiction de Eve et la réhabilitation conjointe de Marie, pour compenser le déficit psychologique et juridique infligé à la femme européenne depuis près de quatre mille ans d'histoire politique où, l'homme s'est imposé comme seul pivot social, en raison d'une nature hostile, indocile et violente ; celle-ci n'accordait à la femme aucune perspective de sécurité juridique, sociale et politique.

---

[154] *Nations nègres et culture*, ..., p. 217.
[155] *Ibidem*, p. 219.

A l'opposé, l'Afrique a bénéficié d'une condition psychologique et matérielle favorable qui a placé la femme au cœur du système social ; il n'est pas exagéré d'écrire :

> « *Le régime du matriarcat proprement dit est caractérisé par la collaboration et l'épanouissement harmonieux des deux sexes, par une certaine prépondérance même de la femme dans la société due à des conditions économiques à l'origine, mais acceptée et même défendue par l'homme.* »[156]

L'analyse des mythes montre combien la société africaine a été pensée d'après cette relation harmonieuse que consacre par ailleurs le mythe d'*Osiris* et d'*Isis* dont on peut tirer un véritable traité de régulation politique des sociétés africaines. La valeur symbolique de ce mythe explique, à bien d'égards, sa réplique dans le système littéraire africain qu'il nourrit de sa perspective socio-historique.

Le statut juridique de la femme africaine peut donc être résumé ainsi qu'il suit dans sa dimension anthropologique :

- ***Plan ontologique*** :
  - Reconnaissance au même titre de l'homme et de la femme en tant qu'Etre total, ou plutôt comme moitiés respectives de l'être primordial (Démiurge).
    - Matérialisation à travers un acte religieux (artificiel) de la confirmation de cette reconnaissance par :
      - l'excision pour la femme
      - la circoncision pour l'homme.
  - Dons de pouvoirs surnaturels transmissibles par la femme :
    - Hou (Bassa), Evou (Béti), Ewusu (Douala)
    - Pouvoir médiumnique.
- ***Femme et pouvoir***
  - Accès normal et légitime au pouvoir suprême : Royauté.
    - Hatshepsout : Pharaon d'Egypte XVIIIe dynastie 1504-1483 ; 1ère Reine de l'histoire ; transmission de la royauté.
    - Reine Saba (1er millénaire avant J-C).
    - Reine Candace (contemporaine de César Auguste).
    - Reines dans les royaumes de l'Afrique Occidentale.

---

[156] *Ibidem*, p. 220.

➢ ***Femme et parenté***

- ♦ Filiation matrilinéaire dans l'Afrique traditionnelle.
- ♦ Pérennisation du nom du clan de la femme à travers le mariage :
  - Mandingue (Mali), Ghana jusqu'au XIIIe siècle.
  - Tswana (Afrique Australe), 1950.
  - Ashanti (Ghana actuel), 1950.
  - Bantou (Afrique Centrale, et de l'Est).
- ♦ <u>Monogamie</u> : règle générale
  - Plan économique et affectif
- ♦ <u>Femme</u> : élément stabilisateur de la famille et de la société :
  - Maîtresse de maison et support affectif privilégié.
  - Gardienne des vivres.
  - Fonction agricole prépondérante.
- ♦ <u>Dot</u> : (compensation ou garantie apportée par le sexe le moins favorisé économiquement). Apportée par l'homme.

➢ ***<u>Plan religieux</u>***

- ♦ Divinisation de la femme : Déesse Mère (Isis, Sait, Sit).
- ♦ Femme : symbole de la vie : culte de la fécondité
- ♦ Découverte de l'agriculture, sélection des plantes : Isis (blé, orge).
- ♦ Nature sacrée de la mère :
  - • On lui doit déférence et affection
  - • Autorité illimitée : choix du conjoint des enfants.

La présente synthèse a été effectuée par Dr Badjang Bernard, « *La femme africaine hier, aujourd'hui et demain* », journée de réflexion Africavision du samedi 25 novembre à Yaoundé - Cameroun). Elle résume les aspects essentiels du statut juridique de la femme sus évoqué. Cela peut chagriner de savoir qu'en matière de libertés de la femme, le continent noir a su et pu donner à cette dernière, une dignité jamais égalée dans l'histoire politique de l'Europe.

Un dernier point s'agissant d'Isis, mère d'Horus dans l'antiquité égyptienne, dont Marie et Jésus portent trait pour trait, la transfiguration chrétienne. Théophile Obenga en dit quelques mots :

> « *Isis devient la plus importante déesse du panthéon pharaonique à la Basse époque. Quand Justinien Ier, empereur byzantin (527 - 565), fit fermer définitivement le temple d'Isis à Philae, en 537 de notre ère, Isis avait été*

récupérée depuis longtemps déjà sous l'aspect de la mère divine de Jésus, Marie. »[157]

La logique africaine, ontologique, mythologique, s'inscrit ainsi dans la démarche anthropologique à présent universalisée. Point de dimension pour une pensée qui met la femme au cœur de l'événementiel sociologique. Jamais l'Europe n'a éprouvé un tel degré de liberté consenti à la femme, l'épouse, la mère, la déesse humanisée. L'impasse actuelle de la modernité livre la femme aux aléas et incertitudes de la vie ; elle procède, du reste, d'une contamination judéo-chrétienne et islamique des peuples nordiques longtemps nomadisés.

L'histoire est donc là pour dissuader la flagornerie intellectuelle qui prive à bon escient la pensée de l'histoire ontologique pour servir la platitude de la réflexion, qui tend à "mettre en ridicule" toute visée pénétrante de la réalité historique. L'Europe, quant à elle, continue de manœuvrer à souhait les formules auxquelles elle a recours pour justifier son leadership hégémoniste, sa glorification.

En somme, les traditions africaines ont potentialisé le rôle de la femme. Il faut attendre la colonisation pour voir l'Afrique épouser les mœurs occidentales de son infériorisation juridique. Telle est la leçon d'éclairage que nous donne l'histoire. Dans cette même optique, il y a aussi lieu de statuer sur la logique juridique des groupes de coopération.

§3- LE STATUT JURIDIQUE DES GROUPES DE COOPERATION

- ***Les castes et les ordres socio-juridiques.***

Nous considérons les ordres et castes comme des systèmes parents, associés. Ils singularisent l'état de perfectionnement et de différenciation des structures politiques. Le chapitre III abordera davantage les modalités de leurs genèses et fonctionnements.

Il faut prolonger le domaine du politique à l'influence des catégories socio-professionnelles manifestant une certaine spécialisation, bien entendu, en rapport avec l'évolution du clan dans lequel elles se situent d'un point de vue religieux. Il faut reconnaître que le champ du

---

[157] Théophile Obenga, *La philosophie africaine de la période pharaonique. 2780 - 330 avant notre ère*, Paris, L'Harmattan, 1990, p. 467.

politique commence dès lors avec l'ordre clanique, celui-ci pouvant par ailleurs se manifester à partir du lignage majeur. Georges Balandier soutient que « *Le sacré est une des dimensions du champ politique ; la religion peut être un instrument du pouvoir, une garantie de sa légitimité, un des moyens utilisés dans le cadre des compétitions politiques.* »[158]

Le sacré se dote ainsi d'une spécialité : la prêtrise. Avec la complexification des ordres lignagers et claniques, il s'organise en confréries animant un culte dont le totem symbolise la marque religieuse, distinctive, associée à un animal. Cette marque révèle un trait de physionomie de l'expression politique du clan, un ordre de faits qui l'en rapproche d'un point de vue idéaliste, symbolique ou métaphysique et, par conséquent vitaliste[159]. Le fait suivant s'impose :

> « *Dans les sociétés de type clanique, le culte des ancêtres, ou celui des divinités spécifiques des clans, assure généralement la sacralisation d'un domaine politique encore mal différencié.* »[160]

Ce faisant, se préparent, à terme, la fonction religieuse et politique du chef du clan et l'avènement des ordres et castes liés à la complexification sociale du milieu ouvert aux migrations et alliances. Médiateurs des dieux et des ancêtres, les membres de la confrérie sont "mystiquement" supérieurs aux autres et cette manifestation se produit au stade de l'organisation lignagère où déjà, s'imposent l'ordre religieux et ses procédures comme nécessaires à la sécurité et à la prospérité collectives. Mais, la sacralité possède le prêtre et le roi-prêtre. Ce fait singularise la dimension sacrale du pouvoir : elle domine les personnes qui les détiennent, celles-ci étant soumises à des obligations et devoirs. C'est dire, en fin de compte que :

> « *L'étude de l'histoire politique de l'Afrique traditionnelle doit donc être accompagnée d'une prise en considération des confréries sans laquelle l'analyse risquerait de ne pas*

---

[158] G. Balandier, *op. cit.*, p. 137.

[159] Le totémisme nous rappelle que les confréries se signalent sous l'emblème d'un animal. Il faut souligner avec Cheikh Anta Diop, que le totémisme est étranger aux populations blanches ; l'art africain, régalien et même profane, exalte d'une manière rassurante ce fait avec cette destination catégorielle des physionomies animales respectives qui inspirent aussi le caractère humain, individuel ou collectif d'un clan.

[160] G. Balander, *op. cit.*, p. 117.

rendre compte de tous les aspects de l'organisation politique et de la dimension diachronique de l'Etat. »[161]

Sans doute devrions-nous signaler le fait que si le développement de la caste connaît un essor dans la zone soudano-sahélienne, celle-ci semble se substituer à celui de la confrérie dans les zones de forêt. Nous reviendrons sur cet important aspect lorsque nous analyserons le pouvoir politique africain (chapitre III). Dans l'affirmation de Jacques Pirenne qui suit, nous avons de bonnes raisons de penser que ces deux modèles, castes et confréries, relèvent en fait d'une seule et même évolution socio-juridique, l'une étant l'aboutissement de l'autre dans l'analyse de la société égyptienne. Le fait clanique y apparaît, en relation avec le culte local, mais toujours en rapport avec la spécialisation progressive des catégories socioprofessionnelles qui apparaissent aussi, en bien de points, comme des catégories organisationnelles, régulatrices de l'espace socio-politique. En effet, « *La première unité politique qui semble s'être formée en Egypte est le nome, sorte de "cité" qui, en Haute Egypte est purement agricole et qui, en Basse Egypte, s'agglomère très tôt - comme en Sumer - autour d'un centre urbain par le fait de l'attraction de la mer. Il se forme une population de pêcheurs, de pirates, de marchands qui, en se rassemblant, forment une "ville", laquelle prend l'importance dominante dans la zone.* »[162]

La ville s'organise ainsi autour de ses principales activités attractives, économiques, en rapport avec le lien religieux, clanique, qui porte aussi l'empreinte du champ politique dans lequel s'organise le régime politique nouveau succédant à l'aristocratie gouvernante du clan. Autour du souverain se met en place un réseau d'échanges qui coalise l'espace en relations de manipulation de symboles rituels, de richesses matérielles, de détention de la terre et de professionnalisation des activités préfigurant l'avènement de la caste. On y saisit davantage le rôle du religieux dans la systématisation du juridique.

Il paraît essentiel de montrer en quoi la caste africaine diffère des autres castes connues dans l'histoire et pourquoi, pensée telle quelle et pleinement vécue, elle a assuré aux Africains de la période pré-coloniale

---

[161] Prince Dika-Akwa, *op. cit.*, p. 219.

[162] Jacques Pirenne, « les origines et la genèse de la monarchie en Egypte » in *Le pouvoir et le sacré*, Annales du Centre d'études des religions I, Bruxelles, 1962, p. 56, cité par Prince Dika-Akwa, *op. cit.*, p. 233.

un idéal de vie pacifiée. Là encore, ce qui est en jeu, c'est l'équilibre constitutionnel de la société politique organisée.

Prenant à témoin Lenormant[163] à propos de l'origine koushite des castes indiennes, Cheikh Anta Diop soutient que les critères de la division du travail n'étant pas d'ordre ethnique comme en Afrique, ceux-ci disqualifient toute possibilité de voir les indo-aryens à l'origine des castes indiennes dont on sait qu'elles ont épousé la configuration des classes économiques bourgeoises. Il admet que :

> « *C'est par le souci de la possession des biens matériels que l'esprit, le génie aryen va imposer son moule au système des castes.* »[164]

De fait, la catégorisation économique tant en Inde qu'à Rome est davantage présente, sans qu'une spécialisation socioprofessionnelle de type clanique intervienne. Aussi les inégalités sont-elles criardes entre castes quand on sait qu'en Afrique, des équilibres efficaces sont aménagés pour harmoniser la vie sociale :

> « *Les conditions économiques mises à part, le système d'organisation sociale qu'est celui des castes assure plus de permanence et d'équilibre à une société que le système de classes créé par les Aryens à Rome et en Grèce et dont l'étude va être abordée.* »[165]

Il ressort de cette étude que l'équilibre socio-politique de l'Afrique a été rompu au contact de l'influence extérieure, et de l'Europe en particulier. L'audace de Karl Marx a été de mettre en lumière la nature de la "catastrophe", à savoir, le divorce du travail et des conditions du travail. Contraindre alors le capital à se mouvoir autrement dans l'Afrique moderne relève, pour ainsi dire, d'une autre histoire dont nous essayerons d'aborder la problématique dans la deuxième partie de cette contribution.

Les commentaires qui viennent d'être faits appellent aussi une autre appréciation du totémisme. L'attitude scientifique objective consisterait à penser son origine en Afrique bien avant son extension au

---

[163] Lenormant, *Histoire ancienne des Phéniciens*, Paris, Ed. Lévy, 1890, p. 384, cité par Cheikh Anta Diop, *L'Afrique noire* précoloniale, ..., p. 21.
[164] Cheikh Anta Diop, *op. cit.*, p. 22.
[165] *Idem*, p. 24.

reste des populations concernées (indiens ojibwas étudiés par J. K. Long en 1791, aborigènes du Sud et du Nord de l'Australie de F. J. Gillen, puis B. Spencer, etc.). La thèse d'une universalité du totémisme supposant un déterminisme civilisationnel doit être abandonnée. Jean François Dortier parle alors de cette « *illusion scientifique qui montre que les ethnologues aussi ont leurs croyances et leurs mythes.* »[166]

Là resurgit la question du legs de l'Afrique à l'humanité : *Civilisation ou Barbarie*[167] pourrait-on dire si l'on apprécie, à juste titre, la qualité des équilibres sociologiques aménagés grâce à ce système de castes.

Il semble bien que ce système « *est né d'une division du travail, mais sous un régime politique avancé, monarchique, car on ne trouve jamais de castes sans noblesse. Cependant il est fort probable que la spécialisation dans le travail qui a abouti à l'hérédité du métier dans le système de castes, à l'échelle familiale et individuelle, s'est élaborée depuis l'organisation clanique.* »[168]

C'est ce qui explique qu'en Egypte par exemple, Hérodote note le caractère héréditaire des professions exercées, groupées chacune autour des nomes délimités qui caractérisent aussi le clan totémique. On y rencontre sept castes au total dont l'une, celle des porchers, est considérée comme impure. Celle-ci ne pénètre pas dans les sanctuaires. De plus, les mariages sont difficiles voire impossibles entre personnes appartenant à la caste des porchers et aux autres castes. Il est à noter le caractère religieux et économique qui assure l'hérédité des fonctions sociales et qui correspond « *à un monopole déguisé par un interdit religieux pour éliminer la concurrence professionnelle.* »[169]

Il faut souligner, précise Cheikh Anta Diop, le fait que « *Des interdits religieux peuvent isoler une catégorie sociale (les porchers d'Egypte), mais aucune d'elles n'est atteinte dans ses intérêts matériels.* »[170]

---

166 Jean-François Dortier, « Histoire d'une illusion scientifique. Le totem et l'ethnologue », in *Sciences Humaines*, n° 127, mai 2002, p. 46.

167 Cheikh Anta Diop, *Civilisation ou Barbarie - Anthropologie sans complaisance*, Paris, Présence Africaine, 1981.

168 Cheikh Anta Diop, *L'Afrique noire précoloniale*, ..., p. 10.

169 Hérodote, *Histoires*, Livre II, paragraphe 164 à 166, cité par C.A. Diop, *op. cit.*, p. 18.

170 Cheikh Anta Diop, *op. cit.*, p. 17.

Le statut juridique des groupes de coopération est, de ce fait, aménagé avec équité. Seuls les préjugés religieux ont, pour ainsi dire, « *rejailli sur leur condition et les ont isolés sur le plan culturel, mais en laissant intacts tous les intérêts matériels. Tous les interdits traditionnels dans le reste de l'Afrique Noire revêtent le même caractère et ne concernent jamais les biens matériels.* »[171]

Olawale note que chez les Masaï par exemple, les guildes ou (sibs) de forgerons étaient isolés du reste de la communauté. Il observe que malgré les préjugés sociaux établis qui interdisent aux membres des autres communautés de prendre femme chez ces marginalisés, « *ils sont tout à fait libres de se livrer à leurs activités professionnelles, d'acquérir de la terre ou tout autre bien, de se marier et d'élever leurs enfants, et de façon générale ils ne sont pas mal traités par les membres plus heureux - et méprisants à leur égard- de la tribu.* »[172]

Comme en Egypte, un constat s'impose : seuls les préjugés religieux entraînent un écart comportemental, sans que les relations économiques soient altérées. Même la condition des aigris est améliorée par ces relations. Pour preuve, Cheikh Anta Diop signale que :

> « *les possibilités d'enrichissement des ressortissants de la catégorie visée sont accrues car, par une sorte d'esprit de compensation, une sorte de sentiment de justice immanent à la société, non seulement tout leur bien doit leur être laissé, mais ils peuvent l'accroître en "demandant" aux autres.* »[173]

Le système de castes s'en trouve plus équilibré que celui des classes créées en Occident :

> « *L'originalité du système réside dans le fait que les éléments dynamiques de la société, dont le mécontentement aurait pu engendrer des bouleversements révolutionnaires, se satisfont réellement de leur condition sociale et ne cherchent pas à la modifier.* »[174]

---

171 *Ibidem*, p. 23.
172 T. Olawale Elias, *op. cit.*, p. 127.
173 Cheikh Anta Diop, *op. cit.*, p. 23.
174 *Idem*, p. 11.

Tel est le formidable enseignement que nous retenons de ce système de castes dont les catégories socioprofessionnelles différenciées et attachées aux clans, sont restées fidèles à l'idéal démocratique de paix, d'équité et de justice sociale, malgré les préjugés culturels inspirés par le contexte religieux. On voit bien qu'à l'échelle nationale, l'opposition tribale ou clanique élémentaire se double d'une compensation économique qui vient renforcer la cohésion sociale. C'est ainsi qu'au Sénégal par exemple, « *contrairement au comportement des nobles vis-à-vis des bourgeois, des seigneurs vis-à-vis des serfs, des brahmanes vis-à-vis des autres castes indiennes, les "gér" ne peuvent pas exploiter matériellement les ressortissants des castes inférieures sans déchoir aux yeux du peuple et à leurs propres yeux.* »[175]

En principe, les castes inférieures bénéficient d'une situation juridique favorable de sorte que les *gér* qui comprennent la noblesse et les hommes libres attelés à l'agriculture sont même « *tenus de les assister à tous les points de vue : même s'ils sont moins riches ils doivent "donner" si un homme de caste "inférieure" s'adresse à eux. En échange, ce dernier doit leur céder le pas sur le plan social.* »[176]

Comme on peut s'y attendre, on ne peut parler ni de féodalité, ni d'esclavage, et encore moins d'exploitation. Toutes choses qui contribuent à consolider les institutions politiques, à renforcer un sentiment de satisfaction générale surtout que, de surcroît, s'équilibrent les inégalités naturelles et culturelles. Mais, il y a plus que cela, car :

> « *les ressortissants de toutes les castes, y compris les esclaves, sont étroitement associés au pouvoir en qualité de ministres effectifs ; ce qui conduit à des monarchies constitutionnelles, gouvernées par des conseils des ministres où figurent tous les représentants authentiques du peuple. On comprend dès lors qu'il n'y ait pas eu en Afrique, de révolutions contre le régime, mais seulement contre ceux qui l'appliquent mal, c'est-à-dire des princes indignes. Il y a aussi, naturellement des révolutions de palais.* »[177]

---

[175] *Ibidem*, p. 12.
[176] *Ibidem*.
[177] *Ibidem*.

Du lignage à la cristallisation de l'Etat, en passant par l'organisation du territoire et du travail, le champ du politique est perçu comme un ensemble doté d'un mouvement de structuration interne qui se renforce avec ses propres lois fondées autour de l'organisation de castes. Là où la violence organise l'histoire politique de l'Europe, l'idéal de paix s'empare en Afrique de la société politique globale[178]. Ce qu'il y a d'impressionnant dans ce fait presque évident, c'est que cet idéal n'entend pas nier le droit à la différence et singularise l'unité dans la diversité clanique, culturelle et socioprofessionnelle. Si les inégalités culturelles et socioculturelles sont acceptées, c'est bien parce que des systèmes de compensation permettent aux uns et aux autres groupes défavorisés de se satisfaire de leur condition.

L'examen du statut juridique des acteurs politiques a permis de saisir d'une manière transversale, l'orientation générale des actes entourant la vie politique. A présent, nous pouvons appréhender la manière dont se sont imposés les faits régissant la vie politique, de la

[178] Prince Dika -Akwa, *op. cit.*, p. 191, partage cet avis : « *En refusant de donner à la violence le rôle de seul moteur de l'histoire, ces sociétés à tendance pacifiste ont conçu des mécanismes de remise à neuf secrétés par les institutions elles-mêmes, des rituels de rebellions comme des techniques conçues à dessein pour dépister les signes avant-coureurs d'une crise latente afin de pouvoir organiser par les gardiens de l'ordre, un désordre propre à libérer les antagonismes, à réaliser périodiquement le rejet des inégalités, et l'intégration des valeurs marginales apparentes.* » George B. N. Ayitteh pose ainsi la paix comme un principe actif de recombinaison des groupes : « *pour que la tribu survive, les membres du conseil recherchaient l'unité et l'unanimité à tout prix. Si un conseiller ou un chef de lignée était irrémédiablement opposé à une mesure, il pouvait quitter le village avec sa lignée et s'installer ailleurs. Ceci, bien sûr, s'est produit fréquemment dans l'histoire politique africaine, comme l'attestent les migrations de familles et même de tribus entières.* », *« la démocratie en Afrique pré-coloniale »* in *Afrique 2000*, revue africaine de politique internationale, n°2, juillet-août-septembre 1990, p. 43.

Si la règle est bien le consensus, on ne saurait affirmer que tel a toujours été le cas. Ce que nous retenons, c'est cette volonté réelle de parvenir à des fins favorables pour tous. Mais une fois de plus, on peut le constater, le contestataire ne peut partir seul, ce qui signifierait aussi une mort sociale, un exil dont il ne pourrait supporter, ni physiquement, ni psychologiquement, la réalité. Dans cet ordre d'idées, la lignée apparaît comme son héritage le plus sûr et le plus précieux. Le Chef de la lignée doit donc être davantage persuasif que violent. Mais toujours, l'assemblée reste seule juge devant tout problème épineux qui engage la survie du groupe. Toute loi est celle du groupe tout entier si elle doit entrer en vigueur. Le chef est tenu, en dernier ressort, de prendre en compte la majorité consentante.

parenté jusqu'à la structuration dynamique du pouvoir politique. En saisissant ainsi la totalité en mouvement, nous commencerons peut-être à comprendre pourquoi il nous est rapporté que :

> « *dans l'Afrique pré-coloniale, l'étendue des périodes de prospérité est sans commune mesure avec les périodes de disette, plutôt accidentelles et éphémères, et que l'abondance des ressources économiques et la richesse extraordinaire, légendaire du continent, ne laissaient pas naître et croître dans les consciences des sentiments révolutionnaires.* »[179]

C'est donc l'ampleur des maux et des problèmes actuels de développement, mais aussi l'émergence d'une conscience politique nouvelle qui nous somment de saisir dans ce passé les idées immanentes par lesquelles l'Afrique a donné d'elle-même, le visage d'un monde équilibré et fier. Dans les circonstances changeantes de l'organisation globale des sociétés, la vie politique des sociétés africaines de l'époque pré-coloniale peut orienter la praxéologie politique dont les sociétés modernes ont besoin pour bâtir le futur. Le plus grand handicap vient de ce que, dominant la scène politique et l'absorbant entièrement, les dirigeants actuels sont incapables de voir autour d'eux comment se tisse la nasse des rebellions, des conflits et des révolutions. Ceci s'explique par le fait qu'il n'ont pas considéré le paradigme africain d'une action politique qui se veut coorporativiste, participativiste, fondée sur l'argumentaire d'un équilibre social et environnemental indispensable à la survie du vivant. En étudiant les modalités juridiques d'intégration territoriale et nationale, il est aussi question d'y tirer des leçons pour le futur.

SECTION II : LES MODALITES JURIDIQUES D'INTEGRATION TERRITORIALE ET NATIONALE

Comment se réalise l'intégration dans les sociétés africaines, depuis la parenté jusqu'à la structuration du pouvoir politique ? En d'autres termes, comment le paradigme juridique organise-t-il le domaine

---

[179] Cheikh Anta Diop, *op. cit.*, p. 16. Les anthropologues Louis-Vincent Thomas et René Luneau, *La terre africaine et ses religions*, Paris, l'Harmattan, 1980, p. 544, partagent ce même avis : « *Nul groupement humain n'a peut être jamais fait autant pour assurer le parfait équilibre et le plein épanouissement de ses membres que la collectivité noire traditionnelle.* »

fédérateur ? Georges Balandier évoque des déterminismes internes et externes qui influencent l'ordre du politique :

> « *Chaque société globale est en relation avec l'extérieur ; elle est, directement ou à distance, en rapport avec d'autres sociétés qu'elle considère comme étrangères ou hostiles, dangereuses pour sa sécurité et sa souveraineté. Par référence à cette menace du dehors, elle est non seulement conduite à organiser sa défense et ses alliances, mais aussi à exalter son unité, sa cohésion et ses traits distinctifs.* »[180]

Pour ce faire, la société potentialise à l'intérieur, les atouts et ressources individuels et collectifs, en légitime la reconnaissance en terme d'utilité et de pertinence, organise les implications et le respect des règles. Tout conflit met aussi en jeu à l'intérieur comme à l'extérieur, les acteurs et les enjeux, la nature des désaccords, la marge de liberté des acteurs et les atouts utilisés, qu'ils soient individuels ou collectifs. C'est dire que ordre et violence sont en relation dialectique dans des cadres précis de lutte. Le territoire est le premier lieu où s'organise l'ordre ; car il fixe la population en lui offrant un lieu de séjour et les moyens d'assurer sa survie. Il est souhaitable que nous ayons une connaissance précise de ce que les Africains considèrent comme étant un territoire, et la signification qu'ils affectent à cette réalité. Ensuite, nous envisagerons la manière dont s'opèrent les relations politiques au sein d'un territoire donné, et entre les différents territoires. La juxtaposition de ces territoires conduit à l'émergence d'entités historiques de plus en plus importantes qui coalisent pour fonder un Etat transcendant les particularismes historiques.

§1- LA THEORIE AFRICAINE DU TERRITOIRE

Il convient de situer au préalable, la problématique du territoire dans l'Etat-nation.

Dans un article bien conduit, les sociologues Chindji Kouleu et David Foncho soulignent relativement à leur "utopie du territoire national" que :

---

[180] Georges Balandier, *op. cit.*, p. 44.

« *Les crispations et les douleurs d'origine économique et politique semblent avoir renvoyé aux calendes grecques l'impératif de la construction de l'Etat en tant qu'entité supra-ethnique (...) Ainsi l'utopie du territoire peut aussi signifier illusion de l'Etat-nation et réalité de l'Etat-tribal.* »[181]

La réalité, aux yeux de ces sociologues, semble imposer une analyse davantage approfondie de la perspective africaine dont on sent bien qu'elle pose un sérieux problème à la construction de l'Etat-nation.

L'organisation spatiale des territoires affectés aux pays africains modernes laisse apparaître des ensembles claniques et tribaux distribués avec une certaine régularité autour des superficies qui en reflètent l'ordre organisationnel ancien. On a souvent fait le reproche à la conférence de Berlin (1884 - 1885) de n'avoir pas tenu compte de ces particularismes culturels et géographiques qui dessinent aussi la toile historique des migrations. Bien entendu, la littérature montre aujourd'hui, une re-composition des strates lignagères qui, ayant produit de nouvelles formes ethnogénétiques, rendent compte des brassages intervenus dans l'histoire. **On pourrait même parler d'une fiction clanique et tribale tant les luttes renouvelées pour la survie politique et économique égrènent des reconversions effectuées ou en cours.** En focalisant notre attention sur ces brassages, on pourrait appréhender non seulement l'ampleur des fictions, mais aussi les stratégies d'assimilation clanique réalisées par le génie africain, aux fins de maîtriser la dynamique espace-temps de structuration de l'Etat.

C'est Cheikh Anta Diop qui en premier, saisit et analyse en profondeur cette dynamique migratoire et la formation actuelle des peuples. Il en établit les grands courants et réussit à dégager, à partir des données linguistiques, ethnologiques et typonymiques, l'origine des Bamoun, Fang, Yorouba, Ashanti, Peul, Dogon, Toucouleur, Laobé, etc.[182] Mais de telles migrations inscrites sur plusieurs siècles, laissent disséminées des grappes de clans qui, se re-organisant dans l'espace et le temps, sont soumises aux lois de l'éthnogenèse, à celles de la dérive active de la langue et de certaines traits culturels. Ainsi, « *on découvre*

---

[181] Chindji Kouleu et David Foncho, « Etat tribal et question du domaine national. L'utopie du territoire national », in *Inpact tribune*, *op. cit.*, p. 10.
[182] Cheikh Anta Diop, *L'Afrique noire précoloniale, ...*, pp. 201 – 222.

que l'histoire du peuple "Bassa" du Cameroun est inséparable de celle des "Bassa" du Nigéria, des "Bassa la Mpassou" et des "Bassa Kata" du Zaïre, des "Bassa" du Mozambique, des "Bassa" du Libéria et de Sierra Leone, comme des "Bassari" du Togo ou du Sénégal. »[183]

Il en est de même des Peuls qui s'étendent des rives du Sénégal jusqu'à l'Adamaoua, des Fangs établis entre le Cameroun et le Gabon ; plus proches de nous, les Bamiléké au sein desquels on retrouve les clans Mbo, Bassa, Tikar, etc., ou les Fon devenus d'authentiques Boulou. Voilà autant de faits qui ouvrent de nouveaux horizons sur ce qu'il convient de considérer comme lignage, clan ou encore nation :

> « *Les mouvements migratoires montrent suffisamment comment le fond commun est né d'une part, comment la diffusion constante de nouveaux traits culturels ne permet pas au chercheur de prôner une fermeture de ces peuples dans des tours d'ivoire.* »[184]

Jacques Fame Ndongo[185] ne dit pas autre chose dans son analyse des clans Béti où on retrouve des lignées Bassa authentiques ; les Ndog-send, parce qu'il s'agit d'eux, se retrouvent intégrés dans les clans Béti. Il s'agit aujourd'hui des Esse, Essele, dont le souvenir de la parenté avec les Ndog-send est encore présent, même si la langue est oubliée.

La réalité clanique et tribale peut renouveler son architecture en intégrant des éléments nouveaux, élargir son domaine en conquérant de nouveaux terroirs, voire se diluer dans un autre groupe social dans une perspective de recomposition adaptée aux contingences politiques, sociales ou économiques :

---

[183] Prince Dika- Akwa, *op. cit.*, p. 57.

[184] *Idem*, p. 123.

[185] *Un regard africain. A la découverte de la géométrie circulaire*, Yaoundé, Editions St Paul, 1996, p. 29, explique : « *Grâce à la communication onomastique, l'on découvre que les clans sont antérieurs aux tribus et celles-ci apparaissent moins comme des entités parentales (...) que comme des "ensembles conventionnels" dont la langue est le dénominateur commun.* »
Dika-Akwa, *op. cit.*, p. 257, parle aussi du Peuple résidentiel Dwala qui en fait « *est, avec une dominante Ngala (peuple racial) un mélange des tribus et lignages Bassa, Sow, Béti, Badouma, Boulou, une quantité de Bamoun, Ndobo-Bamiléké, Tikar, Mboum, Baya, Kaka, Maka, Efik, etc.* » En fait, personne n'aurait vraiment oublié son origine malgré ce brassage réussi, poursuit l'auteur.

> « *Ce que l'on entend par territoire national est en réalité une pluralité d'espaces géographiques dont la répartition ethnique ou régionale participe de la compétition politique et économique entre formations sociales qui s'affrontent dans une guerre froide et parfois chaude.* »[186]

Si le dire relève d'un truisme, il faut avouer, en revanche, que ce truisme s'accommode de la trame des données historico-culturelles. Ce qu'il a d'instructif, c'est qu'il nous incite à re-considérer le passé africain, puis à fournir à la pensée moderne, une autre architecture de l'idéal de construction de la nation africaine. Il s'agit d'apprécier les faits qui ont permis à l'Afrique pré-coloniale de conjurer la violence, mais aussi de valoriser la dynamique de construction de son unité et de sa prospérité, à la fois individuelle et collective. A la dimension multinationale de l'Etat se superpose la dimension multiculturelle du fait social.

Si la notion du territoire s'applique en droit international et s'en tient à la délimitation des frontières terrestres, maritimes et aériennes, elle renvoie en Afrique à des domaines relevant de la culture où tombes ancestrales, forêts sacrées, bosquets, rivières, crânes des ancêtres, mythes, engendrent la notion de terre ancestrale. Aussi celle-ci reflète-t-elle au mieux la perspective culturelle, contre laquelle s'interpose la pensée classique[187].

---

[186] Chindji Kouleu et David Foncho, *op. cit.*, p. 10.

[187] Le philosophe Ernest Menyomo, « La question foncière et ethnique », in *Inpact tribune*, ..., p. 9. écrit : « *L'attachement à la terre s'explique par le fait qu'il existe un lien mystique entre les vivants et les morts, les travailleurs et leur terre. Aucune personne n'a le droit de vendre ce qui est sacré et collectif. Par contre, la conception moderne de la propriété foncière la fait dépendre de la volonté de l'homme. La notion de propriété foncière liée au travail, défendue par Locke et Bentham est étrangère à la tradition africaine.* » Les sociologues Chindji Kouleu et David Foncho, *op. cit.*, ne pensent pas autrement lorsqu'ils affirment : « *La terre n'est donc pas traitée comme une chose ordinaire. Et c'est même la raison pour laquelle on s'attache à elle. Dans tous les cas le territoire national n'est pas une donnée immédiate de la conscience. Il relève plutôt de l'éducation moderne.* » Pour Joseph Mboui, abordant le sujet dans cette même perspective, « *Le domaine national génère donc un type de rapport à la terre tout à fait distinct des modes d'appropriation classique par lesquels les particuliers et la puissance publique se créent des droits sur certaines parcelles de terrain.* », *op. cit.*, p. 12.

La terre ancestrale est antérieure au domaine national ; notion culturelle, elle continue d'influencer la mémoire, à en juger les conflits qui animent le domaine national abandonné au droit classique. Les fondateurs des lignages et clans ont marqué dans les esprits, les vécus et conçus juridiques des traditions anciennes :

> « *L'idée même d'une terre vacante et sans maîtres leur est inaccessible ; elle est aussi scandaleuse et offensante, puisque, chez eux, une terre a toujours un maître, même si cela ne saute pas aux yeux d'un observateur dédaigneux et peu soucieux de savoir ce que les gens pensent réellement.* »[188]

Les rapports à l'ancestralité valorisent le principe de la terre sacrée, garant de la sécurité et de la prospérité du lignage et du clan, mais aussi, de la coutume dont le référent au culte des ancêtres et aux mythes fondateurs cristallisent une idéologie terrienne. Le sacré, transcendant, s'impose à tous. Il a force de loi et est par conséquent contraignant ; la forte connotation religieuse oblige les premiers lignages ayant établi des frontières délimitant entre eux celles des autres groupes sociaux reconnues comme telles par tous. La terre ancestrale, disions-nous plus tôt, appartient à un lignage dont le chef ou le roi régule le droit de possession. Cette terre, inaliénable, a appartenu aux membres défunts, appartient encore aux membres vivants et ceux appelés à naître, au nom du fondement religieux de la pensée africaine, admis et légitimé en droit, de l'antiquité à nos jours. Disons-en quelques mots.

Pour les africains, la terre est avant tout une divinité. Osiris est en Egypte, le Dieu de la végétation et de la terre. Sa symbolique est associée à la fécondité de la terre et à la germination de la graine. Aussi lui associe-t-on la symbolique des arbres, des palmiers ou des palmes dans les traditions animistes festives. On note combien la pensée africaine a influencé la rationalité occidentale au point où le Pape Jules Ier (IVe siècle) aurait fixé la naissance du Christ au 25 décembre par analogie à la naissance d'Osiris envisagé par Moret le 26 décembre[189].

---

[188] Joseph Mboui, *op. cit.*, p. 12.
[189] Moret, *Le Nil et la civilisation égyptienne*, p. 122, cité par Cheikh Anta Diop, *Nations nègres*, ..., p. 145.

La langue sert de précieux marqueur à l'appréciation des faits. Les langues négro-africaines ont conservé la racine "*Si*" pour évoquer la terre ou désigner carrément Dieu. En Bandjoun et dans les langues Bamiléké en général, "*Si*" est Dieu. Ailleurs pour s'asseoir, on spécifie dans la langue le terme *si* en suffixe pour confirmer le fait qu'on s'assoit par terre. Les Douala diront ja (Wase), les Bassa yén (isi), les Béti tab' (asi), et c'est toujours par référence à *Osi* grécisé *Osiris*.

La terre étant sacrée, son caractère inaliénable en fait aussi l'objet d'un développement durable. Elle lie aussi les principes de descendance et de territorial :

> « *Considérées comme éléments divins, l'eau et la terre ne sont pas appropriables par des individus. Elles constituent un patrimoine appartenant aux ancêtres vivant au ciel, qui ont confié la gestion d'usage à leurs descendants vivant sur la terre. A ce titre, ces derniers ne peuvent fondamentalement pas céder la propriété à un tiers puisqu'ils n'en sont que les usufruitiers ; ils ne peuvent qu'en céder le droit d'usage.* »[190]

De la sorte, la compétition foncière se trouve neutralisée par le revêtement religieux. On comprend, dès lors, comment la pensée organise sous le couvert de la religion, un ordre juridique qui sert aussi de prélude à l'avènement du politique :

> « *La nature est l'objet d'appropriation incontestable qu'à la condition d'être sacralisée ou simplement nommée et classée, sans que la transformation par le travail humain intervienne nécessairement. La possession qui en résulte est opposable en conséquence à tout prétendant qui ne peut dès lors être traité comme un intrus s'il persiste dans ses démarches accapareuses.* »[191]

Le sociologue Joseph Mboui déploie en conséquence, toute une terminologie suggérant, à titre classificatoire, la parfaite maîtrise du registre de traitement socio-économique de l'environnement. Ainsi donc,

---

[190] Pierre Gevy, Pierre Waetcher et André Yatchinosvosky, in Environnement et développement rural, Paris, Frison-Roche, 1992, p. 15, cités par Chindji et David Foncho, *Inpact tribune, op. cit.*, p.10.
[191] Joseph Mboui, *op. cit.*, p. 12

afan/lipan ; mfut afan/put lipan ; Ekotok/Kotok dans les langues respectives boulou et bassa qui signifient aussi forêt vierge immaculée pour les premiers, reconstituée et jachère pour les seconds. Tous renvoient à un sens juridique dont il faut situer l'importance sémantique dans l'appropriation continue et progressive des espaces forestiers au cours de l'histoire.

La parenté génétique de la langue rend compte d'un cheminement quasi synchronique de ces deux entités ethniques et avalisent l'idée d'une souche civilisationnelle commune, avec comme lieu sémantique de la réalité sacrale envisagée, la pensée osirienne. Cette réalité fonde une théorie du territoire-limite qui inscrit la circonscription à l'intérieur de laquelle s'organise le clan ou la tribu, la théorie du territoire-objet comme domaine éminent de l'autorité politique qui en est responsable devant les ancêtres et Dieu, et enfin la théorie du territoire-sujet dont nous avons envisagé les paramètres de classification juridique de l'espace.

Nous pouvons à présent envisager la manière dont s'effectue les stratifications sociales, en prenant en compte, en premier, les modalités lignagère et clanique puis ensuite la structure du pouvoir politique à l'intérieur du clan.

§2- LA COALESCENCE TERRITORIALE ET NATIONALE

Nous tenons pour invariants les statuts juridiques du groupe de coopération et de l'individu pour lesquels nous avons manifesté un intérêt sur le plan juridique de l'action politique. Les variants sont des accidents intervenus dans l'approche logique, les migrations et les conquêtes pouvant introduire une recombinaison des traditions socio-juridico-politiques. En revanche, il convient d'y témoigner ce facteur stabilisateur incontournable, à savoir l'alliance sacrificielle avec la terre. C'est autour de celle-ci que s'organise la morphogenèse politique et étatique. Il a paru essentiel de souligner que la terre n'appartient généralement pas au conquérant. C'est pour cette raison que :

> « *A côté du "conquérant" du roi, on trouve dans un village un pauvre vieillard en guenilles, mais respecté et épargné,*

que l'on considère comme celui qui a reçu, en dépôt, de l'esprit de la terre, la possession du sol. »[192]

De même avons-nous souligné cette croyance répandue en Afrique depuis l'antiquité osirienne dont la racine sémantique sacrée, s'est imposée dans tout le continent noir pour désigner la terre à savoir « *Si* », souvent au titre d'une divinité.

On insisterait là dessus simplement pour dire que le groupe conquérant, lorsque tel en est le cas, est obligé de tenir compte de cette condition enracinée dans la mémoire culturelle. Aussi se sent-il obligé, pour en légitimer l'acte de possession des lieux, d'établir des liens de sang avec le groupe pré-établi par le biais des alliances matrimoniales et d'y réaliser l'alliance sacrificielle avec la terre. Il en sera de même des suivants ; les intégrations successives renouvellent ainsi les alliances sacrificielles et matrimoniales. Ce sont elles qui structurent l'organisation de l'espace par juxtaposition et assimilation des lignages et clans entiers dont les ramifications en réseaux établissent une coalescence à la fois territoriale et humaine, à l'échelle nationale et continentale. De la sorte, « *il y a donc à la fois le processus d'acculturation et de parentalisation qui interviennent pour que naisse la structure clanique.* »[193]

C'est bien le rapport à la terre qui explique les rapports sociaux de groupes, leur situation historique et politique dont on découvre quelques fois, la part de l'idéologie dans la présentation des faits :

> « *Il est évident que, malgré l'intégration, les éléments initialement étrangers ne peuvent se référer à la généalogie dominante du lignage majeur les intégrant comme les membres de celui-ci ; l'ancêtre éponyme sera « mythique » pour eux d'autant qu'ils n'oublient pas leurs généalogies propres, mais ils acceptent simplement de la potentialiser pour les besoins de l'unité clanique.* »[194]

Ce qui est ainsi en jeu, c'est bien le pouvoir dès lors qu'il y a une redistribution des cartes, et en même re-interprétation de la réalité généalogique. Prince Dika-Akwa situe cette redistribution au niveau du droit :

---

[192] Cheikh Anta Diop, *L'Afrique noire précoloniale*, ..., p. 20.
[193] Prince Dika-Akwa, *op. cit.*, p.170.
[194] *Idem*, p.170.

> « *Ceux-ci (les autochtones), n'ayant retenu que la répartition des terres avec accessoirement l'exploitation et la distribution des produits de la terre, permettent aux seconds occupants de privilégier l'exploitation des sols par délégation des droits locaux, tandis que sur le plan du droit, les derniers occupants développent à partir de la position stratégique que représentent leurs sites portuaires ou routiers, la seule structure dominante, c'est-à-dire la commercialisation ou l'échange généralisé des produits de la terre.* »[195]

Dans cette approche, on sent mieux la saisie de l'intégration historique des clans, organisés spatialement par juxtaposition des territoires, puis stratifiés sur le plan social par la professionnalisation des tâches (castes). Celle-ci est nécessairement liée à l'hérédité clanique, et spatialement réorganisée par les alliances matrimoniales et la recherche des espaces exploitables en rapport avec la compétition professionnelle. On comprend mieux pourquoi les Bakoko-bassa par exemple de la côte du littoral ont progressivement cédé la place aux Douala et pourquoi les Bamiléké ont suivi de près la mise en valeur des terres tout en se préoccupant du commerce. Il s'y impose un re-équilibrage des forces pour que ne se produise un affrontement qui ne servirait par l'ordre juste et équitable des choses. Les domaines de contrôle correspondent aussi, tout à la fois, à un besoin d'équité et de réalisme, fondé sur les atouts et les ressources des uns et des autres, l'utilité et la pertinence de ces atouts et surtout, leur reconnaissance, et enfin, le respect des règles conformément aux coutumes admises et légitimées qui, on le sait désormais, étaient largement partagées par ces communautés migrantes, sur les plans rituels : « *Les Bassa avec la production rurale et les questions sacerdotales ; les Sow-Bakoko avec l'administration centrale ; les Ngala-Mini-é ou Toukourou et les Mandjara (Bamoun, Bafia-Bakpak, Nsow) avec les questions militaires et la circulation de la monnaie ; Les Bandobo (Bamiléké) avec le commerce intérieur ; les Béti et Badouma avec la sécurité publique des pistes et des contrées de l'hinterland ; les Ngala-Bamalé de l'estuaire avec la diplomatie, le commerce extérieur, et l'enseignement initiatique (éducation), etc.* »[196]

---

[195] *Ibidem*, pp.171-172.
[196] *Ibidem*, p.257.

On peut penser avec sérieux qu'une telle organisation clanique, proche de l'organisation égyptienne du point de vue socio-professionnel, a été la façon la plus courante d'organiser l'espace social avec tout ce que cela suppose de flexible dans les alliances matrimoniales intégratrices des lignages et clans tout aussi diversifiés ; l'Egypte pharaonique a dû connaître une telle organisation si l'on en croit Jacques Pirenne :

> « *Il se forme une population de pêcheurs, de pirates, de marchands qui, en se rassemblant, forment une "ville", laquelle prend l'importance dominante dans la zone.* »[197]

Telle est la situation de la basse Egypte. Jacques Pirenne ajoute :

> « *La première unité politique qui semble s'être formée en Egypte est le nome, sorte de "cité" qui, en haute Egypte est purement agricole et qui, en Basse Egypte s'agglomère très tôt - comme en Sumer - autour d'un centre urbain par le fait de l'attraction de la mer.* »[198]

Si l'on s'en tient à ce qu'affirme Jacques Pirenne, il y a lieu de dire qu'en Egypte, l'organisation territoriale correspond aux catégories socioprofessionnelles appelées castes.

Dans l'ensemble, l'architecture sociale est rituellement, claniquement et professionnellement imbriquée, le souci étant une densification maximum des relations politiques, l'évacuation des sources potentielles de conflits, à l'intérieur comme à l'extérieur des cadres territoriaux organisés, et enfin, la maximisation des atouts et ressources humainement disponibles dans un cadre juridique soucieux du maintien des équilibres sociaux grâce au principe de l'équité qui l'anime. Le paradigme de l'action politique s'enrichit de deux autres, en plus des premiers cités : le principe de **l'unité dans la diversité** et le principe de **la paix**. A présent, examinons dans la pratique comment ces principes sont réalisés, en d'autres termes, comment s'imposent dans le champ social, le pouvoir, la séparation des pouvoirs, et par conséquent, la constitution.

---

[197] Cité par Prince Dika-Akwa, *op. cit.*, p.233.
[198] *Idem.*

CHAPITRE III : L'ORGANISATION DU POUVOIR POLITIQUE

« Des pouvoirs homologues se répètent aux divers niveaux ; les unités constitutives disposent d'une relative autonomie, d'un territoire n'ayant pas le caractère d'une simple division administrative, d'un appareil administratif ; leurs relations respectives restent semblables à celles qui lient les segments entre eux au sein d'une société clanique ; enfin, le système global apparaît souvent plus centralisé au plan rituel qu'au plan de l'action politique. »

Georges Balandier, *Anthropologie politique*, Paris, 4e édition, Quadrige, 1999, p. 167.

Lorsque la monarchie constitutionnelle fait ses premiers pas en Europe à partir du XVIIe-XVIIIe siècle, l'Afrique a devant elle une grande tradition de séparation des pouvoirs : le roi peut être évincé par un conseil de chefs qu'il ne peut révoquer. Aujourd'hui encore, on peut s'interroger sur les modalités d'organisation du pouvoir et les méthodes qui ont conduit à des résultats si satisfaisants que les Africains ont bien souvent eu à changer les rois et chefs incompétents, en gardant intact le cadre juridique de leurs institutions constitutionnelles. La première section de ce chapitre examine ainsi les conditions logiques de structuration du pouvoir politique. La deuxième vise la description des formes d'organisation, ayant survécu à la colonisation et qui le caractérisent. La troisième analyse les formations historiques et leurs systèmes organisationnels respectifs. Cette analyse nous conduira à envisager les régularités et les nuances des traits du pouvoir politique.

SECTION I : LA GENESE ET LA STRUCTURATION DU POUVOIR POLITIQUE

Comment naît et se structure psychologiquement et juridiquement le pouvoir politique en Afrique Noire ? Ce qui nous intéresse ici c'est moins la définition et la signification des concepts de lignages, clans, nations, (entrevues dans la deuxième partie, chapitre

VIII) que la dynamique organisationnelle qui met en œuvre la genèse du pouvoir politique.

En Afrique comme ailleurs, l'anthropologie politique établit que « *Le pouvoir se renforce avec l'accentuation des inégalités, qui sont la condition de sa manifestation au même titre qu'il est la condition de leur maintien en état.* »[199]

Si à l'intérieur de la parenté, du lignage, les contradictions sont encore supportables au point où le pouvoir est à l'état diffus, celles-ci croissent avec les nouvelles alliances qu'imposent les tendances migratoires et les effets de brassage que suppose aussi une recombinaison des attributs, ordres et situations politiques. Le sacré du pouvoir, d'où qu'il vienne, est la première condition de sa consolidation dans les sociétés africaines attachées au sacré de la terre, au culte des ancêtres et aux rituels qui entretiennent l'ordre établi. Il naît avec et dans la parenté et se renforce avec l'installation des nouveaux arrivants, ceux-ci disposant généralement sur le plan politique, de leurs relatives autonomies. Le pouvoir central, ritualisé, s'accommode des pouvoirs qu'il aura amoindris sur son passage pour davantage gagner en efficacité et en autonomie : l'enjeu sera donc la légitimation de l'"universalité" du pouvoir central re-organisé pour les besoins de l'harmonie et de la cohésion sociales. Les parentés lignagères caractérisent ainsi les catégories entrantes du jeu politique dans l'espace social émergent; on peut les penser comme des piliers sur lesquels repose la charpente politique. Elles s'organisent dans l'esprit d'une entité autonome, avec des symboles qui leur sont communs et des pratiques qui se veulent distinctives des autres. A un niveau élémentaire s'inscrit donc l'aveu d'une adresse politique (en fait généalogique) qui, tout en posant l'internalité du conçu culturel, s'oppose à l'externalité différenciée, à partir de laquelle se met en place un réseau d'échanges. Mais, il faut souligner l'échelle généalogique dans laquelle on se situe. Au fur et à mesure qu'elle engage la profondeur généalogique, l'échelle sociale se complexifie et gagne en coalescence humaine et territoriale. Le problème qui se pose à présent est celui de l'unité élémentaire à partir de laquelle se pose la marque distinctive du groupe (politiquement) différencié,

---

[199] Georges Balandier, *Anthropologie politique*, Paris, 4e édit. Quadrige, 1999, pp. 45 – 46.

comment celui-ci évolue et comment cette évolution justifie la structuration du pouvoir politique.

§1- LES BASES ORGANISATIONNELLES

> « *Ainsi la différence entre le lignage et le clan résiderait dans la mémoire défaillante ou non, puisque tous les chaînons du lignage sont connus. Ainsi, d'aucuns ont placé le clan au-dessus de la tribu. En vérité ce brouillamini résulte de la vision du dehors des anthropologues européens.* »[200]

Ce qui fait réellement problème, c'est qu'une unité localisée spatialement peut être généalogiquement liée à un autre segment qui se trouve géographiquement éloigné. La réalité, ainsi revue, ne les met pas en compétition politique ; elle spécifie les alliances sacrificielles et matrimoniales auxquelles nous sommes nécessairement renvoyés dans l'espace. La réalité lignagère, généalogiquement envisagée, se perd dans la lecture topologique du clan ; celui-ci est une sorte de société, les liens de sang étant devenus plus faibles :

> « *Car, le clan peut être un lignage majeur (7ème niveau généalogique) inscrit dans un espace déterminé et qui y intègre des lignages entiers des tribus et des peuples raciaux étrangers aux siens.* »[201]

Il y a, pour ainsi dire, un problème de terminologie qui se pose. Ce qui nous intéresse pour l'instant, c'est la dynamique de structuration pour laquelle s'organise une fiction politique organisatrice, à la fois complexifiante et réversible : le lignage y promeut une visée politique, à l'interface de la clanisation des groupes sociaux.

Dans l'ensemble, c'est dans le lignage que s'organise la citoyenneté, les droits de mariage, de résidence, d'accès à la terre. Là se dresse le fichier d'"état civil", pourrait-on dire. Parce qu'elles se posent en s'opposant entre elle, les unités inférieures du lignage (segments) formalisent un moment politique que transcende le clan :

---

[200] Prince Dika - Akwa nya Bonambela, P*roblèmes de l'anthropologie et de l'histoire africaines*, Yaoundé, clé, 1982, p. 169.
[201] *Idem*, p. 170.

> *« Le système de lignage est doué d'autorythmicité du fait de la duplicité des segments qui composent le lignage à tous les paliers. Ces segments étant antagonistes et complémentaires ils se produisent constamment en couples antithétiques dont la résultante caractérisée par sa propre rythmicité, relance la dialectique. »*[202]

Le pouvoir s'y exprime de manière dialectique et instable, en strates densifiées, mais toujours agrégées au substrat lignager, composé ou recomposé.

Si le pouvoir n'apparaît pas fortement différencié et perfectionné au niveau du lignage, c'est parce qu'il y justifie un état d'ordre. Les premiers occupants du sol sont culturellement homogènes. Nous avons souligné l'important problème des migrations qui accentuent les inégalités et renforcent le pouvoir. Au stade du premier occupant du sol, la différenciation n'est pas poussée dans la société globale, même si existent des relations politiques indirectement manifestées : échanges matrimoniaux, rituels, etc. Ici prévaut une hiérarchisation de rapports sociaux, certes encore lâches. La descendance, formalisée de manière unilinéaire (il peut déjà exister des éléments étrangers) combine une action politique peu marquée, même si l'autorité y est présente. Une localisation lignagère aussi précise soit-elle, peut "cacher" des liens d'allégeance généalogique ou politique à une structure lointaine. Elle peut représenter un noyau de cette structure installée ailleurs par suite de migrations. Le politique ne peut y apparaître que de manière intermittente, le souvenir étant devenu lâche, oublié ou éloigné.

C'est l'arrivée des immigrants qui détermine le renforcement du pouvoir : les inégalités, les spécialisations claniques ou lignagères, les accès inégaux et différents à la terre, aux femmes, aux richesses imposent un re-déploiement de l'espace social, des rapports de subordination et de prééminence :

> « *Ainsi, le premier groupe conquérant a établi une alliance sacrificielle au premier degré avec la Terre et ce, après avoir absorbé ou chassé le présumé autochtone. Quand le second groupe l'envahit, l'implantation se réalise définitivement au prix d'un mélange de sang du*

---

[202] *Ibidem*, p. 158.

nouvel immigrant et de celui du maître de la terre. Par le truchement de la parenté réelle, un véritable pacte de sang vient fonder une alliance au deuxième degré avec la terre. Quand le troisième groupe, dernier occupant, y fait son irruption, il refoule les pré-établis à l'intérieur du coin de terre. Toutefois, il faut légitimer l'enracinement sur le sol arraché par les guerres, la malice et les pratiques magiques. Le dernier occupant réalise donc une alliance matrimoniale avec le second, la tradition orale donnera quelques rameaux comme le résultat de ce mélange. Cette parenté réelle entre le dernier immigrant et le deuxième occupant aboutit à une substitution. Par voie de conséquence, il advient que le dernier immigrant et le premier occupant se fixent dans une parenté qui, bien que fictive au départ et durant des décennies, concèdera des droits fonciers au tard-venu. »[203]

A ce rééquilibrage psychologique, indispensable au renforcement des solidarités affectives et existentielles se greffent la rationalisation des atouts et des ressources de même que leur reconnaissance en droit et en politique. La clanisation accompagnée de la socio-professionnalisation de la vie sociale entraîne une redistribution politique de l'ordre social :

- -le premier occupant du sol conserve la prêtrise et en est le détenteur légal, légitimé par le sacré de la terre ;
- -le deuxième occupant est chargé de l'administration des activités et gère l'espace ;
- -le troisième occupant gère les domaines et tient la prêtrise du feu et de l'eau[204].

Le souci d'un compromis sociologique et politique anime les protagonistes et entraîne le respect des clauses contractuelles de vie communautaire, même non écrites.

Les sociétés africaines sont des organismes vivants, observables : les Mboum fondateurs de l'Empire du Rifum (XVe siècle - XVIIe siècle) ont conservé deux de leurs dignitaires, *le Belaka mbum* et le *Belaka ngan-ha*, en dépit de la conquête peule conduite par Adama au XIXe siècle qui s'est soldée par la défaite des Mbum. Ceux-ci participent

---

203 *Ibidem*, p. 171.
204 *Ibidem*, p. 173.

néanmoins à l'administration du pays et font partie du conseil des douze (faada)[205].

L'enjeu d'un tel recours aux équilibres, c'est le renforcement des liens culturels qui se nouent autour de la diplomatie de proximité clanique et ses mythes fondateurs organisateurs de l'espace.

Prince Dika-Akwa constate :

> « *L'intégration réussie ne fait jamais table rase des entités politiques assujetties. Au contraire, en raison du recours à l'oralité plutôt qu'au moyen écrit de communication, et parfois les obstacles de la forêt dense de certaines régions, déterminent l'usage de la grande souplesse dans le gouvernement et l'administration centrale, laissant une large autonomie à chaque chefferie locale. A défaut d'un système d'assimilation, c'est un système de parentalisation des dynasties locales par la dynastie impériale et partant, des peuples assujettis par le peuple leader qui se charge de maintenir les liens entre ces collectivités locales et le sommet. En même temps, les segments lignagers qui se détachent de la branche-mère du peuple leader ou conquérant jouissent de la même autonomie afin de pouvoir proliférer facilement en nouvelles unités cheffales plus loin.* »[206]

C'est dans ces circonstances que les mythes fondateurs renforcent les perspectives de cohésion et d'alliance des parties, en potentialisent les niveaux d'énergies toujours renouvelé par des mécanismes rituels appropriés.

---

[205] Thierno Mouctar Bah, « le facteur peul et les relations inter-ethniques dans l'Adamaoua au XIXe siècle » in *Peuples et cultures de l'Adamoua* (CAMEROUN), Actes du colloque de Ngaoundéré du 14 au 16 janvier 1992, ORSTORM. Coll. Séminaires, p. 79, signale : « *C'est ainsi que Mboula, chef mbum de Kalan Gonn, devenu "Kaïgama" du "Lamido" de Ngaoundéré fut chargé de l'administration des territoires gbaya de l'est avec pour résidence Meiganga. Les alliances matrimoniales aboutirent, en particulier au sein de l'aristocratie peul, à un phénomène important de métissage. Ceci accrut davantage la part d'autorité dont jouit l'élément mbum dans la structure de l'Etat : des dignitaires mbum sont associés aux délibérations de la "faada", et à la longue il fut institué, de façon tacite, que le "lamido" de Ngaoundéré devait être de mère mbum.* »

[206] Prince Dika-Akwa, *op. cit.*, p. 176.

§2- LES MYTHES ET HEROS FONDATEURS : LES SOURCES DU DROIT CONSTITUTIONNEL

L'Afrique Noire a élaboré des constructions théoriques sur les origines des sociétés humaines et de la civilisation. A défaut d'un héros éponyme, fondateur légendaire, on conçoit aussi un endroit sacré comme origine, quand il ne s'agit pas d'une rupture de type individualiste. Le réalisme scientifique doit pousser à une réserve les concernant : ces constructions nous intéressent uniquement en raison des capacités qu'elles ont à structurer le pouvoir, à y maintenir légitimes les actes posés par les détenteurs du pouvoir. Analysons quelques cas connus.

Nnanga apparaît dans les traditions Bassa, Elog Mpo, Ewondo, Eton, Mangisa, Yambassa et Sanaga comme un ancêtre qui leur est commun. Qu'il s'agisse d'un héros ayant marqué son temps (XIe-XIIe siècle) ou d'une cohabitation féconde dont les traits civilisationnels ont marqué ces entités, l'accent est mis ici sur le lieu présumé de l'origine commune aux Bassa - Mpoo - Bati, à savoir la grotte de Ngog - Lituba[207] qui participe de l'élaboration d'un mythe d'autochtonie pour justifier la maîtrise du sol.

Ailleurs, « *Un acte de rupture à l'égard de la parenté (inceste, meurtre d'un parent) est fréquemment rapporté à l'origine des royautés traditionnelles : le fondateur semble s'exclure de l'ordre ancien pour imposer son pouvoir et construire un ordre nouveau. Les mythes historiques et les rituels royaux rappellent cet "événement" et manifestent ainsi la nature exceptionnelle du souverain.* »[208]

R. P. Bernard Beemster souligne chez les Tikar la légende accusant Klo', un des fils du "Belaka" Chef des Mboum, « *d'avoir fait l'amour avec une des épouses du roi. En apprenant cette honte, le Belaka aurait dit à Klo' : "Ti kalajè", en mboum : "sors d'ici", condamnant ainsi son fils et quelques uns de ses amis à une vie de vagabondage sur les hauts plateaux de l'Adamaoua.* »[209]

---

[207] Un patriarche initié dans la tradition du Mbog des Bassa du Cameroun le confirme, à la suite de bien d'autres auteurs tels le sociologue Joseph Mboui, Samuel Mpouma et Dika Akwa par lui cités. Cf. « D'où viennent les Bassa ? », article publié dans le journal *Le Phare*, (n° 014) Hors-Série n°1 du 15 septembre 1998 et écrit par Mbombog Nkoth Bisseck.

[208] Georges Balandier, *op. cit.*, p. 69.

[209] R. P. Bernard Blemster en collaboration avec Basile Tchimi et Paul Mvouin, « Les Tikar de Bankim » *in Peuples et cultures de l'Adamoua, op. cit.*, p. 153.

L'auteur précité entrevoit dans ce récit une des pièces maîtresses de l'ethnogenèse des Tikar de Bankim.

Adamou Ndam Njoya signale aussi le rituel du roi (sultan) à Njimom, lieu sacré où se trouvent les sept pierres correspondant au sept ministres (Nkom), compagnons de Nsa' ra yen, fondateur de la dynastie Bamoun. Voici ce qu'il en dit :

> « *C'est dans ce site non dépourvu de magie que le pouvoir royal puise sa légitimité et sa force. C'est pourquoi tous les ans, à l'issue des festivités du Nguoun, on y renouvelle le rite des origines du royaume.* »[210]

Toujours dans le Cameroun actuel, les habitants de Galim - Tignere (situé au Cameroun à 200 km de Ngaoundéré) se rendent sur la montagne du Mont Djim où ils procèdent au nettoyage de la tombe de leurs rois ayant résisté aux conquérants peuls et à l'armée allemande. Les grottes Nyem - Nyem semblent avoir servi de refuge à ces habitants :

> « *Aujourd'hui les cérémonies traditionnelles marquant la fête annuelle des Nyem - Nyem se déroulent devant l'entrée principale de la grotte. Ici, reposent les trois rois, héros de la résistance du peuple Nyem-Nyem, les membres de leurs familles et quelques dignitaires du royaume.* »[211]

Partout, la mémoire s'impose un point de départ, de repère, pour fixer le temps, maîtriser l'ordre et la vie.

Ailleurs, c'est la naissance du futur héros qui est annoncée ; tel fut le cas de Alfa Yaya, roi du Labé au cœur du Fouta-Djallon au XVIIIe - XIXe siècle :

> « *La nouvelle fut annoncée à Labé au conseil des anciens après la prière traditionnelle du vendredi : Alfa Ibrahima Jallo, prestigieux "lando" (roi) du "diwal" (province), venait, d'avoir un fils, le cinquième. Dieu le lui avait envoyé par l'intermédiaire de Kumantyo, une princesse*

---

[210] Adamou Ndam Njoya, *Njoya, réformateur du royaume bamoun*, ABC/NEA, 1977. Coll. Grandes figures africaines ; Direction historique : Ibrahima Baba Kaké ; Direction littéraire : François Poli.

[211] Adala Hermene Gildo, « Festival Nyem-Nyem de Galim-Tignere. L'art traditionnel dans toute sa plénitude » in *Culture-Info*, Ministère de la culture, Yaoundé, 1996.

originaire de Ngaabu, le royaume mandingue situé à l'ouest. »[212]

On a là, trait pour trait, une tradition initiatique avec cet accent particulier porteur de vie, de sacré. En pays Ashanti, la naissance d'Ossei Toutou est aussi accompagnée de la version anticipatrice des oracles : « *Un grand roi est né ! Les prêtres ont saisi les oracles. Ils ont trouvé parmi tous les ancêtres celui qui vient de se réincarner. L'enfant s'appellera Osséi. A ce nom fort de la famille, nous ajouterons "Toutou", du nom du dieu de l'Abondance, de celui qui prit pitié de nous tous et de Manou.* »[213]

La naissance du roi par un acte relevant du divin n'est pas étrangère à l'Afrique. De telles manifestations sont présentes autant dans l'antiquité égyptienne que dans l'Afrique précoloniale. Le christianisme n'innove pas ; mieux encore, l'immaculée conception est inspirée de la pensée africaine dont nous possédons le texte originel dans une publication de Théophile Obenga[214]. L'unité ashanti, obtenue politiquement par l'avènement de la confédération des royaumes en 1698, procède de tels actes de rupture avec l'ordre ancien :

> « *La fiction religieuse qui fit descendre du ciel le trône d'or d'Osséi Toutou traduit bien la volonté de changement que le monarque ashanti a voulu introduire dans les institutions royales sans rompre l'ordre sacré de la légitimité.* »[215]

Flexibilité des institutions, organisation et réorganisation caractérisent bien des sociétés étatiques ouvertes aux lois de l'environnement où des

---

[212] Thierno Diallo, *Alfa Yaya, roi du Labé (Fouta Djalon),* avec la collaboration de Gilles Lambert, ABC/NEA, 1976, p. 19. Coll. Grandes figures africaines ; Direction historique : Ibrahima Baba Kaké ; Direction littéraire : François Poli.

[213] Joseph Amegboh, *Ossei Toutou. Fondateur de la Confédération ashanti*, avec la collaboration de Françoise Ligier, ABC/NEA, 1976, p. 15.

[214] Il semble bien que la naissance de Jésus s'apparente aux récits de l'Enfant divin connus et conçus en Egypte. La naissance divine du pharaon Hatshepsout, Aménophis III et Ramsès II est confirmée par des textes hiéro-glyphiques. (cf. Théophile Obenga, *La philosophie africaine de la période pharaonique. 2780 - 330 avant notre ère,* Paris, L'Harmattan, 1990, pp. 439-440). Le texte traduit et commenté par Obenga s'intitule « Institution pharaonique ».

[215] Joseph Ameghoh, *op. cit.*, introduction, p. 7.

compromis sociologiques dévoilent l'enjeu des discours verbal et rituel, canonisés pour les besoins d'ordre et de préservation de la mémoire.

Il en va de même en Egypte antique où s'organise autour du nouveau souverain un ordre qui vient transcender l'ancien :

> « *Ces nomes, en Basse Egypte, luttent entre eux, forment des confédérations placées sous l'hégémonie tantôt d'un nome, tantôt d'un autre. Chacun d'eux a son culte local et probablement son aristocratie gouvernante rattachée à ce culte jusqu'au jour où, à Busiris, se place un fait d'une importance essentielle, un homme nouveau apparaît ; Anedjiti, le "protecteur", le "maître des acclamations", qui substitue au culte local le culte universel et populaire d'Osiris. Il faut peut-être y voir l'avènement d'un régime nouveau succédant à l'ancien régime aristocratique.* »[216]

Dans l'ensemble, le pouvoir politique tire du lien religieux sa justification et sert de point de départ à l'organisation durable de la société. La science politique tient de la science religieuse son principe organisationnel :

> «*Les mythes ont, sous cet aspect, une double fonction : ils "expliquent" l'ordre existant en termes historiques et ils "justifient" en lui donnant une base morale, en le présentant comme un système fondé en droit. Ceux d'entre eux qui confirment la position dominante d'un groupe sont évidemment les plus significatifs ; ils servent au maintien de la supériorité.*»[217].

En saisir l'enjeu, c'est comprendre que rien n'est définitivement construit. Le pouvoir est essentiellement instable. Il engage les unités sociales aux statuts inégaux. Il règle ainsi : l'accession aux charges qui peuvent toujours être mises en question, l'ajustement des équilibres, la différenciation des fonctions, le rapport à la terre et aux ancêtres, la détention des richesses matérielles, la manipulation des symboles, le contrôle des hommes opposables aux dangers extérieurs qui sont aussi ceux pour lesquels les statuts juridiques du groupe et de l'individu font prévaloir l'ordre et l'enjeu des mythes comme sources du droit. Au fur et

---

[216] Jacques Pirenne, cité par Prince Dika-Akwa, *op. cit.*, p. 233.
[217] Georges Balandier, *op. cit.*, p. 139.

à mesure que se complexifient les groupes sociaux en présence, la pensée politique africaine se déploie aussi en réseaux et niveaux d'organisation hiérarchisés, relativement autonomes, mais balancés dans un même mouvement de nivellement des formes et des attributs. Résumons-en les grandes articulations.

Ce qui permet une telle imbrication des niveaux d'organisation, c'est la convergence sémantique des mythes explicatifs de la réalité, et leurs référents juridiques toujours communs, même si par ailleurs, la langue et la culture se trouvent quelque peu dégradés, ici et là. De plus, la juxtaposition des terroirs et les migrations ont facilité une compénétration des sujets de droit, et c'est le moins qu'on puisse dire.

Au niveau lignager où prédomine la parenté généalogique, le caractère diffus de l'organisation est intimement lié au culte des morts et aux mythes qui justifient l'ordre. Les rivalités observées entre aînés "sociaux" auxquels l'autorité échoit (en termes de décisions ou de prééminences) et les cadets "sociaux" sont davantage traités mystiquement avec des sanctions psychologiques. Les statuts inégaux sont compensés par des avantages sociaux ainsi que l'observance des règles d'organisation rituelles et mythiques[218].

L'arrivée des immigrants suscite un réajustement des données, historiques et juridiques à savoir une rectification de la généalogie, avec ascension politique d'un lignage qui détermine aussi sa prééminence. Le fondateur instaure alors une nouvelle unité résultant du brassage effectué qui implique aussi une capitalisation des biens, des parents, des pouvoirs et des alliances matrimoniales et sacrificielles. C'est toute la légitimation

---

[218] Si les règles sont respectées, c'est bien parce qu'elles sont senties, et qu'elles apparaissent cohérentes et équitables. En général elles sont satisfaisantes, puisque les parties en présence les soumettent à la raison et à la dialectique de l'argumentaire, puis de la délibération. Lorsque les parties ne s'accordent pas, une scission peut alors se produire du groupe. T. Olawale Elias, *La nature du droit coutumier africain*, traduit de l'anglais par Decouflé et Dessau, Paris, Présence Africaine, 1961, p. 82, montre que la loi est respectée : « *1) parce qu'elle est acceptée, 2) parce que l'obéissance paie, 3) parce qu'elle porte en soi sa sanction, élément de l'ensemble du milieu social.* » Précisément parce qu'elle ne sert pas uniquement les intérêts du Prince, et est élaborée par des personnes garantes de l'ordre juste des choses, elle ne fait pas prévaloir comme en Europe, la contrainte physique, la légitimité du monopole de la violence d'Etat pour se faire respecter. La violence n'est pas un impératif catégorique en Afrique noire, au sens de Hobbes ou de Machiavel.

généalogique qui est reconsidérée, les droits sur les femmes et les richesses, le prestige, l'influence et les alliances entre unités sociales subissent pour cette raison des retouches. Il reste à établir les règles d'accession au pouvoir qui seules, peuvent maintenir stables les institutions politiques, et surtout, les caractériser.

SECTION II : LA DYNAMIQUE DES INSTITUTIONS POLITIQUES

Trois points vont être abordés pour la saisie du rôle des monarchies constitutionnelles dans l'histoire politique de l'Afrique précoloniale, à savoir : les règles d'accession au trône, la séparation des pouvoirs et enfin, les conditions sociologiques qui commandent celles-ci.

§1- LA THEORIE DU POUVOIR

Dans l'ensemble, la fonction de chef héréditaire est liée à la généalogie de l'ancêtre fondateur des lignées associées par des liens de sang.

L'ancêtre fondateur est bien celui-là qui s'est installé sur une terre reconnue occupée et où il a fondé une lignée. Aussi sa descendance assure-t-elle la continuité du règne en choisissant le chef appelé à succéder à la mort du prédécesseur. Le choix est alors soumis à l'approbation des représentants de la lignée, ou des clans, selon le degré de complexification des groupes sociaux. En général, cette succession qui n'a jamais été automatique, est organisée dans un système dit matrilinéaire ; celui-ci assure à l'héritier le caractère royal de son sang, surtout qu'aucun homme ne peut jurer qu'il est le géniteur de son fils.

Si la théorie de l'origine des sociétés[219] rencontre l'histoire du fondateur du clan ou du premier ancêtre, le caractère "absolu" du pouvoir dans la monarchie est compensé par des contre-pouvoirs efficaces qui font que le chef ne peut pas abuser du pouvoir : les conseils et sociétés sécrètes, la cour de la reine-mère, les prêtres chargés de l'investiture du roi, la décentralisation du pouvoir au niveau des chefs de clans, des lignages ou des castes diminuent considérablement son pouvoir. Le juriste Olawale montre que *« La structure politique de ces sociétés est*

---

[219] Lire Cheikh Anta Diop, « Pour une méthodologie de l'étude des migrations des peuples en Afrique subsaharienne » in *Ankh*, Revue culturelle d'Egyptologie et de civilisations africaines, n° 4/5, 1995-1996, pp. 23-24.

fondée sur les loyautés locales divergentes, ainsi que sur les contradictions entre les divers liens de descendance et de rite. En l'absence d'autorité militaire ou administrative supérieure, ces divergences sont indispensables pour maintenir de l'ordre politique. »[220]

Ce maintien de l'ordre politique s'accompagne ce faisant d'un principe démocratique singulier avec un fort accent religieux (mythes, croyances rituelles, activités) qui donne au groupe social un tempérament pacifié, vécu par le peuple. Pour Cheikh Anta Diop, en effet, « *les responsables avaient une idée religieuse de leur fonction, ce qui les empêchait de profiter des faiblesses internes de l'organisation politique.* »[221]

Le sentiment général que l'on peut établir est qu'en fait, le rôle du chef était suffisamment perçu par tous pour qu'on ne s'aperçoive pas de ses défaillances et que, chemin faisant, il soit question de le déposer.

En général, les fonctions du chef relevaient à la fois du politique et du religieux. La gestion des affaires publiques, le bon fonctionnement du judiciaire, la protection du clan et de la tribu, les fêtes, la diplomatie, l'assistance aux nécessiteux, les dons, la coopération entre clans et lignages etc., en faisaient un sage, doté de qualités. Toutes choses ayant permis et conditionné par ailleurs sa désignation. Les garde-fous (contre–pouvoirs aidant) permettaient en général, d'atteindre un état d'ordre et de prospérité appréciable. Dans le cas contraire, diverses dispositions étaient prises pour s'en débarrasser. La procédure de destitution est alors entamée : le chef est informé des sentiments du peuple selon des moyens variés : manifestations publiques, désordres sociaux ou avertissements secrets.

Ayitteh distingue, deux grands types d'organisation politique en Afrique : le groupe A dans lequel il range les clans et tribus en entités politiques autonomes se gouvernant de façon indépendante, et au sein desquelles on peut distinguer celles qui avaient des chefs (roi ou premier dignitaire) et celles qui n'en avaient pas. Il considère que le groupe B est celui des tribus passées sous l'autorité d'autres tribus dont il appréhende de l'intérieur, deux cultures politiques : la première introduisant le

---

220 T. Olawale Elias, *op. cit.* p. 30.

221 Cheikh Anta Diop, *L'Afrique noire précoloniale*, Paris, 2e édit., Présence Africaine, 1987, p. 98.

gouvernement indirect, c'est-à-dire, laissant une autonomie locale à ses Etats vassaux à l'instar de l'Asanté et le Zande, la seconde correspondant à une volonté d'assimilation des peuples infériorisés (Empires Madingue, Fulani, Haoussa et islamiques des XVIIIe siècles[222].

L'enjeu de cette classification est la dialectique centralisation/ décentralisation. Olawale Elias quant à lui, s'en tient à l'incidence de la force organisée qu'implique l'hétérogénéité culturelle : c'est le groupe A. Le groupe B est en revanche, caractérisé par une homogénéité culturelle.

Olawale introduit dans le groupe A les royaumes fortement centralisés (Ashanti, Yorouba, Banganda) caractérisés par des liens affinitaires et la proximité géographique, qu'il distingue des petits royaumes trop lâches qui, de fait, n'ont pas besoin d'un empereur ou un chef suprême.

Dans le groupe B, on peut trouver un chef de famille remplissant souvent une fonction religieuse sans être un dirigeant politique. Dans ce même groupe, il se trouve que certaines sociétés ne possèdent pas cette caractéristique[223].

Le groupe A de Ayitteh coïncide en fait, avec les caractéristiques du groupe B d'Olawale, l'autonomie du premier étant justifiée par l'homogénéité culturelle du second. Le groupe B de Ayitteh correspond ainsi au groupe A de Olawale, sauf que ce dernier insiste sur l'apparition des démocraties islamiques fondues chez Ayitteh en A.

Les classifications ainsi effectuées introduisent notre présentation des organisations politiques répertoriées, elles appellent aussi une re-considération des propositions d'Olawale et d'Ayitteh.

§2- LES SURVIVANCES POLITIQUES ACTUELLES

L'étude des formations politiques traditionnelles encore conservées et leur confrontation sur le plan diachronique aux organisations politiques historiquement connues et décrites ont pour but de rendre compte de la genèse de la monarchie constitutionnelle en Afrique ainsi que de son évolution dans l'espace et dans le temps. Il s'agira aussi de dégager quelques lois tendancielles qui ont conditionné

---

[222] Georges B. N. Ayitteh, « La démocratie en Afrique précoloniale » in *Afrique 2000*, Revue africaine de la politique internationale, n°2, juillet - août - septembre 1990, p. 40.
[223] T. Olawale Elias, *op. cit.*, pp. 23-24.

les morphogenèses politiques respectives, leurs forces et faiblesses. Cette étude permettra enfin d'aborder la question des influences reçues de l'islam peul et bien d'autres considérations relatives aux usurpations de trône dont il conviendra de situer l'enjeu des mutations constitutionnelles effectuées en Afrique.

Les termes traditionnels utilisés pour désigner ces Etats africains respectifs sont maintenus ; le chapitre VIII cernera de près la réalité offerte par l'étude des sociétés africaines, sur un plan épistémologique, avec ce que cela suppose comme actualisation ou re-définition des concepts.

L'étude des formes actuelles a un avantage : **rendre compte des similarités et des particularités structurées par le dynamisme des peuples liés par l'histoire et la culture et surtout, saisir les mécanismes de la diffusion culturelle.** Aussi choisissons-nous d'étudier celles du Cameroun, caractéristiques des types expressifs qui ont été marqués par l'histoire politique récente. **En prolongeant cette étude d'un point de vue diachronique, nous pourrions disposer de bases fiables pour décrypter l'évolution historique de la monarchie constitutionnelle en Afrique en tenant compte des manifestations lointaines, des plus simples, politiquement, aux plus complexes**. Synchronie et diachronie dans l'étude des sociétés traditionnelles appartenant à une même aire de diffusion culturelle et linguistique permettront de mieux apprécier le jeu des mutations intervenues pour structurer ou consolider le pouvoir politique, voire le déstructurer dans certains cas. Dans tous les cas de figure, elles permettent de justifier la dynamique migratoire et la recomposition intervenue dans la pratique politique du pouvoir. Aucun ordre logique ne vient justifier ici la présentation des différentes formations, dès lors qu'elles ne posent aucune interprétation *déterministe*, *prédictive*.

- *Les Gbaya du Cameroun*[224]

A l'instar des Tiv ou des Nuer[225], tout comme chez les Mambila, Voute, Tikar, Fang, Beti du Cameroun, il n' y a pas de pouvoir central

[224] Lire T. Mouctar Bah, *op. cit.*, p. 79.

[225] Les Tiv et les Nuer n'ont pas de pouvoir central institutionnalisé. Des chefs occasionnels apparaissent selon les circonstances, en général en cas de conflits, d'antagonismes ou de guerres. Lire Georges Balandier, *op. cit.*, p. 77.

institutionnalisé chez les Gbaya. Le chef est un porte-parole (*Gasa me duk*) de sa communauté auprès des autres patriclans locaux. Cependant, en cas de guerre ou lorsque apparaît un litige, un responsable politique apparaît d'une manière circonstancielle et limitée : c'est le chef du territoire clanique appelé *Wan.* Le labi, rituel gbaya renvoie à des connaissances plus ou moins assimilées, magico-religieuses et pratiques.

> « *Après des années de retraite dans la brousse,* écrit Thierno Mouctar Bah, *les jeunes initiés, auréolés de mystère et de science, sont promus à un statut de leader : ils dirigent des migrations, choisissent les sites les villages nouveaux et supervisent les opérations de chasse. En fait le "labi", qui joue des fonctions diverses, magico-religieuses, d'éducation et d'encadrement, constitue le seul système cohérent, assurant les interactions claniques.* »[226]

Pour l'essentiel, nous considérons qu'une telle organisation apparaît rudimentaire. Leurs voisins, les Vouté, n'en sont pas davantage dotés, même si un conseil des anciens se constitue. Les Mbum semblent avoir effectué un saut politique qualitatif par rapport à ces deux voisins :

> *« Le Mbum, de ce point de vue, se situent à un degré supérieur par rapport aux Gbaya et aux Vouté. Cet état de choses va déterminer les modalités et l'intensité du facteur externe que constituent les Peul. »*[227]

Il s'agit donc de trois sociétés voisines qui se côtoient, avec des niveaux de développement politique différents. L'intérêt que nous accordons aux Mbum tient à une réalité, le régicide rituel. Celui-ci dissimule mal le niveau réel de civilisation atteint par le peuple Mbum bien avant l'arrivée des Peuls conquérants. Il suppose en effet un état civilisationnel avancé, tout au moins sur le plan du degré de différenciation ou de perfectionnement de l'appareil politique.

Ce clin d'œil que nous effectuons chez les Mbum peut expliquer certains traits structurels que l'on retrouve dans les Etats Bamoun qui pourraient en être des ex-croissances dynastiques, à l'analyse des mythes

---

[226] Thierno Mouctar Bah, *op. cit.*, p. 68.
[227] *Ibidem*, p. 69.

fondateurs justifiant l'origine Tikar de ceux-ci[228]. C'est cette raison qui a suggérée l'étude brève des Mbum.

- ***Les Mbum du Cameroun***

Les Mbum ont subi la domination des Peul conquérants. Leur domaine d'implantation dans l'Adamaoua serait pourtant récent, à en juger la littérature courante.

On pourrait la situer à environ 1000 ans de notre ère ; ce qui signifierait aussi qu'ils y auraient trouvé d'autres peuples. Si l'on s'en tient à l'histoire, l'émergence de l'empire Mboum coïnciderait aussi avec l'effondrement de l'empire Bassa (XIe-XIIe siècle) période autour de laquelle Nanga a affirmé ses qualités politiques. Les Bassa et les Basow par exemple s'en réclament comme des authentiques descendants[229].

Cette approche nous permet uniquement de justifier les brassages intervenus avant la désintégration qui s'en est suivie, avec ce que cela suppose aussi sur le plan de la réorganisation sociale. Les centres de Koundé, la chefferie guerrière de Ngila, le pays du Belaka Joui nommé Bakana ou Ngambé sont autant de termes que l'on retrouve dans la langue Bassa qui pourraient aussi témoigner la présence de ce peuples en ces lieux et leur descente progressive vers le sud sous la poussée conjointe des Mbum[230] et des Peul. La chronologie dynastique des Mbum situe au XIe-XIIe siècle l'émergence de ce royaume :

> « *En effet, selon le Belaka Mbum de Nganha, il existe chez les Mbum un système de comput précis : à chaque fête rituelle du Borian-Hâ, on mettait une pierre dans un sac pour compter les années, et pour chaque souverain nouveau, il y avait un nouveau sac. Il y aurait eu au total 900 pierres et 44 sacs. Si l'on considère que la durée*

---

[228] Ce récit de Adamou Ndam Njoya, *op. cit.*, nous en donne une idée : « *Depuis le temps reculé où Nsa'ra Yen (fondateur de la dynastie Bamoun) a quitté le pays Rifum, là-bas, vers l'Adamaoua, les terres ont été occupées par des guerriers du Nord, d'origine peule, adeptes de l'islam.* » Prince Dika-Akwa, *op. cit.*, p. 223, situe entre le XVe - XIXe siècle, l'essor de l'empire des Mboum, le Rifum qui ne serait qu'une déformation de Difum.

[229] Lire Prince Dika-Akwa, *op. cit.*, p. 176.

[230] Des sources historiques semblent précisément attribuer cette descente à la défaite des Bassa face aux Mbum. Lire à la suite des Mbum, les Bassa.

moyenne d'un règne est de 20 ans, on ne peut que conclure à la validité de la chronologie mbum. »[231]

Soit une durée de près de 800 ans à 1000 ans d'histoire.

Nous retenons que les Mbum ont une longue histoire politique qui a structuré le pouvoir du Belaka, chef religieux et politique : en effet, il est le seul autorisé à poser son siège sur une peau de panthère[232], à l'instar des Kwanja voisins qui certainement, ont subi leur influence[233]. Il faut noter, qu'à l'instar des Jukun, leurs cousins, les Mboum pratiquaient le régicide rituel. Cheikh Anta Diop pense qu'il faut généraliser cette pratique aux Yorouba, Dagomsa, Tchamba, Igara, Songhaï, Wouadaï, Haoussa du Gobir, Katséna et Daoura, aux Shillouk, en Ouganda-Rwanda, dans l'ancienne Méroë[234].

L'instauration par les Mbum d'un septennat unique a pour but de limiter les pouvoirs et les velléités tyranniques du souverain.

Si l'on considère les Yorouba, cousins des Djokoun eux-mêmes frères des Mbum, il n'est pas utopique d'évaluer, par analogie, le niveau organisationnel qui aurait bien pu être celui des Mbum avant l'arrivée des Peuls :

> « *La plupart des cités Yoroubas sont en fait gouvernées par des rois et chefs tribaux... Le système tribal de gouvernement était essentiellement démocratique... Le roi était habituellement choisi dans la famille dont l'ancêtre était fondateur de la ville. Dans la plupart des villes, la coutume semblait être que les membres de cette famille choisissaient des candidats pour la royauté, les chefs des autres familles opérant le choix final.* »[235]

---

[231] Thierno Mouctar Bah, *op. cit.*, p. 65.

[232] Il y a lieu de saisir la contamination ou la proximité culturelle des Mbum et des Bassa. Le rôle sacerdotal joué par les Bassa dans le vieux Cameroun au XVIIIe siècle, est significatif à cet égard. Il semble bien que la diffusion du culte du ngé aux autres tribus du Cameroun relève du clergé Pemje "la panthère glorieuse" des Bassa. Nous y reviendrons en étudiant l'organisation politique Bassa.

[233] Lire les Kwanja, à la suite des Mbum dans cette analyse.

[234] Cheikh Anta Diop, *op. cit.*, p. 65.

[235] P. C. Lloyd, « The Integration of the New Economic Classes into Local Government in Western Nigeria » (L'intégration des nouvelles classes économiques dans le gouvernement local du Nigéra occidental), publié dans *African Affairs*, octobre 1953,

Là aussi, la succession n'est pas automatique. C'est dire que le roi régnait sur un certain nombre de chefferies dont les représentants constituaient le conseil des chefs qui eux, agissaient localement. La législation locale est accompagnée d'une législation générale, les lignages s'ordonnançant en clans et en tribus. Autant que les Mboum, l'histoire des Yorouba est marquée par près de 12 siècles de brassages lignagers et claniques que ne doit pas masquer l'unité tribale de près de 14 millions d'âmes se réclamant d'un ancêtre commun. Dans les deux cas, le régicide rituel a servi de contre-pouvoir pour limiter la faillibilité du roi, bien avant l'irruption islamo-peule. Cette étude analogique est simplement suggestive, voire allusive.

L'étude des Mbum doit ainsi conduire à ne point prendre pour statiques, les données analytiques des anthropologues politistes dont les thèses déterministes ne tiennent pas compte de la dynamique de l'histoire et de l'ethnogenèse. La société Kwanja en porte témoignage, même si nous sommes loin du stade du régicide. Les Kwanja nous indiquent aussi ce qu'ont pu être les systèmes bassa, bamiléké, bamoun et mbum à un moment donné de leurs histoires respectives. Il ne s'agit pas d'y justifier un certain déterminisme, mais d'y saisir l'ampleur des aléas dans les configurations synchroniques du pouvoir politique.

- ***Les Kwanja du Cameroun***[236]

En plus d'un conseil des anciens, est instauré un chef rituel : *Mgbà pàndá mbwárà*, autorisé à dépiécer la panthère. C'est un chef autonome qui subit une initiation à caractère mystique. Il est entouré de notables (*Gangmbà*) qui forment le conseil, il est assisté d'un adjoint qui ne saurait être son successeur légal en cas de décès.

Les reines Kwanja sont porteuses de malédiction ou de bénédiction. Elles sont en général conseillères du chef et prient pour l'équilibre social. Ainsi se dénoue progressivement le cadre de gestion de l'ordre public. Les reines détiennent un pouvoir mystique et jouissent

---

vol. 52, n°209, pp. 327-334, et notamment pp. 329-330., cité par T. Olawale Elias, *op. cit.*, p. 28.

[236] Nous devons l'essentiel de nos informations à Nygandji Ndi Samuel, *Pourquoi les Kirdi du Nord - Cameroun ont-ils préféré le christianisme à l'islam ? Le cas des "Habe" de Bankim*, mémoire de Maîtrise présenté et soutenu en Juin 1993. Lire surtout le chapitre II, « Organisation sociale et concept religieux des trois groupes ethniques, pp. 14-24.

d'un statut juridique leur permettant de jouer pleinement leur rôle médiumnique et de contribuer, pour ainsi dire, à l'équilibre global du système social. A ce niveau s'imprime progressivement un ordre généalogique et rituel qui devient aussi un critère de l'ascendance politique du fondateur de lignage sur la base d'une capitalisation des parents dépendants, des alliances matrimoniales instaurées, des biens, du prestige et de l'influence exercée sur les voisins. Le pouvoir est plus rituel que politique avec une différenciation plus rigoureuse de l'ordre hiérarchique, avec des positions politiques plus ou moins affirmées. Désormais, parmi les notables d'un *Mgbè*, un seul est habileté à désigner un nouveau chef qui fera son apparition publique au cours de la fête de récolte du *Ngùn*, bien entendu, après un séjour initiatique, entouré des notables et princes. On peut noter là un rapport évident avec la fête de récolte et de purification du Nguon des Bamoun. Mais déjà il apparaît fondamental d'appréhender l'intérêt souscrit au culte des ancêtres et ses répercussions sur le monde des vivants :

> « *Les vivants doivent offrir des sacrifices aux ancêtres et aux divinités. C'est en recevant ces sacrifices qu'ils peuvent agir favorablement aux attentes des vivants. Le chef est à la fois le responsable social et religieux. Il doit veiller au respect de la tradition, que de faillir à sa mission.* »[237]

Mais il semble bien que tous les lignages et les clans ne sont pas dotés, dès le départ, de la gouvernance mystico-religieuse. Ceux qui n'en ont pas la sollicitent chez ceux qui en ont. Il s'instaure ainsi, une sorte de prééminence rituelle. Il semble bien que les Mambila (sans pouvoir politique institutionnalisé), se procurent, le bâton rituel, le *ndunga suàgà*, auprès des Kwanja dont le culte rituel est plus élaboré[238]. Il semble aussi que beaucoup de tribus de l'intérieur du Cameroun doivent le développement du culte du *ngé* aux Bassa :

> « *Ainsi, le "Mungi" des côtiers Dwala et de toutes les collectivités de la "Grande ville, la capitale de tous ces pays", devient le "Ngé" (léopard) chez les Sow, le "Ngil"*

---

[237] *Idem*, p. 24.

[238] David Zeitlyn, « L'âge, le pouvoir et la rhétorique. Le cas des Mambila au Cameroun » in *Peuples et cultures de l'Adamoua (Cameroun)*, *op. cit.*, p. 145 écrit : « *Les bâtons s'achètent chez les Kwanja, les voisins des Mambila.* ».

que Georges Balandier place à juste titre au dessus de toutes les autres confréries chez les Fang-Béti, Boulou et Badouma en relèvent également. Le "Mwingu" joue un rôle identique chez les Bamoun et les Tikar, dans le Nord-Ouest. Il en va de même du "Ke'ngwi" chez les Bamiléké de l'Ouest. En vertu de ce système les gens du "Ngé" des Bakoko et Bassa s'en vont assurer l'administration centrale dans les chefferies de l'intérieur. »[239]

Dès à présent étudions l'organisation socio-politique de la société Bassa pou en savoir plus.

- ***Le Mbog bassa du Cameroun***

On pencherait davantage pour l'hypothèse d'une survivance historique dont cette société a conservé les réflexes organisationnels du clergé de Njambe. Lisons ce que Prince Dika-Akwa qui a côtoyé les régulateurs de cette confrérie en dit relativement à *Pemnjé*, président du présidium des ethnarques bassa encore appelés *bambombog*. Ces premiers occupants des sols intègrent les autres représentants des tribus voisines dans la confrérie du *Ngwa* pour mener à bien l'intégration des nationalités :

> « *Le "Ngwa" : la confrérie des Prêtres à peau de Panthère, l'Eglise et l'Académie des sciences, sert de base à la quatrième gouvernance et à l'ordre des Planteurs évoluant sous la haute figure de la déesse Lune. Contrairement aux trois autres gouvernances, elle se trouve placée sous l'obédience des premiers occupants du sol. Son chef, le grand maître de la province céleste du Nord : "Pemnjé", "la panthère glorieuse", contrôle tous les clergés depuis le bas - clergé qui recrute dans les lignages jusqu'au haut - clergé des pontifes liés à des chaînes de confréries et d'autres, en passant par le moyen - clergé regroupant plus souvent les ritualistes, les prophètes à raison d'un par confrérie, et les rex sacrorum, etc. Seul le tout-puissant clergé de "Nyambe" : Dieu*

239 Prince Dika-Akwa nya Bonambela, *op. cit.*, pp. 251-252.

souverain - maître échappe au contrôle du "Ngwa", puisqu'il est hors - catégoriel. »[240]

On a certainement là, la manière dont se sont organisées les confréries et castes, sans doute à partir d'un clan structurant du point de vue professionnel, le cadre de la fonction héréditaire, mais s'ouvrant progressivement aux autres clans et ethnies organisés dont il conserve des liens de prééminence rituelle.

L'ethnarque bassa est le *Mbombog*. Il est souverain dans un territoire précis et dispose de pouvoirs politique, judiciaire et militaire séparés par des organes juridico-administratifs. Il est porte - parole (Mpodol), chef judiciaire (Nkées) et prêtre (Yimam). Sa maîtrise du visible et de l'invisible lui permet de manipuler les forces naturelles et surnaturelles qu'il met au service de son peuple. A la fois chef religieux et politique, il est entouré de confréries spécialisées : le *njeck* qui met en œuvre la justice immanente ; il est accompagné du *ngambi* donnant accès aux vérités sécrètes en raison de la communication effectuée avec les ancêtres. Quant à la confrérie du *Koo,* elle est réservée aux femmes : elles peuvent devenir des prêtresses. Le *ngé* est spécialisé dans les cérémonies funèbres des initiés et intervient aussi dans le service militaire et l'exécution des condamnés à mort. Le *Um* est chargé des rites de procréation et de la justice et le *Hilun* critique les actes de la vie publique. Toutes ces confréries préfigurent l'organisation ministérielle de la vie publique dans le clan.

Les chefs des clans s'organisent autour d'une instance supraclanique *nkaa mbog*, une sorte de sénat dont l'autorité serait le "*Pemnje*", la "*panthère glorieuse*".

Dans la société Bassa, la prêtrise prend une signification particulière : elle renvoie à des considérations historiques et même préhistoriques qui puissent dans la nuit des temps. Notons d'ores et déjà cette coïncidence organisationnelle qui fait du félin un privilège régalien. Chez les Kwanja, le chef rituel *Mgbà pàndà mbwàrà*, est seul autorisé à dépecer la panthère. D'un point de vue rituel, le *Belaka* des Mbum a aussi son siège sur une peau de panthère. Il y a là, ce fait singulier que

---

[240] *Idem*, p. 254. Si le roi - prêtre est divinisé, il n'est pas Dieu. Comme tout le monde, il subit la loi des hommes, d'où la nécessité d'en limiter les pouvoirs, afin qu'il ne tombe point dans les travers de la faillibilité humaine.

nous rapprochons de la confrérie du *Ngwa*, prêtres à peau de panthère qui fait référence à l'univers égyptien :

> « *A partir du Nouvel empire, la peau de léopard est un attribut physique des grands- prêtres.* »[241]

Dans la hiérarchie de la prêtrise, ceux-ci viennent après le roi - prêtre et les prêtres supérieurs des sanctuaires encore appelés chefs des secrets du ciel. L'Egypte est donc toujours présente dans l'Afrique actuelle, dans toutes les royautés, même si par ailleurs, certaines tribus ont perdu la signification profonde des rituels. Il en est de même de la fête des récoltes du *ngùn* (kwanja), *nguon* (Bamoun), *mbu* (Bakoko - Bassa) qu'accompagnent des cérémonies de purification.

Parce que chez les grands - prêtres du *Ngwa*, à savoir les Bassa, *ngwo* signifie chien, on accède directement aux mystères osiriens de la résurrection, aujourd'hui reproduits dans ces cérémonies avec plus ou moins de bonheur.

Dans la légende osirienne, telle que rapportée par Fernand Schwarz[242], *Osiris*, être de chair, Dieu de la végétation connaît la trahison et la mort. Il en triomphe et ressuscite grâce à la piété de *Isis* et assure à tous les humains, la vie éternelle. Il devient un soleil nocturne, *Rê* « étoilé », accomplissant ainsi d'Est en Ouest et d'Ouest en Est le périple solaire. *Osiris* apparaît en Egypte sous les traits d'*Orion*, encore appelé étoile du Chien ; *Sothis*, voisine d'Orion représente *Isis* ; ils se suivent dans le circuit des étoiles.

L'astronomie dogon, au Mali, représente le système de Sirius par Sirius A et son compagnon Sirius B, *sigi tolo* et *pon tolo*. C'est la connaissance égyptienne qui se prolonge chez les prêtres dogon. Théophile Obenga pense que *sigi tolo*, « étoile du Sigui », confirme le fait que cette étoile, en rapport avec la cérémonie soixanténaire du renouvellement du monde, donne aussi lieu à la désignation d'un nouveau prêtre, grand maître de cérémonie[243].

Or, dans les traditions égyptiennes, c'est précisément Anubis qui est chargé de la revivification matérielle d'Osiris, de sa résurrection

---

[241] Théophile Obenga, *op. cit.*, p. 465.
[242] Lire l'important livre de cet auteur, *Initiation aux Livres des morts égyptiens*, Paris, Albin Michel, 1988, chap. III, pp. 49-68.
[243] Théophile Obenga, *op. cit.*, pp. 282-300.

matérielle[244]. Ce Dieu de l'Ennéade héliopolitaine à face de chacal, voire de chien, gardien des postes célestes préside la renaissance d'Osiris par le sacrifice et la victoire sur le chaos, le désordre. La constellation du Grand Chien met en scène les cérémonies rituelles des fêtes d'Abydos (Abdjou)[245]. Ainsi s'effectue la double cérémonie de la fête des récoltes et de la purification. Le roi-prêtre, le chef rituel, le sultan, à l'instar du pharaon, s'identifiant à *Osiris-Horus* par le régicide rituel, apparaît en public dans toute sa majesté[246]. C'est la fête : *ngùn*, *nguon*, *ngwo* (chien en Bassa) *mbu* chez les Bakoko, Mbo, Abo, etc. par référence à Anubis (à face de chien), cette fête de la récolte est la manifestation d'*Osiris*, Dieu de la végétation, attachée à l'idée d'un palmier (arbre de noël), symbolisant ainsi la renaissance et correspondant au 361e jour de l'année, soit le 26 décembre.

> « *Certains rites magiques conçus pour assurer la fécondité de l'année agraire et s'inspirant directement du rituel des mythes d'Osiris étaient célébrés à l'intérieur même des tombeaux.* »[247]

De même, « *Le lendemain, en effet, Njoya avec les Nkom se rend à Ngbetja, le cimetière royal, pour se recueillir sur les tombes de ses ancêtres.* »[248]

Toute la pensée politique africaine trouve son fondement dans le culte osirien. A présent, c'est un truisme que de l'affirmer, tant elle re-aménage visuellement toute la symbolique de la panthère dans les royautés africaines actuelles.

---

[244] La croyance populaire d'une immortalité stellaire est connue depuis l'époque pharaonique. Osiris est né à Ouaset (Thèbes) et est enterré à Abydos. Sur terre aussi, le roi est Horus, l'enfant divin ; mort, il devient Osiris, résurrection qui ne peut être que matérielle, à l'instar de la graine pourrissant pour revenir à la vie.

[245] Théophile Obenga, *op. cit.*, p. 234. Abydos se lit en égyptien ancien Aboudjou, nom commun que l'on rencontre dans le littoral camerounais, en particulier chez les Douala.

[246] Adamou Ndam Njoya, *op. cit.*, décrit aussi la cérémonie d'apparition du sultan roi des Bamoun.

[247] *Fernand Schwarz*, *op. cit.*, p. 64. Et ce morceau choisi à la page 65 : « *Pour l'Egyptien, la Terre est dépositaire des énergies fécondantes. C'est le dieu masculin Geb, détenteur des puissances séminales, qui féconde le Ciel. Osiris, associé aux puissances fécondantes de la Terre, s'approprie le rôle essentiel caché derrière l'idée de reproduction, celle de la continuité de l'Etre qui, dans la théologie funéraire apparaît comme le mystère de la résurrection ou de la nouvelle naissance.* »

[248] Adamou Ndam Njoya, *op. cit.*

Aujourd'hui encore, la fête de *ngwo, nguon, ngùn* manifeste bien cette vigueur osirienne de la pensée africaine.

Ce long commentaire a eu pour but de révéler cette capacité de re-composition des sociétés africaines. Dans ce cas précis, on saisit la permanence des pratiques rituelles probablement inspirées du Ngwa (confrérie des prêtres à peau de panthère). Cette permanence incite à prendre au sérieux les légendes mbum, Bamoun, Bassa, Gbaya, etc., renvoyant au Nil égypto-nubien. Rien d'étonnant quand s'y justifie le fait que la royauté sacrée, en Afrique comme en Egypte, imposait au pharaon le port de la peau d'un félin comme costume sacerdotal lors de certains rites précis, dans la vieille Egypte. Il faudrait ajouter cette diffusion culturelle dans certains cas[249]. En effet, clans et ethnies se connaissaient, ne serait-ce qu'en raison de l'existence des pistes commerciales, des échanges de biens, des rituels, d'idées en circulation, quand il ne s'agissait pas d'un ensemble politiquement organisé. C'est ce qui fait dire à Dika-Akwa que « *La répétition des mêmes constantes dans la formation des royaumes et des empires dans des pays aussi éloignés que l'Egypte pharaonique et le Vieux-Cameroun, ou le Bénin Ancien, et au cours des périodes historiques aussi éloignées que les XVIIe et XVIIIe dynasties (1580 - 1200 avant notre ère) et les XVe-XIXe siècles de notre ère donne à penser que l'histoire politique de l'Afrique traditionnelle n'a qu'une constitution. Celle-ci a dû être inspirée par un modèle original qui se perd dans la nuit des temps de la vallée du Nil.* »[250]

- ***La chefferie Bamiléké du Cameroun***

En général, le prince héritier du trône est désigné par le conseil des neuf notables sur proposition du chef défunt. Seuls quelques uns des notables connaissent l'identité du prince qui doit appartenir à la lignée royale. Le deuil du chef défunt est assuré par la société secrète du *Kumje,* pendant ce temps, le chef "désigné" est arrêté avec son adjoint. Ceux-ci sont alors introduits au La'Kam pour leur initiation à l'art de gouverner

---

[249] Il semble bien que l'Adamaoua a constitué un centre de rencontre et de dispersion d'une frange importante des peuples bantu. Ainsi semble attestée la victoire des Mbum, Djoukoun, et Béti sur les Bassa, de même que le départ de ceux-ci en direction du Zaïre, de l'Afrique de l'Est et de l'Afrique occidentale. L'Empire de Rifoum absorbera les vaincus Bassa et Sow L'installation des vaincus aux alentours de Ngog-Lituba est annoncée dans ces périodes de désintégration sous la conduite de Ngué-Nanga aux environs du XIIe - XIIIe siècle de notre ère.

[250] Prince Dika-Akwa, *op. cit.*, p. 226.

pendant neuf semaines. Des jeunes filles nubiles sont introduites au *La'Kam* afin que le chef désigné fasse preuve de ses capacités procréatrices. Aussi, au moins une d'entre elles doit-elle être enceinte pour que le chef désigné hérite du trône. Dans le cas contraire, c'est son adjoint qui est appelé à exercer le pouvoir. Louis-Marie Ongoum nous donne un aperçu de la réalité festive de l'intronisation :

> « *Apparaît un grand notable, le fils du chef, suivi de deux hommes dans la force de l'âge, portant un sac à main fait de crinière de bélier, l'autre une torche allumée. Ces trois hommes précèdent le chef qui vient immédiatement après le porte-flambeau, coiffé de tak (coiffure) qui tient en plus grand de la toque de cuisinier ou de professeur, du Kalpak taretare ou du mortier de conseiller et qui est ornée sur le bord supérieur de plumes rouges de perroquets.* »[251]

Le chef (fù, fon, fo)[252] est un chef religieux et politico-administratif, maître de terre, maître de la justice. Les plumes rouges de perroquets rappellent la plume de *Maât*, double déesse de la vérité - justice dans l'Egypte pharaonique[253]. Il a un caractère divin, à l'instar du pharaon et possède le plus grand nombre de totem (*Pi*) qui lui ont été transférés au cours de sa période initiatique. Il exerce son pouvoir avec le

---

[251] Louis-Marie Ongoum, cité par Gilbert Doho, « Les funérailles bamiléké. Eléments de théâtralité » *in Littérature camerounaise. L'éclosion de la parole*, n° 99, octobre - décembre 1989, pp. 80-81.

[252] Cheikh Anta Diop et à sa suite, Prince Dika-Akwa affirment l'origine égyptienne du nom du chef (fù, fon, fo). Le terme fo doit être rapproché de Per = enclos de la maison et par extension maison du pharaon. Les Douala ont Po = cellule, enclos ; les Bassa Pele = maison ; en wolof, c'est per. Au Soudan, on retrouve Fari, Farima, Faran etc., qui renvoient à chef. Les Bamoun parlent aussi du Mfôn pour désigner le roi ; les Béti parlent de Mfan Mot pour évoquer un personnage important. « *On se rappelle que si Pharaon a pu dériver du pluriel égyptien de "per", c'est parce qu'on avait pris l'habitude d'identifier le roi avec le nom de sa maison, qui était une double maison.* », cf. C. Anta Diop, *op. cit.*, p. 109. Le "p" est simplement décliné en "f" sur le plan linguistique.

[253] Et Théophile Obenga de s'exprimer ainsi : « *Toujours, l'Egypte antique permet de comprendre le présent négro-africain en ses traditions caractéristiques ; de même, et toujours, les sociétés négro-africaines vivantes, déjà "touchées" par d'autres valeurs (spirituelles, idéologiques, morales, etc.), recèlent en elles bien de modes de vie archaïques qui renvoient en ligne directe à la vallée du Nil égypto-nubienne. Le rituel pharaonique, au sens large, n'est pas encore mort : il survit en Afrique noire profonde.* », *op. cit.*, p. 183.

concours des neuf, organe politico-admnistratif (*Nkamvu*) et celui des sept, organe magico-religieux (*Nkam sombuech*) et autres sociétés secrètes guerrières (*Mandjong*). Au départ, le chef n'a pas le monopole du pouvoir exécutif et son limogeage signifie aussi la mort. En effet, le conseil des sept peut le piéger et provoquer sa destitution.

Les conseils précités lui permettent de bien diriger, assurent le respect des coutumes et protègent le peuple contre les pratiques mystiques et les guerres.

Dans l'ensemble, les institutions locales sont en général de même nature que le pouvoir central[254]. L'apparence mono-ethnique ne doit cependant pas tromper l'observateur dans ces systèmes de chefferies Bamiléké qui varient en dimension et en importance. Dans bien de cas, l'homogénéité culturelle dissimule la forte parentalisation et l'assimilation des populations autochtones[255].

- ***Le royaume Bamoun***

L'Etat Bamoun présente la particularité d'avoir connu des troubles incessants dans la succession au trône, bien que les règles concernant cette succession aient été bien établies : seuls les princes peuvent prétendre accéder au pouvoir. Le fils aîné est écarté du jeu et laisse la place à d'autres prétendants, certainement en raison de ce vitalisme qu'on attend de la jeunesse du nouveau prétendant. Se trouvent

---

[254] Le pouvoir de certains chefs s'est trouvé renforcé au contact de la colonisation, celle-ci ayant eu pour objectif d'affaiblir certaines chefferies rebelles. C'est ainsi que s'est instauré un certain clientélisme obligeant les chefs corrompus à centraliser le pouvoir et, ce faisant, à amoindrir les contre-pouvoirs dans le jeu de leurs intérêts. La collecte de l'impôt de capitation a joué dans ce sens en favorisant une "mini-féodalité", les notables prélevant alors à leurs propres comptes, des marges bénéficiaires. La "bourgeoisie" bamiléké y a fait ses premiers pas, favorisée en cela par le commerce de côte dont elle n'a pas eu grand peine à maîtriser les circuits coloniaux et post-coloniaux.

[255] Prince Dika-Akwa, *op. cit.*, p. 176, souligne, à cet effet, que le peuple résidentiel bamiléké est constitué de « *Ndobo + clans Ngala (Mbo) + clans Tikar + clans Bassa + etc.* » Les bamiléké eux-mêmes évoquent l'existence d'un clan Bassa pré-établi dans la zone du palmier à huile de Diboum (Foutouni) et de Fomopia à Bana au XVIIe siècle. Le quartier conquis à Bana s'appellerait même Bassa. Quant aux Mbo dont les ancêtres Bakoko (Mpoo) auraient atteint les contreforts du Mont-Cameroun, il semble bien qu'ils aient été absorbés dans ces zones par les Bamiléké. On sait aussi qu'une bonne partie des Bamoun défaits par les révolutions de palais ont dû rallier certaines chefferies Bamiléké, en l'occurrence les Bansow.

donc engagés dans la compétition, tous les autres protagonistes où s'opèrent, des rivalités attestées, souvent sanglantes.

La régence de Njapndounké assurant la tutelle de Njoya encore jeune ressemble donc à bien d'autres régences africaines connues, assurées par la reine-mère. Nous n'insisterons pas sur ce trait d'autorité féminine.

Gbetnkom Dobouo, Premier ministre et conseiller de la reine-mère lui même, non content de voir Njoya succéder au trône, envisagea une sécession. Malheureusement, il fut pris dans son propre piège, Njoya ayant reçu le secours des Foulbé voisins pour s'en débarrasser. La conversion à l'islam de ce sultanat explique en bien de points la centralisation du pouvoir[256].

Dans l'ensemble, le sultan est entouré par des *Nkom* (ministres) jouant chacun un rôle politique, les *Shütshut* et autres *Nji* dont les contre-pouvoirs, quelque peu altérés avec le temps, n'ont plus la même tonalité sans doute ébranlée par l'histoire cahoteuse des derniers siècles, car orientée vers l'islamisation des mœurs politiques.

§3- LES FORMATIONS HISTORIQUES

- ***Le royaume ashanti***

Le trône se transmet par les femmes en Ashanti dont le territoire se trouve dans le Ghana actuel. Si la filiation est matrilinéarité, le mariage est, en revanche, patrilocal. Même dans ce dernier cas, la femme a souvent affiché une certaine indépendance vis-à-vis du mari. On sait, du reste, que l'oncle maternel y a gardé une importance plus grande que celle du père. Le royaumeAshanti présente, avec les royaumes du Kongo et des Kubas de traits organisationnels communs[257]. Dans bien des cas, la succession n'est pas automatique.

---

[256] Adamou Ndam Njoya, *op. cit.*.

[257] Le roi du Kongo est un descendant de l'ancêtre fondateur (Bakulu mpangu). C'est un chef spirituel et religieux. Avant le XVe siècle, il est entouré d'un conseil de neuf à douze membres (mbanda mbanda) où le Mani Kabunga et les Mani Soyo et Mbata possèdent un droit de véto. Le roi n'a pas un monopole absolu. Quant au royaume des Kuba, la référence au trône est matrilinéaire. Le roi (*nyimi*), dans cette moitié du XVIIe siècle, est sacré ; il dispose de provinces autonomes et son pouvoir n'est pas absolu.

La reine-mère partage le trône avec le roi, et propose un successeur au trône. Ce pouvoir est tempéré par le collège des anciens, les électeurs du roi, c'est le conseil des chefs des sept clans, autonomes bien que vassaux du roi. Viennent ensuite les chefs de village, les hommes libres et les esclaves.

Le conseil du lignage royal forme l'aristocratie. Le roi s'y retrouve avec les candidats à la royauté que l'on consulte sur les affaires intérieures. Prince Dika-Akwa souligne aussi le *Werempe*, gouvernement central de 9 membres ; c'est un organe politico-administratif dirigé par le *Giashéné* (chancelier), chef des fonctionnaires[258]. Ce double conseil constitue un contre-pouvoir efficace auquel il faudrait ajouter celui des prêtres (société secrète).

Chaque partie contractante (clan) a dans la structure du pouvoir sa propre organisation et le gouvernement central réunissant tous les chefs des clans est présidé par l'Ashanthéné (le roi). Ces chefs lui payaient un tribut annuel et il attendait d'eux la fourniture des troupes à l'armée centrale en cas de besoin. La décentralisation est donc la règle dans toute l'Afrique. La royauté ashanti était de type confédéral, avec délégation d'autorité, voire de charges administratives et fiscales confiées aux membres du lignage royal.

Nous avons ici, l'exemple d'un gouvernement de type moderne qui marque aussi l'avance que les peuples africains ont eu sur la conception du pouvoir à un niveau encore difficilement atteint dans les républiques actuelles. Sur près de 45 à 65 kilomètres, l'Etat central de Kumasi et les Etats vassaux ont pu constituer une confédération :

> « *Le roi était donc la personne en qui les diverses lignées de la tribu trouvaient leur unité. Il était le symbole de leur identité et de leur continuité tribale, l'incarnation des valeurs ancestrales. Le tabouret d'or, symbole de son pouvoir, était aussi "l'âme de la nation", emblème sacré de la permanence de la tribu. Les Ashanti donnant la prééminence au monde spirituel, le roi était le lien entre les vivants, les morts et ceux qui n'étaient pas encore nés.* »[259]

[258] Prince Dika-Akwa, *op. cit.*, p. 228.
[259] Georges B. N. Ayitteh, *op. cit.*, pp. 60-61.

Tel est donc l'enseignement que l'on peut tirer, à savoir, la légitimité acquise par le roi ashanti grâce à laquelle, la chefferie est passée au stade du royaume avec conservation de la permanence du lien religieux traditionnel.

- ***L'Empire du Cayor***[260]

Au XVIe siècle, le Cayor semble avoir connu sept dynasties de "garmis" (nobles) ayant droit au trône soit un siècle avant la confédération ashanti. Les rivalités entre les dynasties ont entraîné des exils ; les protagonistes malheureux pouvaient alors reconquérir le trône avec l'aval du Diaraff N'Dhambour, président du Conseil de la couronne habilité à désigner le nouveau Damel (roi). Ce dernier pouvait même inciter certaines provinces à la révolte en vue de conquérir le pouvoir :

> « *Ce sont des rois immigrants, des princes révoltés, exilés, pourchassés, peut-être du Mali, du Songhaï ou du Ghana, qui vont chercher fortune dans une province extérieure de l'empire, quitte à la soulever pour en devenir maîtres. Il était courant que les ressortissants de la noblesse, qui avaient déjà goûté le pouvoir, s'ils le perdaient chez eux, aillent le chercher ailleurs.* »[261]

La constitution dont Cheikh Anta Diop nous donne un aperçu est la suivante :

- Un Damel
- Un Conseil de la couronne présidé par Diawrigne Mboul Diambour, représentant héréditaire des hommes libres.

Ce conseil est constitué des représentants des hommes libres, hommes de castes ou sans caste, des représentants du clergé musulman, des représentants des Tieddos (individus attachés au roi, soldats, courtisans) et de ceux des captifs de la couronne.

Cheikh Anta Diop signale que cette constitution est restée en vigueur jusqu'en 1870, ce qui laisse supposer une longévité relative, malgré l'hétérogénéité culturelle soulignée ; nous ne nous attarderons pas sur la constitution de l'Empire Songhaï, héritière du Ghana et du Mali, que Cheikh Anta Diop évoque d'un ton rassurant en la comparant à celle du Cayor :

---

260 Nous tirons de Cheikh Anta Diop, *L'Afrique noire pré-coloniale,* l'essentiel de nos informations.

261 *Idem*, p. 61.

« La constitution politique du Songhaï, telle qu'elle nous est révélée à travers les textes du "Tarikh es-Soudan", qui datent du XVIe siècle, montre une situation identique. »[262]

Notons ce fait précis qu'on passe d'un royaume ashanti à un royaume du Cayor hétérogène qui marque un sursaut qualitatif sur le plan de l'organisation politique : ce ne sont plus les clans qui s'organisent en conseil, mais les représentants des activités socio-professionnelles.

- ***L'Empire Mossi***

Nous sommes au XIIe-XIIIe siècle et l'empereur, le Moro Naba, « *sort héréditairement de la famille du Moro Naba défunt (XIe siècle probablement), mais sa désignation n'est pas automatique. Il est choisi par un Collège "électoral" de quatre dignitaires, présidé par le Premier ministre, le "togo naba", comme en Ethiopie.* »[263]

Fait remarquable : ce n'est pas la reine-mère et le Conseil qui l'investissent, mais un homme de famille ordinaire n'appartenant pas à la famille royale. A l'instar du Cayor, on peut penser que la catégorisation socio-professionnelle et la citoyenneté ont permis de rompre ce lien très affectif marqué par l'homogénéité tribale.

Cheikh Anta Diop souligne :

> « *Le caractère non absolu de la monarchie est révélé par le fait qu'une fois investis, les ministres ne peuvent pas être révoqués par le roi.* »[264]

Les différentes catégories sociales et professionnelles ainsi représentées ne sont pas assujetties à la bienveillance du roi. Elles sont indépendantes. Ce décalage historique (3 à 5 siècles) et géographique avec le Cayor et l'Ashanti montre bien les aspects constants qui reviennent au devant de la scène et qui prouvent bien l'unité culturelle de l'Afrique noire.

- ***Les Empires du Ghana et Mali***

Le Mali succède à Ghana. De cette continuité géographique et politique sortira le Songhay dont nous savons que la constitution était très proche du modèle cayorien.

---

262 *Ibidem*, p. 53.
263 *Ibidem*, p. 50.
264 *Ibidem*, p. 51.

Trois auteurs nous permettent d'envisager la cohérence des témoignages effectués. Il s'agit de Bekri, Ibn Khaldoun et Ibn Batouta.

Al-Backri, auteur arabe d'Espagne dont la traduction des textes a été effectuée par Mac Guckin de Slane affirme que le souverain contemporain de son époque (1067-1068 de notre ère) s'appelait *Tenka menîn*. Son prédécesseur, en réalité son oncle maternel, s'appelle Bekri[265]. Voici ce que dit Al-Bekri sur la succession de Ghana, titre que portent les rois de ce peuple :

> « *Chez ce peuple l'usage et les règlements exigent que le roi ait pour successeur le fils de sa sœur ; car, disent-ils, le souverain a la certitude que son neveu est bien le fils de sa sœur ; mais il ne peut pas être assuré que celui qu'il regarde comme son propre fils le soit en réalité.* »[266]

Trois siècles plus tard, un autre auteur arabe, professeur et homme politique, Ibn Khaldoun souligne qu'au XIVe siècle, au Ghana devenu Mali, « *Abou-Bekr, fils de la fille de Mari-Djata, succéda à l'empire. On le choisit pour roi d'après le principe des nations barbares qui mettent la sœur (du monarque décédé) ou le fils de sa sœur en possession du (trône). Nous n'avons pas appris la généalogie paternelle de ce prince. A sa mort, un affranchi royal, nommé Sakoura, s'empara du pouvoir.* »[267]

On peut le constater, la sœur du monarque, autant que le fils de sa sœur peuvent hériter du trône, comme nous l'avons vu en Ashanti au XVIIe siècle. Avec Mohammed Hamidullah, s'appuyant sur un texte d'Ibn Fa ́dallâh, on se fait une idée de la constitution du Mali. On peut lire :

> « *Chapitre 10, sur le pays de Mali, et ses dépendances (...) "Dans ces régions, il n'y a personne méritant le nom de roi, si ce n'est le souverain de Ghanah, qui est comme le vice-roi de l'empereur de Mali, bien qu'il soit chez lui comme un véritable roi. Au nord du pays de Mali, il y a*

---

265 Théophile Obenga, « Documents imprimés arabes, source de l'histoire africaine » in *Afrika Zamani*, Revue d'histoire africaine, Yaoundé, 1975, n° 4, p. 15.
266 Bekri : Description de l'Afrique septentrionale (traduction Slane, Typographie Adolphe Jourdan, Alger, 1913), cité par Théophile Obenga.
327-330 : « Description de Ghana et mœurs de ses habitants. », cité par Cheikh Anta Diop, *op. cit.*, p. 54.
267 Ibn Khaldoum, Tarikh es-Soudan, p. 110, cité par Cheikh Anta Diop, *op. cit.*, p. 55.

des Berbères blancs qui vivent sous la domination de ce souverain. Il s'agit là des tribus Yantasar, Yantafrâs, Madûsah et Lamtûnah. Elles ont leurs propres Cheiks, qui les gouvernent, sauf les Yantasar, car ceux-ci ont leurs propres rois, dépendant de l'empereur de Mali. »[268]

Il faut se souvenir, pour reprendre Cheikh Anta Diop, que les anciennes minorités blanches, Honeihîn, vaincus par le Ghana après l'expédition armée des premiers omeyyades ne furent pas exterminées. Conformément au statut juridique du groupe et de l'individu, ces minorités s'installèrent dans le pays. Il s'agit en général des Berbères qui avaient même leur propre centre à Aoudaghost ; certaines minorités blanches s'installèrent dans une autre ville, à Silla, près du Sénégal. Ils avaient aussi leurs propres cheikhs, ce qui prouve le niveau de décentralisation atteint.

Si l'on considère, d'après Bekri que :

> « *Le roi de Ghana peut mettre en campagne deux cent mille guerriers, dont plus de quarante mille sont armés d'arcs et de flèches.* »[269]

On peut mesurer la puissance de Ghana dont la superficie était comparable, à cette époque X^{e}-XIe siècle, à toute l'Europe. Or, « *La capitale était déjà une ville cosmopolite, internationale ; elle avait son quartier arabe, l'Islam y était toléré, à côté du culte traditionnel, avant la conversion de la dynastie royale et du peuple : du temps de Bekri, la ville comptait déjà douze mosquées dans le quartier arabe, avec leurs imams, leurs moueddins et des lecteurs salariés.* »[270]

La tolérance est de règle, ce qui montre aussi que le droit est vécu dans le peuple et la flexibilité de la constitution permet aux vaincus de guerre de ne pas devenir des parias. C'est cette constitution qui explique la mise en œuvre d'une théorie du politique mettant en exergue un vouloir-être et un vouloir-vivre ensemble, ontologiquement structuré, comme nous le découvrons à travers l'Egypte antique, quatre mille ans plus tôt.

---

268 Mohammed Hamidullah, « L'Afrique découvre l'Amérique avant Christophe Colomb » in *Revue Présence, Africaine*, n° XVIII-XIX, février-mai 1958, p. 176-177, cité par Cheikh Anta Diop, *op. cit.*, p. 92.

269 Bekri, *op. cit.*, pp. 386-394, cité par Théophile Obenga, *op. cit.*, p. 15.

270 Cheikh Anta Diop, *op. cit.*, p. 89.

- ***L'Egypte antique***

Il semble que l'Egypte ait eu environ 42 nomes (Spt = province), par analogie aux 42 hypostases d'osiris. En effet, Théophile Obenga nous rappelle que Osiris est « *assisté de 42 autres dieux, dans la salle des deux Maât.* »[271] Il est fondateur de la théologie de la résurrection. Une fois le pharaon mort, il devient un *Osiris*. L'Egypte fonde la sacralité du roi (pharaon). Le pharaon est un roi - prêtre, « *maître du rituel* », « *prêtre suprême et véritable* », « *le roi lui-même.* »[272]

Prince Dika-Akwa évoque aussi les 42 nomarques ou chefs des 42 confréries de l'empire du vieux Cameroun, au XVIIIe siècle. Peut être trouvons-nous dans cette coïncidence "insolite", une attitude atavique, caractéristique de la rationalité osirienne du pouvoir divin. « *Le "Pemnjé" "la panthère glorieuse", qui préside aux "ethnarques" bassa, opère en pontife itinérant au niveau de l'empire harmonisant les législations locales ; il branche les 10 "batinedi" suffètes des royaumes des marches portuaires comme les 10 "siyông" ethnarques prophètes des chefferies-pères de l'Ouest Bamiléké aux 10 nkambôk de chez lui. Quand il séjourne dans "la Grande ville" Cameroun ville, Douala il siège parmi les 10 Ebutê = Grands du Sud, chefs des gradins et de la métropole, conscients de détenir le pouvoir législatif permanent de l'Etat empire. On le nomme aussi le 41ème personnage, car 10 Nkambôk de la forêt + 10 Siyông de la savane + 10 Batinedi du Littoral + 10 Ebutê de l'ensemble = 40 + 1. A cela, il convient d'ajouter "Musasi" le doyen qui dirige la Grande Assemblée (M'boko Mundéné) des 42 piliers de la législation, Mbéndé législateurs en relation avec les 42 nomarques ou chefs des 42 confréries de l'empire.* »[273]

Soit donc 42 confréries ou nomarques dont le doyen de la grande Assemblée, Musasi, dirige l'instance législative. Il est donc question des représentants des peuples associés eux-mêmes aux prêtres locaux, responsables de leurs propres confréries locales. Mais il s'agit bien de réseaux de pouvoirs à niveaux hiérarchisés et complexes où monarques, vizirs, maires des grandes villes ont chacun, des responsabilités. Le système est polycentrique, mais toujours orienté par des intérêts

---

[271] Théophile Obenga, *op. cit.*, p. 179.
[272] *Idem*, p. 465.
[273] Prince Dika-Akwa, *op. cit.*, p. 255.

s'équilibrant entre eux, les uns trônant ici, mais dévalorisés là, et vice-versa. Comme l'écrit Dika :

> « *La souveraineté nationale est une et indivisible, elle est simplement exercée tantôt par un seul faisant la monocratie, tantôt récupérée par un plus grand nombre soucieux de manifester la démocratie (pula pula) ; il n'en reste pas moins que chacun l'a et tous l'ont tout entier.* »[274]

S'il s'agit bien d'approximation, il est aussi question de l'esprit du pouvoir. A l'instar de l'Egypte, le conseil magico-religieux se dissocie du conseil politico-administratif avec la complexification du pouvoir. Le roi-prêtre, assurant la médiation entre les hommes et les dieux, s'identifie à *Osiris-Horus* (père-fils). C'est par l'intermédiaire d'*Horus* qu'*Osiris* conserve l'initiative divine, la vérité-Justice (*Maât*) qui ordonne l'ordre social et cosmique. Théophile Obenga nous en dit quelques mots :

> « *Le maître suprême du pays était naturellement le pharaon, comme garant de Maât. Il devait par conséquent veiller au maintien de l'harmonie universelle. Si celle-ci était rompue, le pays tout entier était alors en proie à de terribles crises, de redoutables bouleversements sociaux, psychologiques, économiques, culturels.* »[275]

L'Egypte éclaire le besoin d'équilibre des sociétés africaines ; équilibre à la fois social et environnemental, dans l'ordre établi par la lignée ancestrale devenue royale. La famille royale est quasi divinisée ; le roi, la reine-mère et le fils sont ainsi associés au pouvoir, à l'instar de la famille divine *Osiris-Isis-Horus*. Le mythe de la naissance divine du pharaon est connu depuis la reine Hatshepsout (1504-1483 av. notre ère). Le dieu Amon procrée avec la reine Ahmosis, l'enfant reine Hatshepsout en prenant l'aspect du père de cette dernière, à savoir Thoutmosis Ier. Mais elle est au préalable informée de cette situation qu'elle accepte, qu'elle souhaite même[276]. Le christianisme n'invente rien. Il reprend la tradition africaine.

---

[274] *Idem*, p. 256.
[275] Théophile Obenga, *op. cit.*, p. 444.
[276] *Idem*, p. 439.

Comme dans le reste de l'Afrique noire, l'organisation est matrilinéaire. Pour accéder au trône, la référence reste la mère, garante de la pureté du sang royal et légatrice des droits politiques. Des révolutions de palais sont connues comme partout ailleurs en Afrique, avec leurs succès et leurs échecs. Par exemple, « *Sous Ramsès III (1198-1166 av. notre ère), une querelle pour la succession au trône fut l'occasion d'une conspiration du harem royal. La femme de harem Tiyi complota l'assassinat du souverain pour établir son fils sur le trône.* »[277]

Voici en outre ce que dit l'extrait du papyrus de Turin rapporté par Théophile Obenga :

> « *Le grand criminel, PaibaKkamen, qui était (alors) grand majordome. Il fut amené parce qu'il avait fait collusion avec Tiyi et les femmes du harem ; il avait fait cause commune avec elle ; il avait commencé à diffuser leurs paroles à leurs mères et à leurs frères, et sœurs, qui étaient là, disant : "Levez le peuple ! Excitez l'hostilité", pour fomenter une rébellion contre leur Seigneur. Et il fut amené devant les grands fonctionnaires de la Cour d'enquête. Ils examinèrent ses crimes ; ils trouvèrent qu'il les avait commis ; ses crimes prirent possession de lui ; les fonctionnaires qui l'interrogèrent laissèrent sa peine s'attacher à lui.* »[278]

A la suite du Pharaon, le Vizir (tjaty) occupait les plus hautes charges administratives. En tant que Premier ministre, il était généralement loyaliste et constituait un trait d'union entre l'administration centrale et le Pharaon. Les ministères publics étaient aussi appelées « maisons » : maison des eaux (hydrogéologie), maison blanche (ministère de finances), maison rouge (pompes funèbres royales), etc. Au niveau des provinces, les chefs de nomes relayaient les différents ministères dans les tâches d'aménagement et de rendement des terres.

Comme partout en Afrique, la décentralisation a été de rigueur :

---

[277] *Ibidem*, p. 443.

[278] *Ibidem*, p. 442. Extrait du Papyrus de Turin dit "Papyrus de la conjuration" (d'après Adriaan de Buck).

« Le roi-prêtre d'Héliopolis n'a, à aucune époque, exercé la souveraineté sur le delta. Mais il a été l'instrument de la sanction qui assurait à toutes les souverainetés locales leur légitimité en leur conférant leur reconnaissance par Geb et Nout. »[279]

On voit bien qu'il doit s'agir d'une prééminence rituelle et certainement avec une préséance politique qui s'établit sur les 7 arcs (psd pdwt), enjeu de la structure dualiste du pouvoir (Haute Egypte agricole, et Basse Egypte des affaires).

De plus, Théopile Obenga soutient ceci :

« Râ n'est pas le dieu solitaire, décidant tout seul et se vengeant de façon extrémiste du mal fait contre lui, à l'instar de Yahvé. C'est que Râ convoque une assemblée des dieux pour discuter, échanger des avis, exposer tous les tenants et les aboutissants de l'affaire. La palabre est instaurée entre les dieux. La Bible ignore cet esprit de dialogue et de concertation. »[280]

Râ (principe incarnant la pensée solaire) convoque la *Grande Ennéade* héliopolitaine, les neuf dieux (*Atoum, Shou, Tefnout, Geb, Nout, Osiris, Seth, Isis, Nephtys*). *Osiris*, chef des Occidentaux naît de *Râ*, accomplit son périple circulaire en devenant *Atoum* d'Est en Ouest et d'Ouest en Est. Avec *Râ*, les neuf dieux fondent la texture du dynamisme organisationnel.

En somme, à toutes les échelles de l'organisation du pouvoir politique, du lignage à la nation, en passant par le clan et la tribu, l'organisation administrative et magico-religieuse engendre une réplication de ses organes. C'est cette symbolique des chiffres qui nourrit la puissance ontologique de toute création. L'antagonisme des unités familiales est alors porteur d'organisation, de potentialisation des ressources et d'atouts humains, du lignage à la nation. La société globale constitue un Tout dont les parties visent les mêmes finalités : l'ordre et la

---

[279] Jacques Pirenne, « Les origines et la genèse de la monarchie en Egypte », in *Le pouvoir et le sacré*, Annales du centre d'études des religions I, Bruxelles, 1962, p. 52, cité par Prince Dika-Akwa, *op. cit.*, p. 244.
[280] Théophile Obenga, *op. cit.*, p. 147.

vie à maintenir face à l'entropie, et donc au désordre qui menacent la logique de l'existant.

Partout c'est le lignage qui prépare l'avènement de l'Etat, à travers des cercles qui s'élargissent tout en recouvrant la même réalité, aux diverses échelles de l'appareil socio-politique. Partout aussi, la femme est l'élément de stabilisation du système : elle confère le droit politique ; elle donne la vie, cultive la terre, produit les aliments, l'homme étant chasseur ou marchand. Ce faisant, elle y fixe l'équilibre social et la prospérité humaine.

La société fonctionne autour des principes constants : pouvoirs partagés entre clans, lignages auto-suffisants et relativement autonomes ; chefferies sacralisées, générosité des chefs désignés, recomposition permanente des structures politiques par intégration et densification des systèmes, succession non automatique du chef, consensus démocratique autour du culte des morts et des valeurs ancestrales.

Les institutions constitutionnelles ne sont pas mises en cause. Elles sont acceptées. Seul le chef indigne est déposé. Telles sont pour l'essentiel, les normes et valeurs autour desquelles reposent les équilibres que consacre le statut juridique du groupe de coopération et de l'individu. Les représentants des fondateurs de lignages, clans ou tribus le savent : *ils doivent pérenniser la vie sur terre et conjurer autant que faire se peut, le chaos, le désordre et la violence. Tel est le paradigme de l'action politique qui voit émerger l'Etat.* Mais, tous ces monarques, assurant avec le maximum de détermination leurs responsabilités historiques, verront se dresser sur leurs routes, d'autres facteurs psychologiques, culturels et politiques sans rapport avec le modèle multimillénaire sur lequel, jusqu'alors, ils avaient manifesté tant d'intérêt. Ils seront d'abord surpris par la détermination de leurs congénères peuls qui, radicalisant l'islam, vont en faire le cadre d'une conquête organisée, mettant à nu les faiblesses de la monarchie constitutionnelle, mais aussi dévoilant, par là même, les causes idéologiques de la violence politique orchestrée à l'échelle de toute la moitié nord du continent noir.

CHAPITRE IV : LES USURPATIONS POLITIQUES ET LEURS CONSEQUENCES

« C'est donc au contact du monde extérieur que l'Afrique Noire dans son ensemble va se mettre ardemment à l'école de la guerre pour y exceller, finalement, tant les adaptations sont faciles pour l'être humain, surtout quand elles sont dictées par la nécessité. »

Cheikh Anta Diop, *L'unité culturelle de l'Afrique noire*, Paris, 2e édit., Présence Africaine, p. 155.

Comment sont intervenues les usurpations dans l'histoire politique du continent noir ? Quelles en furent les conséquences ? Avant d'introduire cette réflexion, faisons au préalable le point pour fixer les idées et y effectuer quelques remarques d'ordre général.

La constitution de l'Afrique monarchique repose sur la décentralisation comme base d'opérationnalité du pouvoir politique. Le chef sort de la famille royale et la reine confère les droits politiques. L'existence d'un premier ministre (principal ministre) est connue en droit. Les ministres désignés ne peuvent être révoqués. Bien de contre-pouvoirs s'interposent à la confiscation du pouvoir par le roi. Nous ne revenons pas sur toutes les considérations faites à ce sujet ainsi que celles entrevues à travers les variantes observées, depuis l'Egypte antique[281]. Il convient, en revanche, de nous faire une idée sur la genèse de ce modèle d'organisation politique dont on peut être persuadé qu'il doit son efficacité à son réalisme contextuel enraciné dans le sacré.

On y saisirait mieux les distorsions institutionnelles intervenues avec l'islam peul et les conséquences qui s'en suivirent dans l'ordre politique africain.

Cheikh Anta Diop qui a étudié avec minutie ces questions donne son avis sur l'origine du régime constitutionnel en Afrique. Voici ce qu'il en dit :

---

[281] Lire le chapitre précédent pour plus de précisions ou d'informations.

« L'idée que l'on se fait de la royauté en Afrique ne permet pas d'imaginer qu'on ait songé à limiter à l'origine, par un système constitutionnel quelconque, son autorité. Réciproquement, il était inconcevable que celle-ci puisse s'exercer d'une façon abusive étant donné son caractère religieux. »[282]

Autrement dit, c'est par la force et la réalité de l'idéal communaucratique que le pouvoir politique central s'est trouvé dans l'incapacité de contenir le poids des déterminations communaucratiques en présence. Le sacré de la terre et du pouvoir a servi cette même cause, la réalisation des convergences rituelles ayant réussi à imposer des acquis inaliénables.

En plus de ce caractère religieux limitatif des abus possibles (le chef peut être déposé par les autres prêtres), il y a aussi le cadre de la clanisation des unités politiques, historiquement autonomes et souveraines, qui s'imposait comme une alternative politique (capitalisation des richesses, des hommes contre les ennemis du dehors, des femmes, des moyens de défense, etc.). La catégorisation professionnelle des clans y a accru l'indispensable complémentarité des activités.

La démocratisation du système politique est donc consubstantielle de la complexification des groupes sociaux. Le réalisme du chef consiste à tenir compte des intérêts divergents qui protègent aussi les intérêts particuliers des parties en présence ; il peut prendre en compte les divers avis et intérêts afin d'éviter la prolétarisation. La société devenue cosmopolite, agrège aussi progressivement des catégories sociales différentes, qui, tout en se dé-tribalisant, organisent dans un milieu ouvert de nouvelles professions, de nouveaux ordres sociaux, lesquels sédimentent au sein même des strates claniques préexistantes et se cristallisent en tribus. Ces dernières réajustent elles-mêmes les cadres opératoires, les confréries et les activités. « *Ce sont les premiers professionnels de castes, qui préfigurent les ministres de l'avenir dont les fonctions, étant donné les intérêts qui y sont rattachés, devinrent très vite héréditaires.* »[283]

---

[282] Cheikh Anta Diop, *L'Afrique noire précoloniale*, Paris, 2e édit., Présence Africaine, 1987, pp. 76-77.
[283] *Idem*, p. 77.

Les chercheurs ayant étudié les sociétés africaines sont unanimes, comme le témoigne ce propos d'Ayitteh :

> « *Elles étaient stables et assez démocratiques, puisque le peuple pouvait participer au processus de décision. La volonté d'aboutir à un consensus garantissait que les opinions minoritaires fussent non seulement entendues mais aussi prises en compte au cours des délibérations.* »[284]

Ce fut le rôle de la palabre et des assemblées publiques. Ce système a permis une forte démocratisation de l'espace public, en ramenant les délibérations à un consensus démocratique ; il a également fortement limité l'action des usurpateurs de trône et des ambitieux pour lesquels les traditions politiques ne permettaient ni leur accès au pouvoir, ni leur enrichissement. Cela fut le cas pour les Peuls, attachés qu'ils étaient à la recherche des pâturages, à la propriété individuelle du bétail, mais étrangers au collectivisme des peuples sédentarisés. Aussi les Peuls organisés, restés discrets entre le 10e et le 14e siècle, vont-ils viser la conquête du pouvoir politique. Les fulbé réussirent d'abord à instaurer la sixième dynastie du Tekrour appelée deyniyankoobe et ce, sous la direction du Prince Koli Tenella à partir du XVe siècle. Entre temps, leur contact avec les Hall-pulaar-en, leurs cousins islamisés depuis le 11e siècle au Tekruur (Fouta-Tooro), a entraîné sous la houlette de l'islam, la naissance de l'idéologie hégémonique peule[285]. Dans la première section de ce chapitre, il est question d'envisager les raisons objectives (ressources, atouts, motivations psychologiques et idéologiques, etc.) ayant commandé la révolution islamo-peule ; la deuxième section examine quelques cas typiques d'autoritarisme païen.

SECTION I : LE NATIONALISME PEUL : RESSOURCES ET ATOUTS

L'édification des Etats peuls musulmans s'inscrit dans la mouvance du courant réformiste, orthodoxe et totalitaire qui a consacré

---

[284] George B. N. Ayitteh, "La démocratie en Afrique précoloniale" in *Afrique 2000*, Revue africaine de politique internationale, n°2, juillet - août - septembre, p. 64.

[285] Le terme peul regroupe ici les Fulbe et les Haal - pulaar - en (Toucouleurs), leurs parents et cousins. Le terme peul lui-même viendrait de pullo, signifiant "qui sont sortis" d'après l'historien et égyptologue Aboubacry Moussa Lam, *De l'origine égyptienne des Peuls*, Paris, Présence Africaine/Khepera, 1993.

l'émergence du premier Etat théocratique dans le Fuuta-Jaloo (Guinée) en 1725.

Avec l'islamisation du Soudan, les velléités hégémoniques d'une fraction minoritaire peule se sont traduites dans les faits par une logique de violence institutionnelle sans précédent dans l'histoire de leur cohabitation avec leurs congénères païens et sédentaires.

De quels ordres relèvent les principales motivations qui ont débouché sur l'orchestration d'une violence à grande échelle contre les "infidèles" ? Peut-on établir un lien de causalité entre les diverses entreprises hégémoniques conduites par Ibrahima Sambégou (Karamoko Barri) dans le Fuuta-Jaloo (1725), celles de Souleyman Bal (1771) puis, Abdel Kader (1776) dans le Fuuta-Tooro (Sénégal), ou encore les visées expansionnistes de Ousman Dan Fodio (1804), Mohammed Bello (1817) dans le Sokkoto (Nord-Nigéria), celles de Sekou Amadou (1810) puis, El Hadj Omar (1848) dans le Macina (Mali), sans oublier les expéditions militaristes de Samori Touré (1868) ? Et surtout, comment expliquer l'adhésion des Peuls (à grands renforts de prosélytismes) aux valeurs de l'islam d'origine proche - orientale, et cette séduction exercée sur les autres tribus, d'abord fragmentaire, avant de connaître l'ampleur qu'on lui connaît dans l'Afrique actuelle ?

La troisième et dernière phase de dispersion peule[286] qui nous intéresse présentement et que de nombreux auteurs s'accordent à situer entre le IXe et le XIXe siècle part du Sénégal actuel pour atteindre le Cameroun. A partir du XVe siècle, elle opère sous le sceau du djihad islamique inauguré par Askia Mohammed Touré au milieu de l'année 1493. Depuis ce temps, il s'agit pour la « *minorité musulmane agissante, les TooroBBe* »[287] de convertir, à l'instar du prophète Mahomet, les populations sédentarisées et "animistes", réputées infidèles. C'est donc autour de la fraction TooroBBe annoncée comme une « *dichotomie originelle particulièrement prononcée chez les Fulbe du Fuuta-Tooro du*

[286] Aboubacry Moussa Lam, *op. cit.*, situe le point de départ des Peuls en Egypte, à partir de la mise à sac de Thèbes par les troupes assyriennes de Assourbanipal (666 av. J.C), puis une accélération de leurs migrations vers le sud du continent noir sous Cambyse, Darius Ier, Xerxès et Artaxerxés. Lire pp. 352-360. La deuxième phase de leur expansion en Afrique s'effectue d'est en ouest jusqu'au Fuuta-Tooro et, à partir du VIIIe-IXe siècle, s'amorce la troisième qui s'effectue d'Ouest en Est.

[287] Eldridge Mohammadou, « Kalfu ou l'Emirat Peul de Baguirmi et les Tooro BBe de Sokkoto » in *Afrika Zamani*, Yaoundé, juillet 1975, n° 4, p. 95.

fait d'un clivage religieux »[288] que va se dénouer la problématique de l'hégémonie islamo-peule. C'est cette fraction qui jouera un rôle capital dans l'islamisation du Soudan occidental et central[289].

La tradition de Kalfu recueillie puis analysée par Eldridge Mohammadou[290] nous offre un cadre confortable d'analyse du rôle joué par les Fulbe TooroBBe dans la constitution des Etats poularophones. Ceux-ci furent édifiés depuis le Fuuta-Tooro jusqu'au Baguirmi, en passant par le Macina et le Gobir. C'est Moodibbo Abuubacry, plus connu sous le nom de Moodibbo Buuba, grand érudit s'adonnant à l'étude et à l'enseignement de la religion, qui conduisit divers clans animistes hors du Malle (Mali) et parmi lesquels, les Ba'en, Jallube, Feroobe, Wolarbe, Yirlaabe, Taara'en. Parmi ces TooroBBe dont la majorité était constituée de pasteurs, figurent bien d'autres communautés claniques adonnées à l'étude de la prière dénommées ToroBBe. La forme la plus complète à attribuer à ces révolutionnaires du djihad est donc TooroBBe ToroBBe etc.[291]

Il convient ainsi de situer au préalable, le cadre dans lequel se sont opérées la transformation progressive des mœurs et la radicalisation du système social islamique avant d'y tirer des leçons pour l'histoire.

§1- L'ENVIRONNEMENT SOCIETAL

La recherche de nouveaux pâturages et des points d'eau apparaît l'élément essentiel des migrations prolongées dans le temps et dans l'espace : Au XVe siècle, lorsque s'amorcent les premières migrations des ToroBBe d'ouest en est, la conscience peule est déjà mue par une dynamique historique qui amène en pays Songhay, Askia Mohammed Touré de l'ethnie soninké. Celui-ci est un musulman dévot qui sera porté au pouvoir par la force du destin, après avoir renversé Sonni Baro, successeur légal de son géniteur Sonni Ali Ber (le Grand). Mohammed Touré, fils d'une famille maraboutique de souche soninké accède ainsi au pouvoir. Il semble bien que le terme Askia signifie en langue songhay

[288] *Idem*, p. 93.
[289] *Ibidem*, p. 96.
[290] *Ibidem*.
[291] *Ibidem*, p. 73.

"usurpateur"[292]. Mohamed Touré hérite en effet du pouvoir en tant que dix-septième roi songhay. L'autorité à lui conférée par les grands lettrés de Tombouctou, Touareg et Peul alors fortement représentés dans les villes où plusieurs écoles coraniques et mosquées fleurissaient n'est pas légitime. Les conditions dans lesquelles Askia Mohammed s'empare du pouvoir sont connues. L'environnement sociétal se prête à de profondes mutations.

Les Touareg s'étaient emparés de Tombouctou depuis 1335 quand leurs razzias cruelles et prolongées commencèrent à ébranler les bourgades songhay dispersées dans les brousses et sans défense. Les robustes remparts construits pour la protection de leur butin étaient bien une preuve suffisante de la détermination de ces derniers contre des clans mal préparés à une alternative guerrière.

C'est en 1493 que Mohammed Touré effectue un coup d'Etat à Sonni Baro dont l'ambition était de restaurer la suprématie de la religion traditionnelle animiste sur l'islam dans un contexte où, visiblement, l'équilibre politique des forces dans toute la région du soudan occidental, devenait précaire. Les Peul islamisés constituaient déjà une force contestatrice, celle-là même qui a permis à Mohammed Touré de prendre le pouvoir contre l'ordre politique établi.

A cette époque, les principales routes sont signalées. Environ 50 jours à 60 jours suffisaient pour atteindre Tombouctou, partant du Tekrour, à dos d'âne, de bœuf, de dromadaire ou de cheval[293] pour les bergers, bien plus encore. Les voies de communication, fluides, permettent ainsi une parfaite communication d'Ouest en Est, sur des centaines de kilomètres.

Si la recherche des pâturages se poursuit, certaines familles peules se sédentarisent. La première dynastie peule, celle des Jaa-Ogo dans le Tekruur (Fuuta-Tooro) montre bien que le processus de sédentarisation est avancé. Elle règne du IXe au XIe siècle, puis s'y

---

[292] Si Mohammed Touré est ursurpateur au Songhay, bien qu'ayant été investi de l'autorité traditionnelle dans son village natal l'île de Koura, sur le Niger, dans le lointain Fouta sénégalais. Il appartiendrait probablement à la dynastie des Manna qui vont régner sur le Tekrour jusqu'au 14e siècle.

[293] Cheikh Anta Diop, *op. cit.*, pp. 132-138. Notre évaluation 50 à 60 jours est déduite des informations fournies à propos des distances entre les principales villes de cette époque.

trouve relayée par celle des Manna (Soninké) jusqu'au XIVe siècle. Le pays est alors conquis par Kankan Moussa (1307-1332). C'est ainsi que vers 1530, Koli Tenguela, un poulo-manding païen rejettera le joug des songhay. Il sera tué par Askia.

Dans l'ensemble, les Fulbé auront vécu en symbiose avec les ancêtres des Wolofs et sérères de l'actuelle Mauritanie (Tekruur, Fuuta-Tooro) avant de descendre la vallée du Sénégal où ils rencontrèrent les Haal-pulaar-en (Toucouleurs). Là, ils fondèrent avec ceux-ci, une autre dynastie, celle des Laam-Termes, peuls païens tributaires de Songhay et enfin celle des deyniyankoobe de Koli tengella, après que son père eut conquis le Tekruur en 1512.

La formation de ces deux Etats poularophones suppose qu'à l'instar du Songhay d'Askia Mohammed Touré, il y a ait eu une démographie[294] suffisante pour faire basculer les choses en leur faveur. Pour les migrants, la conquête de nouveaux espaces est restée la seule solution, tant que des conflits ont existé entre ceux-ci et les sédentaires. La sédentarisation progressive des Peuls montre aussi, à bien d'égards, que des compromis furent possibles. Qu'est-ce qui aurait alors bien pu contraindre les Peul à s'organiser davantage pour prendre d'assaut tout le continent sahélien, jusqu'au Baguirmi (à la lisière des frontières du Cameroun et de la République centrafricaine actuels)[295] ? Quelle serait donc la part de l'islam dans l'intention hégémonique des défenseurs noirs du Djihad islamique ? Deux points nous semblent intéressants à explorer : les conditions sociologiques objectives qui ont commandé l'enclenchement du Djihad et leurs répercussions sur l'évolution socio-politique du continent noir.

---

[294] Aboubacry Moussa Lam, *op. cit.*, p. 29, est précisément de cet avis, lui qui a approfondi l'étude sur l'origine des Peuls.

[295] Les Haal-pulaar-en se retrouvent jusqu'au Zaïre, Gabon, Ouganda, Kenya, Zambie où, précisément, les Peul semblent absents. Leurs migrations ont commencé, pour l'essentiel, à partir du XIXe siècle. La chute de l'Almaniyat à la fin du 19e siècle serait à l'origine de cette vaste fresque migratoire des Haal-pulaar-en. Leur expansion s'est faite avec El Hadj Omar et la guerre sainte depuis le Fuuta-Tooro. C'est en tant que Khalife général de la confrérie Tidjaniya qu'il combat la confrérie Quadriya adoptée par les Peuls.

§2- LA REVOLUTION ISLAMO-PEULE

Avec l'islamisation du Soudan occidental, commence une nouvelle histoire peule.

A partir du XVe siècle, les Peul islamisés enclenchent une nouvelle dispersion, à la suite des Peul païens. Le Macina, voisin du Tekruur (Fuuta-Tooro), devit ainsi le nouveau centre de diffusion de la culture peule. Celle-ci se poursuivra d'ouest en est pour atteindre le Nord-Nigéria, le Nord-Cameroun, le Bornou et le Baguirmi entre le XVIIe et le XVIIIe siècle. Progressivement, l'islam tiède va céder le pas à un islam révolutionnaire, à la fois, culturel et politique.

Comme partout en Afrique noire où les migrations sont restées intensives, la pression démographique, les querelles dynastiques, les disputes familiales ont été la cause de bien de conflits. A ceux-ci, il faudrait ajouter, dans le cas spécifique des Peuls islamisés, les conflits avec les sédentaires liés aux pâturages dont les dégâts ne laissaient pas indifférents les familles exploitant les terres mises à leur disposition, mais aussi, aux pressions fiscales qui étaient souvent imposées aux Peul, enfin, aux razzias des troupeaux dont ils avaient souvent été les victimes. Lorsque les Peul nomades se sont sédentarisés, il a existé des compromis : dans le Tekruur, ils ont bénéficié des terres sur lesquelles ils ont pu s'installer avec par exemple, des obligations à satisfaire pour leur intégration[296]. Au Macina, au Gobir ou au Sokkoto, il ne pouvait en être autrement, dès lors que le statut juridique de l'étranger prévoit, comme nous l'avons vu (chapitre II), des clauses de leur intégration au sein de la communauté. De plus, tant qu'il y avait de l'espace, les problèmes ont été atténués par une cohabitation relativement harmonieuse entre agriculteurs sédentarisés et nomades éleveurs.

Il faudrait donc chercher ailleurs, les raisons profondes de la révolution islamo-peule. Nous y voyons, de manière fondamentale, la question de la propriété privée comme facteur principal d'une opposition puis d'une confrontation aux valeurs du collectivisme. Le nomadisme

---

[296] Dans le Tekruur, Buurba Jolof permit aux Peuls de s'installer avec obligation de ravitailler la cour en bétail. Dans l'Adamaoua (Cameroun), les relations éleveurs peuls et agriculteurs sédentaires ont connu des conflits. Dans les années 1930, le chef de Galim était redouté des Peuls pour les redevances exigées ; ailleurs, chez les Kwanja, l'élevage extensif et désordonné a entraîné des dégâts mettant en conflit éleveurs et agriculteurs.

engage, pour ainsi dire, la propriété privée des biens, des terres et du bétail et par conséquent, une accumulation des richesses, l'émergence d'une aristocratie et d'une bourgeoisie terrienne avec ce que cela suppose comme cadre d'exploitation de la force du travail. Il n'est pas étonnant que les missions militaires de la révolution politique aient été confiées au Moodibbo (érudits musulmans) dont la première tâche, par ailleurs la plus ardue, fut l'instauration d'une politique d'intégration islamique fondée sur des réformes de la propriété foncière, une fois la victoire assurée. Le choix des maîtres du Coran s'est donc imposée par la force des choses, avec comme enjeu, la nécessité d'une réforme du droit constitutionnel en vue d'assurer aux conquérants la maîtrise des terres, des hommes et des richesses.

A- Le choix des réformateurs

Askia Mohammed Touré fut bien le premier délégué de l'islam au Soudan après qu'il eut reçu du 14e Calife Abasside, en 1497, le turban et le bonnet, insignes du pouvoir islamique. Il dut faire appel, pour réaliser les réformes envisagées, à des jurisconsultes de renom, tels Al-Maghili et Al-Suyuti. Tâche redoutable, tant les pratiques culturelles étaient enracinées dans la mémoire ancestrale. Si certaines conversions à l'islam ont été automatiques, par simple imitation du chef, ailleurs, des peuples entiers durent migrer quand ils n'opposaient pas à celui-ci leurs revendications. Un historien de renom témoigne:

> « *Ces conversions royales étaient, du reste, mal vues par le peuple et il fallait tout le prestige du souverain pour les faire accepter. Il arrivait qu'un roi converti cachât, aussi longtemps que possible, ses nouvelles convictions religieuses à son peuple.* »[297]

C'est dire que l'ordre ancien était fortement enraciné dans les consciences.

Dans d'autres cas, comme celui de Sonni Ali et de son fils Sonni Baro (Songhay XVe siècle), l'islamisation n'était qu'un vernis de circonstances. C'est pour dynamiser l'islam qu'Askia Mohammed Touré engagea des réformes en 1498, de retour de son grand voyage à la Mecque. « *Rentré dans son pays en 1498, il s'attaqua immédiatement*

[297] Cheikh Anta Diop, *op. cit.*, p. 155.

aux réformes projetées depuis le début du règne. Il constitua une nouvelle hiérarchie administrative, un système unique de poids et mesures, simplifia et rendit plus juste la perception de l'impôt foncier. Il réorganisa les marchés, réglementa la douane, développa le trafic sur le Niger, ouvrit les banques, généralisa le crédit. »[298]

Avec l'islam, l'Afrique s'engage dans un modèle de type capitaliste, contre le collectivisme axiologique. Dans ce sens, les réformes engagées se justifient.

La véritable révolution intervient plus tard, centre autour du Seehu Ousman Dan Fodio, figure de proue d'un islam "noir", conquérant et exclusiviste. Ses méthodes et ses stratégies montrent avec quel intérêt a été menée la révolution islamo-peule.

L'arbre généalogique du Seehu Ousman Dan Fodio conduit à son ancêtre Moodibbo Buuba, attesté par l'histoire comme celui même qui fit sortir les Peuls du Malle (Mali) au XVe siècle, et dont les petit-fils Muusa Jokolle et Ardo Tiira firent entrer les ToороBBe au Gobir, chez les Hausa. La famille de Muusa Jokolle était une famille de moodiBBe (maîtres) et celle de Ardo Tiira s'occupait du bétail. Les Ardo sont en général des pisteurs. C'est Ardo Tiira qui finit par conduire les TooroBBe jusqu'au Baguirmi. Usumaanu Fooduye (Ousman Dan Fodio) est un donc descendant de Muusa Jokolle. C'est lui qui confiera à son cousin Aahi Buulo, cet autre érudit petit-fils de Ardo Tiira, l'étendard du Baguirmi et la mission d'y créer un émirat[299].

En plus du fait que Ousman Dan Fodio[300] grand Calife de Sokkoto est cousin de Aahi Buulo à Baguirmi, il faut ajouter que dans le Fuuta-Fooro (Sénégal actuel), Souleyman Bal, le chef de la révolution (1771) appartient bien à la lignée des Ba' en de Ousman. Ils sont donc cousins de lignée. Quant à El Hadj Omar, le chef de la révolution (1848) dans le Macina (Mali), il épousera la fille de Mohamed Bello (1817-1837) lui-même fils de Ousman Dan Fodio (1804-1817). Celui-là prendra la relève de ce dernier. Globalement donc, c'est dans la lignée d'Ousman

---

[298] Ibrahima Baba Kake et Gilbert Comte, *Askia Mohamed. L'apogée de l'Empire songhay*, Paris / NEA, 1976, p. 88. Coll. Grandes figures africaines. Directeur historique : Ibrahima Baba Kake ; Direction littéraire : François Poli.
[299] Eldridge Mohammadou, *op. cit.*, pp. 73-79.
[300] Pour la commodité du récit, nous préférons ce nom que beaucoup de lecteurs connaissent.

Dan Fodio que se joue le destin historique de la révolution islamo-peule. Ce personnage central a réellement pensé la révolution, en y associant sa famille.

Même si nous ne possédons pas pour les acteurs restants, Samori Touré ou Adama par exemple, l'essentiel des informations relatives à leurs parentés directes ou indirectes avec Ousman Dan Fodio, on ne saurait nier cette évidence que les coïncidences sont bien nombreuses, surtout qu'à cela se confirment d'autres faits confirmant leur objectivité. Eldridge Mohammadou souligne à propos du choix de Adama (Cameroun) :

> « *Le recours au Djihad de Sokkoto fut ressenti davantage comme une opportunité politique plutôt qu'une impérieuse nécessité. La désignation d'un "moodibbo", Adama, à la tête de leur communauté ne plut pas à la majorité des chefs de fractions locales peules qui étaient pour la plupart "ardo" ; toutefois, ils surent dans leur majorité se plier à une décision dont ils voyaient tout le bénéfice qu'ils pouvaient en tirer. Les accuser d'avoir donné dans leur action la primauté au point de vue purement politique et négligé l'objectif religieux revêt, dans ces conditions, le caractère d'un argument spécieux.* »[301]

Le choix d'un moodibo (érudit), à la place d'un simple guide (ardo) a donc relevé, tout simplement, du bon sens, surtout qu'en plus s'imposait une réforme des institutions qui nécessitait une bonne connaissance du droit coranique.

B- L'enjeu du droit constitutionnel

Selon les principes musulmans, la propriété privée est reconnue comme un droit. La supprimer irait à l'encontre de la loi divine. A la réalité, elle s'inspire de la religion domestique préexistante, semblable à celle de la Grèce antique, c'est-à-dire enracinée dans le vieux fonds culturel nomade. Simplement, la propriété privée ne donne pas, tout au moins en théorie, le droit d'en abuser. Il est tout à fait naturel que les Peul islamisés aient trouvé dans cette disposition une légitimation qui donnait sens à la réalité vécue par le nomade, désormais soucieux de

---

[301] Eldridge Mohammadou, *op. cit.*, p. 69.

contrôler le régime foncier et par conséquent, le nouvel ordre politique, essentiellement esclavagiste.

Retenons ce fait capital en Egypte et en Afrique noire :

> « *Si on entend par esclavage l'absence totale des droits légaux, l'ancienne Egypte ne semble pas avoir connu cette institution. Certaines catégories de personnes étaient sans doute la propriété d'autres qui pouvaient les vendre, les léguer, les louer, qui les affranchissaient par un acte officiel. Mais on trouve ces mêmes esclaves détenant des biens et en disposant à leur gré, possédant de père en fils des exploitations agricoles, ayant des domestiques, épousant les femmes libres.* »[302]

L'Etat africain, traditionnel, connaît une disposition identique[303]. De plus, le droit foncier préposait les ancêtres à la garde de la terre et ce droit ne pouvait être aliénée. Dès lors, comment en devenir possesseur à titre individuel alors qu'il appartient à toute la famille et au clan ? Comment s'octroyer une portion de terre dans un contexte où il n'existe pas de terre sans maître ? Comment accéder au pouvoir politique alors que des règles strictes font de la famille royale la seule capable d'accéder au trône ? Voilà autant de questions insolubles pour ces nomades auxquels progressivement, des marchands islamisés, des bourreliers, des selliers, et autres spécialistes de la divination se sont mêlés pour constituer une masse critique, capable de renverser l'ordre politique établi. Si jusqu'alors, Wolof, Sérères, Soninké, Maures, Toucouleurs, s'adonnant passivement aux activités lucratives et diffusant ce faisant l'islam, sont restés passéistes ou attentistes, le droit coranique a conditionné un cadre enjoué par un nationalisme peul latent qui offrait enfin des conditions objectives d'une alternance. D'où leur ralliement à l'ordre naissant, car porteur d'un projet historique conforme à leurs intérêts.

Il n'est pas exclu que cet islam ait été profondément vécu en termes de foi, au point qu'il ait convaincu, comme aujourd'hui, certains fidèles. Mais toujours, entre l'idéalisme et les intérêts défendus ou

---

[302] Georges Posener, en collaboration avec Serge Sauneron et Jean Yoyotte, *Dictionnaire de la civilisation égyptienne*, Paris, Fernand Hazan, 1988, p. 107.

[303] Lire le chapitre II, le statut juridique de l'esclave.

pourfendus, il y a bien une marge de confusion toujours possible. Force est de reconnaître qu'une mutation s'est produite, préparant la société à ce qu'on pourrait appeler, un tournant politique devenu irréversible. Il y a lieu de noter ce qui suit :

> « *C'est dans le cadre des rites réglementant la succession au trône et la nomination des différents ministres et fonctionnaires des empires, que l'on saisit mieux l'altération apportée aux constitutions par suite de l'influence extérieure.* »[304]

Avec plus ou moins de fortune, l'islam Peul a fait son chemin. Il importe d'examiner les conséquences sociales et politiques qu'elle aura engagées ça et là et en établir le bilan.

C- <u>Le bilan de l'intermède hégémonique islamo-peul</u>

Nous appelons foullanisation, la diffusion des valeurs culturelles peules. Il convient de mesurer à présent, l'importance de cette diffusion et ses effets face à la pénétration coloniale. Elle doit être distinguée de l'Islam peul civilisationnel.

Avec les peuls, l'islamisation du pouvoir a entraîné un certain nombre de conséquences. Le chef ou le roi ne sont plus des prêtres authentiques ; ils ne sont pas les maîtres du sol. Les pouvoirs temporel et religieux ne sont plus confondus et la monarchie devient aussi hyper-centralisée, pour s'assurer les acquis de la conquête. Le nouveau chef et le nouveau roi ne peuvent, de ce fait, assurer le culte des ancêtres de la religion traditionnelle. Ainsi s'imposent la laïcité de l'Etat, le divorce du temporel et du religieux, la centralisation du pouvoir avec nomination des personnes fidèles au souverain. Celui-ci a désormais le droit de les révoquer et celles-ci accomplissent sa volonté. Il s'appuie pour gouverner, non plus sur le peuple et ses représentants légitimes, mais sur un organe dirigiste auquel il a été conféré la légalité du pouvoir. Tout ceci a eu pour effet de cautionner de graves conséquences sur le plan de l'organisation du politique, de la participation du peuple à la gestion de la cité, de l'aggravation des inégalités sociales, de l'aliénation des droits politiques conférés par les femmes et en général, du statut juridique des groupes de coopération et de l'individu ; toutes choses qui ont fait le lit

---

[304] Cheikh Anta Diop, *op. cit.*, p. 54.

de l'esclavage et par la suite de la colonisation. L'Occident y a prolongé le caractère barbare des institutions, avant de souscrire à une déclaration peu orthodoxe des droits de l'homme, pour se faire bonne conscience et minimiser le gauchissement de ses traditions de conquête.

Une telle issue était inéluctable, au regard des transformations sociales et économiques opérées, dont les conséquences devaient nécessairement influencer, à terme, l'évolution du continent noir, dès lors que celui-ci entretenait avec l'islamisation, des rapports d'échanges avec le monde méditerranéen, *via* les pays arabes islamisés depuis le VIIe siècle.

Par le biais du commerce méditerranéen, l'Afrique noire profonde s'ouvre aux Omeyyades et aux Abassides. L'Aristocratie peule prendra progressivement goût à la vie citadine, au luxe et au raffinement mondain apportés avec les échanges commerciaux où les Berbères almoravides jouèrent un rôle important à partir du IXe et Xe siècles. Ainsi vont s'opérer les premiers bouleversements : s'ils sont de prime abord d'ordre économique, ils vont progressivement corroder l'enveloppe spirituelle des religions traditionnelles.

Sur un tout autre plan, purement intellectuel, l'islam, né en Arabie, impose à l'extérieur ses lettres de noblesse. A Damas, il rencontre la théologie chrétienne. A Bagdad (Irak), la philosophie et la science grecques sont à l'honneur. Les œuvres de Platon, Aristote, Euclide, Hippocrate ou Archimède sont traduites. Sous l'impulsion de ses maîtres, Malik, Hanifa, Shafi, Hanbal l'islam se saisit du droit. La logique d'Aristote s'impose à l'Islam sunnite, orthodoxe, conforme aux règles de conduite (sunna) du prophète Mahomet et observées par les premiers Califes de l'Islam que sont Abou Bakr, Omar, Uthman et Ali.

La pensée arabo-islamique s'émancipe désormais de la philosophie grecque et s'étend jusqu'au Soudan dont Tombouctou devient un centre actif. Les moodibbo (érudits de la pensée coranique) qui en sortent sont alors conscients de ce que peut apporter la rationalité nouvelle, pour eux-mêmes et pour la liquidation de l'ordre social traditionnel progressivement disgracié par les contingences historiques. Le critère déjà perceptible de la maîtrise de la connaissance, d'où qu'elle vienne, s'impose comme la source d'une plus grande maîtrise du monde. A la Mecque, les Peul, penseurs de l'ordre naissant ont eu à l'expérimenter : le besoin de se saisir de la science que cette pensée dévoilait au profane s'imposait comme un levier efficace pour la radicalisation de la lutte. Souvenons-nous pour cette raison que « *Les religions africaines, plus ou moins oubliées, se sclérosaient, se vidaient de leur contenu spirituel, de leur ancienne métaphysique profonde. Le fatras des formes vides qui en restaient n'était plus de taille à rivaliser avec l'Islam sur le plan moral ou rationnel. C'est sur ce dernier plan de la rationalité que la victoire de l'Islam fut éclatante.* »[305]

L'Afrique colonisée a finalement grande peine à s'émanciper de la tutelle arabo-islamique et occidentalo-chrétienne. L'historien, averti et cultivé, maître et alerte, en saisit le sens de l'infortune :

> « *Il est probablement exact de dire que les lettrés "en arabe" ont ignoré, parce qu'elles étaient "païennes" et plus simplement encore parce qu'ils n'avaient pas conscience de leur existence, les cultures africaines anciennes ; en cela, ils se sont montrés aussi peu perspicaces que la plupart des missionnaires chrétiens quelques siècles plus tard.* »[306]

L'islam a donc permis la stabilisation politique des Peuls islamisés. Le droit privé de la propriété, la légitimation des conquêtes et l'idéologie de domination leur ont aussi fourni les moyens de résister de manière farouche à la pénétration coloniale. Entre temps, ils ont nourri l'ambition des révolutionnaires[307] en ouvrant de nouvelles perspectives à la militarisation de l'espace social, mais aussi, à la conquête de grands ensembles géopolitiques.

L'invasion peule au Nord-Cameroun, par exemple, sous l'égide du Djihad islamique et commandé par Ousman Dan Fodio a un double objectif : la conversion active des "infidèles" et la révolution politique.

---

305 *Idem*, p. 157.

306 Zakari Dramani - Issoufou, « L'islam en tant que système social en Afrique depuis le VIIe siècle », chapitre IV, Volume III : *L'Afrique du VIIe au XIe siècle* du projet UNESCO. *L'Histoire générale de l'Afrique*, Paris, UNESCO, 1980, p. 135. Directeur : M. El Fasi.

307 Dans l'Adamaoua, les Péré ou Koutine se sont faits asservir par les Foulbé. Les Mambila et les Kwanja ont été déportés en esclavage au Nigéria. De plus, il semble bien que le Lamido de Yola recevait près cinq mille esclaves par an sous la forme de tribut. (cf. M. Z. Njeuma, « Les Lamidats du Nord-Cameroun, (1800-1894) in *Histoire du Cameroun (XIXe siècle - début XXe siècle)*, Paris, L'Harmattan, 1989, pp. 39-40.

L'enjeu, c'est la colonisation au sens occidental moderne du terme : il y a là, un cuirassement de la réalité anthropologique et un prolongement atavique des mœurs enracinées dans le subconscient nomadiste de l'histoire politique.

La victoire militaire des Peul était prévisible face aux sédentaires dont les institutions, pacifiées, n'étaient guère compétitives. Ce trait civilisationnel si caractéristique des nations nègres "animistes", est révélateur du sacré de la vie et de la valeur administrée dans l'éthique de vie communautaire. Celle-ci pose, de manière claire, le rapport de l'homme au monde, le rapport du noir aux autres, dans une attitude qui impose une conviction tolérante de l'ordre, pour ne point engendrer le chaos. Une telle disposition, contraire à l'offensive instinctive et barbare, ne signifie pas que l'Afrique eût été incapable de penser la violence. Bien de fois, dans l'antiquité comme au Moyen-Âge, elle a défait ses ennemis ; elle a plusieurs fois vaincu les peuples nordiques en Egypte[308]. Elle a défait les initiatives Berbères almoravides avant de céder, tardivement, aux assauts des marocains.

Ce n'est qu'en 1591, qu'elle sera vaincue[309]. Mais d'ores et déjà instruits des enjeux de la militarisation, les Peul montreront un tempérament culturel de guerriers intrépides doublé d'une structure politique féodale[310].

Tirons-en une leçon :

> « *Si l'Afrique est tombée aux mains des colonisateurs jusqu'en 1960, ce n'est pas parce qu'il lui manquait des Etats grands et bien formés, des civilisations harmonieuses, ni des stratégies valables, mais sa défaite*

---

[308] Ramsès II sera contraint d'étendre les frontières de l'Egypte pharaonique pour limiter les assauts de l'ennemi (1301-1235 av. notre ère).

[309] C'est le 12 mars 1591 que l'occupation marocaine, violente, s'effectuera par une série de razzias et de massacres, y compris sur les fidèles de l'islam et les érudits. Ce fut la première défaite enregistrée à cette époque moyenâgeuse par les souverains noirs.

[310] A la tête d'un lamidat se trouve un lamido élu à vie. Il est dépositaire du domaine foncier et détient encore le droit de vie et de mort sur ses sujets. Sa justice est fondée sur le droit coranique. On mesure l'archaïsme que ce système social peut encore véhiculer aujourd'hui.

est due à une insuffisance logistique d'une époque donnée de son histoire. »[311]

L'Afrique a connu ses guerres tribales, mais pas en termes de conflits interminables, de génocides, tant que les structures politiques épousaient l'ordre traditionnel. Si donc, avec l'Islam peul, la conquête s'est révélée une arme de violence préventive, l'idéologie libératrice s'est aussi accommodée de la "table rase" des mœurs occidentales. Malheureusement, l'Islam peul, à sa première expérience avec la colonisation a été pris de court : l'ennemi, le colon, depuis longtemps aguerri a eu raison de lui, sur le terrain de la ruse et de la violence[312] qui lui avaient façonné sa raison d'être civilisationnel, sans rapport avec les valeurs culturelles peules avant l'islamisation.

On peut même se demander si les Peul eussent pu, longtemps encore, s'accommoder du modèle civilisationnel arabo-musulman. Passé la période euphorique, la réalité du terrain a pris le pas sur l'idéologie révolutionnaire. En général, la désislamisation a suivi, avec son thème de conquêtes et de prosélytismes devenus obsolètes. Seules les valeurs morales, culturelles et matérielles ont davantage persisté : la langue et la culture y ont connu un grand essor, mais aussi, bien souvent, des infortunes.

En pays Hawsa, l'appareil politique de ceux-ci est épargné. Les Peul ont embrassé l'islam au contact des Hawsa et les brassages successifs y ont entraîné l'assimilation de l'élément peul. Le maintien des structures politiques Hawsa a participé de cette acculturation, la parentalisation ayant effectué le reste. Les Peul se substituèrent simplement aux anciens dirigeants après la conquête.

Dans l'Adamaoua, « *il faut signaler que l'acculturation a joué dans les deux sens, et les Peul auront beaucoup hérité des Mbum, dans les domaines de la culture politique et de l'étiquette de cour qui intégra,*

---

[311] Prince Dika-Akwa nya Bonambela, P*roblèmes de l'anthropologie et de l'histoire africaines*, Yaoundé, Clé, 1982, p. 132. Coll. Etudes et Documents Africains.
[312] L'impossibilité de constituer un front commun contre la colonisation sera une des causes de la défaite historique des Africains face aux colons.

en particulier, la parade musicale mbum avec ses longues trompettes. »[313]

La logique du Djihad annoncée n'a toujours pas été celle qui a prévalu. Certaines stratégies ont été mises en œuvre pour effectuer un compromis. La théorie de la table rase n'a toujours pas été la solution aux yeux mêmes des révolutionnaires, davantage soucieux de jouir de leurs prérogatives. Un historien avisé le dit avec force:

> « *Ici, le prosélytisme fit rapidement place au réalisme, et l'Islam fut confisqué pour servir la prééminence de l'aristocratie peule et asseoir les bases d'une exploitation économique.* »[314]

Les quelques concessions accordées dans la conservation des valeurs culturelles ont servi d'autres perspectives, celles de l'enrichissement et de l'approvisionnement en esclaves contre le prosélytisme actif et le Djihad Elles ont abouti à la foullanisation du Soudan Occidental. Bien de brassages réalisés sont à attribuer à la sédentarisation progressive des Peuls[315].

En fin de compte, l'islamisation du continent noir s'est produite dans le Soudan avec la hargne qui était surtout celle des prophètes fondateurs. Celle-ci s'est progressivement atténuée avec leurs successeurs. Le commerce aidant, la diffusion de l'islam s'est faite tout naturellement, avec davantage de raison. Elle a fini par garantir une adhésion massive des fidèles, au point de rivaliser aujourd'hui avec la religion chrétienne. Cheikh Anta Diop voit dans ce succès, l'existence « *d'une certaine parenté métaphysique entre les croyances africaines et*

---

[313] Thierno Mouctar Bah, « Le facteur Peul et les relations inter-ethniques dans l'Adamaoua au XIXe siècle » in *Peuples et cultures de l'Adamaoua (Cameroun),* Actes du colloque de Ngaoundéré du 14 au 16 janvier 1992, Orstorm, p. 79.

[314] *Idem*, p. 82.

[315] Aboubacry Moussa Lam, *op. cit.*, pp. 31-34, nous en donne un aperçu : *au Xaso (Mali), le mélange Peul-Soninké a donné les Xasonke. Au Maasina (Mali), le brassage avec les Bambara a donné aux Peuls bien de noms tels Sanngare, Jakité, Naxate, etc. Avec les Mandeng dans le Wasulu, le groupe wasulunke est né. Il faut attribuer à ce brassage, la sédentarisation progressive des Peuls et la diffusion progressive de leurs langue, culture et activités et, bien entendu, les alliances matrimoniales dont le métissage est le produit de la nouvelle donne de l'intégration.*

la "tradition musulmane". On retrouve, en effet, dans celle-ci, l'existence d'un monde invisible, doublant ce que nous voyons. »[316]

L'influence islamo-peule a aussi entraîné une re-organisation des clans naguère dispersés en unités autonomes. Tel a été le cas des Vouté, obligés d'évoluer vers une relative centralisation. D'autres chefferies ont vu le jour sous l'influence, directe ou indirecte de l'islam peul. C'est le cas du sultanat Bamoun et des chefferies Bamiléké.

La langue fufuldé deviendra dans l'Adamaoua (Cameroun) par exemple, la langue de communication et de commerce. Le modèle vestimentaire arabo-islamique y a pris un important essor avec le métier du textile ou de la tannerie. Si l'urbanisation y a été conséquemment anticipée, nous devons nous imposer une réflexion quant aux séquelles de l'islamisation restée une épine sociale, à bien d'égards : une certaine féodalité persiste çà et là, les guerres de religion se poursuivent, et le rôle des femmes, amoindri, dissimule mal l'impact des dérives observées. Le droit pose encore problème, confronté qu'il est aux compilations préclassiques, classiques et postclassiques. Leur greffe aux vécus proprement dits renvoie à des problèmes d'interprétation influencés par une réalité empirique toujours vécue, et souvent enrichie par des idéologies, aux frontières des mécanismes psychiques de la pensée, toujours franchissables. Si cette greffe montre aussi le caractère vulnérable d'une constitution africaine naguère pensée pour célébrer l'éthique de vie communautaire, les révolutionnaires royaux eux, ont visé des stratégies de prise du pouvoir avec des intentions nouvelles introduisant à la place de la décentralisation établie, une centralisation théocratique affirmée. L'Etat y est devenu un instrument de promotion des inégalités : là ont aussi commencé la tyrannie et la violence politique comme mode de gouvernement. Il s'agissait, non plus de niveler les contradictions, mais de les contenir par un pouvoir "fort", au sens occidental du terme.

Bien d'exemples permettent de saisir l'enjeu des contradictions que soulève l'usurpation du pouvoir en Afrique noire. Dans le jargon moderniste, celle-ci correspond bien à l'Etat africain moderne, autocratique, contraint d'instaurer le présidentialisme monarchisant pour vaincre l'obstacle majeur que lui oppose le système clanique qui l'a

---

[316] Cheikh Anta Diop, *op. cit.*, p. 156.

précédé, en droit, en politique, comme en philosophie, du point de vue de la rationalité collectiviste, communautariste, dirions-nous égalitaire. Telle fut donc la réalité que recouvrait l'impérialisme islamo-peul, entre noirs asservis et noirs aristocrates, minoritaires. Elle n'a pas pu raviver la conscience historique ; elle s'est contentée de faire allégeance à un système social arabo-islamique dont les réalités proche orientales correspondaient, en bien de points, aux randonnées cosmopolitaines qu'imposaient l'enjeu du commerce international et la diffusion d'un modèle individualiste marchand et conquérant dans son essence.

Si l'islam a été un facteur déterminant dans l'idéologie conquérante, ailleurs, le contrôle du pouvoir s'est imposé comme une donnée contingente, mobilisant aussi les ressources et les atouts des prétendants, des usurpateurs de trônes. Dans bien des cas, l'invasion d'un peuplement nomade a exigé de celui-ci une rupture de l'organisation politique traditionnelle. On est ainsi passé progressivement, d'une organisation pyramidale à une hiérarchisation autoritariste plus ou moins accentuée. La région des grands lacs nous offre de tels cas : les royaumes du Buganda, du Rwanda et du Rundi en témoignent.

SECTION II : ETUDE DE CAS HISTORIQUES ATYPIQUES

L'invasion des pasteurs nilotiques et l'autoritarisme païen de Chaka sont des cas représentatifs du caractère atypique de la royauté africaine. Ces deux cas permettent aussi de saisir les conséquences sociales liées aux usurpations de trônes.

§1- L'INFLUENCE DES INVASIONS MILITAIRES

L'empire Bunyoro-Kitara fondé par la dynastie Babito, elle-même héritière de l'empire Bachwezi, émerge au XIVe siècle. Les habitants de ces régions inter-lacustres sont en général des Bantu agriculteurs, établis sur des territoires fertiles. L'invasion progressive de ces régions par des pasteurs nilotiques va modifier, à l'instar des migrations peules, la configuration politique de toute la région dont les traditions communes relèvent des liens historiques de descendance avec les rois babito.

Le chef suprême du Bunyoro est à la tête d'une fédération de provinces (*saza*) ayant chacune à leurs têtes un chef provincial (*omukama*). Celles-ci sont relativement autonomes, comme partout en

Afrique, avec leurs chefs provinciaux choisis par la dynastie régnante. L'affaiblissement progressif du Bunyoro entraînera l'émergence du royaume de Buganda dont les traits structurels diffèrent peu, dès le départ, des normes qui gouvernent l'évolution des structures politiques en Afrique.

A- Le royaume du Buganda

C'est entre le XIVe et XVe siècle que le petit Etat du Buganda prend son essor. L'autorité des *Kabaka* (rois) est limitée, au départ, par les chefs de clans (*bataka*). La constitution est caractéristique des traditions établies : le *Katikoro* (chef des ministres, Premier ministre) gouverne par l'intermédiaire d'un conseil aristocratique *lukiko* et choisit le *Kabaka*, en consultation avec les autres chefs des clans (*bataka*). Comme ailleurs, en Afrique, le *Kabaka* est choisi parmi les Princes du Tambour de la famille royale. La succession n'est pas automatique. Elle tient compte de la personnalité du roi. Il semble bien que par la suite, on ne disposait pas de moyens constitutionnels de le déposer. En revanche, des rebellions populaires permettaient aux princes ambitieux de solliciter de telles opportunités pour prendre le pouvoir. D'autre part, suite aux assauts guerriers des armées bunyoro, les chefferies Baganda, autonomes, furent obligées de coaliser, et de concentrer le pouvoir politique et militaire entre les mains du roi. Le système tout entier s'est ainsi fondé sur la parenté avec ses droits fonciers, et sur des divisions administratives dont les responsables dépendaient uniquement du roi, soumis à leur contrôle. Ceux-ci ont progressivement fait contrepoids aux chefs de clans légitimes, en radicalisant l'option autoritariste du système.

B- Les royaumes Rwanda et Rundi (Burundi)

Les dynasties Tutsi constituent un cas de "féodalité", avec une structure hiérarchique produisant une aristocratie militaire possédant la terre et le bétail, et excluant du pouvoir et de l'avoir, les Bahutu (paysans) et les Batwa, pygmées (serfs).

La caste dirigeante, Tutsi, constituée de monarques dirige à partir d'une structure hiérarchique solide : les *mwami* (rois) ont instauré une armée militaire, toute puissante et les détenteurs d'une autorité territoriale sont, à l'instar des bourgeois terriens du Moyen-Âge, les plus riches et les plus puissants... Les relations lignagères et historiques des

Bahutu, buttent sur l'action des relations hiérarchisées vers le haut : il s'agit davantage des relations de dépendance dont on a souligné les révolutions exsangues qu'elles ont engendrées en Europe. Les génocides rwandais et burundais étaient pour cette raison prévisibles. Si d'autres types de relation, plus équitables, ne sont pas introduits dans ce système digne des féodalités moyen-âgeuses, il faut s'attendre au pire.

Dans les deux cas précités, Rwanda et Rundi, la tendance a été une puissante organisation politique qui s'est fortement militarisée, puis modernisée. Le pouvoir central fort et hiérarchisé a altéré les formes d'organisation politique traditionnelle, orientant le plus souvent, comme cela a été prouvé, l'histoire idéologique à des fins politiques de domination (Tutsi)[317] ou de résistance (Hutu). L'Etat s'est ainsi édifié sur un système unitaire établi avec un réseau de capitalisation des biens en faveur de la minorité Tutsi d'origine nilotique, nomade, accumulant des richesses du bétail et des terres contre les Hutu et Twa.

L'occasion a été donnée de montrer que les invasions des pasteurs nilotiques visaient le contrôle du pouvoir politique. Elles reproduisent les problématiques auxquelles le nomadisme peul s'est trouvé confronté : la gestion collectiviste de l'Etat. A présent, examinons un cas de nationalisme avéré dont les conséquences ont entraîné des réajustements politiques et militaires d'une ampleur sans doute jamais égalée dans l'histoire de l'Afrique australe. Il s'agit du royaume Zulu.

§2- UN CAS TYPIQUE D'AUTORITARISME PAÏEN : LE ROYAUME ZULU

L'autoritarisme de Tchaka des Zulu n'est encore pas élucidé :

> « *Quant à Tchaka, chef zoulou,* écrit Cheikh Anta Diop, *il faudrait faire des études ultérieures pour savoir si les Anglais ont réussi à canaliser sa "turbulence" vers l'intérieur, vers les autres clans et tribus africains ou s'il se préparait sciemment avec*

[317] Georges B. N. Ayitteh, *op. cit.*, p. 56, souligne néanmoins, l'existence d'un certain équilibre au sein du pouvoir royal :
« *L'association, au sein de l'institution royale, de deux groupes Tutsi d'importance égale, le Nviginya royal matrilinéaire et le clan patrilinéaire, préservait un certain équilibre. Dans la plupart des cas, ces contre-pouvoirs suffisaient à empêcher le roi d'abuser de son pouvoir.* »

l'intention de leur porter le moment venu un coup décisif.

En effet, grâce au "modus vivendi" qui fut toujours respecté, Tchaka n'a jamais fait de guerre aux Anglais en Afrique du Sud. Par contre l'organisation militaire et sociale dont il dota son armée et son peuple est la plus technique et la plus efficace de toutes celles de l'Afrique Noire des temps modernes. »[318]

Pour quelles raisons profondes, en effet, Tchaka a-t-il enclenché la série de guerres (les *mfecane*) contre les Etats voisins et dont la conquête, rapide et extraordinaire, a favorisé l'émergence d'un Etat fort, centralisé ? Pourquoi les sotho réfugiés se sont-ils organisés contre Tchaka ?

On sait que les royaumes Swazi et Zoulou s'appuyaient sur les classes d'âges pour former des régiments jouant un rôle militaire. Mais comment imaginer que Tchaka ait pu concevoir ses stratégies militaires sans avoir au préalable étudié celles-ci auprès d'une école musulmane ou européenne ? D'où lui viennent aussi les raisons de cet autoritarisme ?

Voici un cas d'autoritarisme païen non expliqué. On peut en tirer néanmoins une conclusion : autant que les révolutionnaires islamo-peuls, la force des armes est restée un frein à l'idéal d'intégration nationale. De Askia Mohammed à El Hadj Omar et Samori, le retour à l'ordre ancestral s'est produit contre le prosélytisme actif des premiers moments. Tchaka a aussi été trahi et déposé, conformément aux traditions africaines de dépréciation de l'autoritarisme politique ; c'est ainsi que :

« *Plusieurs tribus vassales firent sécession et le règne de Tchaka ne dura que dix ans.* »[319]

Nous pouvons pousser l'analyse au royaume Ashante du XVIIIe siècle et à l'empire Oyo du XIXe siècle où l'effondrement de l'Etat s'est accompagné d'une forte militarisation de l'espace et conjointement, de la centralisation excessive du pouvoir. Comme nous le verrons, (lire chapitre VII) bien de guerres, de putschs militaires, d'options séparatistes

[318] Cheikh Anta Diop, *op. cit.*, p. 161.
[319] Georges B. N. Ayittey, *op. cit.*, p. 72.

et de génocides se situent aujourd'hui encore sur la ligne de crête de la centralisation excessive du pouvoir ; ce constat d'évidence des faits est d'ordre anthropologique et logique. La religion islamique et la conquête arabe ont permis de bâtir de puissants empires. En occident, de même la religion chrétienne a-t-elle accentué le nationalisme européen. En Afrique, « *Les rares chefs islamiques qui tentèrent d'imposer la religion par la force ne firent qu'accélérer la chute de leur empire. Des exemples nombreux peuvent être cités, en particulier ceux des empires Oyo et Bornou du XIX*^e^ *siècle.* »[320] En somme, deux théories de l'histoire opposées.

A la différence des peuples occidentaux et arabes, la clanisation du sacré et du politique en Afrique donne une force supplémentaire de stabilité sociale que l'individu seul est incapable de mettre en œuvre, à moins que la classe révolutionnaire atteigne un seuil critique, en démographie et en poids idéologique ou économique pour influencer une autre perspective historique. Ce fut le cas des Peul islamisés ; mais « *Par dessus tout, la leçon fondamentale que l'on doit tirer de la construction des empires africains est que la tolérance, la flexibilité, la coexistence pacifique et l'autonomie opéraient bien dans une association d'ethnies différentes.* »[321]

Si les religions chrétienne et islamique ont pu avoir aujourd'hui une telle ascendance sur la spiritualité africaine, c'est moins par la force des armes que par un argumentaire où l'amour tient une place importante. L'Afrique n'aurait pu tuer aucun des prophètes connus à l'exemple de Jésus ou de Mahomet, tant l'éthique de vie communautaire repose sur les idées-forces d'unité et de paix sociale.

Maintenant que poussées par l'histoire, les Nations européennes font face à la montée des extrémismes religieux, tribaux ou nationalistes, elles se trouvent contraintes d'admettre la légitimité de la diversité religieuse et culturelle, mais aussi de re-formuler leur cadre institutionnel (rigide) pour s'ouvrir à la réalité universelle. La première partie de notre étude a permis de cerner à quel point, dans la pratique, l'Afrique a capitalisé une forte tonalité de découverte de soi dans l'autre, et celle de la véritable "citoyenneté" de l'individu dans l'ordre clanique, rationalisé et humanisé.

---

[320] *Idem.*
[321] *Ibidem.*

L'ordre classique est toujours le point de repère autour duquel s'organisent les marques distinctives de l'évolution des structures politiques africaines : les constantes observées nous ont édifié sur la cohérence du système, ainsi que celle des normes à partir desquelles s'établissent des bifurcations. Des moyens différents peuvent alors permettre d'atteindre les mêmes fins et conserver, pour ainsi dire, les mêmes caractères structurels du politique. Aussi la liberté s'incruste-t-elle dans un champ topologique chargé d'histoires qui la contraignent. Ici, la notion durkheimienne du "fait social" prend toute sa signification. Il n'en reste pas moins vrai qu'il a atteint un degré de réalisme orientant la pulsion créatrice dans un écart demeurant dans les limites du souhaitable. Autrement dit, l'harmonie se produit à condition que le spectre de la liberté épouse les contours de la structure normative. Ce sera donc en termes de statistiques que se produira la rupture à la norme comme ce fut le cas avec l'islam peul certes à présent largement intégré, sinon installé comme source d'une alternative possible à la dominance du modèle occidentalo-chrétien. Mais cela, bien sûr, est toute une autre histoire qui mériterait d'autres développements hors de notre propos.

En interrogeant ainsi les cadres de formation de l'Etat, la prétention n'est pas d'en exalter un *déterminisme évolutionniste*. Le polycentrisme de l'Etat africain a suggéré une recomposition des Etats en fédération ou en confédération, avec une marge aléatoire de composition orientée par le peuple métropolitain « *dont la langue devient véhiculaire et son Dieu le symbole de l'unité et de la maîtrise de l'univers.* »[322] Mais, dans chaque structure nouvelle, la symbolique organisationnelle a requis une vision du monde partagée par les parties contractantes. Celle-ci nous conduit à conjecturer sur l'évolution normative des institutions politiques africaines.

SECTION III : ESSAI DE FORMULATION GENERALE D'UNE EVOLUTION NORMATIVE DES INSTITUTIONS AFRICAINES PRECOLONIALES

Il serait essentiel de formuler à présent, les constantes historiques qui se dégagent de l'étude du développement de l'Etat, de sérier les principales tendances organisant les différences ou les nuances de ce développement. L'avantage de cette démarche, c'est de projeter une

[322] Prince Dika-Akwa, *op. cit.*, p. 276.

explication du présent à partir d'une méthode d'analyse qui servirait aussi d'instrument de prévision pour la recherche d'un cadre constitutionnel du futur. C'est cette même méthode d'analyse qui fixera, en fin de compte, le cadre d'expression de la théorie sociologique de l'Etat, théorie qui s'inscrit dans le champ de la *complexité.*

§1- DE LA METHODE

L'échantillonnage des formations politiques connues et décrites a permis de faire du temps historique, diachronique, un temps analytique ; il convient alors de dégager des traits observés un caractère permanent, déterminant, à partir duquel les mutations marqueront la succession des étapes. Si une telle méthode d'analyse se justifie, l'évolution n'est pas pour autant déterministe, même à travers l'esquisse projetée.

Dans cette voie, si diverses propositions ont aussi été faites, la plupart d'entre elles n'offrent pas une explication satisfaisante de la rationalité politique africaine, ce qui la différencie, fondamentalement et naturellement, du phénomène politique européen[323]. C'est ce à quoi nous allons à présent, nous atteler.

Nous avons souligné l'effort que les chercheurs ont effectué pour rationaliser le phénomène politique en Afrique noire ; il ne s'agissait pour eux que de présenter une situation raisonnée de l'état des sociétés observées, sans plus. La perspective plus ambitieuse de fonder une sociologie historique a été amorcée par Cheikh Anta Diop[324]. Elle a permis de saisir le mouvement interne des sociétés politiques africaines et de les soustraire pour ainsi dire à une dynamique de mort. Avec Dika-Akwa[325], les étapes sont structurées avec des lois tendancielles davantage

---

[323] Effectuant une synthèse des données de l'anthropologie politique avec Nadel (Nupé), Apter et Fallers (Buganda), Vansina (Rwanda ancien), Balandier (Kongo), Gluckman (Nguni), Bettie (Nyoro), etc., Georges Balandier, *Anthropologie politique*, 4e édit. Quadrige, 1999, p. 230, avoue : « *Les progrès ultérieurs exigent une meilleure connaissance de la nature et de l'essence du politique.* » C'est bien celle-ci qui fonde les différences observées entre l'Europe et l'Afrique.

[324] Cheikh Anta Diop, *op. cit.*, préface, pp. 9-10, dit de son ouvrage : « *Pourtant ce travail (L'Afrique noire précoloniale) n'est pas à proprement parler un livre d'histoire; mais il est l'instrument auxiliaire indispensable à l'historien. Il lui fournit en effet une compréhension scientifique de tous les faits historiques non expliqués jusqu'ici. Il est en ce sens une étude de sociologie historique africaine.* »

[325] Prince Dika-Akwa, *op. cit.*

senties et explorées. L'enjeu de la classification ne saurait être pénétrante si on n'envisage pas la pensée africaine comme une pensée complexe, densifiante et non catégorielle, à l'instar de l'héritage cartésien. Le seuil organisationnel qui fonde une distinction radicale entre ces deux types de pensée est celle de l'étatisation du clan, ou encore, la clanisation du pouvoir politique ou étatique. Bien analysée, cette notion a été construite de façon analytique par un certain nombre d'auteurs : c'est avec Cheikh Anta Diop et Dika Akwa à sa suite qu'elle s'intègre dans l'explication historique globale, dans une rationalisation de la logique interne de formation de l'Etat.

Aussi longtemps que la structure parentale n'atteint pas un certain degré de complexification de son système, la frontière du politique demeure floue, faute de réalité, son état aussi diffus. Seules des circonstances particulières, le "bruit" rationalise la réalité politique, avec un choix tout aussi contingent d'un ordre qui prend en compte les conditions initiales. La rationalité politique africaine est soumise à l'indéterminisme ; elle ne fait pas table rase des situations préexistantes, de sorte que l'analyse de l'appareil politique peut s'avérer rudimentaire, diffuse, tout en contenant les marques d'une civilisation avancée. Mais toujours, cette rationalité se rapporte à des unités élémentaires, lignagères ou claniques, même lorsque l'organisation politique est hyper perfectionnée. C'est que la décentralisation[326] demeure son caractère permanent, et y justifie l'étatisation du clan, la réalité première de la spécification du politique. Il faudrait donc saisir ce qui apparaît être désigné clan comme un système autoinstitué, souverain.

---

[326] Bernard Chantebout fait de la sorte une différence entre l'Etat unitaire dans lequel intervient la déconcentration et l'Etat unitaire décentralisé. Il souligne dans son livre *Droit constitutionnel et science politique*, Paris, 13e édition Armand colin, 1996, p. 66 : « *La déconcentration consiste dans l'octroi d'un pouvoir de décision à des agents locaux nommés par le pouvoir central, soumis à son autorité hiérarchique et responsables devant lui, tels que par exemple, en France, les préfets* » ; On le pressent, elle n'a pas de valeur démocratique puisque les intéressés eux-mêmes ou leurs représentants sont exclus du centre de décision. En revanche, dans l'Etat unitaire décentralisé, « *les décisions administratives à prendre pour l'exécution des lois et intéressant plus spécialement certaines catégories de citoyens sont prises, sinon par les intéressés eux-mêmes, du moins sous leur contrôle par des autorités qu'ils ont élues.* » Cette fois-ci, les organes de décision ne sont pas soumis au devoir d'obéissance hiérarchique. La légitimation du pouvoir vient des intéressés eux-mêmes.

Dika-Akwa définit ainsi le clan comme un « *ensemble de lignages d'origines diverses mais cantonnés dans un espace déterminé et soumis à un commandement quelconque.* »[327]

La difficulté vient de ce que les segments lignagers dispersés géographiquement dans le temps et dans l'espace perdent souvent le souvenir de la filiation généalogique ou tout simplement s'en trouvent assimilés par d'autres groupes. Aussi, la réalité clanique peut-elle être tout simplement lignagère selon les interprétations possibles, ou intégrer un lignage révélant une profondeur généalogique atteignant la 7e génération. Dans ces conditions, la profondeur généalogique est plus significative que les termes lignages, clans, dispersifs, et son symbolisme est contingent.

Le problème ainsi posé met en évidence la question de la capacité du milieu naturel à tolérer un *seuil de croissance* de la population où les nécessités de survie commandent les *migrations*, souvent organisées autour des rituels de rébellions aux fins *d'évacuer les risques de violence liés à la répartition des ressources du milieu.* L'enjeu, c'est de pérenniser l'optimum économique pouvant s'ajuster aux phénomènes de croissance du groupe social. Très souvent, deux à quatre générations permettent d'opérer une fracture du groupe social, voire cinq. Mais, cette fluctuation a rapport avec l'environnement quand il ne s'agit pas d'y justifier la coupure génétique introduisant de nouvelles alliances matrimoniales possibles, du fait de la dérive parentale.

Vu sous cet angle, l'historicité du groupe social est liée aux unités ainsi segmentées. Celles-ci portent la marque des ancêtres fondateurs de lignées s'implantant dans un terroir et s'organisant juridiquement autour d'une ambiance mystique qui, elle-même, se prolonge dans les coutumes. De fait, les mythes subissent des dégradations ou des re-compositions, mais conservent toujours cette structure minimale qui alimente le réalisme en le rendant flexible à la magistrature de la coutume. Aussi les constantes demeurent-elles le témoignage des survivances conceptuelles de la loi.

La succession s'effectue au sein même de la famille princière sous l'égide du sacré. Le chef est un chef rituel entouré d'un conseil d'anciens issus des lignages secondaires, ceux-ci désignant en dernier

---

[327] Prince Dika-Akwa, *op. cit.*, p. 168.

recours le nouveau prince appelé à assurer la souveraineté autour d'une reine-mère dont les responsabilités varient selon que la société reste matrilinéaire ou évolue vers la patrilinéarité. La complexification de l'appareil socio-politique s'attache ainsi à la valorisation du clan et à la catégorisation socioprofessionnelle, en termes de contre-pouvoirs tout aussi complexes, la terre restant toujours rituellement attachée aux autochtones. Les autres clans ou tribus s'organisent autour des activités complémentaires. C'est dire que :

> « *Les chefferies naissent et grandissent en royaumes, ceux-ci se dépassent en empires. Inversement des empires connaissent la courbe ascendante puis descendante.* »[328]

Le projet étatique confère à la réversibilité possible, sa flexibilité et son ouverture.

La succession du chef n'est pas automatique ; de plus, il peut être déposé lorsqu'il est incapable d'assurer convenablement ses fonctions. Dans certains cas, le régicide rituel intervient, tel a été le cas avec les Mbum, Jukun, etc.

Il n'est pas exagéré de considérer que le modèle politique africain situe l'homme au cœur de l'univers, en tant que re-créateur de l'ordre divin, tant il procède d'une intégration des éléments considérés comme un Tout en équilibre. Le processus de parentalisation et d'assimilation des groupes, clans et tribus successifs où tout s'harmonise pour fonder une nation et un Etat territorialement singularisé, renvoie à chaque niveau d'organisation inférieure, un chef dont la légitimité est reconnue et valorisé. L'Etat conduit pour cette raison, à une gestion des affaires publiques de manière démocratique. De la sorte, le concept d'Etat ne peut s'accommoder de la lecture sociale occidentale où les peuples se présentent comme des entités atomisées, décomposées en individualités sans liens de sang, mais davantage agrégées sous l'impulsion de la division du travail en corps de métiers ou en classes sociales distinctes. Parce que les lignages se trouvent imbriqués dans les clans et ceux-ci dans les nationalités qui engendrent les peuples d'Afrique, il faudrait qualifier autrement l'Etat pour lui donner toute sa rigueur scientifique. En introduction, nous avons souligné que les typologies chefferie, royaume ou empire n'ont pas de valeur en elles-mêmes. Nous persistons dans cette

---

[328] *Idem*, p. 323.

démarche qui oblige à ne point disperser les énergies en sémantique explicative. Chefferie, royaume, empire constituent un moment d'une dynamique d'ensemble valorisant le principe de l'unité dans la diversité. Après avoir isolé leurs caractères permanents, puis dégagé ce qu'elles ont en commun, il nous reste à "isoler" les différents états qui constituent, en réalité, un *continuum* évolutif à l'instar de l'Ordre universel de la création : la méthode des étapes de développement de l'Etat nous a permis de situer avec objectivité, cette réalité.

C'est dire, qu'il existe un compromis entre unité et diversité, tant que circule la valeur, l'information ayant un sens pour les parties en présence et produisant une autonomie croissante de celles-ci. Le passage de l'état diffus à la chefferie, au royaume et à l'empire montre que le système se complexifie, avec une plus grande adaptabilité. L'apparition des inégalités croissantes et l'ampleur des migrations entraînent une fluctuation et la naissance d'un nouvel ordre qui produit des constantes répétitives. C'est donc la mémoire des formes étatiques répertoriées qui nous permet à présent de saisir leur trajectoire commune, de les identifier, d'un point de vue morphologique puis, de leur affecter un qualificatif.

§2- PROBLEMES DE TERMINOLOGIE ET DE CLASSIFICATION

Le concept d'Etat a eu pour but, faudrait-il encore le rappeler, la rationalisation des caractères particuliers qu'ont en commun chefferie, royaume, empire. La typologie semblait, à première vue, en être exclue, son but étant de rechercher ce qui différencie les formes représentatives, au delà de la classification simpliste envisagée par des ethnographes ajustant ces catégories à leurs propres visions anthropologiques de la chefferie, du royaume ou de l'empire. Il est à présent possible de faire la part des choses.

En premier, il faudrait considérer que les Etats africains dans l'Afrique précoloniale oscillent entre des Etats unitaires décentralisés et des Etats confédérés ou fédérés. Le système social y est polycentrique, lignages, clans, castes n'étant pas en général soumis au devoir d'obéissance hiérarchique et possédant des pouvoirs de décision allant jusqu'à l'intentionnalité sécessionniste. Les cas de figure qui s'apparenteraient davantage à l'Etat-nation européen sont ceux qui ont eu une influence extérieure, arabo-islamique ou celle de l'autoritarisme païen tardif, suite à l'influence coloniale, tels les royaumes Zulu du XIXe siècle, Hawsa, Rwanda et Rundi, Buganda décrits plus haut comme des cas atypiques où se manifeste l'idéal de l'Etat unitaire centralisé.

La différence vient de ce que l'Afrique potentialise les institutions préexistantes, les densifie ; le nouveau se construit sur le passé à l'instar de la nouvelle case que l'on construit à partir de l'ancienne, sans en détruire l'édifice de départ. Pour Dika-Akwa, cette différence est d'essence ontologique, inséparable de toute pensée authentiquement africaine :

> « *L'histoire politique de l'Afrique traditionnelle se révèle inséparable de "la conception vitaliste". L'univers étant conçu comme un ordre unique, "Téi" qui régit les forces, celles-ci trouvent un classement. Au fur et à mesure qu'elles s'associent, ces forces constituent des sous-ensembles et des forces d'une totalité hiérarchisée.* »[329]

L'expression Etat unitaire décentralisé ne signifie pas qu'il n'existe aucune centralisation. Certains pouvoirs relèvent du pouvoir central, en l'occurrence, la gestion des impôts et charges fiscales, du commerce international ou de la guerre par exemple. En revanche, les collectivités territoriales décentralisées se prennent en charge pour la gestion de la "chose publique". Tant que le pouvoir central assume son rôle de régulation, l'autonomie relative va jusqu'à friser l'autonomie politique absolue[330].

Le concept de régulation prend ici toute son importance, tant il fait corps avec l'idéal de décentralisation. Il signifie ici un ajustement, conformément aux normes juridiques entrevues. Des mouvements de re-organisation de la société face aux migrations et des échanges ou

---

[329] Prince Dika-Akwa, *op. cit.*, p. 215.

[330] Yves Person, "L'Etat-Nation et l'Afrique" *in Le mois en Afrique*, n°19-191, octobre-novembre 1981. Collection Etudes Politiques, Economiques et Sociologiques Africaines, p. 33, souligne avec intérêt : « *Isolés du marché mondial, du moins avant le XIXe siècle, par la structure monarchique, souvent dispersés par la destruction des centres politiques antérieurs, les villages, fon, dassa, ou mahi, n'en gardaient pas moins la plus large autonomie et développaient leur vie sociale et culturelle sans intervention du roi, dont la cour déployait simplement avec plus de moyens et de prestige sa propre identité.* »

alliances que leur renouvellement rend, au départ, étrangers entre eux ; « *Ainsi, les premiers occupants du sol, fidèles à leurs confédération gérontocratique ou militaire, donnent généralement le modèle de l'Etat diffus.* »[331]

Il s'agit bien d'un Etat chargé de potentialités et de valeurs. Il se suffit à lui-même en tant que totalité sociale, certes encore parentale, ou lignagère. Cet Etat représente bien une singularité où s'ajustent les inégalités naturelles, les symboles et les choses, rituellement répartis. *L'Etat diffus n'est ni une coupure ontologique, ni une coupure épistémologique.* C'est de lui que jaillit la première manifestation politique. C'est l'arrivée des seconds occupants qui fait passer l'*Etat diffus* à l'*Etat à gouvernement mi-actualisé,* avec un chef rituel ou un chef de clan qui se dévoile à la faveur d'une complexification des intérêts du groupe social. D'après Dika-Akwa, l'Etat segmentaire manifeste « *un champ structurel de la religion (qui) pèse de plus en plus sur l'ensemble, lié qu'il est, à l'approfondissement de la généalogie des groupes, à l'affirmation d'une aristocratie lignagère et au privilège de la sacralité du sang pur.* »

Quant à l'*Etat mi-centralisé*, l'enjeu organisationnel procède de l'accroissement des biens, la généralisation des échanges et l'apparition d'une royauté divine. Viennent ensuite dans l'ordre, l'*Etat centralisé*, l'*Etat cumulatif*, l'*Etat décentralisé* et l'*Etat concentré*[332].

La méthode des étapes du développement de l'Etat a l'avantage de saisir et d'apprécier les manifestations étatiques répertoriées. Il est possible, dans chaque type d'Etat décrit par Dika-Akwa, de trouver un cas de figure en Afrique qui s'y apparente. Il n'est pas aisé, en revanche, de situer avec précision, les limites souvent diffuses qu'apportent les différentes combinaisons de forêts et de savanes, en termes de royaumes et empires où se trouvent enjoués les rôles des voies de communications, le commerce international, les influences religieuses, etc. En effet, il est possible que les formes ainsi décrites par Dika-Akwa rassemblent deux moments différents d'une seule et même forme, ou deux aspects de formes cumulées, etc. *Nous entrons ainsi, de plain-pied dans un univers de configurations possibles, complexes.* Aussi suggérons-nous en lieu et place de ces catégories le concept d'Etat suivi de la marque

---

[331] Prince Dika Akwa, *op. cit.*, pp. 321-322.
[332] *Idem.*

anthropologique qui serait sienne, à savoir Etat de type *clanique* (chefferial), *ethnarchique* (royal), *castarchique* (impérial), soit à peu près l'équivalent de ce que Prince Dika-Akwa désigne aussi par *chefferies lignagères*, *claniques*, *ethnarchiques* ou *royales*[333]. Le chapitre III nous a révélé les manifestations observables de ces réalités. *Les concepts n'ont d'importance que parce qu'ils manifestent une pulsion dialectique de construction générative.*

La méthode ainsi considérée a servi d'instrument d'analyse. Dans toute l'Afrique moderne, ces catégories apparaissent clairement sous la forme de cantons, chefferies ou royautés enserrés dans l'Etat-nation moderne. Le processus de démocratisation libérale engagé rend compte de leurs permanences et de leur vitalité. Les partis politiques, l'administration étatique, le football, l'organisation spatiale des quartiers etc., montrent combien il est illusoire de les soustraire à l'ordre étatique moderne. Les guerres civiles en portent l'empreinte et, dans bien des cas, on devine, aujourd'hui encore, qu'elles tendent à fracturer l'espace politique en unités irréductibles.

S'il est apparu évident les faiblesses du modèle de décentralisation en Afrique en raison des voies de communication et des technologies de la communication relativement rudimentaires, force est de reconnaître que les sociétés africaines sont restées harmonieuses et prospères ; la longévité des empires du Ghana, de l'Egypte, du Mali, etc., témoignent de la valeur démocratique des traditions politiques africaines. Le modèle occidental de développement, désormais voué aux échecs cumulatifs que révèlent l'état de pauvreté dans le monde, l'exclusion sociale, les déséquilibres de l'environnement, la tribalisation de l'espace politique, les guerres fratricides, les génocides, etc., justifie la nécessité pour l'Afrique de re-considérer le mode de décentralisation traditionnel dont les résultats nous commandent de situer avec objectivité, l'avance que les sociétés africaines, sans doute favorisées par un écosystème accueillant, ont eu sur le reste de l'humanité.

De fait, il semble peu objectif de juger l'histoire du continent noir à partir des faits anodins et des incidents historiques si on ne recentre pas le contexte des analyses. Celles que nous avons effectuées prouvent, à bien d'égards, la nécessité de considérer l'action politique traditionnelle

---

[333] *Ibidem*, p. 259.

comme un système d'action politique plutôt que de nous égarer en conjectures qui nous éloignent du lien ombilical depuis longtemps rompu entre nous et notre culture scientifiquement comprise et pas seulement vécue.

DEUXIEME PARTIE:

TENTATIVE D'EXPLICATION : LES FONDEMENTS IDEAUX ET SYMBOLIQUES DE L'ETAT

Dans les chapitres qui vont suivre, il sera question d'établir à la fois les fondements idéaux et symboliques de l'Etat[334], d'en extirper la valeur[335] qui sous-tend la nature et l'essence des phénomènes politiques dont nous avons pu dégager les constantes dans les chapitres précédents, les répétitions, les similarités et les ruptures de forme, et ce, de l'Egypte pharaonique à nos jours.

La méthode historique a sa place depuis quelques décennies dans l'analyse sociologique[336]. C'est une méthode digne d'intérêt dans l'explication des phénomènes politiques et leur devenir ; dans l'appréhension des processus historiques s'inscrivant sur de longues périodes de l'histoire, selon des rythmes et des modalités variés, mais toujours rattachés à leur matrice organisatrice.

Pour mieux cerner la notion de la notion de valeur, c'est-à-dire la circulation de l'information pertinente (culture), il convient de saisir au préalable le cadre ontologique dans lequel se déploient ses codes et justifié l'explication des phénomènes politiques décrits plus haut. La problématique ontologique s'effectue ainsi à l'intérieur du cadre phénoménologique qui, d'ores et déjà, la contenait en puissance. C'est dire que l'interrogation scientifique de la forme idéale de l'Etat engendre, en droit comme en philosophie, l'interrogation ontologique.

L'adhésion à une vision commune de la valeur vue sous l'angle de l'ontologie alimente donc, plus en profondeur, un niveau d'abstraction qui oriente les conduites individuelles de l'action politique, et par conséquent, l'émergence de l'Etat.

---

[334] L'action politique est commandée par des valeurs qui elles-mêmes inspirent des jugements de valeur et les conduites humaines. Celles-ci procèdent ainsi des normes dont les rapports aux valeurs éclairent leur cohérence globale. Aussi ces valeurs s'affirment-elles à travers des symboles, des signes, des codes définissant un rapport signifiant- signifié qui permet à l'homme de manipuler les réalités, de leur donner un sens et une signification valorisants.

[335] Guy Rocher, *Introduction à la sociologie générale*, 1. *l'Action sociale*, Editions HMH, 1968, p. 72, définit la valeur ainsi qu'il suit : « *elle est une manière d'être ou d'agir qu'une personne ou une collectivité reconnaissent comme idéale et qui rend désirables ou estimables les êtres ou les conduites auxquels elle est attribuée.* »

[336] Lire surtout Cheikh Anta Diop, *L'Afrique noire précoloniale*, Paris, 2e édit., Présence Africaine 1987 ; Prince Dika - Akwa nya Bonambela, *Problèmes d'anthropologie et de l'histoire africaines*, Yaoundé, Clé, 1982. Collection Etudes et Documents africains, pour ne citer que ceux-là.

L'ontologie africaine est vécue juridiquement, politiquement, scientifiquement[337]. Il convient d'étudier les fondements idéaux et symboliques qui l'irradient ; ceux-ci nous permettront d'apprécier la pertinence d'une pensée africaine dans le fond, cosmo-objective[338]. Ce titre II comporte quatre chapitres :

- Chapitre V : Les déterminations ontologiques des phénomènes juridico-politiques africains ;
- Chapitre VI : Le maâtisme en tant que logos : Le *fundamentum* conceptuel de l'épistémè africaine ;
- Chapitre VII : La problématique de la dérive maâtiste
- Chapitre VIII : Les prolégomènes à une lecture épistémologique de la sociologie moderne.

[337] Se reporter au chapitre VI pour en savoir davantage.

[338] Théophile Obenga, *La philosophie africaine de la période pharaonique. 2780-330 avant notre ère*, Paris, L'Harmattan, 1990, p. 101, soutient à ce propos : « *Une pensée de la totalité devait nécessairement émerger d'une société si cosmique, intégrant en son sein toutes les dimensions du Réel, qui est ce qu'il est, sacré et profane à la fois (encore qu'une telle distinction n'ait jamais eu plus d'importance qu'il n'en faut au pays des Pharaons).* » De fait, la connaissance y est totalité et les dimensions profane ou sacré, ne sont que des moments d'une approche de la réalité qui se veut davantage pénétrante.

CHAPITRE V : LES DETERMINATIONS ONTOLOGIQUES DES PHENOMENES POLITIQUES AFRICAINS

« Il est vrai que la civilisation négro-africaine a été pensée, non en termes de guerres, d'antagonismes irréductibles et de fastes militaires, mais en termes de paix, de coexistence des contraires et du progrès de l'Homme. »

Prince Bétotè Dika-Akwa nya Bonambela, *Problèmes de l'anthropologie et de l'historie africaines*, Yaoundé, Clé, 1982, p. 132.

Les phénomènes politiques africains procèdent, comme partout ailleurs, de déterminations mythico-religieuses, psychologiques et juridiques qui servent les enjeux de la cohésion sociale. La généalogie, les mythes, les rituels, le nom, les jeux, les contes, l'art, l'habitat, la gestuelle, le protocole, les sciences, tout est prétexte en Afrique pour un rappel à l'ordre pré-établi, à la production et à la circulation du sens ; tout est système de signes et de significations dont la fonction est de hiérarchiser les biens et les ordres sociaux, en polariser les risques de violence ou de rivalité potentielles qu'ils induisent.

Le problème d'une meilleure connaissance des codes ontologiques de la pensée africaine (section I), celui des rapports de cette connaissance à la phénoménalité communicationnelle (section II) et aux enjeux de la dialectique ordre - désordre (section III), se posent dans le cadre d'une justification des phénomènes politiques africains.

SECTION I : ONTOLOGIE ET CONNAISSANCE

L'ontologie est l'analyse du système de représentations mythologiques, symboliques ou épiques dont nous entendons cerner les significations et le sens du politique. La présente analyse concerne en premier lieu les sociétés africaines traditionnelles. Elle s'étendra à la mythologie occidentale (chapitre VII) pour montrer en quoi s'opposent finalement les deux pensées, du point de vue de l'anthropologie culturelle et politique.

L'ontologie, en tant que science de l'être, a pour méthode la phénoménologie de l'être. Dans le cadre de la présente analyse, la théorie de l'être, pensée comme telle, est saisie pour dessiner une approche phénoménologique de l'Etat. Cette étude permettra d'appréhender à travers ses codes, la vérité générale de la nature pour laquelle l'Etat engage l'ordre cosmique, la connaissance et le sacré dans la théorie politique.

La pensée africaine regorge de concepts représentés symboliquement par des images et des mots qui traduisent d'authentiques principes recouvrant la réalité, visible et invisible. Aussi ces concepts sont-ils souvent assimilés à des dieux. Une telle ontologie validant la totalité s'inscrit en définitive comme une pensée cosmo-logique objective. Celle-ci est au centre d'une visée réaliste dont la cosmogénèse engage l'être le non-être et dans un cérémonial existentiel que parachève l'avènement de l'homme ; en vertu de son historicité. Celui-ci engage, à ce titre, sa responsabilité dans le devenir de l'existant. « *Ici, Dieu ne crée pas l'homme à son "image" comme dans d'autres traditions religieuses et philosophiques. Ici l'homme est dieu : l'homme - dieu, re-créateur encore et toujours, sans angoisse du "salut", propre à une pensée qui va de la chute au rachat et, dans un tel contexte, on peut célébrer "la mort de Dieu" comme celle de l'homme.* »[339]

L'ambition divine (re-créatrice de l'ordre universel) de l'Africain est à la mesure de la responsabilité de l'homme, Dieu ne se dévoilant à l'homme, qu'à travers un projet qui relève de l'observation des lois, de la vérité générale de la nature. Dieu est "parti", disent les mythes, et il appartient à l'homme de créer sur terre un "paradis" : le paradis peut exister, et doit exister sur terre ; c'est le rôle de l'initié, du roi-prêtre de veiller à ce qu'i en soit ainsi.

Il est bien question d'une audace réflexive dont la facture ordonne une posture ontologique du langage, à la fois pénétrante et clôturante. Aussi la parole est-elle sacrée, à l'instar de l'écriture, lorsque celle-ci prend effectivement corps :

> « *Tout un vocabulaire philosophique précis apparaît, soulignant la liaison intime du langage avec l'être du monde et de l'homme. La parole a ici un sens nettement*

[339] Théophile Obenga, *op. cit.*, p. 100.

ontologique, et cette parole ontologique, prononcée par le démiurge, appelle le monde à l'existence. »[340]

La posture ontologique du discours suggère, de fait, une pensée consciente d'elle-même, mais aussi, consciente de ses rapports à la connaissance "vraie", et "profonde" des choses, à la réalité ultime des choses qu'elle codifie. Le Verbe est pensée du monde organisé, justifié. Il codifie l'existant ontique dans une perspective programmatique.

A partir des textes égyptiens étudiés par d'éminents égyptologues et des recherches effectuées par d'admirables chercheurs, il est possible de re-constituer la perspective ontologique de la pensée africaine. En ce sens, nous reprenons les travaux de Théophile Obenga et de Nkoth Bisseck ici enrichis par les développements de la physique quantique.

§1- LES ACTEURS DIVINS ET LEURS CODES ONTOLOGIQUES

Il est essentiel de saisir la création dans son déroulement global avec ses acteurs divins, d'y appréhender le processus d'évolution historique de notre Univers, ainsi les différentes phases de cette évolution. C'est autour de ce mouvement que nous essayerons de re-organiser l'architecture logique à partir de la laquelle la pensée organise les rapports entre langage et connaissance. Une telle démarche doit nous permettre aussi de réaliser le cadre conceptuel à partir duquel cette pensée mobilise et organise le Réel, à travers la dialectique de l'ordre et du désordre.

Dans la pensée égyptienne, *Sia* et *Hou* sont les divinités qui siègent respectivement dans le cœur et la langue de *Rê* (soleil et Dieu suprême). On devine bien que *Rê* représente *un principe à partir duquel vit et rayonne le monde animé. Sia* est la connaissance vraie, c'est la source de tout ce qui existe, de ce qui réellement *est* que *Rê* maîtrise et dont *Thoth Djehouti*, inventeur de l'écriture égyptienne, va transfigurer en signes sacrés, révélés par les Dieux, à l'instar du nsibidi, du vaï, du bassa, du mende, du toma, du shumöm, qui sont autant de variantes des hiéroglyphes[341]. *Hou* est l'énergie potentialisatrice, sacrée, qui réalise la

---

[340] *Idem*, p. 74.

[341] D'après les travaux de A. Baumann et D. Westermann, *Les peuples et les Civilisations de l'Afrique*, Payot, Paris, 1948, cités par Cheikh Anta Diop, *op. cit.*, pp. 178-180.

pensée conçue en *Sia*. Le verbe est puissanciation, attachée à *Rê. Hou* est souvent substitué à *Horus*, fils d'*Osiris*, mais aussi à *Heka*, pouvoir magique[342], conscience paranormale douée de volonté, capable de se lier à toute chose grâce au fluide énergétique structurant (*Maât*).

Dans l'ordre hiérarchique, le juré du tribunal d'*Osiris* est constitué de *Horus*, *Atoum*, *Chou*, *Tefnout*, *Geb*, *Nout*, *Isis*, *Nephytys*, *Hathor*, *Hou* et *Sia*. *Osiris* naît en réalité de *Rê* dans la route circulaire qui va d'Est en Ouest et devient *Atoum* d'Ouest en Est.

Tels sont donc les acteurs divins de la création en Egypte. A ceux-ci, nous ajouterons *Noun*, *Maât* et *Kheper* qui représentent, autant que les autres, des principes et des images de la réalité ordonnée, organisée.

La désignation ontologique, toujours présente en Afrique, donne un sens à cette réalité dont on appréhende, aujourd'hui encore, dans nos langues respectives, des survivances sémantiques. *Rê* est au cœur de la création, en tant qu'ombilic de liaison fœtale entre ce qui fut et ce qui est de l'ordre de l'existant :

> « *Retenons, d'ores et déjà, que la pensée pharaonique est une pensée solaire, c'est-à-dire une pensée qui a tenté de comprendre le Soleil en tant que vie, force et durée éternelle, inséparable du destin de l'homme sur cette planète terre.* »[343]

Toujours, le principe teste la réalité ontologique en l'engageant sur le plan scientifique.

Essayons de suivre cet itinéraire ontologique dont le sens épistémique est révélateur d'une certaine connaissabilité du monde qui, en bien des points, montre un lien sémantique et philologique profond entre l'égyptien et la mystique négro-africaine actuelle, certes quelque peu altérée dans le temps et dans l'espace par le réalisme conceptuel de la pensée. Envisageons ici la dialectique *Rê-Osiris*, Dieu Soleil et Dieu végétation, dans une asynchronie temporelle et fonctionnelle.

---

[342] Christian Jacq, *Le monde magique de l'Egypte ancienne*, Ed. du Rocher, 1983, p. 11, affirme qu'en Egypte pharaonique, « *La magie conçue comme force créatrice fut créée avant la Création que nous connaissons. Elle est fille du Dieu Soleil dont chacun des rayons de lumière est une manifestation magique, car porteuse de vie.* »

[343] Cheikh Anta Diop, *op. cit.*, p. 94.

A- C'est autour de Rê que s'organise l'ordre du divin :

Rê (Dieu soleil), *Job* (Bassa), *Loba* (Sawa-Duala), *Dzop* (Béti-Fang), *Loo* (Bakoko), etc., singularisent tous la pensée solaire de la création, en son principe de liaison organisationnel et énergétique des entités auto-organisées.

Les Egyptiens considèrent le déplacement d'Est en Ouest du soleil comme une route circulaire, *Rê* devenant *Osiris*, chef des occidentaux, maître du circuit des étoiles d'ouest en est dans le monde inférieur ; *iwi'3* la barque sacrée (en égyptien ancien, d'après Obenga)[344] permet au défunt d'effectuer le voyage céleste :

> « *Enfin, les bateaux chez les Egyptiens de l'antiquité figuraient dans les rites mortuaires : "les barques solaires", pour permettre au défunt d'accomplir le voyage de l'au-delà.* »[345]

Il bien de coutume chez les Bassa du Cameroun et comme ailleurs en Afrique de jurer en levant vers le ciel les trois derniers doigts pour certifier l'authenticité et la vérité de l'argumentaire. Cette exigence ontologique et sacrale du Verbe, de la gestuelle aurait un rapport avec la barque.

Parce que le terme *iwi'3* n'a pas d'autre signification en Bassa, on peut affecter à cette attitude du Bassa actuel, la mémoire d'une tradition rituelle dont les prêtres du mbog et de la confrérie secrète du *ngé* sont encore probablement porteurs. Supputation sans doute raisonnable si *Horo* s'en réfère aussi à *Horus*, fils d'*Osiris*, enfant divin, Dieu-homme, vainqueur de *Seth* vigie de proue de la barque du soleil. La confrérie de *(Um) kodalition* (juges) chez les Bassa ne fait-elle pas revivre, elle aussi, le vieux courant du culte solaire d'Akhnaton, pharaon d'Egypte encore appelé Aménophis IV (1372-1354 av. notre ère), en renouant ainsi avec le culte de l'Ancien Empire (2780-2280 av. notre ère) ?

Ce que nous voulons apprécier ici, c'est en priorité les rapports conceptuels et philologiques entre la pensée égyptienne et les traditions africaines de la pensée solaire, à présent quelque peu dégradés.

---

[344] Théophile Obenga, *op. cit.*, p. 250.
[345] *Idem*, p. 249.

Ce qu'il faut ainsi retenir, car nous y reviendrons, c'est que *Rê* apparaît bien dans les traditions égyptiennes comme le démiurge qui amène le cosmos et l'humanité à l'existence. *Osiris et Isis,* ses enfants, constituent le couple divin qui fera naître *Horus*, ancêtre des pharaons et des rois africains, lesquels héritent de sa charge divine.

Les Fang actuels (Sud-Cameroun, Gabon, Guinée équatoriale) semblent avoir véhiculé et transmis, quelques éléments d'astronomie relatifs à la pensée solaire. Théophile Obenga[346] cite Philippe Tsira Ndong Ndoutoume comme un témoin de cette connaissance. « *Nlô dzop* » ou encore « *nnô dzop* », tête du ciel, *Tôlo a Zok*, (Tôlô Eléphant), la Grande Ourse, respectivement chez les Fang et les Dogon, montrant que l'astronomie ouvre des perspectives quant à la volonté de transcrire sous un angle sacré, les intuitions et idéaux relevant, pour l'essentiel, d'une connaissance rationnelle, précise et partagée. Les Dogon désigne aussi l'étoile *Tôlo* et lui consacrent une taxonomie qui ouvre des perspectives à l'appréhension de la constellation du *Grand Chien*, l'étoile la plus brillante du ciel. Sigui tolo, « étoile du Sigui », est « *en rapport avec la cérémonie soixanténaire du renouvellement du monde, donnant aussi lieu, tous les soixante ans donc, à la désignation d'un nouveau prêtre, grand maître de cérémonie* »[347], souligne Théophile Obenga.

Il n'y a pas de doute qu'il faille relier cette connaissance précise des Dogon aux calendriers rituels ayant servi à organiser les cérémonies agraires osiriennes.

Osiris, d'abord Dieu de la végétation avant d'être garant de la résurrection humaine, est l'âme double de *Rê* ; il est la manifestation nocturne qui incarne le mystère de la renaissance végétale dont les fêtes des récoltes, partout en Afrique, (Nguon des Bamoun, Mpoo des Bakoko, etc.) renouvèlent le cycle agraire. Le principe de la renaissance chrétienne couve dans cette pensée :

> « *En parallèle avec les fêtes de l'Osiris "végétant" qui gardait la graine pour la faire germer lors de la saison Kohiak, on célébrait dans les temples l'initiation de celui*

[346] *Ibidem*, p. 282.
[347] *Ibidem*, p. 296.

qui pouvait renaître en faisant fleurir Ounou, l'Etre vivant. »[348]

L'idée d'une initiation en rapport avec la germination prépose aussi l'idée de floraison.

On saisit mieux les raisons pour lesquelles le paradigme du pouvoir fait intervenir ce besoin de regain vitaliste. Le roi africain est toujours garant de la prospérité des récoltes et des rituels qui accompagnent son apparition publique. C'est la fête, dans le sens d'un hymne à la germination, à la récolte, mais aussi dans celui d'une fête de purification pour éloigner les malheurs, accroître la fécondité, y compris celle des femmes. Dieu vert, *Osiris*, est incarné par le roi-prêtre. Identifié à *Osiris* mort et à son fils vivant *Horus,* son fils ressuscité : tel est l'enjeu de l'*Osiris* végétant. Ce rapport père mort et remplacé par son fils prépose aussi un mouvement éternel, immortalisant dès lors le principe de vie, d'éternité du pouvoir.

Osiris renaît de l'eau du Nil terrestre, celle pour laquelle l'Egypte est perçue comme un don du Nil, après avoir cheminé sous les traits d'Orion, son représentant céleste, l'Etoile du Chien[349]. *Mbu*, c'est bien le chien chez les Bakoko ; *Ngwo* chez les Bassa du Cameroun. Son prolongement lexico-sémantique ne serait-il pas *nguon* des Bamoun ? Ces considérations ataviques offrent à saisir, quant au fond, cette autre référence au culte du *jengu*, qui est un génie aquatique. A l'instar d'*Osiris* renaissant du Nil, un prêtre du *Ngondo* descend dans le fleuve (le Wouri) où il reste immergé pendant près de 4 minutes. Il en ressort sec après avoir communiqué avec les génies et annonce les signes qu'interprèteront ses pairs : c'est le mystère de la puissance fécondante, de la victoire de *Horus* sur le désordre et le chaos, la volonté et l'intelligence y jouant un rôle capital. La renaissance par le sacrifice osirien est présidée par *Anubis*, Dieu à tête de chacal, voire de chien, et le cycle recommence.

Dans l'Afrique actuelle, l'Egypte continue donc de vivre même si les significations rituelles observées çà et là, ne sont pas toujours connues ou relèvent de la mystique africaine profonde. "*Si*" en Fang, "*si*" en

---

[348] Fernand Schwarz, *L'initiation aux livres des morts égyptiens*, Paris, Albin Michel, 1988, p. 64.
[349] *Idem*, p. 66.

Bassa, "*nsié*" en Bamoun, "*wase*" en Douala etc., dévoilent le prolongement philologique et sémantique du Dieu *O(s)iris* végétant. C'est toujours la terre qui est ainsi désignée et à laquelle il faudrait associer l'idée de reproduction végétale, continuité de l'être et de la vie, sous le signe de la résurrection. Le christianisme puise dans cet esprit osirien toute sa signification. Le sapin prolonge l'écho sémantique du Dieu vert. Ailleurs où les cosmologies s'attachent toujours à l'eau, c'est toujours le sens osirien qui est affecté avec son environnement "nilotique" : *Nommo* chez les Dogon du Mali, *Tano* chez les Akan du Ghana et de Côte-d'Ivoire, *Faro* chez les Bambara du Mali, le *Noun* symbolique des Egyptiens, l'eau primordiale à partir de laquelle tout vint à l'existence, telle est toujours la référence du lointain mystère fascinant de l'Egypte éternelle :

> « *Nous sommes pour ainsi dire dans un monde de la répétition, un monde de la Création continuée. Les rituels assurent, en tant que gestes essentiels, la contemporanéité de l'homme avec le cosmos, et un rite agraire n'a d'efficience que s'il est technique et spirituel à la fois, simultanément.* »[350]

B- Avec Hu et Sia, Rê peut ordonner le monde

Si *Râ* (Dieu soleil) singularise la part de l'énergie solaire dans l'orchestration du processus de la création, les Dieux *Hu* et *Sia* en potentialisent les actes de création. *Hu* est l'énergie rationalisée par *Sia*, la connaissance, du latin « *scire* = savoir, connaître en latin » comme le précise Fame Ndongo, pour parler de cette science qui « *se propose de connaître les lois qui régissent l'univers.* »[351] Mais, le concept de *Sia*, tout comme celui de *Hu*, sont d'un point de vue sémantique et philologique, en égyptien ancien et dans le bassa actuel (langue camerounaise). Intéressons-nous d'abord à *Sia* pour ensuite revenir sur *Hu*.

Il se trouve en effet, que *Sii* signifie dans le bassa actuel, observer (intensément) qui est aussi le prélude, dans la rationalité du savoir vrai, à

---

[350] Théophile Obenga, *op. cit.*, p. 41.

[351] Jacques Fame Ndongo, *Un regard sur la communication. A la découverte de la géométrie circulaire*, Yaoundé, Editions St Paul, 1996, p. 65.

la connaissance. Il apparaît une fois de plus, comme le témoigne Obenga, à la suite de Cheikh Anta Diop que :

> « *La langue égyptienne est apparentée génétiquement aux autres langues négro-africaines du continent africain, anciennes et modernes.* »[352]

L'esprit de la méthode scientifique y est aussi le même. D'abord l'observation, avant toute spéculation hypothético-déductive. Les canons de la science s'en dégagent : l'observation a pour but de cerner l'être, de pénétrer la substance de l'objet d'analyse, d'en saisir les arcanes d'abord par l'intuition investigatrice que la science classique a cru pouvoir ignorer quelques temps. Le physicien de la complexité, Bernard d'Espagnat prend acte de la méthode :

> « *L'association de l'observation de la nature et d'une activité consciente de l'esprit a des chances de fournir des résultats qui, mystérieusement et de manière bien imparfaite, nous ouvrent des perspectives sur l'être.* »[353]

Sia tient de la connaissabilité, *Hu* capitalisant l'activité consciente de l'esprit. La connaissance n'est pas illusion pour les anciens égyptiens dont on connaît la puissance spéculativo - intuitionniste et hypothético - déductive. Le puissant mathématicien - scribe égyptien (1788-1580 av. J. C), Iahmesse n'a-t-il pas intitulé le titre de son ouvrage mathématique traduit par l'éminent égyptologue (Abel Rey, 1942) « *Les règles pour faire des recherches sur la nature, pour connaître tout ce qui existe, chaque mystère, chaque secret ?* » Papyrus par ailleurs consulté par d'autres égyptologues tout autant respectés à l'instar de Jean Vercoutter qui en nuance le propos ainsi qu'il suit : « *Règles pour étudier la nature, et pour comprendre tout ce qui existe, chaque mystère, chaque secret !* », et pour tout dire, que Théophile Obenga reprend dans son analyse sémantique en ces termes : « *Méthode correcte d'investigation dans la nature pour connaître tout ce qui existe, chaque mystère, tous les secrets.* »[354]La nature et les lois sont donc connaissables.

---

[352] Théophile Obenga, *op. cit.*, p. 21.

[353] Bernard d'Espagnat, *A la recherche du réel. Le regard d'un physicien*, 2e édit. revue et augmentée, Paris, Gauthier - Villars, 1981, p. 168.

[354] Théophile Obenga, *op. cit.*, pp. 357-358. Nous lui devons les références des auteurs précités ayant consulté le payrus Rhind de T. Eric Peet, Londres, 1923 avec sa transcription hiéroglyphique.

Dans la pensée égyptienne *Sia* est associé à son principe génésique *Thoth*, Dieu de l'écriture sacrée hiéroglyphique. Dès lors, il devient difficile de contester l'exemplarité scientifique d'une approche qui normativise le secret et le mystère de la nature, et grâce à laquelle les penseurs et mathématiciens grecs de la période antique ont bâti leur génie. Tenons nous-en à Aristote, le père de la science moderne, sans oublier Pythagore, Platon, Héraclite, Solon, Démocrite, et bien d'autres qui reconnaissent l'autorité des égyptiens. De la sorte, *scire* = savoir, science, peut-on conjecturer, aurait tiré son étymologie de *Sia*.

On ne peut non plus être franchement surpris de voir Théophile Obenga accorder à l'expression "*tp-hsb*" de Iahmesse la signification suivante "*méthode correcte*" qui s'apparenterait à "*tée sép*" en langue bassa, en d'autres termes, *ce qui est exact*. Si la coïncidence lexicologique peut sembler insolite, elle n'est pas du reste distractive, car on connaît Pythagore, étudiant des égyptiens, fortement marqué par la rationalité des nombres. Curieusement donc, l'Egypte est attachée autant que l'Afrique à la loi des nombres qui ceinturent le sacré : 3, 5, 7, 9, 12, reviennent avec une tonalité singulière, structurante. Nous y reviendrons dans les sections suivantes. C'est du reste pour dire qu'en bassa, le terme créer de la pensée biblique revient à l'idée traduite par *Hek* = mesurer, *weka* en douala, qui suppose aussi un principe d'équilibrage. Fernand Schwarz dit précisément du concept *Heka*:

> « *C'est elle qui préserve notre équilibre ainsi que notre verticalité.* »[355]

C'est bien de "*tée sép*" dont il s'agit, autre trait sémantique pour dire qu'il est tout *droit*, pour marquer la *verticalité*, "*tp-hsb*", de Iahmesse[356]. En bassa, *Heka* signifie aussi unité de "mesure".

---

[355] Fernand Shwarz, *op. cit.*, p. 146.

[356] De son nom grécisé Ahmès, rapporté par Papyrus, il faut retenir qu'il « *est bien le premier scientifique de l'histoire de l'humanité à avoir trouvé une valeur rapprochée de Pi (...) L'histoire de la pensée scientifique devrait en tenir compte objectivement.* » (Théophile Obenga, *op. cit.*, p. 365). Et cet autre regard de Maurice Caveing, Directeur de Recherche du CNRS sur l'œuvre de Iahmesse : « *En étudiant les proportions numériques, on pénètre au cœur des secrets de la nature, c'est-à-dire qu'on atteint la substance des choses, dont la métaphysique religieuse enseigne qu'elle existe au-delà des apparences.* », « Les principaux caractères de l'arithmétique des anciens égyptiens », in *Sciences et civilisations africaines. Hommage à Cheikh Anta Diop*, n°8,

Ce "jargon" scientifique pourrait certainement être étendu à d'autres langues négro-africaines apparentées.

Il se trouve également que *Hou*[357] se saisit aujourd'hui en termes d'un pouvoir attaché à une personne chargée de puissance médiumnique. C'est davantage le cas pour les femmes capables de bénédiction et de malédiction. Les Bassa l'utilisent tel quel. Utilisée à des fins personnelles, cette puissance prend un aspect maléfique. On parle d'*Evu* (Béti), *Ewusu* (Douala), ce que Fame Ndongo appelle l'"*énergie cosmique*" dont il tire une panoplie de correspondances dans quelques ethnies africaines :

> « *Kpen,(Atié-Côte-d'Ivoire) ; (Kefur-Cameroun) ; Eleme (Bajué-Cameroun) ; liemba (Batuvéri-Cameroun)... ; lembo (Kaka-Cameroun, RCA) ilemba (Malimba-Cameroun).* »[358]

La connotation actuelle renvoie davantage à la sorcellerie. A défaut d'un déficit philologique, le terme apparaît fortement dégradé ; les altérations subies doivent tenir compte de la dérive linguistique et sémantique de la parole dans l'espace et le temps. Mais toujours, la pensée égyptienne est attestée dans ces cultures.

Nous savons à présent quelle importance les Egyptiens accordaient au réalisme conceptuel des idées. Grâce à celles-ci, la communication s'opérait au moyen d'une sémantique de l'image à forte charge symbolique. A présent, tout est prêt pour aborder la pensée de la création ainsi que son cadre dynamogène où interviennent d'autres acteurs, à savoir : *Noun*, *Maât*, *Atoum*, et *Kheper*.

§2- LA PENSEE DE LA CREATION

> « *Au commencement était le vide... Et d'une fluctuation quantique du vide naquit l'Univers. Telle est la version moderne du fameux big bang.* »[359]

Carbet, Revue Martiniquaise de Sciences Humaines et de Littérature, Fort-de-France, p. 92.

[357] Chez les Sawa - Douala, *Nsia* et *Wuh* signifient respectivement idée - force et verbe moteur ; même qualification sémantique que le Bassa, si l'on s'en tient à Dika-Akwa et Eric de Rosny cités par Fame Ndongo, *op. cit.*.

[358] Jacques Fame Ndongo, *op. cit.*, p. 59.

[359] Lire le dossier réalisé dans le cadre de la revue scientifique *Science et Vie*, intitulé « Pourquoi y a-t-il quelque chose plutôt que rien ? » Mensuel n° 970, juillet 1998, pp. 56-62.

Très rapidement, l'auteur de ces phrases nous rassure :

> « *Ce vide quantique originel n'est pas vraiment vide - évidemment, puisque rien ne peut naître du néant absolu. C'est donc un vide plein, un faux vide, qui aurait enfanté la matière.* »[360]

Cette théorie sur la naissance de l'Univers née des théoriciens cosmologistes est encore discutée, mais préfigure sans doute les contours de ce qui a été à l'origine de l'Univers, à savoir un vide quantique originel contenant des particules "virtuelles", "floues", faute de réalité.

Dans la pensée égyptienne, *Noun* se présente ainsi :

> « *Je suis Noun, l'unique, le sans - pareil... J'ai amené mon corps à l'existence grâce à mon pouvoir magique. Je me suis créé moi-même ; je me suis constitué ainsi que je le souhaitais ; selon mon désir.* »[361]

Le Noun se pose ainsi en souverain, auteur de sa propre création, avant toute chose. C'est « *la première occasion* » (*sptpy*) des égyptiens, la fluctuation dont Théophile Obenga juge que :

> « *Œuvre inaugurale, la création est aussi comme une preuve, une démonstration de l'existence de l'Existant.* »[362]

La "matière" est déjà là : c'est elle qui animera le monde ; c'est par elle que tout ce qui est viendra à l'existence. Le *Noun* n'est pas néant ; il n'est non plus organisé, ni chaos. Il *est*, tout simplement, potentiellement porteur de *réalité*, d'*ordre*, de *vie*. Le commentaire de Théophile Obenga à qui nous devons l'organisation générale de la présente synthèse de la pensée créatrice africaine systématise la réflexion :

> « *Plus de 2500 ans avant notre ère, les Egyptiens pharaoniques avaient rencontré la question des questions et réfléchi sur elle : la question des origines, la question de la connaissance du monde, du cosmos, son avènement.*

---

[360] *Idem*.

[361] Claire Lalouette, Textes sacrés et Textes profanes de l'ancienne Egypte : mythes, contes et poésies, Paris, Gallimard, 1987, p. 31.

[362] Théophile Obenga, *op. cit.*, p. 59.

Leur pensée est d'une radicalité exceptionnelle : "avant" la naissance du Pharaon lui-même et de tout l'Univers (dieux, ciel, terre, la mort et sa signification), il n'y a ni Dieu - créateur, ni Néant, ni Chaos, mais le Noun (Nnw), c'est-à-dire Cela qui ne ressemble à rien de connu, d'édifié. Une eau abyssale, absolue, contenant "déjà" toute la matière première qui va être mise en œuvre par le démiurge, une sorte de conscience latente au sein de cette même eau primordiale. »[363]

"Mer de particules virtuelles", *Noun* est aussi une eau dite abyssale. Cette pensée, conforme à la science, affirme ainsi l'existence de la matière, avant toute manifestation du Dieu - créateur. On se souvient que la Bible n'engage pas une telle démarche : au commencement donc, c'est le rien, au sens d'un commencement dans la pensée dite chrétienne.

C'est *Noun* qui annonce le démiurge et lui donne des recommandations qui lui assureront la vie :

« *Respire ta fille Maât (la Vérité et la Justice), élève là jusqu'à ton nez afin que ton cœur vive.* »[364]

Le principe de Vérité - Justice, la Valeur singularisant la vie, le divin présent en toutes choses, projette aussi une intelligence universelle productrice de vie. *Maât* est présente dans le *Noun* ; mais elle n'est pas seule.

Ainsi apparaît donc Atoum qui déclare :

« *Je suis Atoum quand je suis seul à exister étant seul dans le Noun, et je suis Râ quand il apparaît en gloire, quand il commande et gouverne ce qu'il a créé.* »[365]

---

[363] *Idem*, p. 30. Eau primordiale donc, la théorie quantique admet que « *le vide peut être perçu comme une "mer" de particules virtuelles, porteuses de toutes les interactions entre particules* » cf. la rédaction de *Sciences et Vie*, op. cit., p. 60. "Fluide", "mer" ou "eau primordiale". La pensée africaine s'en trouve philosophiquement et scientifiquement légitimée. Parce que la totalité serait continue, reliée dans ses combinaisons par *Heka* qui est fluide sur le plan énergétique, la réalité mentale l'assimilerait plus facilement à des vagues. N'oublions pas que les Egyptiens accordent aux images mentales une grande importance pédagogique.

[364] Claire Lalouette, *op. cit.*, p. 31.

[365] Théophile Obenga, *op. cit.*, p. 38.

La précision vaut son pesant d'or. *Atoum* prend le nom de *Rê* lorsqu'il entre en fonction, pourrait-on dire, un peu comme un homme du commun, devenu ministre, porte ce nom de fonction. Il sort de sa nature mystérieuse, cachée (*Imn, Amon* = le caché, l'invisible en égyptien ancien), sous la forme d'*Atoum* quasiment indifférencié. Dès le départ, il y a *Noun*, cette "eau", "primordiale", incréée, où se trouvent aussi constituées *Atoum* (la conscience) transformé en *Rê*, et *Maât*, la loi de la Valeur donnant vie à toute chose.

En physique quantique, cette réalité indifférenciée prend un sens intelligible :

> « *Au niveau subatomique, la matière n'existe pas avec certitude à des places définies, mais manifeste plutôt une "tendance à exister", et les événements atomiques ne surviennent pas avec certitude, mais manifestent plutôt des "tendances" à survenir.* »[366]

Atoum peut devenir *Rê*, et *Rê, Atoum* ; c'est bien la manifestation d'une asynchronie dynamique de mouvement au niveau subatomique, tout comme au niveau de l'espace – temps. De toute évidence, nous sommes dans l'univers particulaire : *Noun*, *Atoum* et *Rê* présentant les propriétés des particules qui peuvent être simultanément des ondes et ces corpuscules, dont les tendances à l'existence « *sont exprimées comme des probabilités et sont associées aux quantités mathématiques qui prennent la forme d'ondes.* »[367] C'est que :

> « *Tendances à exister, particules réagissant par le mouvement à l'emprisonnement, atomes passant soudain d'un état quantique à un autre, et une interrelation fondamentale de tous les phénomènes - voilà quelques-uns des traits caractéristiques du monde atomique.* »[368]

L'univers ontologique égyptien est, avant tout, un univers quantique. *Atoum* est un état stationnaire, indifférencié, faute de réalité ; il devient *Rê*, en son état dynamique. Ainsi donc, le non-être d'*Atoum* manifeste l'être avec *Rê*. En effet, ce "vide" originel, primordial, va subir une fluctuation qui provoquera un éclatement :

---

[366] Fritjof Capra, *Le TAO de la physique*, Paris, Sand, 1985, p. 70.
[367] *Idem*, p. 70.
[368] *Ibidem*, p. 74.

> « *O Atoum, donne-moi la douce brise qui est dans ton nez ! Je suis cet Œuf qui était dans (le ventre) du Grand Jargonneur ; et je fais la garde de cette grande entité que Geb a séparée de la terre : si je vis elle vit. Puissé-je redevenir jeune et vivre, et respirer la brise !*
>
> *Je suis celui qui a séparé ce qui était réuni ; j'ai circulé autour de son Œuf. Je suis le matin du temps et grand de puissance, Seth.* »[369]

Seth participe ainsi au processus de création avant d'inspirer le social comme ennemi d'*Osiris*, de la vie. Il est l'Œuf initial, cosmique dans lequel la pensée de *Rê* s'organise véritablement. La théorie quantique confirme un tel éclatement obtenu par fluctuation :

> « *Instable, doté d'une pression négative immense, cet "Univers - vide" a brusquement éclaté, s'est dilaté de façon vertigineuse, jusqu'à des dimensions immenses. Ce faisant, le vide a brisé sa belle unité, sa symétrie originelle, et a répandu presque toute son énergie dans l'Univers, sous la forme de particules élémentaires.* »[370]

Ainsi serait apparu un nuage de gaz noyant des particules préfigurant les premiers temps de l'Univers, il y a environ 15 milliards d'années. Cette explosion initiale est le « big bang » des cosmologistes, c'est-à-dire l'Univers primordial, infiniment chaud, petit et dense, s'est progressivement refroidi et étendu. Tel serait donc en cosmologie, l'analogie avec l'Œuf cosmique égyptien, dont la circularité énigmatique polariserait l'univers mental négro-africain en une description topologique, une géométrie circulaire au sens de Fame Ndongo[371]. Mais ainsi décrite par Fame Ndongo, la circularité serait fermeture ; elle enfermerait la vie. Car précisément, l'éclatement conduit à une "*catastrophe*", à une "bifurcation" porteuse de vie, à l'image d'une spirale. René Thom[372] envisage la dynamique entraînant l'évolution d'un système vers une forme comme la conséquence d'une catastrophe dont il

---

369 Théophile Obenga, *op. cit.*, pp. 43-44.

370 *Science et Vie*, *op. cit.*, p. 64.

371 Fame Ndongo, *op. cit.*, pp. 67-80, en son deuxième chapitre intitulé « Les invariants de la communication », 2. 1. *La géométrie circulaire*, *op. cit.*

372 René Thom, *Modèles mathématiques de la morphogenèse*, 1974, U.G.E., mais aussi *Stabilité structurelle et morphogenèse*, Intereditions, 1977.

visualise mathématiquement sept possibilités dans un espace de moins de cinq dimensions : pli, fronce, queue d'aronde, papillon, ombilic hyperbolique, ombilic elliptique et ombilic parabolique. C'est là que réside toute la *théorie des catastrophes*, laquelle nous fournit la loi dynamique d'une forme à partir de ses ruptures.

C'est suite à l'éclatement annoncé que *Rê*, autogène, ordonnance le monde : *Shou* (air) et *Tefnut* (élément humide) apparaissent après que *Rê* s'est dilaté, puis engendré la "*catastrophe*"[373] en nouant sa main, c'est-à-dire en réalisant la topologie du nombre d'or et de son angle au sens thomien, et qui traduit aussi une puissance de transsubstantiation spatiale (cf. spirale en annexe) :

> « *Je fis tout ce que je désirais en ce monde et je me dilatai en lui. Je nouai ma propre main tout seul, avant qu'il ne fussent nés, avant que je n'eusse craché Shou et expectoré Tefnout.* »[374]

Rê, l'Unique à l'origine sous la forme d'*Atoum* manifesté, devient *trois* avec la naissance de *Shou* et *Tefnut*. L'expansion de l'Univers est alors engagée avec l'idée d'une"inflation cosmique". Viennent ensuite les autres dieux, *Geb* (terre) et *Nout* (ciel), puis le couple divin *Osiris* et *Isis*, *Seth* et *Nephtys*, à partir desquels apparaît aussi la naissance d'*Horus divin*. Isis s'exprime ainsi et dévoile :

> « *La semence du dieu est dans mon ventre.*
> *Je forme le corps d'un dieu comme un œuf :*
> *il est le fils de celui qui gouvernait la Compagnie des dieux ;*
> *il gouvernera le monde entier,*
> *il héritera de tout le patrimoine de Geb,*
> *il parlera au nom de son père et tuera Seth,*
> *l'ennemi de son père.*
> *Venez, ô dieux ! Protégez-le tandis qu'il est dans mon sein.* »[375]

Le mythe de l'immaculée conception est inauguré avec la pensée égyptienne, puis activé par le mythe christique.

---

373 *Idem.*
374 Théophile Obenga, op. *cit.*, pp. 56-57.
375 Fernand Schwarz, *op. cit.*, p. 52.

On est édifié : *Horus* naîtra de Dieu après avoir été préalablement annoncé par *Isis* elle-même, épouse de son défunt mari *Osiris*, dieu de la Terre fécondante (Geb). *Horus* héritera du trône de son père *Osiris* après avoir tué *Seth*, vigie de proue de la barque solaire de *Rê*. Non seulement *Rê* pense la création, la conçoit, mais il engage l'existence par la transformation de l'Existant :

> « *Je fis tout ce que je fis, étant seul, avant que personne d'autre (que moi) ne se fût manifesté à l'existence, pour agir en ma compagnie en ces lieux. J'y fis les modes d'existence à partir de cette force (qui est en moi). J'y créai dans le Noun, étant (encore) somnolent et n'ayant encore trouvé aucun lieu où me dresser. (Puis) mon cœur se montra efficace, le plan de la création se présenta devant moi, et je fis tout ce que je voulais faire, étant seul. Je conçus des projets en mon cœur, et je créai un autre mode d'existence les modes d'existence dérivés de l'Existant furent multitude.* »[376]

La multitude est donc là, issue des modes d'existence dérivés de l'Existant (la matière) et ce, à partir d'un autre mode d'existence conçu dans le cœur de *Rê*. Le cœur est le siège de la pensée, dans la bonne tradition africaine.

Dans l'esprit des Egyptiens anciens, la création est un processus. *Kheper* est bien le principe qui assure la transformation de la matière minérale, végétale et animale ; il signifie « *venir à l'existence* », « *changer* », « *transformer* », « *être effectif* », « *exister* », « *être* », souligne Théophile Obenga[377]. Il est symboliquement représenté par un Scarabée sacré et intervient dans la création de l'être et des êtres. En pays bassa, on le retrouve avec la même puissance symbolique. Même si celle-ci s'est détachée ailleurs de cette réalité ontologique première, le terme est à peu près conservé, avec son code sémantique. En effet *Kheper* correspond à *Helba* (Bassa), *Tchende* (Béti-Fang), *Khoubli* (Bamiléké-Dshang), *Hepetonon* (Banen), toutes des langues camerounaises. C'est toujours l'idée du changement, d'une transformation, d'un échange de valeur dont il est question. En Egypte ancienne, *Kheper* est la loi de transformation de la matière dans l'espace et dans le temps. Il engage les

---

[376] Théophile Obenga, *op. cit.*, p. 57.
[377] *Idem*, p. 57.

concepts de l'un et du multiple, de la non-séparabilité, de l'irréversibilité du temps. De fait, il introduit qualitativement le changement et le temps de notre univers, la dynamique matérielle qui engendre les nouvelles formes de cohérence. Sa valeur est ainsi ontologique et allusive : le scarabée pousse entre ses pattes son aliment qui, mêlé à la salive et au sable, se transforme en une pâte avec laquelle il se confond. Il y a, pour ainsi dire, transformation, mais aussi transmutation de ce qui existe en conscience de lumière, du soleil (*Kheper-Râ*). Etre et devenir sont idéalisés par l'activité alchimique du Scarabée sacré (en rapport avec la matière), en leurs interactions et bifurcations créatrices d'ordre dans une nature engageant le visible et l'invisible :

> « *C'est cette optique globalisante et cosmique qui permet d'insérer le message dans sa dimension totale. L'on ne peut guère aborder l'étude de la communication africaine sans poser ces prémisses et sans un effort permanent de renoncement au prisme cartésien de la logique déductive, sans se souvenir, à chaque instant, que tout est force virtuelle (même un caillou ou une herbe) mais seul le "Muntu "peut l'animer par la puissance du" nommo" (parole-sperme-eau-feu) et lui conférer des pouvoirs incommensurables.* »[378]

Objet + verbe créateur produisent l'ordre, la valeur, la puissance, la vie.

Pour saisir l'enjeu du langage qui énonce cette connaissance, il faut appréhender le Réel comme un Tout dont les parties participent du projet universel, ce que précisément, la logique "cartésienne n'a pu saisir, dès le départ, dans le cadre de la rationalisation objective de ses principes analytiques et organisationnels. Dans les domaines de la science, de la philosophie, comme de la régulation politique et socio-écologique des sociétés humaines, la complétude de l'énoncé symbolique est étrangère à la pensée occidentale. Celle-ci ne le découvrira que ce dernier siècle, par le biais de la science complexe.

---

[378] Jacques Fame Ndongo, op. cit., p. 79.

SECTION II : CONNAISSANCE DU REEL ET PHENOMENALITE COMMUNICATIONNELLE

La science ne projette enfin qu'une connaissance du Réel qui dévoile l'interdépendance et la participation de tous les éléments de l'Univers dont *Heka* assure l'interconnexion fluidale et *Maât* la Valeur. Dans la pensée africaine, c'est bien *Râ* (énergie solaire) qui, grâce à la loi de transformation de la matière *Kheper* assure et commande les modes d'existence à l'existant. *Râ* poursuit allègrement le projet dont il est porteur, et il paraît essentiel de découvrir la Vérité générale de la nature, puis d' y assurer la circularité communicationnelle des existants, précisément, pour que le monde continue d'exister.

§ 1. LA VERITE GENERALE DE L'UNIVERS

Reprenons une question scientifique encore non résolue, celle des origines et des fins. D'où vient le *Noun*, ce vide originel dont la théorie quantique nous dit ceci :

> « *Au début, l'Univers était minuscule et vide - un vide quantique, structuré, homogène, gonflé de lois physiques et saturé d'énergie. Un vide si plein qu'on l'a qualifié de "faux vide" ?*»[379]

Il semble bien que la science n'ait pas encore pu trouver une solution à l'énigme de l'avant "big bang", l'avant-Univers actuel, c'est-à-dire le méta-Univers. Elle achoppe sur un problème, la mise sur pied d'une théorie capable d'unifier la relativité générale qui elle décrit la gravitation et l'Univers à grande échelle, et la physique quantique qui décrypte le monde subatomique. Il n'est pas exagéré de conjecturer cette unification possible dans des délais peu lointains.

La pensée africaine n'est pas plus avancée, même si elle admet aussi un « *avant cosmique* »[47], qui lui aussi a une origine indéterminée. Voici le commentaire de Théophile Obenga à propos de ces textes :

> « *De façon inédite, l'Egypte a eu l'idée d'un univers avant l'univers actuel, un univers autre, avant le démiurge lui-même et toute sa création (...)*

---

[379] *Sciences et Vie*, *op. cit.*, p. 64.

« Les anciens Egyptiens ont donc imaginé et pensé une origine ("présence", "matière" "milieu spatial encore incapable d'exprimer le réel, le sensible") antérieure à l'origine de l'Univers actuel. C'est assez extraordinaire, et nous sommes à l'Ancien Empire (2780-2260 avant notre ère). »[380]

On y mesure bien la puissance de "pensée" à laquelle étaient parvenus les Egyptiens anciens. Dans l'ensemble, la coupure avec le reste de l'Afrique noire n'est pas si importante lorsqu'on analyse la pensée des peuples dont la mémoire n'est pas totalement défaillante. On connaît la suite.

Chez les Bambara du Mali, Germaine Dieterlen note :

« Au sein de "Yereyereti" (vibration créatrice) était l'esprit, "miri", dans l'esprit le faire, "wali", dans le faire la venue des choses, "nati", dans cette dernière, le départ des choses, "tati". Ces quatre termes définissent également les quatre éléments fondamentaux de la création, respectivement air, terre, feu et eau, air et feu étant mâles, terre et eau femelles. »[381]

De par leurs natures respectives, le *Noun* correspondrait bien au *Yereyereti*, *Atoum* au *miri*, *Rê* au *Wali*. La venue des choses correspondrait au mouvement *Khépérien*.

Chez les Luba du Zaïre, on a ceci :

« Au commencement de Toutes les Choses (de l'Univers), l'Esprit Aîné, Mawega Nangila, le premier, l'aîné et le grand seigneur de tous les Esprits qui apparurent par la suite, se manifesta, seul, et de par soi-même. »

« Puis, et d'abord, il créa les Esprits.

« Il les créa, non pas à la façon dont il créa les autres choses, mais par une métamorphose de sa propre personne, en la divisant magiquement, et sans qu'il ne perde rien. »[382]

---

380 Textes de Pyramides traduits par Théophile Obenga, *op. cit.*, p. 33.
381 *Idem*, p. 34.
382 *Ibidem*, p. 61.

Mawega Nangila correspond bien à *Rê* qui crée d'abord les dieux par une métamorphose (action de *Kheper*). L'esprit (la conscience primordiale) se trouve au départ de l'action.

En glanant d'autres informations ici et là, on découvre chez les Fali du Nord-Cameroun le mythe de l'Œuf cosmique :

> « *La seule pièce de la première demeure représente l'œuf primordial d'où est issue la terre des hommes, carrée, forme qui est figurée par la cour rectangulaire tandis que, par sa rotondité, l'édifice lui-même suggère l'équilibre du monde commençant mais déjà organisé.* »[383]

Le toit serait la voûte céleste avec les existants déjà existant.

L'Œuf cosmique est ici la totalité synarchique intégrant le microcosme et le macrocosme dans un même mouvement d'équilibre : c'est la matrice archétypale.

A présent, nous disposons d'un ensemble cohérent d'éléments pour envisager la *théorie africaine de l'évolution.* Récapitulons afin d'appréhender les fins.

La pensée africaine laisse entrevoir une évolution de la conscience primordiale de l'Univers (*Râ, Job, Miri, Mawega Nangila*, ...) à partir d'un substrat qui, s'organisant de mieux en mieux et se complexifiant, aboutit à l'apparition de l'homme. Ainsi donc, par complexification progressive de ses formes d'organisation sous l'action de *Kheper*, de nouveaux rameaux apparaissent, compensant progressivement le déficit d'adaptation à l'environnement. Mais toujours, chaque élément, minéral, végétal, animal est porteur d'ordre, de valeur, *Maât* : invariance et changement en traduisent l'évolution.

La nature semble, pour ainsi dire, y maximiser ses chances d'exister par un projet qui affine l'intelligence du monde. L'homme s'y présente comme doté de capacités cérébrales pouvant assurer la maîtrise de l'information, (*Hou*, *Sia*), de la communication (*Thoth*), la régulation des éléments de l'Univers et leur participation à la construction de l'Oeuvre. Mais toujours, il doit veiller à la conjuration du désordre (*Seth*), en privilégiant (*Maât*), la Valeur.

---

[383] *Ibidem*, p. 48.

La logique du vivant nous amène donc à considérer que l'Univers constitue un seul système composé de ses éléments respectifs dans l'ordre de leur apparition :

Noun (matrice indifférenciée) → Œuf osmique (*Atoum* est déjà là, caché), → *Râ* (conscience agissante) → autres Dieux → Univers matériel (étoiles - gaz - galaxies → ciel, terre, eau, feu → minéraux → végétaux → animaux → hommes → ?

Chacun de ses éléments en équilibre instable, ne peut se maintenir que si l'ensemble est en équilibre. De ce point de vue, l'homme ne peut être considéré comme le dernier maillon de cette importante chaîne de participations étendue sur près de trois milliards d'années environ, comme l'attestent les toutes premières manifestations de vie signalées par les stromatolithes en Afrique du Sud et en Australie. Il disparaîtra certainement, autant que les autres espèces avant lui si ses facultés de communication et d'intelligence venaient à lui faire défaut. L'homme "prométhéen" est précisément aux antipodes d'une telle éthique de responsabilité : l'exclusion sociale, la surexploitation des ressources naturelles, la course à la productivité, la logique marchande libérale, la marginalisation et l'exploitation des déshérités sont toutes des manifestations de *Seth* (désordre, violence, déviances, etc.), dans la pensée africaine.

Sur ce terrain où se joue l'avenir du monde, on saisit mieux l'attitude précautionneuse des initiés, dont l'intelligence s'accommode du projet de *Râ* : ils en sont les fils. En traduisant en actes sociaux le langage du réel, la pensée africaine éprouve la raison par le contrôle théorique et critique de l'Idée objective au sens de Hegel. Grâce au mythe, le temps social prolonge l'éternité cosmique et la conscience de l'Univers. L'éternité de *Rê*, maître du temps et pensée prospective, est tributaire de la réalisation de *Maât*, l'ordre juste, intelligent. Pour perdurer, l'organisation socio-écologique et politique doit être conforme à *Maât*, ce que précisément, le Roi ou le hiérarque traditionnels se doivent de prolonger en actes. D'où l'importance de la communication pour assurer la durée, la pérennité de la pensée qui, autrement subirait comme on le voit ailleurs, la loi entropique du temps. Aussi, « *L'on comprend pourquoi la communication africaine utilise les supports les plus divers (masque, siège sculpté, texte aquatique, son tambouriné, danse, vêtement, odeur, tatouage, espace, etc.). Ce sont des "Bintu" dont le*

"Muntu" se sert pour communiquer un message. »[384] L'objet y devient un objet de vie, mieux, un objet vivant.

Jacques Fame Ndongo envisage pour ce faire un schéma circulaire rétroactif de la communication africaine. Le mérite de cet auteur c'est bien d'avoir saisi l'enjeu d'une circularité communicationnelle qui mobilise l'ensemble du réel, et surtout d'avoir entrepris avec audace, l'œuvre de restauration d'une communication africaine.

Poussons loin cette réflexion. D'après Théophile Obenga, ce savant africain dont nous devons saisir en toutes circonstances la portée de la réflexion, la pensée égyptienne est potentiellement porteuse d'un ordre scientifique :

> « *L'explication pharaonique de l'origine de la totalité de ce qui est, c'est-à-dire de l'Univers ou de tout ce qui existe est étrangement actuelle du fait qu'elle pose dès le départ non Dieu ou le Chaos (les Ténèbres) mais la Matière, sous forme d'eau inaugurale.* »[385]

Dans cette forme religieuse à travers laquelle se dresse le piédestal d'une pensée africaine revigorée se pose donc tout naturellement, le problème de la rationalité scientifique africaine que la science classique, réductionniste, a tenté de confiner aux prélogismes de l'objectivité scientifique. Voici que l'ontologie africaine s'accommode de la cosmologie qui, du reste, n'est pas une cosmogonie, mais une science de grande facture. L'Afrique ne serait donc pas en marge de la science ; elle doit tirer toutes les conséquences qui s'imposent à la raison pour faire son entrée dans l'histoire d'un défi dont la nouvelle élite n'a que frileusement conscience. Le philosophe Mubabinge Bilolo en situe toute l'importance:

> « *Ce défi que tout le monde reconnaît aujourd'hui émerge à l'intérieur d'un drame, mieux, d'une situation d'"errance" : la modernisation (techno-science et son cosmos) et le christianisme ont affaibli, voire désintégré la vie africaine et, par voie de conséquence, la religion africaine. Mais le christianisme, l'islam et la techno-*

---

[384] Jacques Fame Ndongo, *op. cit.*, p. 79.
[385] *Op. cit.*, p. 31.

science se sont avérés incapables de répondre à nos aspirations. »[386]

Le continent noir reste en marge de l'histoire, affaibli qu'il est par l'ordre dominant, lui-même mis en cause en occident.

Ce constat est partagé par les occidentaux davantage soucieux d'un regain d'objectivité, en considération de la trame que dessine l'histoire de cette fin de siècle. Fritjof Capra, célèbre physicien apprécie :

> « *Le dualisme cartésien et la vision mécaniste du monde se sont avérés à la fois bénéfiques et nuisibles. Ils ont réussi à permettre le développement de la technologie et de la physique classique mais ont eu des conséquences néfastes pour notre civilisation.* »[387]

Le physicien ne tarde pas à y dévoiler la pierre d'achoppement de l'idéal scientifique et organisationnel :

> « *Notre tendance à diviser le monde perçu en objets individuels et séparés, et à nous y éprouver nous-mêmes en tant que sujets isolés, est considérée comme une illusion provenant de notre mentalité (portée à mesurer et à catégoriser).* »[388]

En reproduisant ainsi le langage du Réel, nous y insistons à juste titre, la pensée africaine éprouve la raison par le contrôle critique de l'idée objective qui devient aussi connaissance, sagesse. De l'antiquité à nos jours, cette méthode d'appréhension de la réalité n'a pas quitté le négro-africain : elle est, sous cette forme positivée et pénétrante, l'enjeu de la réalité signifiante, religieuse parce que intuitiviste, anthropologique parce que situant la perspective sociale du devenir, cosmologique parce que rationalisant le monde. Telle est l'essence de la philosophie africaine profonde, amoureuse de la sagesse :

---

[386] Mubabinge Bilolo, « La religion africaine face au défi du christianisme et de la techno-science » in *Présence Africaine*, Revue culturelle du monde noir, n°119, 3e trimestre 1981, p. 37.

[387] Fritjof Capra, *op. cit.*, p. 23.

[388] *Idem*, p. 24.

« L'Egyptien, foncièrement optimiste et considérant que la vie est bonne, cherche à s'immiscer au sein même de son rythme pour ne la perdre jamais. »[389]

Les sociétés négro-africaines actuelles ne sont pas différentes de celles de leurs ancêtres égyptiens. Il est toujours question de réaliser une expérience de vie conforme à la réalité harmonieuse du monde, d'en acquérir une connaissance toujours plus rigoureuse, sédimentée par le temps et, par conséquent, davantage proche de la vérité connaissable.

Pour communiquer cette vérité, la pensée requiert un langage pour la formuler, lui donner consistance ; le concept, le symbole ou le signe viennent ainsi matérialiser le discours sur la connaissance.

L'approche africaine, qualifiée de *holiste* (holos = tout) est aussi *systémique* : elle s'oppose à la garde cartésienne, analytique et réductrice, traitant les objets comme des systèmes séparés, catégorisés. A la fragmentation ontologique (corps / âme, matière / esprit), s'établit aussi une atomisation abstractive de la raison, individualisant les intérêts, les sociétés, les destins, les unités (forts / faibles, Egaux/ Inférieurs, Civilisés / Indigènes, etc.). Si cette dernière forme de pensée a justifié et réalisé la science, une "certaine" science, là s'opère aussi une distanciation épistémologique vis-à-vis de la rationalité réflexive africaine. Telle est la réalité qu'imposent les deux discours sur le réel, discours affrontés dès lors que la pensée africaine suggère une littéralité mouvante, dynamique, faite d'analogies et de corrélations unissant l'ordre du visible et de l'invisible, de l'unité et de la diversité, du spirituel et du matériel. **Si tous les objets y sont différenciés ou distingués, ils ne sont pas pour autant séparés**. La philosophie de l'histoire y est balisée, substantivée, existentialisée.

On y saisit le sens du réalisme ontologique (et donc scientifique) de la pensée africaine, lequel appréhende les objets et les événements comme pénétrés par une même réalité, ultime et fondamentale, la conscience de l'Univers ; *Rê*, l'Unique, dont les multiples existants raccordés au fluide énergétique, fonde l'interdépendance des êtres et des choses, puis oriente le sens de la praxéologie communicationnelle, par conséquent sa phénoménalité.

---

[389] F. Daumas, *La civilisation de l'Egypte pharaonique*, Arthaud, 1971, p. 268.

§2- LA PHENOMENALITE COMMUNICATIONNELLE

Il paraît maintenant essentiel de saisir le point de vue de l'Africain, selon lequel toute sa personnalité se veut complexité et totalité microcosmique de la réalité de l'Univers. La nature, par essence complexe, fonde aussi une rationalité complexe. Rendre compte de cette connaissabilité, c'est se saisir du jeu d'un fonctionnalisme existentiel tout aussi complexe et de s'y situer puis, d'en modifier, d'un point de vue philosophique, le cours tragique qu'imprime l'idée de la mort, de l'entropie, de la destruction, pour donner vie, potentialiser la néguentropie, construire ce qui détruit.

De ce seul point de vue se justifie une *théorie africaine de la communication* dont nous avons appréhendé le sens de la rationalité posé dans le symbole actant.

Bien entendu, on n'est plus guère surpris que la pensée africaine soit si structurante, totalisante. C'est que cette pensée se dote d'un langage fait de symboles, métaphores, images, etc., qui renvoient à des principes, voire des discours participatifs de la re-création du monde, qui suppose aussi connaissance.

Pour Engelbert Mveng, cette connaissance est scientifique :

> « *L'accès au langage symbolique passe par la connaissance "scientifique" du monde. La signification de l'objet symbolique est donc toujours une "signification enrichie", comportant un extérieur et un dedans. C'est un passage permanent du phénomène au noumène. C'est au niveau du noumène que se situe le terrain propre de la symbolique.* »[390]

La phénoménalité y dévoile l'internalité du procès conceptuel, de la connaissabilité ontologique ; la nouménalité s'y fait donc méta-connaissance. Le langage symbolique se charge alors d'une sorte de sur-réalité. Jean Mfoulou, sociologue, souligne :

> « *Le symbole a ceci qu'il est moins précis que le concept, le symbole est beaucoup plus riche de signification que le concept, parce qu'il est beaucoup plus fréquent de sens. Le symbole n'est pas un avatar du concept, il a son statut*

---

[390] Engelbert Mveng, « La symbolique dans l'art africain » in *Racines Bantu*, p. 201.

propre - je pourrais presque ainsi m'exprimer. Il demande à être décrypté davantage, il est à mon avis plus riche, il est davantage enraciné dans l'humus des réalités humaines, des réalités naturelles. Quant au concept, évidemment il a cet avantage d'être plus précis, plus net, plus clair et plus affûté, parce qu'il est plus pauvre, je dirai que le concept est clair et même très clair parce qu'il se présente comme superficiel au sens premier et au sens second du terme. Le concept a tendance à se présenter comme univocité alors que le symbole, lui, est plurivoque et demande donc à être interprété davantage. »[391]

Cette réflexion mérite un commentaire.

On pourrait dire que la connaissance vraie, profonde rencontre sa pleine réalité dans la symbolique allusive, objectivante ; celle-ci est porteuse de vie, de sensibilité. A l'opposé, la connaissance rationnelle énonce dans le langage "rationnel" une réalité abstraite qui se détache du Réel. Si le concept, univoque, simpliste et simplifié est plus clair, il peut entraîner, en revanche, une confusion entre la réalité elle-même et l'idée, le cosmos objectif et le moi subjectif, la nature et la culture. Tout compte fait, la réalité ultime de la matière serait en fin de compte une conscience douée d'intentionnalité, une forme d'énergie créatrice se mouvant dans un Etant, y créant de la matière. Processus et principe dynamique, imbriqués dans un réseau d'interrelations, tel est le sens qui se dégage de la pensée de la création. Les idées d'objets isolés, de distinction de l'espace et du temps, de la matière et de l'esprit, suscitées par le cartésianisme tombent pratiquement en désuétude. Les lois de la nature se posent davantage comme non - déterministes et cèdent le pas aux possibilités d'apparition, remettant ainsi en scène la posture relativiste et "hasardiste" des traditions africaines où l'objet a toujours été considéré comme un événement, une causalité cosmique en interaction avec des variables "cachées". D'où aussi cette énigme verbale, cette non-linéarité de la vérité que la parole subjugue de son symbolisme conceptuel. La parole est partout présente : c'est le Verbe porteur d'ordre qui régule l'action normative, la règle régissant la conduite humaine pour prolonger, à l'instar de l'éternité cosmique, l'éternité sociale.

---

[391] Jean Mfoulou, *Actes du colloque de philosophie de l'Ecole Normale Supérieure*, Yaoundé 4-8 avril 1983, p. 197.

Le besoin de communiquer suppose un échange au niveau symbolique et intellectuel et met en perspective, une forme orale de la communication devenue prégnante dans les sociétés africaines traditionnelles. Autant le préciser, l'écriture et l'oraliture, tout comme le concept et le symbole, ont toujours été présentes en Afrique, l'une prenant le pas sur l'autre selon les contingences historiques. Les langues égyptienne, copte, bamoun, bassa, vâi, ont été porteuses d'écriture. Pour Jean Cauvin, il est davantage question d'une stratégie de conservation de la mémoire historique qui se déroberait sous l'empire de l'écriture. En fait, l'oralité y a préséance sur un point :

> « *Le texte écrit dépend du papier anonyme, tandis que le texte oral n'est pas séparé de la vie.* »[392]

La pensée cartésienne, tout en défigurant la Réalité, a imposé la sienne sur du papier, avec le coût que l'on connaît en termes d'illusions et de dérive de la rationalité. En Afrique, l'enjeu permanent, c'est bien toujours cette obsession pour la vie, la permanence de l'existant, l'organisation du thème de la mort comme source de la vie, de l'éternité. Le désir jaloux de conservation des traditions comme sources de vie, oppose une forme de non-recevoir à tout ce qui ne s'accommode plus du mouvement de leur diffusion. Devenue résiduelle du fait des migrations, l'écriture hiéroglyphique y a perdu sa stature conceptuelle pour devenir simplement une oraliture agissante, agrégeant davantage le signifiant religieux non moins dépourvu de connaissance : il est question de valeurs et de moyens, en vue de la réalisation des fins. Mubabinge Bilolo écrit :

> « *La science et la technologie relèvent du registre des moyens, de l'outillage. Tandis que la religion, elle, relève du domaine des finalités, du sens, des buts, des valeurs. Entre les deux, il y a une circularité.* »[393]

L'Afrique a pensé cette circularité et l'a transcrite dans son projet de vie, dans ce mouvement de va-et-vient qui assure la permanence.

---

[392] Jean Cauvin, *Comprendre. La parole traditionnelle*, Les classiques africains, n° 882, 1980, p. 47.

[393] Mubabinge Bilolo, « La religion africaine face au défi du christianisme et de la techno-science » in *Présence Africaine*, Revue culturelle du monde noir, n° 119, 3e trimestre 1981.

Circularité intuitionnelle, communicationnelle, relationnelle, logique, ontologique, épistémologique, phénoménologique : telle est l'enjeu de cette pensée.

> « *Or, à ce niveau, l'homme et le cosmos apparaissent dans leur réalité profonde comme Destin (c'est-à-dire, fait accompli), et destinée, (c'est-à-dire projet en train de s'accomplir), indissolublement liés dans un seul et même drame : le combat qui oppose la Vie et la Mort.* »[394]

C'est à ce niveau que se situe précisément l'enjeu de la communication et de son exposé directoire ; **car enfin, la pensée africaine pose la violence, le désordre et la mort comme intrinsèquement liés à l'ordre du monde. En toute circonstance, il faut les conjurer, puis empêcher le retour au chaos**. Tel est le projet à accomplir, qui fonde aussi l'emprise ontologique de la phénoménalité communicationnelle africaine sur le Réel et sur la société.

SECTION III : SOCIOLOGIE DE L'ORDRE ET DU DESORDRE

La pensée osirienne et ses dérivés mythologiques en Afrique consacrent la sociologie de l'ordre et du désordre. Ils assurent la victoire de l'ordre, des principes du bien, du juste, du vrai, du beau, sur les forces du désordre, du chaos, de l'injustice. L'enjeu fondamental de toute civilisation africaine c'est la paix, obtenue avec plus ou moins de bonheur çà et là. Les dés sont jetés : le désordre et la violence sont dès le départ, de ce monde. Cependant, il faut en conjurer la manifestation ou encore, se jouer d'elle pour anticiper l'ordre menacé par la faillibilité humaine. La vision africaine anthropocentrique, s'exocentrise pour penser le Réel par le biais des formes symboliques du discours.

L'analyse de l'éventail des mythes, des légendes, des contes, des proverbes, des aphorismes, ne disent que le besoin d'ordre qui leur est sous-jacent et que doivent mettre en œuvre le hiérarque, le roi ou le chef traditionnels africains. Mais il y a aussi les thérapeutes, les artistes et l'homme du commun en général. Cette sollicitation de la société globale, communautarise le discours, rend celui-ci affectif, réaliste. **Chaque clan, chaque ethnie, chaque peuple africain a la même réponse à la trame de déroulement de l'ordre et aux moyens de le maintenir en état**. Nos jugements axiologiques s'y réfèrent sous l'égide du sacré :

---

[394] E. Mveng, *op. cit.*

« *Les mythes mettent en scène des rapports de pouvoir, encadrent des conduites culturelles gérées par un clergé d'ecclésiastiques routiniers.* »[395]

Cela est vrai dans l'Egypte pharaonique comme dans l'Afrique noire actuelle.

§1- LE MYTHE OSIRIEN ET SES DERIVES SYMBOLIQUES

Lisons une fraction du mythe d'Osiris :

> « *Osiris était un roi bon et juste qui, depuis le Delta, régna, pendant l'Age d'Or, sur toute l'Egypte. Cependant son frère Seth, gouvernant pour lui le sud du pays, éprouvait à son égard une forte hostilité mêlée de jalousie. Il imagina donc un plan diabolique pour se défaire de son frère. Il fit une caisse splendide à la mesure de son ombre (double) et que ses soixante douze complices amenèrent à un banquet où Seth avait invité Osiris. L'hôte proposa aux invités de s'étendre à tour de rôle dans la caisse pour voir si elle était à leur taille. Les complices de Seth essayèrent la caisse mais elle ne leur convenait pas. Quand ce fut au tour d'Osiris, il s'y étendit aisément ; on fixa alors rapidement le couvercle et la caisse fut jetée dans le Nil.* »[396]

Il s'agit là d'un *traité de régulation politique.*

C'est bien *Seth*, frère d'*Osiris* qui incarne ici le désordre culturel, les forces du mal et de violence, après qu'il eut participé en héros divin à l'ordre socio-politique, en tant que gouverneur du Sud, protecteur des pharaons, vigie de proue de la barque solaire. La grande Querelle divine engage la responsabilité de *Seth* dans le meurtre d'*Osiris* et sa défaite face à *Horus*, fils d'*Osiris,* montre bien l'enjeu du pouvoir et la nécessité d'un retour à l'ordre social juste, c'est-à-dire l'ordre osirien. Il devient claire que :

> « *Loin d'être étranger à l'Egypte, Seth est l'un des pères fondateurs, l'une des "âmes de Nekhen" au même titre que*

[395] Alain Anselin, "La rouge et la noire : le paradigme du pouvoir" in Carbet, collectif, *Sciences et civilisations africaines. Hommage à Cheikh Anta Diop*, 1989, p. 123.
[396] Fernand Schwarz, *op. cit.*, pp. 49-50.

Wsr, Osiris, son frère et beau-frère mythique. Il est l'un des éléments essentiels de la dramaturgie du pouvoir, du discours fondateur de l'Etat. »[397]

De fait, les pharaons ont pour protecteur *Horus*, fils d'*Osiris*, vainqueur du duel contre *Seth*, cet autre protecteur des pharaons : les "deux seigneurs" fondent la culture politique, le pouvoir et la norme de régulation sociale instaurée sous l'égide de *Maât*. Le roi, le pharaon, le hiérarque traditionnels sont identifiés à *Osiris* - *Horus*. Vivants, ils sont des *Horus* et veillent sur *Maât* (Justice et Vérité), à sa réalisation en toutes choses, petites ou grandes. La norme organise ainsi l'Idée cosmo-objective en prolongeant l'ordre cosmique et divin : si *Osiris* est bien reconnu comme la figure incarnée de la justice divine, *Seth* n'en est pas moins reconnu comme un protagoniste indispensable. Le duel est de ce monde et fonde dans la victoire de *Horus*, la *culture*. A l'exemple de *Seth*, les vaincus de la guerre sont ainsi acceptés dans la société et peuvent, sous certaines conditions, accéder à des titres de gloire dans la société, tout comme par ailleurs les plus faibles et les déshérités méritent de vivre dignement. Rien n'est définitivement acquis, inaccessible, indigne sans un contexte, une axiomatique d'intérêts définis.

En réalité, l'ordre et le désordre sont indissociables. L'un a besoin de l'autre pour situer la société, l'organiser : tous deux, ils permettent à la complexité d'intégrer les caractères contradictoires, aléatoires de l'environnement sociétal. L'ordre s'en trouve densifié, le désordre ayant servi à une meilleure organisation de son autonomie. En somme, le jeu des forces contraires, contestatrices, doit re-situer l'enjeu de l'idéal osirien. Tel est du reste, l'essentiel de ce qui a survécu dans la mythologie africaine : tout doit être mis en œuvre pour que le Pouvoir, la Maison de vie valorise l'ordre social et politique, l'esprit de Justice et de Vérité et donc, *Maât*. Il y a là une interpellation pour la modernité :

« *L'oubli de la dimension cosmique par nos civilisations occidentales, il y a déjà quelques siècles nous a plongés dans l'univers réducteur des idéologies et du prêt à penser. Une lecture renouvelée du message des prêtres de la Maison de Vie pourrait nous faire redécouvrir des*

[397] Alain Anselin, *op. cit.*, p. 123.

dimensions voilées à notre esprit par la convoitise et les urgences liées à la réussite matérielle. »[398]

Il n'y a pas que les civilisations occidentales qui soient mises en cause. Il en est de même des civilisations africaines rentrées dans l'ère de la modernité dont nous pouvons étudier à présent les légendes, mythes et épopées qui enserrent la réalité des traditions encore vivantes.

Chez les Duala du Cameroun, la légende de *Jeki la Njamb'a Inono* renvoie d'une façon allusive au mythe osirien. Le héros hérite des pouvoirs de sa mère qui lui valent aussi la haine de son père. Or notre héros ne refuse aucunement les épreuves meurtrières que lui inflige son père. Il en sort chaque fois vainqueur et se réconcilie avec ce dernier. La base historique et la révélation du Merveilleux nous renvoient à ceci : le triomphe osirien du Bien sur le Mal[399]. Si le père et le fils engagent le fonds rituel, protagoniste entre générations, les exploits du fils finissent par rétablir l'harmonie familiale et bien plus encore, celle du groupe social.

Chez les Dogon du mali, l'œuf du monde contient deux couples de jumeaux dont l'un symbolise l'ordre et l'autre le désordre. Abandonnant alors prématurément l'œuf du monde pour posséder seul l'univers en formation, le jumeau mâle fut privé de parole et condamné à l'animalité. Il erre sous la forme d'un renard et poursuit son œuvre destructrice en s'opposant à l'ordre mythique et social. C'est ce qui justifie l'intervention du couple jumeau gardien de l'ordre, appelé à fixer les valeurs dominantes de la société dogon[400].

Là encore l'allusion est osirienne : le jumeau mâle transformé en renard et ayant volé les graines célestes est l'équivalent de *Seth* dans la mythologie égyptienne. Il y a tentative d'usurpation du trône divin et condamnation : le mythe fournit comme toujours, une explication qui fonde l'identité du groupe, la lutte pour le pouvoir et le besoin d'ordre et de justice. Sur un plan purement écologique, *Seth* est aussi le Dieu rouge du désert, donc de la stérilité. De même, faut-il signaler le caractère allusif, aride des sols, et l'incapacité du jumeau mâle à instaurer

---

[398] Fernand Schwarz, *op. cit.*, p. 199.

[399] Lire Ebele Wei, *Le paradis perdu. Autopsie d'une culture assassinée*, Douala, 1999, pp. 76-79, à propos de Jeki et la tradition magico-religieuse.

[400] Germaine Dieterlen, Marcel Griaule, *Le Renard pâle*, Paris, Institut d'ethnologie, 1966.

l'agriculture chez les Dogon. La gémellité mythologique ainsi conçue oppose l'humide au sec, *Osiris* et *Seth*, paix et violence, dans cette disposition sociogonique du Bien et du mal.

Partout en Afrique, la dialectique sociogonique renvoie à des codes palatiaux, à des discours sur le pouvoir organisé autour des frères, des oncles et des neveux, des mères et des fils. Ce qu'il y a lieu de retenir, c'est bien que contrairement aux mythes occidentaux[401], nous pouvons affirmer avec Alain Anselin que :

> « *La nature n'est pas horrible à l'homme, et les figures prométhéennes des mythes africains ne sont pas de simples voleurs de feu "vainqueurs de la nature", mais des organisateurs sociaux autant que des inventeurs de culture, de technologie et de politique.* »[402]

Nous voici fixés sur l'enjeu du geste primordial, social et politique du mythe. Partout en effet, l'architecture philosophique est la même : le mythe, la légende en reprennent le cœur, certes, en cassant la lettre ; partout et toujours, les conflits existent, mais il faut les limiter avant que tout le système social et écosystémique ne soit perturbé. Il est même souhaitable de provoquer le désordre pour anticiper l'ordre à venir. Dans cet ordre d'idées, des rituels de rebellions ont permis à des groupes dissidents de migrer pour évacuer les tensions naissantes. De même, les contes et proverbes, considérés comme des genres mineurs (à l'opposé de l'épopée ou de la légende considérées comme des genres majeurs) traduisent sur un plan davantage polysémique, le message de la victoire de l'ordre sur le désordre. Il serait fastidieux de les reprendre tous ; mais comme le souligne bien le chercher camerounais Louis-Marie Ongoum, « *Originellement donc, le conte entretient des rapports avec la contestation.* »[403]

Dès le départ, *Seth* est présent ; mais *Horus* doit avoir raison de lui. L'antagonisme est donc de type organisationnel.

---

[401] Leur analyse est entreprise dans la deuxième partie de cette ouvrage. Lire en particulier le chapitre VII.

[402] Alain Anselin, *op. cit.*, p. 137.

[403] Louis-Marie Ongoum, « Le conte. Contestation et équilibre social » in *Littérature camerounaise.* 1. *L'éclosion de la parole*, n° 99, octobre - décembre 1989, Notre libraire, Revue du livre : Afrique, Caraïbes, Océan indien, p. 43.

L'auteur de cette phrase, Louis-Marie Ongoum, spécialiste en littérature orale, confirme après analyse :

> « *Quelles que soient les formes de contestation qu'il recèle, le conte demeure fidèle à ce qui constitue l'une de ses priorités : assurer l'équilibre social. La contestation, un des moyens pour atteindre cet objectif, ne se fait pas pour elle-même. A fortiori, elle ne devient jamais un instrument pour saper les institutions.* »[404]

Quant au proverbe, Gabriel Kuitche Fonkou écrit :

> « *Le proverbe est reconnu par tous comme l'expression la plus raffinée de la sagesse et comme l'illustration de la maîtrise du langage par son utilisateur.* »

Pour Maxime Meto'o, cet autre chercheur, « *La somme des proverbes apparaît dès lors comme une collection de sentences qui sert de référence aux membres d'un groupe d'hommes pour communiquer des préceptes essentiels à son organisation, ou rétablir la communication lorsque celle-ci est menacée d'interruption.* »[405]

Célestin Ngoura situe également l'importance du proverbe dans le cadre de la résolution des conflits :

> « *C'est au travers des proverbes que le juge manifeste la finesse de sa pénétration, son aptitude à rétablir la concorde entre les plaignants et la sagesse de son jugement.* »[406]

Des analystes du chant rituel funéraire, par exemple l'Esana chez les Béti du Cameroun, confirment que le chant permet à la société d'exercer un contrôle social et politique. Il permet la répression sur ceux des membres menaçant l'intégrité et la tranquillité de la communauté politique[407].

---

[404] *Idem*, p. 45.

[405] « Proverbes Bulu » in *Littérature camerounaise*, ..., p. 55.

[406] « Eléments de l'oralité Vouté. Devinettes, contes et chantefables du Cameroun central » in *Littérature camerounaise*..., p. 70.

[407] S. C. Abega et Laburthe - Tolra cités par Valentin Nga Ndongo, « Parfois je me demande... La chanson camerounaise » in *Littérature camerounaise* ..., p. 89.

Dans l'ensemble, les mythes africains authentiques valorisent le retour à l'ordre mythique même si ailleurs, l'impact tragique, occidentalo-chrétien ou islamo-peul y a influencé des notes violentes. Quelques épopées Bassa et Fang - Béti - Boulou en portent des séquelles[408]. Nous conclurons ainsi avec Louis-Vincent Thomas et René Luneau que :

> « *Malgré leur étonnante diversité quant à leur dimension, leur contenu, leur pouvoir de suggestion symbolique, les mythes négro-africains traditionnels constituent des révélations profondes de la pensée, les régulations de la vie sociale, la situation de l'homme dans le monde, ses rapports étroits au sacré, les idées-forces de sa cosmologie.* »[409]

Quelle que soit l'orientation acquise comme technique de leur conservation légendes, aphorismes, proverbes, contes, etc., sont des formes symboliques qui mettent en scène les schèmes d'une éthique du savoir redondants. Leur épilogue renvoie à une fin heureuse où la morale, la justice, le devoir, la vérité, la paix, le bien triomphent de l'immortalité, l'injustice, le mal, le mensonge, le désordre et l'anomie en général.

La sagesse combine ainsi la prudence, la science, l'expérience spirituelle collective, l'art de vivre, l'observation. Car, pour atteindre la réalité profonde des choses perçue par l'intuition, l'imagination symbolique pénètre, en pensée comme en acte, le lieu de l'interface matière - esprit. Or à ce niveau paradoxal de la réalité, le langage ordinaire ne peut systématiser la nature des choses, encore moins leur capacité structurante. C'est précisément au cœur de cette nature que se dénoue la perfectibilité des connaissances dont l'Afrique traditionnelle assume le legs depuis longtemps ancré dans les formes

---

[408] L'épopée d'Akoma-Mba, les épopées bassa *Ngog Bilong* et *Njab Makon* nous offrent à considérer des personnages éthiques, mal nés, prompts à nuire ou à tuer. Si l'épopée d'*Akoma-Mba* fait l'apologie des combats guerriers, celles des bassa précitées sont tout aussi violentes. Une étude poussée de leurs genres permettrait certainement de re-constituer l'environnement sociétal sans doute marqué par une histoire migratoire jalonnée de violence et de chaos social. Sans avoir analysé ses épopées, nous les situons dans une période où l'Afrique est en proie au désordre social, notamment au contact des influences islamo-peules et occidentalo-chrétiennes.

[409] Louis - Vincent Thomas et René Luneau, *La terre africaine et ses religions*, Paris, L'Harmattan, 1980, p. 149.

symboliques. Parce que là se joue l'enjeu de la sociologie moderne, « *la recherche et l'élucidation des mythes traditionnels ne doivent pas laisser l'élite africaine indifférente, bien au contraire.* »[410]

Si le droit et l'idéal démocratique ont été si suffisamment ressentis et valorisés, c'est bien parce que les traditions vivantes s'exercent dans un environnement circulaire et rétroactif. L'émetteur et le récepteur sont proches l'un de l'autre, vivent ensemble dans une ambiance communautarisée. Si la distance est un frein à cette communication, celle-ci peut être rattrapée en des circonstances festives, rituelles et funéraires, voire des jours de marchés périodiques. L'oralité favorise cette circularité. « *En "oralité"*, écrit Jean Cauvin, *émetteur et récepteur vivent ensemble une situation.* »[411]

Il y a ici une communion qui vitalise le lien social, en accroît les repères et les significations. C'est pour cette raison que l'oralité est créative. Elle puise dans la culture du groupe social, la possibilisation d'une résonance affective, allusive, relationnelle, rythmée pour créer une réaction "compréhensive" du récepteur. Une telle interaction est peu prolongée ou moins intense dans les civilisations du livre. Cette réflexion est loin d'être cavalière :

> « *En situation d'oralité, émetteur et récepteur réagissent et tiennent compte l'un de l'autre. Même avec les paroles traditionnelles (par exemple, le proverbe, le chant), l'émetteur fait attention à qui il parle et ne dit pas n'importe quoi. Le récepteur répond et cette réponse est souvent nécessaire : si les auditeurs d'un conte cessent de faire le "nn" d'acquiescement, à la fin de chaque période orale, le conteur s'arrête. Si les danseurs s'arrêtent, le musicien aussi cesse de frapper son instrument. Le récepteur peut même contester ou contredire l'émetteur. C'est le cas des proverbes et des contre-proverbes, des noms individuels qui s'adressent à un voisin...* »[412]

La parfaite adhésion du discours ou de la texture communicationnelle se situe dans le prolongement de la résonance harmonique

---

[410] *Idem*, p. 302.
[411] Jean Cauvin, *op. cit.*, p. 44.
[412] *Idem*, p. 42.

des thèmes évoqués et de leurs schèmes perceptifs. Il en va de même dans l'art ou l'action orientée vers la transformation matérielle du monde, entre autres, la science, la magie ou la technique, conçues dans l'esprit de cette partition harmonique. En fait, toutes les connaissances parcellisées s'enracinent dans la Connaissance et dans l'Harmonie universelle.

§2- L'IDEAL D'HARMONIE ORGANISATIONNELLE

Voici qu'il faille faire intervenir l'art, la science ou la technique à côté des symboles aux fins de réaliser les idéaux d'harmonie organisationnelle de la société. Comme toujours, l'action individuelle et collective y vise par conséquent l'ordre, en y mobilisant aussi le Réel. Les arts et la médecine traduisent, aujourd'hui encore, ces idéaux.

A- Les arts

Les chercheurs s'accordent à affirmer que les démarches artistiques traditionnelles ont un fonds spécifiquement religieux. Là résiderait l'intérêt d'une esthétique africaine rigoureuse, car ontologique et universelle. Pour Jean Yoyotte, célèbre égyptologue, ces démarches, analysées, « *tendent non pas à élever l'âme vers le divin par des figures saintes, non pas à commémorer simplement en de belles images de grandes actions, non plus à susciter de pures délectations, mais à "agir" et à "servir".* »[413]

En cela, l'art africain traditionnel diffère fondamentalement de l'art occidental. Essentiellement symbolique, il offre à la pensée une gamme de métaphores illustrant les thèmes les plus divers : ruse, protection, danger, pureté, vitesse, puissance, en puisant dans le registre de la nature, les moyens d'exprimer la culture (vices, vertus, forces, faiblesses) et d'en compenser les déficits. Il est davantage question de renforcer la cohésion sociale en substituant aux déterminismes naturels et sociaux, la valeur allusive des métaphores.

Toute une philosophie intégrant l'Ordre universel. Aucun cloisonnement entre la nature humaine et les natures minérale, végétale et animale dont le mutisme fixe de manière intuitive et

---

[413] Jean Yoyotte, *Dictionnaire de la civilisation égyptienne*, sous la direction de Georges Posener, avec la collaboration de Serge Sauneron, Paris, Fernand Hazan, 1988, p. 25.

pénétrante, les caractères complexes de la personnalité humaine rendus dans les comportements sociaux et culturels.

L'Africain ressent la pureté éternelle du minéral, la fragilité esthétique du végétal, mais aussi la tonalité comportementale de l'animal comme des catégories caractérielles et physiques de son propre être. Dans ce contexte, la phénoménalité communicationnelle considère la valeur des métaphores comme une possibilisation d'auto-programmation de la mémoire collective et d'auto-générativité cybernétique.

A la différence des sociétés occidentales où l'environnement apparaît confiné à la seule visée prédatrice, l'art traditionnel entrevoit celui-ci comme un champ d'observation, de projection/identification, et d'interaction des réalités complexes. Si l'art est aussi un mode d'expression efficient, dans la plastique de la statuaire ou du masque africains, c'est parce qu'il offre aussi, en tant que de besoin, une puissance esthétique à la fois diversifiée et luxuriante, comme signe de leur réalité objectivée, allusive, et vitaliste.

Vient alors le *moment de la créativité*[414].

Le traitement de matériaux procède d'un réalisme ontologique et éco-systémique : fibres, écorces, bois, coquillages, sables, terres, etc., participent du décloisonnement ontologique. Si le déroulement des figures renvoie à la mobilité et au contrôle panoptique de l'espace, la rupture des progressions logiques elle, intègre le silence comme un code de la communication. Les représentations zoomorphiques suggèrent, dès lors, une représentation des animaux royaux (éléphants, buffles, félins, serpents, etc.), et des animaux non royaux (araignées, lézards, grenouilles, etc.) ; tous donnent à la sculpture sur bois, bronze, pierre, la richesse des variétés observées. Ce qui est ainsi en jeu, c'est le paradigme du pouvoir : l'art s'y saisit de la valeur des mythes et de ses dérivés. Il engage le visible et l'invisible dans ce combat sans merci pour neutraliser les forces du mal, puis consolider le fonctionnement du social par le biais de l'usage de métaphores intégrées à l'oeuvre.

---

[414] Engelbert Mveng, *op. cit.*, p.197,établit la loi de créativité dans l'art négro-africain *« en passant du moment O (objectivité et réalisme) au moment A (abstraction et ligne essentielle) puis au moment, M (motif), puis au moment S (Symbole) et enfin à l'œuvre d'art (moment C). »*

A ce moment précis, la pensée s'écarte de la conformité des objets pour y potentialiser l'effort de création. Si l'objet s'inscrit comme une réalité « vraie », il reste dominé par l'attaque organisationnelle que fournit le besoin de liberté de l'artiste. Le monde intérieur de l'artiste est alors en quête de cet idéal d'harmonie que convoque la loi, et dont nous retrouvons dans le classicisme égyptien avec ses sphinx, l'idéal d'achèvement. Si l'essence (l'être) est visée, le surréalisme n'est pas moins envisagé. Mais il est question d'un surréalisme qui voudrait échapper à la mort : l'homme y cherche un alibi transcendantal pour valider l'éternité sociale, à l'instar de l'éternité cosmique. L'ordre politique se trouve désormais enrichi : les objets, les végétaux et animaux deviennent des principes d'ordre ayant une emprise sur le Réel. Un africain initié explique :

> *« Le rituel au cours duquel le masque est porté revêt tout entier une forme incantatoire où le jeu d'ombres et de lumières, par exemple la nuit, où les rythmes et les sonorités de la musique, les attitudes des corps des participants, leurs paroles, etc., composent avec le masque une véritable symphonie mystique dont le "charme" opère par condensation des "formes de puissance", par "libération" et par information des inconscients, selon un processus proche de l'action du champ électro-magnétique produit à l'aide d'un noyau de métal doux entouré d'une bobine à l'intérieur de laquelle circule un courant électrique. »*[415]

La réalité complexe dépasse le langage : elle fait éclater la logique. C'est tout l'univers mental négro-africain et ses rapports à l'existence qu'il importe de re-considérer à travers la trame de cette quête de l'idéal d'harmonie sociale. Cela est aussi valable en médecine, on pourrait dire davantage, dans la mesure où l'objet devient vivant et agit au delà du visible, avec des effets immédiatement perceptibles.

B- La Médecine

Quel que soit le mode de communication utilisé, la culture africaine tente de manipuler les dimensions du visible et de l'invisible, de

---

[415] Nkoth Bisseck, « Herméneutique de l'art africain. Le thème de la félinité » in *Papyrus,* n° 4, 199, p.12.

consacrer l'espace-temps comme une seule et même entité opératoire. Le tambour, les clochettes, les dents de cochons, ou les artifices rituels en général permettent ainsi un contact avec les ancêtres ou les génies. Ceux-ci communiquent avec le vivant à des distances ou des temps défiant l'imagination. Seuls les paradoxes liés à la nature même de la matière et à la connaissance que nous avons d'elle, expliquent encore dans l'esprit moderniste ce scepticisme, voire un désarroi devant une médecine qui se déploie aux frontières de la connaissance rationnelle.

A l'instar de la vision artistique du Réel qui interprète le monde comme un Tout intégrant la divinité des « êtres », interactifs et interdépendants à divers degrés, la médecine traditionnelle est une médecine totale où magie, science et religion se suppléent. Il n'y a pas, à proprement parler, de distinction entre l'esprit et le corps, le psychique et le physique : les maladies de l'esprit se répercutent sur le corps. Le « pourquoi » des choses a plus d'amplitude que le « comment » et touche à la réalité complexe de l'Univers. Parce que l'homme est un être total, la médecine se voudrait aussi une science totale, cosmique, à la fois biologique, culturelle et spirituelle. Le corps, l'esprit, la maladie, la malchance, la tradition, l'individu, la société, l'environnement écologique présentent, à bien d'égards, des correspondances analogiques dans ce qu'ils ont de symbolique, d'essentiel, de principiel dès lors qu'ils sont régis par un grand Tout organique et unitaire.

En l'absence d'une organisation sociale suffisamment centralisée et hiérarchisée, les prêtres médecins de l'Afrique traditionnelle apparaissent à la fois comme des régulateurs, des marabouts, des soignants et des psychologues. Mais tous ces termes ne traduisent pas, en eux-mêmes, toute la réalité de leurs savoir et savoir-faire. Ils sont à l'instar du prêtre Sem de l'antiquité égyptienne, porteurs d' "yeux supplémentaires". Pour décrypter l'ordre "caché" de l'existence, ils peuvent, dans un sommeil cataleptique, voyager dans les sphères de l'au-delà et ramener l'esprit des patients coincés par les forces de l'invisible. Ce passage d'un état à un autre fait du prêtre-médecin, un régénérateur de la fonction active et dynamique de l'esprit de vie. Chez les peuples Sawa de la côte du Cameroun, le *nganga* se fait appeler *Eso-ma-wuta* (celui - qui - révèle - ce - qui - est - caché), et *yimam* (celui - qui - connaît) chez le prêtre bassa du Mbog. Ils peuvent aussi bien interpréter les songes, les signes naturels, les déterminismes sociaux en raison de leurs capacités à communiquer avec les ancêtres ou les génies et, cela va de soi, en raison d'un cumul des connaissances acquises et retransmises au cours des générations.

Un arsenal d'objets leur permet d'atteindre leurs objectifs de guérison. Les graines, dents de fauves, morceaux d'écorce, osselets, cornes, griffes, chasse-mouches, tambours, clochettes, cauris etc., deviennent, selon le cas, des événements ou des processus engagés dans un flux d'énergie universelle et servant de registre de communication.

La réalité s'incruste dans la relation et non dans l'objet ou dans la substance. La Khamsi des montagnes s'exprime ainsi :

> « *Le caillou qui a un angle, c'est le fusil de Dieu pour tuer les vampires qui se cachent.* »[416]

Dans le fond, l'illogisme du langage ordinaire se déploie dans un symbolisme pénétrant qui suspend le processus rationnel pour se saisir de la réalité intuitive. La personnalité se trouve ainsi en état d'éveil par l'effet d'images mentales saisissantes : le *nganga* utilise dans ses combats paranormaux la robe rouge de combat à l'instar du manteau rouge de Horus ou du nœud isiaque en jaspe rouge symbolisant le sang d'Isis qui renouvelle celui de la momie. C'est par cet artefact vestimentaire que les yeux dissuadent les sorciers qui tentent de contrecarrer le travail du *nganga*. Le prêtre-médecin parle aussi bien aux plantes qu'aux arbres, toutes choses étrangères à l'esprit cartésien. Le registre de communication ne trouve pas encore dans les sciences et techniques de l'information, l'objectif de conciliation entre le verbe et l'objet, l'individu et la société, la société et le cosmos, et les entités toutes inséparables. « *Pour comprendre la réussite de cette médecine totale*, écrit Eric de Rosny, *il faut encore réaliser, à partir de l'expérience ou, à défaut, intellectuellement, quelle est la puissance mobilisatrice du rite.* »[417] Celui-ci, à l'instar du mythe dont il est la ressource pratique, a une valeur de "placebo". Après le traitement, une chèvre rituelle est sacrifiée et un repas symbolique offert par le *nganga*. Ce sacrifice rappelle, en bien de points, l'abattage rituel et l'offrande du prêtre Sem, ou encore la chèvre symbolique du Mbombog (*Ndombol Nkembe)* chez les Bassa. Les ancêtres sont alors servis les premiers, symboliquement, par des morceaux éparpillés aux quatre coins de la

[416] Eric de Rosny, *Les yeux de ma chèvre*, Plon, 1981, p. 245.
[417] *Idem*, p.285.

cour. Mais toujours le verbe singularise l'enjeu. Eric de Rosny nous en dit un mot :

> « *Durant la cérémonie, le nganga murmure par bribes une invocation à l'arbre. Je suis un peu en retrait à flanc de pente et j'enregistre ses paroles, à peine audibles. Alors la forêt se met à parler... Mon magnétophone s'emplit du bruissement de milliers d'insectes, du frémissement des arbres, du grincement des arbres.* »[418]

Aussi, la compréhension de la cohérence de l'univers, de sa relation avec notre conscience et celle du Verbe-Création ou de l'interaction entre connaissance et religion, physique et spiritualité, pose-t-elle le problème de la réalité du *continuum* devenu intelligible entre l'homme et les autres êtres. Mais une telle intelligibilité ne relève pas de la physique macroscopique mais du quantique.

Cette vision du monde, qu'on pourrait qualifier d'écologique, celle du *nganga*, nous mène tout droit au cœur de la réalité quantique, pour laquelle, il ne fait plus de doute que l'ontologie africaine en appréhende la réalité, certes d'une manière empirique, religieuse, mais légitime.

L'approche phénoménologique a conduit à élaborer les fondements normatifs de l'action politique, puis à saisir les déterminations ontologiques de la pensée. A y regarder de près, elle a servi de méthode à l'affirmation d'une problématique ontologique et philosophique, à savoir si le droit et le politique précèdent l'Etat ou vice versa. De plus, par les mythes, eux-mêmes reflets de la Vérité générale de l'Univers, on retient ce qu'il y a d'essentiel, à savoir, conjurer les forces de désordre. Les mythes condensent ainsi la *weltanschauung* qui s'en réfère à la fois à la considération intuitionniste, mais aussi, à l'intelligence de l'homme inférée de la conscience universelle qu'elle appréhende, interprète et reproduit. La Vérité générale de la nature produit alors une vision - du - monde déterminant les actions et les comportements. L'expérience et la connaissance scientifique se mêlent à la religion, à la superstition, au préjugé qui n'affectent en rien leur essence. L'interprétation théorico-conceptuelle de l'être, de sa structure et de ses propriétés a été envisagé : l'Egypte a produit des codes

---

[418] *Idem*, p.107.

ontologiques qui permettent de saisir la totalité du Réel. La *weltanschauung* africaine est ontologie universelle, philosophie : elle y problématise l'état de la science, donne un sens à l'inanimé et en éveille la conscience sensible. L'Etant trouve un point de départ historique : le *Noun*. Tout le système scientifique africain en découle. Avec *Rê*, la conscience (primordiale), l'Egyptien pose l'*Etre* constitutif de l'étant, à partir duquel tous les autres Etants viennent à l'existence. L'explication thématique de l'Etre commence avec le *Noun* : c'est l'aube du temps et des temporalités, mais aussi de l'Etre des Etants. L'existence commence avec cette distinction entre l'Etre (*Rê*) et l'Etant primordial (*Noun*). Etre et Etant, même s'ils demeurent non différenciés dès le départ, sont co-originaires, avec leurs caractéristiques principielles propres. L'objectivation de la nature s'est faite à partir d'un projet mathématique de la nature, *Maât*, la Valeur inscrite en toutes choses. Elle est la raison de l'Etre donné en projet, afin que l'existence soit éternelle ou tout au moins, proche du divin temporalisé. Pour cette raison, l'information se constitue en savoir, en connaissance, en théorie de la science (épistémè).

CHAPITRE VI : LE MAATISME EN TANT QUE LOGOS : LE FUNDAMENTUM CONCEPTUEL DE L'EPISTEME AFRICAINE

> « La science est une spécification du connaître. Le connaître a pour caractère fondamental le dévoilement. Nous avons désigné sous le nom de vérité l'être - dévoilé de quelque chose. La science est une spécification du connaître en vue de l'être - dévoilé comme tel. »
>
> Martin Heidegger, *Les problèmes fondamentaux de la phénoménologie*, Texte établi par Friedrich-Wilheim von Herrmann. Traduit de l'allemand par Jean-François Courtine, NRF, Gallimard, 1985, p.384.

Un africain "bien-pensant" ouvre certainement, sans enthousiasme, des ouvrages abordant la pensée africaine. Il accepterait volontiers en ce qui concerne le droit ou le politique, qu'on lui présentât les modèles juridico-politiques pouvant lui permettre de se familiariser avec les exigences d'un monde mouvant où la part de nos sociétés est quasi insignifiante. Aussi reculerait-il devant un concept comme le *Maâtisme* se réclamant d'une épistémé africaine et évoquant les principes d'une époque supposée révolue, incompatible avec l'esprit moderniste de la société globale : seuls donc pourraient s'en préoccuper quelques spécialistes soucieux d'exhumer une archéologie de savoirs des sociétés traditionnelles décrétées mortes.

Ces dernières décennies, les intelligences politiques africaines ont surtout puisé leurs sciences respectives dans les versets dogmatisés de la rationalité classique toujours persistante.

Il paraît essentiel de montrer que la théorie juridique et politique africaine centrée sur la Vérité de l'Univers n'est pas étrangère aux horizons épistémologiques envisagées par la sociologie complexe en édification.

L'entreprise de re-construction théorique de la pensée africaine passera donc par le dévoilement de son essence : *Maât* ; telle est sa formulation simple annonciatrice de l'ordre indépassable et connaissable de l'Univers :

> « *Maât, c'est donc à la fois l'ordre universel, et l'éthique qui consiste à agir, en toute circonstance, en accord avec la conscience de cet ordre universel.* »[419]

Or, c'est bien ce principe qui se saisit en écho dans cette intuition du philosophe allemand Hans Jonas qui a conçu le « *principe de responsabilité* », principe proche de la *Maât* :

> « *Agis de telle façon que les effets de ton action soient compatibles avec la permanence d'une vie authentiquement humaine sur terre.* »[420]

Cette proposition n'est pas naturelle parce qu'elle apparaît comme une intuition étrangère à la pensée occidentale dont on sait que le développement jusqu'ici entrepris est conforme aux principes de l'esprit du libéralisme triomphaliste et prométhéen. Seule une mutation spirituelle pourrait permettre à l'Occident d'atteindre un tel objectif: aujourd'hui encore, il serait bien incapable d'établir des relations justes, équitables, généreuses et non-violentes dans ses Nations et, à plus forte raison, entre les Nations, possédé qu'il est par l'idéal de domination.

Les civilisations africaines ont produit une pensée féconde sur le monde ; celle-ci fait l'objet de recherches et d'études toujours plus approfondies qui convergent vers *Maât* comme *fundamentum* d'une épistémé. Le droit, cet art d'organiser les conduites humaines de la société globale, les devoirs et les obligations de ses membres, a produit de grandes civilisations : l'Egypte pharaonique, les empires du Ghana, du Mali, de Songhay, les royaumes ashanti, bamoun ou bamiléké, etc. La société africaine moderne peut encore en restaurer les bases, puis fonder des Nations ouvertes à la civilisation et non plus à la barbarie de la culture moderniste.

Il ne s'agit pas de prétendre que l'Afrique ait toujours vécu des périodes de prospérité et de paix. Cependant, il est possible, en calant les

---

[419] Georges Posener, en collaboration avec Serge Sauneron et Jean Yoyotte, *Dictionnaire de la civilisation égyptienne*, Paris, Fernand Hazan, 1988, p.156.

[420] Hans Jonas, *Le principe Responsabilité*, NFR, Cerf, 1990, cité par René Passet, L'*Economique et le Vivant*, 2e édition Economica, 1996, avant propos, p. XXI. Ouvrage couronné par l'Académie des Sciences Morales et Politiques.

événements, de les situer dans leur logique et, ce faisant, de se rendre à l'évidence, que l'Afrique a été traversée par des systèmes juridiques et politiques dont l'enjeu était en général la paix.

L'Afrique a près de cinq millénaires d'une histoire toujours vivante ; celle-ci alimente encore son modèle juridique dont l'influence irradie les communautés, les chefferies et royaumes relativement conservés. Le droit moderne reste malheureusement imperméable à l'érudition des solutions africaines aux défis de civilisation moderne ; il reste chargé de préjugés et de "savantes" théories qui véhiculent un fonds culturel opposé aux perspectives de re-construction philosophique, symbolique et matérielle du monde noir.

Pourquoi donc élaborer une théorie africaine du droit, du politique et de l'Etat ? Qu'y a-t-il donc de pertinent, en cette ère de globalisation, à re-considérer la *fundamentum* conceptuel de l'épistémè africaine ?

Sans nul doute parce que cette théorie garde toute sa haute valeur et que nous devons en tirer des leçons pour le futur.

Il est vrai que nous n'avons plus le point de vue de celui des pharaons, rois et des peuples de l'Afrique précoloniale. D'autre part, le juriste et l'homme politique d'aujourd'hui sont aussi rivés à des textes protégés par des lois et des procédures manipulables à souhait contre les intérêts établis. De plus, il y a un certain scepticisme à rechercher des textes anciens à réactualiser. Mais ce serait déjà ça que d'envisager ici la science juridique africaine (section I), et les apports de la logique complexe (section II) en vue de l'appréciation des faits soumis à l'analyse sociologique du droit et de l'épistémè africains.

SECTION I : LA SCIENCE JURIDIQUE AFRICAINE

Le droit africain est un langage conçu par une science. Celle-ci a sa conception du monde, sa Loi et ses ordres juridiques, sa logique connaissante et raisonnante, sa méthodologie. La contrainte physique n'y est pas un attribut essentiel du droit. Le fait juridique s'agrège au fait politique avec ses acteurs et malgré son extension au fait religieux, le droit africain constitue son autonomie. Mais toujours, l'accent est mis sur les conséquences de l'acte, beaucoup plus que les mobiles, le but poursuivi étant la recherche de la paix, de l'ordre et de l'équité pour tous : tel est le principe qui guide sa pratique et sa logique paradigmatique.

En étudiant l'origine et le développement du droit africain, nous découvrirons la genèse de la science africaine et ce qui pourrait se justifier aujourd'hui comme une théorie.

Transportons-nous à la période féconde de l'histoire égyptienne. Les fondations du droit africain remontent aux temps antiques des chefs traditionnels africains et des premiers conseils des notables ou des sages. Mais, c'est avec l'avènement de l'Etat égyptien pharaonique que s'amorce véritablement son plein développement. Dans le fond, la pratique judiciaire antique et les procédures de ces temps diffèrent très peu en nature de celles observées dans l'Afrique précoloniale. Certes la période pharaonique est marquée par un important essor intellectuel qui a conditionné l'influence de l'Egypte sur les autres continents : les grecs s'en inspirèrent sur les plans scientifique, religieux, philosophique et juridico-politique[421]. L'écriture hiéroglyphique aidant, il est raisonnable de situer la connaissance égyptienne sur la trajectoire d'une science juridique avec une loi, ses législateurs et juristes dont la pratique s'apparente à l'idéal moderniste d'une théorie cohérente et pertinente.

Grâce aux prêtres et scribes puisant à la source du génie égyptien, le droit africain va se parfaire, s'humaniser et s'épanouir sur les bases du droit traditionnel existant. Le droit est théorique et pratique ; il fonctionne avec une administration élaborée et des procédures, et vient compléter les formules orales de l'usage judiciaire traditionnel. D'après de nombreux témoignages, les hautes conceptions morales qui le sous-tendent ont conduit les africains à accepter la loi, sans recours aux contraintes physiques connues en Europe, encore moins aux changements des institutions. Tel est le fait fondamental et l'analyse effectuée dans la première partie de cette contribution en a parfaitement rendu compte.

Cheikh Anta Diop saisit le moment pertinent de ce déterminisme organisationnel et cite Ibn Batouta qui a parcouru le pays des Noirs de 1352 à 1353 en renfort de son argumentaire :

> « *Les dieux égyptiens transcendent l'humanité par leurs vertus, leur générosité, leur esprit de justice. A la*

---

[421] Le legs de l'Egypte pharaonique à la Grèce est suffisamment connu pour être envisagé une fois de plus.

naissance de la nation, Osiris était déjà là, avec son esprit d'équité : dans l'au - delà, sur son trône divin, il préside le tribunal des morts ; sa justice absolue est symbolisée par la balance de Thoth et Anubis qui pèsent les actions des défunts avant de les récompenser ou de les punir. C'est le même état d'esprit que l'on rencontre partout en Afrique Noire ; on peut à ce sujet évoquer le témoignage d'Ibn Batouta qui a visité le Soudan au XIIIe siècle : "DE CE QUE J'AI VU DE BON DANS LA CONDUITE DES NOIRS".

Les actes d'injustice sont rares chez eux ; de tous les peuples, c'est celui qui est le moins porté à en commettre et le Sultan (roi nègre) ne pardonne jamais à quiconque s'en rend coupable. De toute l'étendue du pays, il règne une sécurité parfaite ; on peut y demeurer et voyager sans craindre le vol ou la rapine. Ils ne confisquent pas les biens des hommes blancs qui meurent dans leur pays ; au contraire, ils préposent à l'héritage des curateurs choisis parmi les hommes blancs et il reste entre leurs mains jusqu'à ce que les ayants droits viennent les réclamer. »[422]

Dans l'ensemble, l'Afrique précoloniale est dominée par une constante : réaliser la paix et l'harmonie sociales, à en juger les recherches effectuées sur cette période pré-capitaliste.

L'anthropologue Léo Frobenius qui a sillonné l'Afrique entre 1904 et 1930 témoigne :

« *Toutes les querelles au sein de la "gens" sont réglées par les vieux. L'ordre apparaît comme une chose évidente, la discipline est si naturelle qu'on voit naître rarement des disputes graves ; les mauvais caractères sont tenus en respect par la volonté de la communauté qui ne manque pas d'humour, et qui sait fort bien faire la différence entre les individus bien ou mal disposés, joyeux ou misanthropes, ardents ou fatigués.*

---

[422] Cheikh Anta Diop, *L'unité culturelle de l'Afrique Noire*, Paris, 2e édition Présence Africaine, p. 154.

Le principe fondamental est partout l'intégrité de la gens. »[423]

Comment expliquer des résultats aussi significatifs sur une période aussi étendue ? Quelle philosophie du droit explique une organisation politique aussi fidèle à l'idéal de justice, d'équité et aux principes établis ? Quels acteurs et quelle loi fondamentale pour quelle justice ? Autrement dit, quel type d'organisation a permis une telle allégeance aux valeurs éternelles de *Maât ?*

§1- LES ACTEURS ET LE DROIT

A- Les acteurs

C'est dans le sacré qu'il faut saisir le sens de la vertu qui oblige les acteurs.

Le roi, le pharaon, le hiérarque représentent le pouvoir juridique suprême. Leur fonction est divine : ils incarnent *Horus* et sont considérés comme des fils du soleil *Rê*. Quand le premier ministre entre en fonction, c'est lui qui coordonne l'administration interne. En Egypte, le premier ministre, encore appelé Vizir contrôle le judiciaire. Il arbitre les litiges entre les individus et les institutions. Il semble bien qu'en Egypte comme en Afrique, il n'y ait pas eu de séparation véritable entre l'Exécutif et le Judiciaire. De plus, il n'existe pas, comme aujourd'hui, de magistrature professionnelle. Dans les provinces et villages, il existe un conseil de juges (*qenbet*) ; à l'instar des conseils de sages africains dans l'Afrique traditionnelle. Le *qenbet* assure la justice et l'ordre. Le gouverneur ou le nomarque en Egypte s'entourent de notables locaux, de scribes et de contre-maîtres qui héritent des fonctions de leurs pères tout en étant prêtres des temples locaux. Ils disposent à ce titre d'une patrouille de police. Il faut penser que le cosmopolitisme des villes égyptiennes militait en cette faveur. De fait, le statut des prêtres en tant que fonctionnaires de l'administration civile et officiants des temples les autorisaient à rendre justice, car les temples étaient des lieux de culte, en même temps que des institutions étatiques dont les domaines ont relevé de la tutelle du pharaon.

C'est dire que les tribunaux locaux examinaient les affaires locales et rendaient leurs jugements fondés sur le droit coutumier et

[423] Léo Frobenius, *La civilisation africaine*, Rocher, 1987, p. 209.

mythique, de sorte que les réglementations législatives n'étaient appliquées que lorsque les intérêts de l'Etat étaient en jeu. Le vol, le non-paiement des travaux, l'adultère, la violence conjugale par exemple relevaient des juridictions locales.

Quant aux litiges fonciers qui touchaient aux intérêts de l'Etat car assujettis à l'impôt et à la répartition des biens, ils relevaient de la compétence de la grande *qenbet* siégeant sous la présidence du Vizir. Mais celui-ci n'est pas juge suprême. Il est *primus inter pares* : le Vizir est entouré à l'occasion des grands fonctionnaires et du Grand Prêtre de Karnak dont les attributions étaient puissantes. Tous les documents écrits étaient ainsi conservés au bureau central de la résidence auquel le Vizir avait accès à tout moment. Les meurtres, les pillages des tombes étaient aussi jugés à la grande *qenbet*. Après enquêtes et jugements, il s'en suivait une confiscation des biens, des bastonnades, des travaux forcés, des peines de mort selon les délits. C'est dire que l'Etat égyptien a été le garant de la sécurité et du bien-être publics ; l'autorité politique centrale, l'appareil administratif et les pouvoirs militaires et judiciaires égyptiens faisaient appliquer la loi, puis respecter l'ordre à partir des villages et provinces décentralisés. Il en a été de même dans l'Afrique précoloniale où les normes de comportements sociaux ont été établies, ainsi que nous l'avons précisé dans les chapitres précédents.

Les domaines du droit civil et du droit pénal sont distingués et s'ouvrent à l'analyse des droit public et droit privé. Le droit africain reconnaît les délits susceptibles d'être sanctionnés par toute la société et ceux qui doivent bénéficier d'une réparation locale, voire privée. La décentralisation de l'appareil judiciaire répond en partie à cet objectif distinctif.

Reste à préciser que comme partout ailleurs, la distinction entre délits civils et délits pénaux n'est toujours pas tranchée :

> « *Il faut reconnaître que le processus par lequel certains types de délits civils arrivent à être considérés comme des délits pénaux reflète généralement une évolution vers un ordre politique plus élevé.* »[424]

La qualité distinctive de ces actes procède de la législation en vigueur. Or les sociétés africaines fonctionnent à diverses échelles de leur

[424] T. Olawale Elias, *La nature du droit coutumier*, Présence Africaine, 1961, p. 146.

évolution comme des totalités sociologiques. Pour l'observateur non averti, les délits civils peuvent être confondus à des délits pénaux, selon le degré de complexification de l'appareil juridico-politique. Il ne s'agit pas d'une confusion, dans la mesure où l'équité est supplée par la législation, ou encore joue concomitamment son rôle de régulation. Il apparaît couramment que le roi, le chef de village, du clan ou de la tribu soient entourés d'un conseil d'anciens ou de notables choisis pour leur sens de la raison, pour leur compétence et pour leur dévouement dans le service. Ceux-ci jouent à la fois, un rôle judiciaire, législatif et politique.

En somme, chaque village, chaque clan, chaque tribu a une connaissance précise du *fundamentum* maâtiste du droit, inscrit dans les mythes. L'interprétation de ce *fundamentum* ne résiste pas au temps et fonde des particularismes interprétatifs qui ne s'écartent pas pour autant de l'idéal, à savoir l'instauration ou la restauration de l'équilibre social perturbé par la faillibilité de l'humain. « *C'est dire que la loi est en même temps "une" et "plurale" et qu'elle confère à la communauté à la fois son identité et sa diversité. Sa référence au mythe et à l'ancestralité ne doit pas nous faire perdre de vue que d'essence humaine, elle est l'émanation des différents groupes sociaux.* »[425]

En cela, il diffère du droit occidental davantage teinté d'exclusivisme, de volonté de domination ou de moyen d'expression de la force, de l'autorité. Cette flexibilité juridique répond, de fait, à des finalités ontologiques de complémentarité dans les relations humaines, de maîtrise du projet téléonomique de l'Univers et donc du temps. Le droit est inféré de l'idéal maâtiste, indépassable, appliqué à l'organisation sociétale, juridique et politique. Si aujourd'hui ce droit est en difficulté, il n'en demeure pas moins qu'il importe de souligner sa consistance scientifique que tente de transformer en profondeur le droit classique. Il est enfin possible, avec l'Egypte retrouvée, d'établir la cohérence des propositions établies ça et là, partout en Afrique. Celles-ci sont une traduction de l'essence propre de la science du droit qui, en dernière analyse, devrait reposer sur l'ontologie, ce qui réellement "est". En cela, l'approche africaine du droit se distancie aussi, d'un point de vue

---

[425] Raymond Verdier, « Une esquisse anthropologique des droits de tradition orale d'Afrique Noire » in *Revue de Synthèse - Philosophie et épistémologie juridiques*, n° 118-119, avril - septembre 1985, Editions Albin Michel, pp. 302-303. Centre International de synthèse fondé par Henri Berr.

épistémologique, du positivisme juridique. L'ontologie africaine a préfiguré, pour ainsi dire, les contours de la science du droit.

B- Ontologie, Science et Droit

L'ontologie et le droit ont fini par se constituer en une entièreté. La première est fidèle à la tradition religieuse de la connaissance tandis que le deuxième résolument conforme à cet idéal religieux. Si le droit africain n'avait été qu'une pratique empirique dans la pratique de la justice, il n'aurait pas survécu à la civilisation égyptienne. Les hommes qui ont su guider la pratique judiciaire, ont progressivement édifié une science juridique et politique donc il convient d'étudier certains traits de caractère spécifiques de la pensée africaine. Parce que la question ontologique a été abordée dans le chapitre précédent, nous nous en tenons à l'essentiel.

La science juridique et politique africaine ne traite pas uniquement de l'étant. L'ontologie africaine aidant, la science envisage l'Etre constitutif d'un Etant qu'elle caractérise. En posant *Rê*, la conscience primordiale armée d'un projet historique et *Noun*, le lieu de manufacture des étants, avec leurs modes d'être respectifs, l'ontologie illustre son caractère phénoménologique et dessine les contours d'une tension scientifique du droit, en tant qu'ordre transcendant, inféré des lois de la nature. La phénoménologie s'inscrit dès lors comme la connaissance des éléments fondamentaux (codes) devant aboutir à la juste perception de l'ordre. Toute la première partie de cette recherche consacrée à l'approche phénoménologique nous a permis de considérer les étants. Le monde s'y est révélé comme un projet et un langage permettant la compréhension de l'Etre. La direction de ce projet indique le sens de l'éternité : nous y avons décrypté le Vérité générale de la nature, à savoir le primat de l'intelligence en vue de faire perdurer l'existence. Or le temps de notre monde est ce à partir de quoi s'est dessinée la compréhension de cet Etre en projet. Aussi la pensée africaine s'est-elle accommodée de la compréhension de ce projet et s'y est conformée. L'ontologie se constitue ainsi comme une science, objectivation de l'être-dévoilé, le mythe quant à lui étant chargé d'en véhiculer l'activité préconceptuelle. La tâche de la science égyptienne a été de partir des étants pour et de singulariser les représentations symboliques qui permettraient de raviver l'ordre originaire, l'être - de - notre - monde. Ce qui, jusqu'ici a différencié la pensée africaine de la pensée occidentale, c'est l'objectivation de ce qui est pré-donné, révélé, dont le message est inscrit dans les mythes. En Afrique, l'ontologie rencontre la science. Ou encore, ce qui jusqu'ici a fait défaut à la pensée occidentale, c'est ce déficit scientifique de son ontologie.

La logique juridique africaine insiste sur une tension féconde à maintenir entre l'ordre cosmique et l'ordre communaucratique. *Maât*, c'est le principe fondamental qui assure cette projection/identification, l'harmonie entre les vivants et les morts, les choses et les êtres, les vivants et ceux-ci, les vivants entre eux. Autrement dit, la science du droit se présente comme un méta-langage et le droit, un langage - objet analogique. Le méta-langage est connaissable, c'est *Maât* : *il est distinct du droit et extérieur à lui*. Cette science correspond bien à une activité de connaissance des rapports justes et fait l'objet d'une appréhension de la vérité générale de l'univers ; d'autre part, cette connaissance est politiquement ordonnée et systématisée en une théorie de la personnalité (statut juridique des individus), une théorie des choses, selon leurs aptitudes respectives à être objets de droits entrant dans l'univers des droits public ou privé. Les choses (les biens) susceptibles de droit et les personnes invoquant ces droits sont tout aussi connues. Parce que dire le droit oblige, l'interprétation, l'argumentation et la solution des conflits suggèrent un processus cognitif d'appréhension de l'essence maâtiste.

La science du droit a donc influencé l'évolution du droit. La présence d'un conseil de sages pour délibérer à la place d'un seul juge et d'un procureur (comme en Occident) connote cette exigence de pureté maâtiste. Non seulement les normes et les comportements sont pris en compte, mais aussi le discours et le raisonnement juridiques. Un choix axiologique est posé entre la stricte légalité, l'équité, la paix, l'ordre social et le sentiment populaire. Le problème de l'épistémologie est ainsi posé, en tant que théorie de la science. Mais parce qu'il n'y a pas de science sans méthode (s), mention doit être faite des règles d'inférence mises à la disposition de la logique et garantissant toute conclusivité. Si la recherche de la vérité pousse à une équité qui n'est point en elle-même scientifique, elle se rapproche néanmoins d'une ligne asymptotique qui côtoie l'ontologie en fournissant à l'épistémologie et à la méthodologie maâtiste son domaine de validité conceptuelle. Elle y fournit aussi une certitude juridique qui réconcilie l'ordre perturbé et la sécurité juridique. Le dire-droit (délibération, argumentaire, interprétation, instances juridictionnelles, etc.), fonde ce faisant une analyse scientifique sans contradiction entre l'Univers, le social et le juridique. Par sa fonction méthodologique et critique, le *Maâtisme* a prétention à dé-construire le positivisme juridique et une certaine idéologie de la justice héritée du droit classique.

§2. LA LOI FONDAMENTALE ET LES ORDRES JURIDIQUES

Ce qui est en jeu, c'est la justification des normes données à la connaissance rationnelle du droit, normes devant nécessairement transcender l'ordre social pour s'inscrire dans la réalité vraie et ultime des choses. Ce qui est ainsi posé, c'est la logique pensante d'une expérience africaine qui se veut conforme à l'Ordre universel. Les débats juridiques africains porteront en conséquence sur les moyens de restaurer l'ordre menacé par *Seth* (les forces du désordre, du mal, de la violence). Le roi, le chef, le hiérarque doivent consacrer l'ordre, *Maât*, pour que l'Univers continue d'exister. De la sorte, le roi est le gardien du droit mais la royauté le "possède". Il subit la norme : le régicide (cas des mboum du Cameroun ou des Jukun au Nigeria par exemple) en porte témoignage. En égyptien ancien, le pharaon est identifié à un captif de l'ordre divin, *hm* qui signifie à la fois esclave et majesté ; esclave de l'ordre maâtiste qu'il a obligation de restaurer ou d'instaurer, au risque d'être lui-même sanctionné, de payer le prix fort, notamment sa propre vie ; et majesté parce qu'il règne. Les constitutions européennes sont loin d'avoir contraint les monarques à une aussi grande prudence politique.

A- <u>La loi fondamentale</u>

En Egypte comme dans le reste de l'Afrique, l'esprit de vérité - justice est de règle ; *Maât* a ses équivalents en Afrique d'un point de vue philologique[426], ou est simplement reprise et transformée dans les mythes et ses dérivés. A l'échelle humaine, elle imprime une règle de formation du droit. *Maât*, écrit Georges Posener, « *C'est l'interaction des forces qui assurent l'ordre universel, de ses éléments constitutifs essentiels (comme les mouvements célestes, la régularité des phénomènes saisonniers, la suite des jours, le lever, chaque matin, d'un soleil nouveau) aux plus humbles de ses manifestations, celles de la société humaine, la concorde des vivants, la piété religieuse, le respect sur terre de l'ordre conçu par*

---

[426] La question est envisagée dans le chapitre VIII.

des dieux, d'où la justice dans les rapports sociaux et la vérité dans la vie morale. »[427]

De ce point de vue, Maât est connaissance de l'intelligence du monde, initiation à cette intelligence. Le garant de l'ordre cosmique et social ne peut être qu'un initié à cette intelligence, c'est-à-dire un roi-savant (roi - prêtre dans le langage africain). En effet, il serait dangereux de concentrer le pouvoir entre les mains d'un dictateur, d'un incompétent, d'un profane, comme ce fut le cas dans l'histoire universelle. On aboutirait aux génocides, à la destruction de l'environnement, au chaos que précisément, les Africains redoutent. A la conscience d'un tel ordre (jugement scientifique), il faut greffer un concept (éthique), *Maât* qui consiste à agir en toute circonstance (concept-action) en conformité avec cet ordre. L'institution politique africaine doit, en droit comme en philosophie, souscrire au jugement scientifique, à l'éthique et à l'action commandés par l'intelligence cosmique.

Maât y reflète l'état juste de la nature et tout projet humain doit être inspiré par la recherche de cet état. L'ontologie se trouve condensée en *Maât* et les mythes en programme l'ordre : conjurer les forces de désordre, du mal (*isft* en égyptien ancien). Le droit se trouve donc purifié, réduit à une formule connaissable par tous, facilement identifiable et perceptible, sans contrainte des savants articles du droit positif qui tentent de justifier dans un jargon linguistiquement irréprochable, mais complexe, le système des lois de l'Etat. Mais la précision linguistique ne confère pas nécessairement la scientificité : le système de prescriptions établi peut s'imposer comme une dogmatique sans référentiel. Il manque au droit objectif une direction et un sens porteurs de significations pour tous, en termes préperceptifs, sémantiques, immanents. L'interprétation des textes achoppe ainsi sur les considérations psychologiques et sociologiques de l'étant social tourné vers une autre dimension de l'être, de la valeur, de l'idéal d'accomplissement. La science juridique moderne est à élaborer : elle doit s'agréger à la réalité constitutive des sociétés, faire en sorte que l'ethnie, la tribu, le clan, redeviennent objets et sujets de droits. Objets en raison de leurs aptitudes à recevoir des droits ; sujets parce que capables d'en produire.

[427] Georges Posener, *op. cit.*, p. 156.

De l'Egypte à nos jours, au sein des institutions traditionnelles relativement conservées, la rationalité maâtiste innerve la société tout entière, parce que naturelle. Le hiérarque, le roi ou le pharaon, garant de l'ordre social n'en est qu'un régulateur. L'action juste est rapportée à la sagesse du monde, au respect de la valeur inscrite en toutes choses. Si le langage des dieux sert ainsi la quête de l'équilibre et de l'harmonie sociale, le pouvoir doit s'y ritualiser pour mieux en garantir la sauvegarde. *Maât* institue l'ordre, la norme, la mesure, le droit et enfin, le sacré. L'analogie est rassurante : le hiérarque porte sur son bonnet une plume de perroquet ou d'un rapace, à l'instar de la plume d'autruche sur la tête de *Maât* et confirme par là même, ses attributs du divin. Les Africains, affirment pour ainsi dire, l'existence d'un ordre juridique supérieur, éternel. A l'échelle humaine, cet ordre est assuré par le hiérarque. L'éthique engage ainsi l'ontologie (l'Ordre universel manifesté à l'Etre) dans la démarche intellectuelle (le choix des souverains et les conçus juridiques considérés dans leurs rapports à l'idéal maâtiste).

Maât introduit l'enracinement de toute connaissance dans la conscience primordiale et le déroulement de l'existence. Seule en effet, l'ontologie peut nous permettre de pénétrer profondément le sens pour en vivre l'indépassable réalité. L'enjeu social appelle donc l'enjeu destinal ; la justice immanente clarifie l'enjeu de l'éternité cosmique avec le tribunal de *Maât*.

La confession du défunt (dans la salle des Deux-*Maât*, tribunal jugement-vérité) montre que celui-ci est un initié qui « connaît. » Il dit :

> « *Salut à toi, dieu grand, maître des deux Maât ! Je suis venu vers toi, (ô) mon maître, ayant été amené, pour voir ta beauté. Je te connais et je connais ton nom ; je connais le nom de ces quarante-deux dieux qui sont avec toi dans cette salle des deux Maât, qui vivent de la garde des péchés et s'abreuvent de leur sang le jour de l'évaluation des qualités devant Ounnefer.* »[428]

Cette confession suscite trois commentaires. D'abord, le verdict rendu par un juré, le tribunal des Deux-*Maât* où trône *Osiris* avec

[428] Lire Théophile Obenga, *La philosophie africaine de la période pharaonique, 2780-330 avant notre ère*, Paris, L'Harmattan, 1990, p. 174.

quarante deux (42) autres dieux rappelle la palabre africaine. Quoi de plus naturel puisque ce "qui est en haut est comme ce qui est en bas". La justice est une affaire beaucoup trop délicate pour être rendue par une seule personne. Autant qu'*Osiris*, le souverain n'est pas seul dans l'exercice du pouvoir et de la justice. Il est entouré d'un conseil à l'instar d'*Osiris* et des forces démiurgiques dans leurs hypostases. D'autre part, et c'est le deuxième commentaire, le défunt connaît les dieux et sait que justice sera rendue conformément à *Maât*. La morale et la religion ne se détachent pas du droit si l'on en juge l'exactitude par la lecture des vertus cardinales égyptiennes reprises par Moïse dans la Torah à travers les dix commandements. Enfin, cette confession semble indiquer le rapport de la connaissance à l'âme : « *je te connais* » dit le défunt. Tout ceci peut justifier l'initiation aux valeurs, aux mystères de l'ordre sacral africain afin que l'Idée rencontre le cosmos objectif, intelligible ainsi que la réalité « *vraie* » des choses, le Sens et la Valeur perçues de manière intuitive. Nous pouvons spéculer quelques instants sur cette question surtout que nous ne connaissons pas encore la nature des liens qui unit la Vérité à l'esprit qui crée la science ou structure-humainement parlant - la connaissance.

Platon pense que l'âme est au cœur de la Vérité générale de la nature dès lors qu'il s'agit d'une réalité des origines, antérieure au temps de notre « monde ». L'âme serait ainsi avant le temps de notre monde introduit par *Kheper* (la Loi du Changement par l'entropie)[429] . Une sorte de pré-cognition fait que cette réalité des origines soit « oubliée », enfouie dans l'âme qui en connaît les secrets et les mystères mais qui se trouve dans l'incapacité de les révéler. Car la nature humaine procède d'une émergence nouvelle qui, englobant d'autres manifestations, constitue une nouvelle topologie de phases. En revanche, les choses matérielles, terrestres, sensibles, seraient en rapport avec ces formes saisissables par l'intuition, mais non représentables. La maïeutique socratique[430] interroge par exemple, ce souvenir « enfoui » dans l'âme pour dévoiler à l'interlocuteur ce qui « est ». Dans cette quête, l'initié

[429] *Wnn* et *Kheper* en égyptien ancien introduisent la notion de l'être et du devenir. Le flux d'un tel changement s'organise autour de la notion de *Maât*, la Règle d'Or de l'Harmonie. Si tout est condamné à subir la Loi du temps, le principe de Vérité est en revanche le même pour que la vérité des parties rencontre celle du Tout.

[430] Socrate a été condamné à mort en 399 av. J.C. Mais déjà cette méthode lui a valu une reconnaissance déjà légendaire.

s'affranchit des considérations opportunes et vaines et ce faisant, rencontre l'ultime réalité, *Maât*, la Loi de la Valeur.

Si Aristote, si prompt à contredire Platon, ne se prononce pas clairement sur la question de l'immortalité de l'âme, c'est probablement en raison d'un manque de preuves concrètes et vérifiables. En revanche, il admet que c'est l'organisation logique du discours qui ne rend pas suffisamment compte de la réalité saisie. Si l'esprit peut ainsi « logifier » la réalité extérieure, saisie par les sens, la difficulté vient de ce que le langage n'est pas toujours approprié pour l'exprimer, du moins de manière convenable. La réalité "immanente" a donc sa traduction "initiatique".

La Loi de la Valeur est partout présente. Les Sages africains la connaissent et l'intègrent dans le vécu. Elle est établie dans l'ancienne Egypte sous la forme de la section carrée. Chez Pythagore, elle a servi à élaborer l'harmonie musicale, à spéculer en astronomie et en architecture. L'esthétique de la forme de Léonard de Vinci est exécutée dans le Canon égyptien. La même loi fait l'objet d'analyses valorisantes dans la maîtrise des lois de croissance des organismes végétaux (Elodéa, marguerite, magnolia) et animaux (coquille du nautile). Elle se retrouve dans le nombre de Phidias ou la série de Fibonacci en mathématiques, etc. En droit, elle doit établir le juste rapport entre l'Idée et l'Action, et donc la justesse des actions, puis valider pour ainsi dire un paradigme mobilisateur et recteur des rapports sociaux. L'égyptologue Serge Sauneron, signale d'ailleurs que dans les cosmogonies égyptiennes, « *tout ce qui sort des mains ou de l'esprit du créateur est sur le même plan, dans une vision d'un monde sans évolution ; l'homme n'y occupe pas une place privilégiée, mais trouve sa fonction et ses limites, comme les dieux et comme les animaux. Chaque "espèce" reçoit son domaine et ses attributions, toutes sont nécessaires, aucune ne prévaut sur les autres.* »[431]

En droit comme en philosophie, il s'y dégage une logique égalitaire, généreuse, responsable, qui fonde l'humanisme "africain". L'homme-dieu (*Rê-mut*) se doit de gérer l'ordre sociopolitique et écologique en mimant le Réel et l'Ordre universel. L'intelligence raisonnante prend alors à témoin le manifeste de cet ordre dont *Maât* est

[431] Serge Sauneron en collaboration avec Posener G., *op. cit.*, p. 35.

l'ultime réalité. Telle est la logique qui anime la philosophie africaine du droit, la raison d'être de la norme opposée à la logique prométhéenne dès lors que l'Univers est ici participation (et non exclusion et domination). Le principe de cette participation devient ordre et organisation qui supposent aussi la production des différences et leur mise en rapport hiérarchique, symbolique, et complémentaire, dans un sens bien compris pour tous et dans l'intérêt de tous, et ce dans une clause de relative autonomie des cultures. C'est cette approche qui dévoile le *vouloir-être ensemble* et le *vouloir-vivre-ensemble*, et donc l'intégration successive dans la nation des communautés suivantes : parentales, lignagères, claniques, tribales. Cette chaîne y mobilise le consensus et la participation en vue de réaliser la nature indivise de *Râ*, conscience primordiale[432] de l'Univers observable.

Cette architecture imbriquée, mobilisant la propriété d'invariance d'échelle présente dans l'Univers, appelle aussi une conception particulière de la place et du rôle du droit dans les sociétés traditionnelles africaines. De fait, la Loi de la Valeur, tout en étant une, s'accommode de l'évolution singulière des communautés précitées.

Elle prescrit en particulier un contrôle à chaque entité en répondant à des finalités complémentaires de relations, d'alliances, de gestion des personnes et des biens. C'est en somme, l'expression d'une volonté collective et non celle du Prince, des législateurs ou des juristes. *Maât* se trouve condensée en puissance dans les principes, normes et rituels qui fondent l'esprit de chaque groupe dans une dimension non affranchie de la morale et de la religion. Elle est toute entière vouée à l'expression de la beauté de l'être cosmique. S'agissant de la *Maât*, Théophile Obenga écrit à juste titre qu'elle « *donc, au fond, une philosophie du bonheur. Tout le contraire d'une philosophie qui engendre la désolation individuelle et collective, le nihilisme, le culte volontaire de l'angoisse. La raison qui secrète la terreur, la dictature, le fascisme, le nazisme, ne produit pas, en fin de compte, une morale digne de l'homme, depuis "séparé" de ses proches parents paléontologiques.* »[433]

---

[432] *Râ*, soleil et Dieu dans la pensée égyptienne est le principe énergétique qui conduit la création à son terme.

[433] Théophile Obenga, *op. cit.*, p. 183.

La Loi fondamentale ainsi décrite, est l'émanation des communautés historiques qui, l'interprétant, déploie des ordres juridiques.

B- Les ordres juridiques

Maât est applicable à l'échelle de l'espace parental délimité au sein d'un territoire donné. L'ordre juridique apparaît par conséquent comme « *un espace social d'autorité.* »[434] Sources juridiques et techniques s'articulent à la complexification des structures sociales dès lors que le droit s'y déploie comme un phénomène social mais aussi en tant qu'expression d'une volonté collective qui assure aussi la conformité aux finalités dernières.

Dans la mesure où les communautés historiques sont rarement homogènes, les ordres juridiques sont issus des relations sociales et de leurs imbrications successives (exogamie, échanges commerciaux, échanges de classe, de bétail, de moisson). Ce faisant, les intérêts en jeu repoussent les frontières parentales où se jouent les mythes pour capitaliser la coutume davantage adaptée à la flexibilité des ressources mythiques. En raison de la complexification du fait social, on distingue l'*ordre parental*, l'*ordre lignager - clanique* et enfin l'ordre *clano - ethnique*, voire l'*ordre supra - ethnique*.

L'*ordre parental* se déploie dans toutes ces figures successives. Il renvoie au cercle élargi de la famille et régule l'organisation des classes d'âge et de sexe, l'accès aux terres et aux femmes et la gestion de l'ordre par un ancien, aîné social ou un sage. Le mythe a des codes correspondant aux schèmes perceptifs du groupe social, à ses jugements axiologiques. A ce niveau, les règles sont préfigurées par des représentations mythiques. L'absence des institutions politiques est compensée par une réalité interne qui permet au groupe de s'auto-gérer. Droit foncier, rites et alliances composent avec la prêtrise de la terre un registre d'éveil à la mémoire ancestrale et au respect des valeurs. En général, les sociétés négro-africaines traditionnelles disposent d'un tel registre. Il convient de ranger dans cette catégorie les lignages dont la profondeur généalogique remonte jusqu'à la 5e génération.

---

[434] Raymond Verdier, *op. cit.* p. 303.

L'ordre lignager-clanique (sémi-élémentaire), constitué d'alliances internes et externes, favorise l'apparition d'un droit coutumier. Les référents mythiques ne correspondent plus nécessairement aux mêmes clichés sémantiques. La coutume compense ce déficit et résorbe les contradictions qui peuvent apparaître. Les nouvelles sources juridiques se sédimentent aux anciennes connues par effet de résonance et de complémentarité. Mythes et coutumes se relaient en raison de la décentralisation du pouvoir. Les mythes continuent de jouer leur rôle dans les entités vassales autonomes, et les coutumes opèrent dans les lieux où le cosmopolitisme impose une résonance de phases des hétérogénéités juridiques. Les conflits relatifs à la terre, à la circulation des biens et des femmes s'articulent aux recettes ancestrales pour avoir valeur de droit. La sphère juridique grandit donc, petit à petit, et devient une source autonome quant à la prise des décisions judiciaires. Le cas des cantons actuels traduit bien cette réalité de l'ordre juridique qui dépasse quelque fois la 5e génération.

L'ordre *clano-ethnique* (semi - complexe ou complexe) engage l'apparition d'un appareil juridique légaliste. Le pouvoir est désormais différencié. Les empires du Cayor, du Mossi, du Ghana ou du Mali, et même de l'Egypte formulent des normes juridiques précises se détachant progressivement du mythe et de la coutume, même si par ailleurs, celles-ci restent en vigueur dans les villages. Mythes, coutumes et Loi alimentent alors le fonds juridique. Les domaines du droit privé et du droit public sont désormais délimités avec l'apparition des conventions de contrats.

Ces trois ordres juridiques dont la nature est d'essence politique s'agrègent à l'ordre territorial et l'ordre religieux. Voyons à présent comment.

L'ordre *territorial* engage les frontières qui délimitent les groupes sociaux sans liens de sang forcément reconnus. L'ordre parental inaugure ce niveau de la réalité : les frontières territoriales commencent ici. Il délimite les frontières des proches, des voisins, des étrangers ou même des ennemis. Un sage africain souligne pour la circonstance le fait suivant :

> « *Les frontières spatiales sont matérialisées par les éléments à la fois naturels et culturels comme les cours d'eau, les particularités marquants du relief, etc., mais*

aussi par l'implantation des symboles qui, doublés de leur signification culturelle, peuvent être considérés comme intransgressables : l'arbre sacré, la présence des tombes ancestrales, de lieux de culte, etc. »[435]

C'est autour du représentant de la communauté, en général un descendant du fondateur de lignage que se fonde aussi l'unité de la communauté. C'est un prêtre de la terre chargé de réguler la distribution de celle-ci entre les ayants droits, conformément au droit coutumier et aux arrangements rituels ancestraux. Cette articulation du monde visible à l'invisible justifie l'instauration d'un ordre religieux, initiatique, traduisant une intervention dans le cadre de la régulation de l'ordre menacé par la société humaine.

L'*ordre religieux* réalise l'unité entre les mondes matériel et immatériel (ancêtres, démiurge, Dieu). L'homme est investi par un statut cosmique donné, lié à l'intervention des esprits ancestraux. La pensée africaine rend compte d'un *continuum* entre ces deux mondes et la société des vivants se pose comme une somme des virtualités devant assurer à ses membres une initiation aux principes établis. L'individu souscrit ainsi à des droits, mais a aussi des devoirs : ce sont ces devoirs qui fondent son appartenance à l'ordre et qui lui confèrent des droits après coup. Les maladies et les calamités sont une réaction des ancêtres et qui justifie des sanctions. Les sanctions s'interprètent comme la nécessité pour tout individu de se conformer à l'ordre établi. Tout écart à l'ordre, aux valeurs des mythes et coutumes établis comme sources de connaissance et du droit trouvent dans ces sanctions leur juste rétribution.

§3- LES SOURCES DU DROIT ET LEUR MISE EN ŒUVRE

Les sources du droit en Afrique sont le mythe, la coutume et la décision judiciaire en conseil des chefs. Le roi, le chef ou le pharaon ont rarement pris l'initiative des lois. Dans certains cas, certaines sociétés sécrètes ont joué un rôle consultatif afin de faire appliquer les lois adoptées par le conseil royal. C'est le cas du *ngé* des sociétés traditionnelles forestières. Il convient aussi de signaler que les Assemblées publiques sont souvent « *convoquées pour discuter de façon*

---

[435] Mbombog Nkoth Bisseck, *Mbog. Concept et portée d'une autre vision du monde*, texte inédit.

approfondie les affaires générales avec mandat d'élaborer à cet effet les lois qui apparaîtraient nécessaires. »[436]

Il s'agit de l'Arbre - à – palabres, lequel est institué lorsque l'organe politique n'est pas suffisamment différencié. L'enjeu, c'est aussi la modification jurisprudentielle des lois anciennes sous la forme de débats publics. Le recours à l'analogie ou à l'équité s'appuie toujours sur les valeurs préexistantes, les principes de droit établis à partir des mythes, légendes et autres sources dérivées. Le chapitre V nous a permis d'analyser les mythes africains et les principes structurants qu'ils formulent.

A- **Les sources du droit**

Partout en Afrique, les *mythes, légendes, épopées* ou *contes* visent un retour à l'ordre social, à la paix, à la justice et à la vérité universelle. Ils visent l'ordre social idéal en prescrivant des interdits et des tabous pour réguler la société. Les règles de parenté, le régime successoral, la vie de groupe, la maîtrise de l'espace social y trouvent leurs justifications. Dans tous les cas de figure, il est toujours question d'évacuer les risques de conflit et de maintenir la paix. C'est là, bien entendu, que réside la capacité des Africains à saisir la notion du droit comme un idéal à réaliser par le biais de *Maât* et que prolonge la coutume.

La *coutume* énonce des interdits et prescrit des rites ; elle prolonge la valeur des mythes en imposant à chacun la représentation culturelle du droit. Le sacré renforce la justification de la pratique ancestrale et des puissances invisibles : les croyances sont de ce fait enracinées dans le fondement religieux. La coutume pré-existe ainsi à la formulation du droit étatique. Elle est adaptée aux conditions particulières qui président à sa formation. Elle n'est pas figée et s'accommode de la texture sociale. Si dans la tradition ou la coutume est contrôlée par les anciens, les notables ou les chefs, celle-ci se mute en loi juridique en conseil lorsque l'appareil politique se complexifie. Le réalisme judiciaire africain s'accommode dans cette phase d'une re-actualisation des normes particulières à chaque groupe social. Mais il s'agit toujours de parvenir à un équilibre social par le biais d'un *paradigme* juridique consensuel.

---

[436] T. Olawale Elias, *op. cit.*, p. 217.

En somme, la coutume est un effort de rationalisation du système d'autorité se complexifiant avec l'évolution des structures sociales. Etant donné qu'elle émane de chaque structure communautaire élémentaire et qu'elle instaure une surveillance judiciaire qui s'élabore autour des normes générales, elle constitue une résonance topologique qui transcende les conditions particulières.

Le réalisme juridique africain tient son avantage du paradigme maâtiste doublé de l'interprétation osirienne de l'histoire sociale. Si *Maât* condense la Loi de la valeur dans l'ordre cosmique, c'est bien le mythe osirien qui lui donne une valeur sociale dans la querelle qui oppose *Horus* (les forces de la justice, du bien, de l'ordre, etc.) à *Seth* (désordre, instinct animal de l'homme, etc.).

La volonté des traditions africaines de conjurer le désordre, de maintenir l'harmonie et l'ordre social traduit bien la part de l'argumentaire et de la délibération dans la recherche du consensus. Cette démarche intellectuelle, née d'une exigence ontologique, maâtiste, échappe à la raison nordique qui n'entrevoit pas la concertation comme une méthode dans la recherche de la vérité. La palabre africaine ne saisit pas le « suffrage universel », le vote comme une méthode pertinente. La pensée africaine, holiste et systémique, suggère la participation contre la divisibilité psychique de la raison et l'individualisme anthropologique occidental. Pas de majorité et d'opposition en politique, mais davantage participation et consensus, tout étant mis en œuvre pour y parvenir.

En Afrique, la coutume reprend le mythe qu'elle intègre dans l'extensionalité de son champ analytique, sans jamais s'en détacher. C'est en ces termes que la vérité s'exprime dans la morale et dans la religion. La vérité ontologique devient dès lors flexible ; elle vise l'équilibre fondamental de l'espace social. Le cadre juridictionnel offre donc à saisir les enjeux de la conciliation, de l'arbitrage ou du jugement en contentieux dans les conseils des anciens[437]. Le souci majeur dans la

[437] La question a été abordée au chapitre III (L'organisation du pouvoir politique). T. Olawale Elias, *op. cit.*, p. 211, signale ainsi que « *Les rois en leurs conseils, légiféraient donc dans les matières d'intérêt général, des chefs locaux ayant en revanche pleins pouvoirs pour prendre les mesures à l'échelon local.* » Il s'agit en quelque sorte, d'une justice rendue par le pouvoir politique mais qui tient compte des réalités locales, et donc d'une parfaite connaissance du milieu sans lequel le droit se dessaisit de la culture et des fins du groupe social.

mise en œuvre du droit est sans doute le maintien de l'harmonie sociale dans la résolution des conflits.

B- La mise en œuvre du droit

Maât fournit à la philosophie du droit l'exemplarité de ses matériaux, son éthique dans l'action sociale, sa méthode et sa conception du phénomène politique.

Faire des lois, élaborer les principes généraux de leur régulation, adapter les appareils juridiques à la complexité des problèmes à résoudre, garantir les droits et les obligations des gouvernants et gouvernés, suppose une mise en œuvre du droit. Celui-ci conjugue sources et techniques. La théorie africaine du droit vise l'équité et non la punition (sanction) du coupable. L'application mécanique de la règle au sens du droit positif peut déboucher à une situation de désordre, voire engendrer d'autres conflits. L'enjeu fondamental dans la mise en œuvre du droit, c'est la recherche de la **justesse** des propositions ou des lois. Produire *Maât*, c'est mettre en œuvre ce *paradigme* judiciaire qui, de fait, permet à l'œuvre humaine de s'ajuster au mouvement global de l'Univers, d'en justifier toute la mesure, c'est-à-dire, l'infinie plénitude de la Loi de l'Harmonie universelle, le Principe - Valeur du monde structuré par la dynamique instable des éléments et ce, à toutes les échelles.

C-La proportionnelle d'échelle

Pour saisir le *paradigme* judiciaire traditionnel dont l'objectif est l'équité et non l'application de la sanction juridique, l'Egypte nous offre une lecture de sa causalité : le cœur (la raison) est mis en balance avec le symbole de la vérité, à savoir la plume de *Maât* que portent les patriarches africains. L'équilibre de la balance traduit la conformité du défunt aux préceptes de *Maât.* Ainsi donc, le cœur du défunt ne doit pas peser plus lourd que la plume ; il doit être suffisamment léger pour justifier la pureté de son existence terrestre. L'équité engage pour ainsi dire le critère de la valeur, et donc la maîtrise du temps. L'équité suppose aussi la non égalité. Aussi l'analogie cœur - plume suggère-t-elle d'autres rapports dépassant la seule égalité que la connaissance rationnelle décrète. *Maât* offre sa proportionnelle d'échelle que sous-tend la valeur.

C'est que, avec l'égalité, l'espace, devenu isomorphe, produit l'entropie, voire la mort. C'est la différence qui engage le mouvement, l'action, le temps, l'éternité. Et c'est la valeur de cette différence en termes de proportionnalité d'échelle qui permet au mouvement d'actualiser les étants, de structurer la stabilité des éléments dynamiques et instables. Les traditions africaines ont intégré dans leurs cosmogonies l'apparition de l'ordre à partir du désordre. Il y a en cela comme une ascèse de disponibilité mentale dans la réalisation de *Maât* par intégration du "bruit", du désordre, mais également par la nécessité de produire des différences à l'origine de toute dynamique, en leur conférant une valeur aux finalités complémentaires. Nous avons conscience du noir et de cette réalité parce qu'il existe du blanc et que ces deux couleurs ont chacune une valeur intrinsèque. La violence s'enraye progressivement dans ce catalogue de différences harmonisées, rattrapées par l'ordre symbolique des différences[438].

A l'instar de la diversité biologique et minérale qui, autrement ne produirait pas le temps, la vie et l'existence. Les choses, les objets, les symboles culturels sont des forces vivantes, incarnant des désirs, des vœux, des espérances, des pulsions et des vies. Il faut leur donner des significations, en canaliser les sens transpersonnels pour enrayer les risques de violence par delà les contradictions de l'existence, les rivalités stimulatrices, les efforts personnels, l'ambition et les désirs. Il existe ainsi une Loi qui maintient le sens de cet ordre dans une proportion d'échelle et, à l'échelle humaine, ce sens produit *Maât* par la logique raisonnante en assurant le passage du rapport géométrique inscrit dans la nature au système de communication, en droit, pour maintenir l'existence. La crise et la violence interviennent lorsque la communication est rompue. Or cette communication dépend étroitement du langage assigné aux objets, à l'inconscient, aux relations interdépendantes qui rationalisent le projet de l'Unité dans la diversité. Et ce langage ne peut être que celui de la compensation harmonieuse des inégalités. Tout concourt à exiger du hiérarque traditionnel un certain nombre de conditions naturelles et physiques doublés d'une initiation à la connaissance des lois de la nature et l'interprétation conjointe de leur portée dans la réalisation de *Maât*. Il est bien question de sonder l'intelligibilité de la nature "profonde", à la fois visible et invisible, matérielle et immatérielle, l'un en tant qu'existant et l'autre en tant qu'esprit, son ultime réalité. D'où la

[438] La différence qui apparaît désordonnée au premier regard produit en fait un ordre. L'ordre se dégage à partir des traits de contraintes, de complémentarités, d'antagonismes, de régulations, de hiérarchisations, etc…

sacralité du Verbe qui engage toute la création en mouvement dans son propre mouvement. Le hiérarque est un initié instruit de la Valeur. C'est un Sage et seules ses qualités peuvent maintenir l'idéal d'harmonie au sein de la société. Jean Ziegler analyse le phénomène de l'immortalité dans la société Yoruba et conclut :

> « *On pourrait dire : grâce aux initiés, l'univers s'éprouve vivant ou, en d'autres termes, la fonction unique de l'action et de la présence des hommes est de maintenir la vie sur terre.* »[439]

C'est là, toujours, le même *paradigme* mobilisateur qui fixe l'harmonie sociale et universelle. La procédure juridictionnelle poursuit cet idéal et nous pouvons en maîtriser la mise en œuvre à travers l'appareil juridique et ses transformations ; lesquelles transformations ont subi l'épreuve du temps et de la modernité. C'est cette remarquable flexibilité du système social africain, non exclusiviste, non expansionniste, qui lui a permis de gérer prudemment la phase d'entropie transitoire (islam, christianisme, colonisation) et de re-considérer pour ainsi dire, l'esprit de *Maât.* On saisit sans doute l'importance qu'a revêtu le Sacré dans cette phase historique de la mise en scène du modèle dominant où exclure, opprimer, tuer ou détruire ont été de l'ordre des raisons.

D- <u>La résolution des conflits</u>

La vision maâtiste du monde est donc en soi un discours juridique elle a sa logique propre ; elle interroge la nature de la perturbation et non le mobile, ceci en vue d'évaluer en termes de pacification la nature de la sanction correspondante. Le recours à la justice n'intervient que si l'ordre social est menacé. Autrement, il existe des conciliations possibles qui supposent aussi un cadre juridictionnel à toutes les échelles. Mais toujours, l'enjeu c'est le rétablissement de l'équilibre maâtiste rompu, à savoir, l'ordre et l'harmonie universels, mais aussi les équilibres sociaux.

Dans le cadre de l'*ordre parental* où la société organisée est encore fortement régie par les liens de sang, familiaux, le conciliateur, choisi occasionnellement, s'évertue à créer une compensation entre les protagonistes, la victime étant priée d'accepter la symbolique de cette

---

[439] Les vivants et la mort, Paris, Seuil, p. 91.

compensation pour apaiser les tensions et favoriser le rachat de la faute. Les proches parents de la victime et du coupable sont aussi engagés dans cette opération. Un rituel peut intervenir : une cérémonie de purification est effectuée lorsque la conciliation vise l'équilibre social et non plus la simple compensation.

Dans le cadre de l'*ordre clanique*, des sous-groupes peuvent entrer en conflit. Là aussi, la compensation peut-être effectuée, mais toujours l'équilibre social est visé. Il faut par conséquent interroger les faits, selon que le délit est privé (on peut néanmoins avoir recours au conseil des anciens), ou public (avec délibération des anciens). Dans ce dernier cas, la faute est trop grave pour être seulement compensée. Même en l'absence d'un tribunal permanent on procède à la cérémonie de purification annoncée. L'enjeu est le châtiment *raisonnable* du coupable.

L'échec de la conciliation conduit dans ces sociétés qui se complexifient à solliciter les tribunaux coutumiers. Ceux-ci prolongent, on le devine, la justice par la médiation des ordres parentaux. Les protagonistes se défendent avec très souvent une délibération publique à l'appui. Même dans le cas de l'arbitrage ainsi sollicité, le droit vise uniquement le rétablissement de l'ordre.

Quant au jugement en contentieux, il intervient dans le cadre d'un appareil juridique légaliste où le processus de différenciation des organes politiques est fortement avancé. On est en présence des grands royaumes et empires.

Nous n'envisagerons pas les types de procédure variant selon que le délit est civil ou criminel, le coupable connu ou inconnu, le délit public ou privé, les preuves certaines ou incertaines. « *Mais on ne saurait trop insister sur ce qu'en filigrane du procès du droit coutumier, il y a chez le juge le souci de réconcilier les adversaires, de chercher à faire à l'offenseur à nouveau une place dans la société, et de lui montrer à cette occasion la nécessité de bien se conduire. C'est là un ensemble de tâches difficiles, et qui requièrent pour être efficacement menées l'approbation et le respect de la masse de la population. Aussi bien le juge indigène se repose-t-il moins sur la technicité juridique que sur l'équité. C'est bien là en fin de compte le caractère le plus profond du droit africain.* »[440]

[440] T. Olawale Elias, *op. cit.*, p. 286.

Or, *Maât* c'est bien la Vérité - Justice, l'équité en toute chose, inanimée soit-elle ! Consciemment ou inconsciemment, le Juge africain porte en lui, de manière atavique, près de cinq mille ans d'histoire ontogénique du droit.

L'approche africaine du droit, on l'a vu, donne à penser la science du droit sur la base de *Maât*, connaissable, indépassable. A la fois une et plurale, la Loi maâtiste s'impose à tous dès le départ, et favorise l'émergence d'une volonté commune de vie gérée de manière à évacuer les conflits au sein de l'organisation parentale, clanique, ethnique [441]. Elle singularise l'approche africaine du droit, son idéologie de la justice et sa théorie juridique. Ce faisant, *Maât* se pose en alternative d'une culture de violence politique suggérée par la logique institutionnelle dominante qui consacre, depuis la Grèce antique, la dialectique du maître et de l'esclave comme valeur et aboutissement. La théorie politique africaine voit à présent le cadre de son étude maîtrisé. *Maât* en stimule l'enjeu organisationnel.

SECTION II : DROIT, POLITIQUE ET COMPLEXITE

Dans la conception africaine de l'organisation politique, lignages, clans ou tribus s'imbriquent pour former une unité qui ne nie pas la diversité. Mieux, elle l'entretient, chacun des ordres généalogico- parento - affinitaire conservant une relative autonomie de fonctionnement.

En général, l'organisation socio-politique est pyramidale, à géométrie fractale, c'est-à-dire par amplification des bases parentales affinitaires, toujours solidaires et répétitives. A toutes ces échelles, le désordre, la violence, les injustices se trouvent canalisés, de sorte que le système social gagne en prospérité, en bien-être individuel et communaucratique.

Il n'y a donc jamais « table rase » des acquis et la société globale se densifie dans le temps et dans l'espace, les migrants stratifiant les principes acquis et justifiés par les mythes, aux sources des savoirs immémoriaux.

Pour en arriver là, il faut précisément un contrôle social rigoureux qui maintienne ce désir permanent de paix et de justice comme valeur. L'acceptation des institutions comme garantes du bien-être de tous et de

[441] *Idem.*

chacun procède d'une vision magico-religieuse intégrée à la volonté collective. Les concepts de finalité commune, d'autonomie et d'antagonismes fondateurs d'ordre et d'auto-organisation s'inscrivent dans la vision africaine du Réel comme porteurs d'une spécificité ontologique.

Un initié de la sagesse ancestrale des traditions Bassa (Cameroun) résume ainsi le *fundamentum* organisationnel de l'ordre universel :

> « *Le principe central de l'univers est sa tension constante vers la consolidation de l'existence. Et cette existence est conçue comme étant liée à la capacité de ses composantes à améliorer leur solidarité, à maîtriser les forces du désordre.* »[442]

L'argumentaire est inscrit dans le discours du mythe. Mais il y a plus dans le poids conclusif du savoir maâtiste :

> « *Le bon ordre consiste, à partir des éléments plus ou moins structurés, à les intégrer dans les structures de plus en plus développées, qui ne nient cependant aucunement leur intégrité individuelle.* »[443]

L'organisation sociale et politique doit refléter cette sagesse de l'Univers qui est aussi celle qui assure l'existence. Le jugement de valeur, en plus d'être cosmo-objectif, scientifique, inspire une disposition éthique qui engage l'action, l'organisation étatique comme une totalité complexe en devenir. Une telle vision du Réel s'oppose au modèle de citoyenneté de l'Etat-nation engageant la seule volonté et la liberté de l'individu.

En épousant le langage du Réel, la pensée africaine éprouve la rationalité complexe de l'Univers et s'immisce au sein de la réalité cosmique. André Leroi-Gourhan et Jean Poirier décrivent en des termes allusifs les faits :

> « *Tous les travaux et les activités humaines (...) rappellent le mouvement universel ; poterie, élevage, danse, musique, décoration, et notamment le forgeron - dont les cadences*

[442] Mbombog Nkoth Bisseck, *Mbog. Concept et portée d'une autre vision du monde.* Textes dactylographiés et inédits.
[443] *Idem.*

> *de soufflet et d'enclume ont créé la première danse (...). Le monde s'ordonne comme une vaste équation, l'animation humaine répond à l'animation de la nature, et chaque geste se prolonge à des précédents mythiques. Le monde négro-africain, qui apparaît à certains si simple est simple en effet, mais par l'effet de sa logique interne. Il est en apparence très compliqué ; la création prend un sens que l'on peut dire philosophique. L'Univers noir semblait brut ; il apparaît maintenant comme profondément élaboré.* »[444]

Aussi les modalités d'expression de la réalité embrassent-elles un ensemble de formalismes symboliques tout aussi complexes qui miment les finalités universelles où toutes choses sont corrélées. Louis-Vincent Thomas et René Luneau écrivent avec cet accent d'une confession :

> « *Cette affirmation constante d'un ordre et d'un équilibre où toute chose semble tenir la place qui lui revient et ne trouve sens que dans sa relation au tout, suppose en dernière analyse, une rigueur, une "rationalité" à laquelle la description des phénomènes religieux dans les sociétés traditionnelles ne nous avait pas habitués.* »[445]

Comme nous allons le voir, il y a plus d'une leçon à tirer. La pensée africaine rationalise une axiologie cosmo-objective dont nous énonçons dans la suite de l'analyse quelques principes analogiques au fonctionnement des systèmes vivants. C'est la raison d'être de cette section, à savoir, analyser et projeter les apports de la logique complexe à une meilleure connaissance de la pensée africaine. La théorie des systèmes complexes, la cybernétique et la théorie de l'information fournissent ici des matériaux intéressants à apprécier. Elles permettent de cerner la théorie sociologique classique de toute pertinence. On peut déplorer le fait que la théorie classique n'envisage pas les structures sociales comme des cortex biophysiques soumis aux lois de l'environnement, en termes de complexités communicationnelle, programmatique et organisationnelle.

---

[444] André Leroi-Gourhan et Jean Poirier, cités par Cheikh Anta Diop in : *L'Afrique noire précoloniale*, Paris, Présence Africaine, p. 64.

[445] Louis-Vincent Thomas et René Luneau, *La terre africaine et ses religions*, Paris, L'Harmattan, 1980, p. 130.

§1- LE COMPLEXUS SYSTEMIQUE[446]

Notre réflexion porte sur la manière dont les systèmes politiques africains étudiés dans les chapitres précédents ont pu se conserver dans le temps (près de cinq mille ans) et dans l'espace en reproduisant le code maâtiste et les invariants du statut juridique des personnes. L'accent sera donc mis sur l'organisation, les relations et fonctions qui unissent les différentes sous-unités, ceci pour mieux justifier le caractère cosmo - objectif de la rationalité politique africaine.

L'idée de système projette ici la complexité des combinaisons entre des éléments en interdépendance, mais dotés chacun d'une relative autonomie et accomplissant dans le cadre de celle-ci des finalités complémentaires à celles du Tout. Une telle organisation fait donc émerger, à l'instar des systèmes vivants, des niveaux hiérarchiques, des contraintes et antagonismes, des jeux de corrélation, de l'ordre et du désordre, d'équilibres instables, des rétroactions, etc. Tout cet ensemble entretient la vie interne du système social. Celui-ci vise par conséquent une coordination des fins au vu de son propre état et celui de tout l'environnement et subit, ce faisant, des fluctuations par intégration du "bruit", de l'information. Aussi maintient-il sa cohérence en se complexifiant dans l'espace et le temps, en produisant la néguentropie, c'est-à-dire en puisant dans l'environnement l'énergie dont il a besoin pour se maintenir et résister à l'entropie, à la mort.

L'approche systémique conduit ainsi à rechercher les principes d'organisation du vivant et à les articuler aux systèmes sociaux pour en obtenir l'action sociale la plus efficace possible dans le cadre de la régulation socio-politique.

René Passet précise pour la circonstance :

> « *L'approche systémique étudie les liaisons organisationnelles et les principes organisateurs (finalisations, hiérarchisation des niveaux, auto-régulation, etc.) communs à l'ensemble des systèmes.* »[447]

---

[446] Nous reviendrons sur cette question dans le cadre des enjeux méthodologiques de la Sociologie moderne (chap. VIII).

[447] René Passet, *op. cit.*, p. 200.

Nous partirons de la finalité, *Maât*, pour comprendre comment les Africains conçoivent l'organisation des lignages, clans, ordres et castes qui constituent les divers ordres politiques africains. Les principes d'interdépendance, de programmation hiérarchique des finalités et de décentralisation du pouvoir aux différentes échelles de l'organisation politique sont les trois thèmes abordés[448]. Ils nous renvoient à la reproduction du système vivant. Cette analogie de fonctionnement avec le vivant servira de base à l'appréciation du système politique africain.

A- <u>Le principe d'interdépendance et d'indivisibilité</u>

Le cosmos, les règnes humain, animal, végétal et minéral constituent un Tout avec divers niveaux d'organisation dont l'harmonie, la cohérence, et les combinaisons hiérarchisées produisent l'existence. A chaque niveau précité s'organise une harmonie et une cohérence internes avec des sous-niveaux imbriqués, classés, diversifiés. La société humaine elle, est constituée des grandes cultures : africaine, européenne, asiatique, etc., elles-mêmes fractionnées en sous-cultures s'exprimant jusqu'au niveau des nationalités avec des finalités toujours complémentaires et spécifiques, mais participant à celles commandées par le Tout. Chaque sous-culture est ouverte à toutes les autres par la communication, en reçoit des informations qui lui permettent de s'ajuster, de s'organiser pour contrebalancer les effets entropiques. L'environnement est ainsi producteur d'énergie dont se sert tout système social pour s'ajuster, se reproduire et se complexifier. Dans un premier sens, le système social africain se constitue en sous unités complémentaires, lignages, clans et tribus, elles-mêmes redistribuées en familles élargies ou nucléaires. Dans l'autre, l'ensemble du système est lié à ses sous unités elles-mêmes interdépendantes. Chaque sous-unité se maintient grâce à l'énergie puisée dans l'environnement sociétal et naturel, y secrète ses propres hiérarchies et valeurs légitimées par tous les groupes sociaux.

D'où cet énoncé important : **la finalité dominante, Maât, englobe et transcende l'ensemble social avec des hiérarchies qui reproduisent et manifestent un caractère indivis et interdépendant. Tant que cette finalité est respectée par les parties prenantes, l'Etat se complexifie, la chefferie devient un royaume et un empire.**

---

[448] *Idem*. Nous les reprenons pour approfondir la réflexion.

La cosmo-objectivité de l'axiologie africaine engage ainsi la rationalité communaucratique par amplification des sous unités hiérarchisées que sont la famille élargie, le lignage, le clan, l'ethnie. L'Univers s'humanise, et son organisation fait corps avec le réalisme conceptuel africain. Les lois de la nature préparent alors l'avènement de la société politique, la société de culture d'où émerge la raison.

Qu'elle soit alors locale, nationale ou internationale, l'organisation gouvernementale sert la collectivité par le biais de communautés historiques auto-organisées. A la fois sujet et objet de la loi, chacune des communautés connaît les principes d'interdépendance et d'indivisibilité qui commandent aussi la bonne organisation, dès lors qu'elles sont elles-mêmes constituées par ces principes. L'objet de la fédération ou de la confédération est de permettre d'articuler les finalités autour de la *Maât*, de permettre à chaque citoyen d'avoir aussi près que possible, ses racines et sa culture où s'élaborent les problèmes locaux, le gouvernement central se chargeant d'en coordonner les finalités nationales, au profit des finalités spécifiques, locales, claniques ou lignagères. La Valeur, *Maât* est ainsi au cœur de la programmation hiérarchique des finalités qui suppose aussi une reconnaissance des atouts des ressources et compétences légitimées en droit à toutes les échelles de la société autour du statut juridique des personnes et des entités historiques établies.

B- <u>L'ordre hiérarchique et le primat de la Valeur</u>

Maât, la Loi de la Valeur est inscrite en toute chose. C'est elle qui conditionne l'intégration de l'invariance programmatique dans le changement (*kheper*). *Maât* et *kheper* sont donc indissociables de la totalité en devenir, animée par *Rê* (énergie) : l'humanité *est*, précisément, parce que les éléments de l'Univers sont restés en équilibre et soumis aux lois de la croissance et de la reproduction qui régissent l'Ordre de l'Univers. Cet Ordre symbolique se maintient pour permettre la transformation. Le jeu de la liberté est ainsi imposé par *Maât*, devenue contrainte pour la permanence de la vie, de ses ordres et règnes hiérarchisés.

La hiérarchisation du modèle politique africain est cosmo-logique. Le chef, le roi, le hiérarque sont garants de *Maât*, mais aussi eux-mêmes soumis à sa loi, grâce à un contre-pouvoir légitimé par le bas à travers les représentants des clans, eux-mêmes chefs dans la majeure partie des cas d'une structure lignagère ou clanique. Si le souverain règne, il ne gouverne pas : c'est la norme qui gouverne, c'est-à-dire *Maât*. Il en est de même des représentants de clans ou des lignages. **La royauté possède les rois dans un jeu complexe et globalisant, partagé, imposé du haut vers le bas de la pyramide sociale, la finalité du système politique tout entier prévalant sur les finalités des sous-unités politiques que sont le lignage, le clan, ou la caste : l'ordre hiérarchique est préservé tant que Maât est respecté comme finalité** par les parties prenantes. Elle instaure et consolide le primat de la Valeur.

C- Les principes de centralisation et de décentralisation

Le chef, le roi, le hiérarque est un initié, donc un savant au sens magico-religieux du terme. Tenu par les règles et les secrets du pouvoir sacré, il a pour rôle d'instaurer *Maât*, l'information - valeur devant permettre au système socio-politique tout entier de s'auto-réguler et faciliter la réalisation de sa mission, celle de *Maât*, selon des stratégies qui diffèrent d'un souverain à un autre.

Maât est bonne gouvernance déployée aussi bien par le roi que par ceux qu'il commande, la nature du pouvoir étant la même à chacun des niveaux d'organisation avec des degrés de liberté leur permettant des adaptations indispensables aux aléas et transformations. A l'instar du vivant où l'organisation interne se complexifie en favorisant son autonomie vis-à-vis de l'environnement, le système politique africain donne aux acteurs locaux, chefs de villages ou de clans une autonomie de décisions et de moyens dans l'accomplissement de leurs tâches. La décentralisation du pouvoir correspond ainsi à l'autonomie de fonctionnement des organes du corps humain régulés en fin de compte par l'organe cérébral qui contrôle le Tout.

Centralisation et décentralisation sont aussi complémentaires : elles maintiennent la cohésion de tout le système. Dans les systèmes africains, la guerre, le commerce, le trésor et les grands travaux publics (agriculture, moyens de communication, etc.) relèvent des prérogatives du roi en personne, la législation, l'exercice du droit et le contrôle social relevant des administrations locales. Si l'Etat fixe les objectifs généraux, et que le roi veille à la réalisation de *Maât*, l'équité, la justice sociale, le bien-être de tous. La légitimité clanique ou tribale oblige celui-ci à remettre les pouvoirs de décision aux chefs locaux et chefs de famille.

D'où cet autre énoncé qui consiste à placer les pouvoirs de décision au niveau des organes parentaux afin que le respect de Maât rencontre l'intérêt des niveaux locaux et supérieurs et, par conséquent, l'intérêt général. La mémoire individuelle et collective y tient donc lieu de mémoire cybernétique[449]. Elle répercute dans les mythes et rites l'idéal organisationnel transmis de génération en génération.

Edgar Morin nous rappelle que :

> « *Pour qu'il y ait système, il faut qu'il y ait maintien de la différence, c'est-à-dire maintien des forces sauvegardant au moins quelque chose de fondamental dans l'originalité des éléments ou objets ou interrelations, donc le maintien contrebalancé, neutralisé ou virtualisé de forces d'exclusion, de dissociation, de répulsion.* »[450]

Des traits d'ordre, de différenciation, de hiérarchisation, de complémentarité, de contraintes, d'antagonismes, d'interactions affectent ainsi tout système social. Le maintien de sa vie et de sa permanence requiert, à l'instar du vivant, des rétroactions régulatrices, depuis le bas jusqu'au niveau supérieur de l'organisation. Celles-ci visent la réalisation des fins maâtistes, complémentaires, équitables pour les parties prenantes informées et participant des fins. **La complémentarité et l'équité refoulent alors les antagonismes et, contribuent à maintenir l'équilibre de tout le système. Les désordres suscités par ces antagonismes sont intégrés dans le cadre d'une réorganisation du système global**. Tel est le sens de cet autre énoncé principiel, le troisième.

La désorganisation et le désordre permanents, sont intégrés dans un ordre dynamique fait de rétroactions qui surmontent l'accroissement d'entropie à l'intérieur du système social. Le mythe et la mémoire servent à maintenir la générativité du programme maâtiste. A l'instar des machines qui convertissent par des opérations l'information extérieure, le

[449] Cette question sera approfondie dans le cadre des enjeux méthodologiques de la science moderne (chap. VIII).

[450] Edgar Morin, *Sociologie*, édition revue et augmentée par l'auteur, Fayard, 1994, p. 95. Coll. Points. Série Essais.

dispositif social est auto-organisateur et a besoin d'informations pour se maintenir. Les informations sont ici les savoirs et savoir-faire, les normes, le droit dont chaque culture lignagère, clanique ou tribale est porteuse et qui, se maintenant, intègrent la valeur pour renforcer leurs autonomies respectives et la complexification de l'Etat. Sur ces bases, les sociétés africaines traditionnelles ont pu créer des modèles qui ne sont pas fondés sur l'exploitation et la domination de l'homme par l'homme. Mais ces bases, qui sont davantage culturelles, ont été rendues possibles par le patrimoine cérébral retransmettant ces codes génétiques :

> « *L'émergence de la culture est indissociable du développement du cerveau et de l'individualité. Elle est précédée, dans bien des espèces animales, par des phénomènes de transmission de génération en génération, de savoir-faire, de comportements acquis par des générations précédentes.* »[451]

C'est bien chez l'homme que la culture engage le procès de l'idéal politique de l'Etat. Force est de reconnaître que la sociologie dominante a produit, puis capitalisé les antagonismes à toutes les échelles de la société, accentuant le cynisme des nations, la compétition de jungle, les appétits des forts et les conflits. On comprend mieux le recours de l'Afrique à sa pulsion maâtiste, à sa démarche intégrationniste dont on peut souligner enfin la justesse et la noblesse des sentiments. C'est bien la nature de la culture qui fonde la nature de la méthode scientifique et politique. La culture, en tant qu'information, nous conduit à envisager la production et la circulation du sens dans les sociétés traditionnelles.

§2- LA PRODUCTION DU SENS[452]

L'analyse de la production du sens aboutit à la conclusion selon laquelle la lutte contre l'entropie chez les organismes vivants se caractérise par une structuration de l'énergie par l'information. Celle-ci leur permet non seulement de se reproduire, mais aussi de se maintenir et de se complexifier. Les systèmes sociaux n'échappent pas à ce déterminisme dès lors qu'ils échangent l'information et l'énergie avec l'environnement. Ce faisant, ils organisent l'ordre en produisant la

---

[451] *Idem*, p. 131.

[452] La question est reprise dans le cadre des enjeux méthodologiques de la sociologie moderne (chap. VIII).

culture et en communiquant, en recherchant la bonne information. C'est de cette façon qu'ils maintiennent leurs structures, leurs organisations et leurs systèmes de valeurs grâce à des emprunts ou des rejets d'informations à l'extérieur.

Un système social se maintient si la communication entre ses membres résiste au désordre, intérieur ou extérieur, et augmente l'adaptabilité du système social tout entier. En d'autres termes, l'excès de ressemblances ou de différences produit la mort du système.

Non seulement les mythes africains font intervenir la création d'ordre à partir du désordre, mais encore, les innovations de type normatif et institutionnel n'altèrent pas les finalités conçues. Elles valorisent les différences et les soucis majeurs du droit, à savoir le maintien de l'harmonie dans le jeu des différences.

Etudiant les sociétés africaines, Georges Balandier affirme :

> « *Un ordre ne peut résulter que du jeu des différences et de la hiérarchisation (logique, symbolique, effective) des éléments différenciés. C'est en raison des différences ordonnées que la société et sa culture se constituent en des ensembles organisés que les hommes peuvent s'y définir - construire leur identité - et s'y situer, déterminer leurs positions sociales.* »[453]

Les mécanismes de la régulation politique et socio-écologique doivent promouvoir des rapports équilibrés entre groupes sociaux. La pensée vise *Maât*, une culture de convivialité et de justice sociale. L'Egypte pharaonique en est un témoignage des plus précieux pour en référencer la pratique :

> « *La société égyptienne englobe l'Univers entier : les éléments, autant que les êtres, sont immatriculés, comme partie d'un même tout, collaborateur d'une tâche commune.* »[454]

---

[453] Georges Balandier, « La violence et la guerre : une anthropologie » in *Violence et sécurité collectives*, n° 110, UNESCO / ERES, 1986, pp. 534-535.

[454] A. Moret, *Le Nil et la civilisation égyptienne*, Paris, Albin Michel, 1925, p. 547. Collection L'Evolution de l'homme.

Variation et organisation créatrice sont au cœur des mécanismes de l'évolution et la culture en reproduit le sens. Le rationnel africain mime par des actes conscients l'impression cosmique sur la nature environnementale.

En somme, le Sens apparaît par assimilation du désordre, du bruit, du parasite ou leur élimination hors de système. L'information a un cadre sémantique large ; il procède de la culture où les langues, les mythes, les arts, les techniques, etc., constituent le tout informationnel issus de l'environnement psychoaffectif, physique, matériel et sociétal.

Jacques Attali précise que :

> « *Toutes les productions s'inscrivent dans un processus qui doit, par la circulation et par le sens donné à ce qui est produit, empêcher la violence de proliférer, transformer la production de violence en production de sens.* »[455]

Le penseur formule alors une théorie du sens dans ce qu'il appelle *Les trois mondes*[456] où il semble bien que :

> « *L'Ordre rituel apparaît comme polarisant la violence du cosmos par la ruse, par la circulation des paroles, des rites et des objets - tous différents, parce que tous vivants et tous dangereux, à la fois sujets désirants et objets de désir.* »

Mais instable, cet ordre peut se transformer en un ordre rudimentaire, impérial, du fait de son incapacité à conjurer la violence :

> « *Mais cet Ordre produit aussi ses propres limites, du fait même de son extension ; et vers le XIIe siècle, il cède le pas à un troisième, l'Ordre marchand où seuls les objets, dans l'échange sur le marché, sont polarisateurs de la violence, où disparaissent l'ambiguïté et le sens, où la langue des hommes se traduit en celle des objets.* »[457]

---

455 Jacques Attali, *Les trois mondes. Pour une théorie de l'après-crise*, Fayard, 1981, p. 161.
456 *Idem*, p. 162.
457 *Ibidem*.

Si les Ordres précités ont accompagné l'idéologie occidentale de la colonisation et du développement, force est de reconnaître que le modèle rituel africain et ses symboles subsistent, avec ses synthèses compréhensives.

Et parce que la liberté y revêt un caractère social, la démocratie engage une rationalité communaucratique où le consensus et l'argumentaire sont de règle.

De fait, les revendications d'ordre affinitaire vise l'objectif de transformation des règles devenues obsolètes. Elles mettent ainsi en jeu leur gabarit cognitif pour valoriser le cadre de l'expression politique. Même intégrées à un gouvernement de type fédéral ou confédéral, les entités auto-organisées, conservent leur autonomie historique et inaliénable en cas de fragilisation du pouvoir. C'est qu'en définitive, chaque entité se suffit à elle-même. Le concept d'Etat, notion juridique se rapportant à une structure politique contrôlant un territoire où vit une population, renvoie à une proposition se rapportant à une sémantique d'échelle. Cette approche entraîne ainsi des problèmes de recherche conceptuelle et épistémologique dans la mesure où le modèle africain reste bien un modèle qui colle à la réalité complexe de l'Univers en justifiant par-là même le Sens.

La sociologie africaine voit donc le jour et colle à la réalité complexe de l'Univers. Nous l'appellerons sociologie complexe : ses concepts, sa méthodologie et son fondement théorique adhèrent au modèle organisationnel de l'Univers, contre l'idéalisme déterministe, réductionniste et mécaniciste de la pensée classique.

CHAPITRE VII : PROBLEMATIQUE DE LA DERIVE MAÂTISTE DANS L'AFRIQUE ACTUELLE

> « Ainsi, quand vieillit un monde, quand une société n'a plus d'autre projet que sa propre mort, elle doit, pour suivre son destin, créer les conditions de la violence et de l'aventure, en sachant qu'elle l'emportera mais que cet achèvement est nécessaire à une renaissance rêvée. »
>
> Jacques Attali, *Les trois mondes. Pour une théorie de l'après crise*, Fayard, 1981, p. 211.

La sociologie positiviste, cumulant fantasmes scientifiques[458] et rationalisme universaliste[459] pour justifier l'ordre politique dominant, se trouve désormais contraint de réviser ses fondements idéalistes. Le modèle juridico-politique dominant montre en effet ses limites après que s'en sont emparés les substrats humains et culturels de la planète comme gage de développement. La colonisation y a accompagné la diffusion du

---

[458] Auguste Comte, Karl Marx, Emile Durkheim appartiennent au courant positiviste recherchant des lois susceptibles d'éclairer la nature et l'évolution des sociétés humaines.

[459] S'interrogeant au début de son *Cours de philosophie positive*, t. V, pp. 12-13, sur l'orientation à donner au progrès rationnel, Auguste comte montre que c'est « *dans l'organisation caractéristique de la race blanche et surtout, quant à l'appareil cérébral, quelques germes positifs de la sa supériorité* », que se justifie la nécessité d'universaliser le modèle occidental. Max Weber, L*'Ethique protestante et l'esprit du capitalisme*, Paris, Plon, 1964, avant-propos, p. 11, reprend à son compte l'idéal élitaire occidental : « *Tous ceux qui, élevés dans la civilisation européenne aujourd'hui, étudient les problèmes de l'histoire universelle, sont tôt ou tard amenés à se poser, et avec raison, la question suivante : à quel enchaînement de circonstances doit-on imputer l'apparition dans la civilisation occidentale et uniquement dans celle-ci, de phénomènes culturels qui - du moins nous aimons à le penser - ont revêtu une signification et une valeur universelle ?* » Edgar Morin affirme : « *Il faut aussi considérer ce fait très curieux que la science est et demeure occidentale tout en étant devenue tout à fait universelle* », *Sociologie*, Edition revue et augmentée par l'auteur, Fayard, 1994, pp. 74-75. Collection Points. Série Essais. La science commencerait ainsi avec la Grèce d'Aristote. Puis, plus rien. Table rase des autres contributions. L'Egypte et l'Orient arabe ne comptent pas dans le legs scientifique à l'Europe. Dommage tout de même ! L'intégrisme intellectuel commence bien avec la culture scientifique.

modèle capitaliste contre les intérêts des peuples soumis et dominés, avec l'aval de l'élite politique et intellectuelle bureaucratisée et corruptible, prête à tout pour faire valoir ou conserver ses intérêts de classe.

Malgré les indépendances politiques intervenues, l'idéologie du développement a accentué un état de dépendance chronique raccordé à l'importance croissante des relations politiques et économiques internationales, avec leurs exigences toujours accrues de modernité, et par conséquent demandeuses de performance scientifique, technologique et financière, malheureusement contrôlées par l'ex-métropole davantage assoiffée de puissance et de prestige.

Parallèlement se sont développés des contradictions et paradoxes sociaux, économiques, politiques, environnementaux et scientifiques dont l'humanité actuelle subit une crise multidimensionnelle aux racines se prolongeant à l'être moral et social désormais atteint. L'ampleur paroxysmal des conflits fratricides et leurs cortèges de haines, de violences et de génocides, les désordres économiques qu'accompagnent les inégalités, les injustices, la pauvreté, le chômage, la famine, l'exclusion sociale, l'impersonnalité des relations humaines, les indifférences affectives, les déviances sexuelles et mentales, etc., traduisent les limites du modèle sociologique de l'Etat-nation hérité de l'idéologie conquérante.

A tout cela s'ajoutent la crise de l'environnement, le réchauffement de la planète, les manifestations de l'ozone stratosphérique, les vaches folles, le VIH SIDA qui sont autant de facteurs qui sollicitent une autre vision du monde et des valeurs, condensée en un projet politique nouveau. Pour lutter contre l'entropie, la sociologie politique doit désormais prendre en compte la version africaine de la réalité politique telle que nous l'avons envisagée dans les chapitres précédents.

Aussi ces phénomènes ne doivent-ils pas éclipser des aptitudes réorganisatrices, latentes, inconscientes ou virtuelles, à l'intérieur de systèmes affectés. Les perturbations génératrices de ces crises révèlent, tout au moins sur le plan politique, l'actualisation des ordres politiques nouveaux, à tendances nationalitaires, tribalistes ou sectaires, où se déploient des revendications socio-politiques, voire séparatistes. Les systèmes de valeurs et normes établis continuent donc d'opérer : les modèles politiques locaux ou traditionnels subsistent, sous des formes pures, syncrétiques ou compréhensives (subjectives)[460] et ne demandent qu'à être rationalisées, surtout qu'elles procèdent de vérités sur l'Etre admises par la science.

Nous nous attacherons à cerner la nature sociologique des limites de la pensée dominante (section I), ainsi que les raisons de la faillite de l'Etat-nation[461] en Afrique (section II). C'est la problématique sociologique et philosophique des fins de l'Etat moderne que nous comptons aborder dans le présent chapitre, question de tirer toutes les conséquences que nous impose l'élaboration d'une théorie sociologique moderne qui soit réellement universelle.

SECTION I : LE LEGS DE LA PENSEE DOMINANTE

L'approche théorique de la pensée dominante dont la vision atomistique du Réel rapportée aux sociétés humaines porte sur la croyance en des entités localisées sans liaisons communes entre elles et l'Univers tout entier a joui d'une longue tradition de santé scientifique (sociologique) avant de présenter de nombreux signes d'essoufflement sur les plans ontologique, éthique, méthodologique et conceptuel.

Héritière de la logique newtonienne et cartésienne aujourd'hui battue en brèche, cette approche a contribué à enraciner dans les esprits les préjugés voués à la proclamation du culte de la raison souveraine avant de surseoir aux fantasmes qui la prédestinaient à l'expansionnisme le plus fulgurant de l'histoire des sociétés humaines.

Devant les soubresauts d'une science devenue paradoxale, le temps est venu d'en interroger la valeur sociologique malgré les réalisations les plus spectaculaires par elle réalisées : car, en fin de compte, ni la paix, ni le bonheur, ni la pauvreté, ni la justice sociale entre et dans les nations n'ont été réalisés. Dans bien de cas, c'est bien la menace d'une destruction de l'être social qui s'est idéalisée sous le couvert des dogmatiques idéologiques ou religieuses.

---

[460] Au sens de Weber, pour mettre en valeur l'intentionnalité sociologique des acteurs ; et de fait, dans l'esprit de Weber, les lois sociologiques ne sauraient être comparables à celles des sciences de la nature. Max Weber valorise alors les intentions humaines, individuelles.

[461] Nous interrogeons ce concept au chapitre premier. S'y reporter pour en savoir plus.

Le défaut de la théorie sociologique classique[462], c'est ce mode empiriste du savoir dont le métalangage instruit des représentations inconscientes formalisées en un auto-contrôle de la production scientifique. Les grandes traditions naturalistes et positivistes relèvent de cette inspiration idéaliste au sens d'un ordre idéal des choses, simple ou simplifié, parfait et transcendant. Le rationalisme s'est chargé après coup d'un jugement de valeur que la manipulation des concepts cristallisait en système de référence. *Le Léviathan, Le Prince, l'Homo œconomicus et stratégicus* agissant sur le système de régulation politique ou économique, matérialisent ce mode de connaissance renvoie à des lois mécanicistes qui ont produit l'Etat-nation et pour lesquelles la sociologie complexe[463] se fait désormais un devoir de rupture épistémologique pour assurer une approche davantage soumise aux lois des systèmes et de la régulation par l'essence. La crise sociologique est avant tout, une crise du discours sur le Réel née de la dérive ontologique de la pensée mythique et prolongée au positivisme juridique et politique mais aussi à la science classique proprement dite.

§1- L'AMBITION PHILOSOPHIQUE DE LA PENSEE MYTHIQUE

L'ambition philosophique du rationalisme occidental pose le problème de la conformité du discours à la vérité par la seule correspondance établie entre la théorie et son objet. L'idéalisation de la réalité occidentale offerte au nom de l'universalité dissimule alors mal l'orientation axiologique du droit positif en rapport avec les intérêts politiques de la socio-histoire. La théorie politique est, par conséquent, intimement liée à un discours sur le Réel mythologiquement conçu et ontologiquement vécu. L'idéalisme occidental suggère, de fait, un pôle empiriste porteur de normativité, mais que corrigerait le positivisme rationaliste, c'est-à-dire le pôle logiciste d'une pensée intégrale critique de son objet, à savoir le droit comme langage, et la science du droit, comme métalangage.

---

[462] Cette théorie s'est d'abord appropriée les méthodes élaborées par la physique, avant d'y renoncer pour se contenter des traditions cartésiennes de compartimentalité analytique. Le chapitre VIII reprend cette question.

[463] La science de la complexité considère, précisément, que le Réel est complexe, contrairement au rationalisme conceptuel de la pensée classique. Le chapitre VIII reprend cette question.

Il paraît essentiel de saisir l'horizon axiologique qui a présidé à l'évolution de la matrice idéaliste des conceptions et institutions occidentales, toutes confortant des pratiques juridiques et politiques pour le moins porteuses de conflits. La présente analyse suggère, pour ainsi dire, la perspective d'une libération des créativités spécifiques dont la profondeur conceptuelle des idéalités reste encore masquée par la philosophie spontanée de la rationalité politicienne dominante.

Du point de vue de l'anthropologie structurale, l'étude des mythes révèle les structures profondes et inconscientes de l'esprit humain, les interactions entre le sensible et l'intelligible, l'intuition et la logique, l'ontologie et l'épistémologie. Cette étude voudrait consacrer la portée transcendante du principe de la réalité et son impact sur les faits de religion, mythiques et ontologiques. En somme, il est question de montrer que la rationalité philosophique occidentale ne fait que prolonger la pensée mythique dont elle semblait s'être résolument détachée.

A- <u>La pensée mythique occidentale</u>

Pour Lévi-Strauss, il est clair que :

> « *Les mythes se pensent dans les hommes et à leur insu.* »[464]

En fait, poursuit-il après analyse, « *les mythes n'ont pas d'auteur : dès l'instant qu'ils sont perçus comme des mythes et quelle qu'ait été leur origine réelle, ils n'existent qu'incarnés dans la tradition.* »[465]

Avec les mythes, c'est le problème du sens philosophique qui est mis en équation. Tout se passe comme si l'homme est agi par une réalité indépendante de sa volonté. C'est cette réalité qui orienterait la vision du Réel, des valeurs, des fins et des moyens des groupes sociaux.

Relisons quelques mythes grecs[466] pour saisir l'enjeu des mythes dans le déroulement de l'histoire socio-politique occidentale.

---

[464] *Le cru et le cuit*, Plon, 1964, p. 20.

[465] *Idem*, p. 26.

[466] Cf. Edward Petiska, *Mythes et légendes de la Grèce antique*, Paris, 11e édit., Gründ, 1982.

Le mythe de *Prométhée* pose le problème de la pauvreté, du mal et de la souffrance auxquels les hommes sont définitivement confrontés en raison de la désobéissance et de l'arrogance de Prométhée à l'égard de *Zeus*, Dieu suprême. Il y est écrit :

> « *La Pauvreté et le Mal envahirent les maisons, et la Mort vint sur les talons. La Souffrance et l'Inquiétude réveillèrent les hommes pendant leur sommeil et les mauvais rêves les étouffèrent. Seul l'Espoir n'était pas répandu, car il était resté presque entier enfermé dans la boîte de Pandore.*
>
> *La colère de Zeus frappa aussi Prométhée. Le roi des dieux envoya Héphaïstos et ses aides pour attacher le rebelle avec les chaînes les plus lourdes et les plus solides à un rocher élevé des montagnes de Caucase.* »[467]

Le pessimisme indo-aryen transparaît dans ce mythe. Les désagréments et autres malheurs de l'homme procèdent de la fatalité. La fin du mythe précise que la souffrance est le lot de l'homme :

> « *Depuis ce temps, les hommes portent des anneaux ornés de pierres en mémoire de Prométhée.* »[468]

C'est dire que la souffrance apparaît bien comme la contrepartie de notre commune humanité. Elle justifie aussi le caractère insurmontable de la destinée humaine.

Quant au mythe de *Sisyphe*, il confirme ceci :

> « [Les] *dieux punissaient sévèrement ceux qui se moquaient d'eux et ne respectaient pas la loi divine. Et bien sûr, Sisyphe avait mérité un châtiment en proportion avec ses forfaits.* »[469]

Les humains défient les dieux et comme toujours en subissent le châtiment.

Il n'en est pas de même des mythes africains que nous avons étudiés dans les pages précédentes. Le mythe du *péché originel* est y bien

---

[467] *Idem*, pp. 9-10.
[468] *Ibidem*.
[469] *Ibidem*, pp. 104-105.

présent, bien avant l'avènement du christianisme. A l'instar d'Adam, Sisyphe porte sa peine :

> « *Il doit faire rouler un énorme rocher jusqu'au haut d'une colline, et, lorsque celui-ci atteint le sommet, la pierre lui échappe des mains et dévale la pente opposée.*
>
> *C'est ainsi que depuis des siècles Sisyphe s'acharne sur ce vain travail et sa souffrance n'aura pas de fin.* »[470]

Le pessimisme philosophique est de rigueur et la corvée humaine demeure une constante. Les autres mythes, à savoir ceux d'*OEdipe* ou d'*Orphée* autant connus que les deux premiers, relèvent du même registre tragique des cycles de violences et des tensions sociales conflictuelles. Si ceux-ci ne résultent pas directement des faits de cultures, ils traduisent tout au moins une réalité sociétale vécue, tout au moins en partie, sans que les dieux puissent intervenir favorablement pour redresser la situation. Aussi les humains se sentent-ils abandonnés à eux-mêmes. Homère racontait des histoires pas confortables à l'endroit des dieux. Protagoras émettait même des doutes quant à leur existence. Diagoras la niait. Quant au mythe du *Déluge, celui-ci* rapporte que :

> « *Il vint un jour aux oreilles de Zeus que les hommes étaient devenus tout à fait corrompus et commettaient beaucoup de crimes. Aussi pensa-t-il qu'il devait descendre sur la terre : il voulait voir de ses propres yeux si réellement les hommes volaient, tuaient, se moquaient des dieux et disaient des mensonges au lieu de la vérité.*
>
> *Il vit avec peine et irritation que les hommes étaient encore pires que dans les récits qu'on lui avait faits. Un individu volait un autre, en lui mentant, les hôtes attaquaient et massacraient leurs invités endormis, les enfants impatients d'hériter attendaient la mort de leurs parents, les femmes donnaient du poison à leurs maris et les frères s'entretuaient.* »[471]

On peut mesurer l'ampleur du tragique dans la pensée mythique occidentale, tragique en relation étroite avec la réalité sociale.

---

[470] *Ibidem.*
[471] *Ibidem.* p. 13.

Dans l'ensemble, l'idée d'un Dieu bon, assurant la paix et la prospérité aux humains est absente des conceptions mythiques et religieuses. L'unification divine des divinités grecques, domestiques, intervient avec Platon[472] dont le séjour en Egypte a inspiré la réalisation de l'idéal monothéiste du panthéon grec, à l'instar du panthéon pharaonique[473].

A la morale pacifiste des Africains, encline à l'idéal de paix tel que nous rapportent les mythes étudiés, a correspondu le besoin d'expansionnisme des sociétés indo-aryennes, la violence et l'esclavage dictés par un environnement climatique et géographique hostile.

Cheikh Anta Diop entrevoit une relation entre l'environnement, l'*ethos* et l'histoire des civilisations occidentales et africaines :

> « *Pendant toute la période nomade et longtemps après la sédentarisation, la notion de justice semble inconnue chez les Aryens. Toutes les valeurs morales sont à l'opposé de celles du berceau méridional et ne s'adouciront qu'au contact de celui-ci. Le crime, la violence, la guerre et le goût du risque, tant de sentiments nés du climat et de premières conditions d'existence, prédisposaient le monde aryen aussi extraordinaire que cela puisse paraître, à une grande destinée historique. Quand il se ruera, pour le conquérir, sur le berceau méridional, il trouvera celui-ci*

---

472 Platon, *La République*, traduction et notes par Robert Baccore, Paris, Garnier - Flammarion, 1996, pp. 126-129.

473 Platon s'est fait initié aux sciences égyptiennes. Des sources historiques concordantes rapportent l'initiation des savants grecs aux sciences égyptiennes. Théophile Obenga, *La philosophie africaine de la période pharaonique, 2780-330 avant notre ère*, Paris, L'Harmattan, 1990, p. 221 écrit : « *Ces nouvelles sciences, enseignées aux étudiants grecs (Orphée, Homère, Solon, Thalès de Milet, Pythagore, Oenopide, Eudoxe, etc.), étaient la géométrie, l'astronomie, la théologie, la philosophie, l'initiation dans la pure tradition "ésotérique" pharaonique, la science sacerdotale, etc.* » La théologie a été ainsi enseignée dans la pure tradition du monothéisme égyptien dont on peut penser, d'une façon raisonnable, que Platon s'en est inspiré pour l'unification des dieux grecs en une seule divinité juste, au même titre que les cultes d'Amon-Rê en Egypte. Messod et Rogger Sabbah, *Les secrets de l'Exode. L'origine égyptienne des Hébreux*, Paris, Jean-Cyrille Godefroy, 2000, p. 550, écrivent : « *Dieu universel ignorant les rivalités, il avait été à l'origine de la création, pour le bien, pour l'amour des hommes.* »

mal défendu, sans fortification notable, car habitué à une longue coexistence pacifique. »[474]

On peut être frappé par la grande insistance que les témoins et chercheurs accordent à l'idéal de paix manifesté par les sociétés africaines. Les diverses sources juridiques, les pratiques, les institutions et le statut juridique des personnes en témoignent largement. C'est *Maât* qui est visé en tant que Valeur.

Dans l'ensemble, les théories politiques africaines, bien analysées, sont saisissantes : elles posent le problème de la production du sens. Selon Georges Balandier, « *Elles associent l'ordre du monde, imposé par les dieux, et l'ordre de la société, instauré par les ancêtres du commencement ou les fondateurs de l'Etat. Le rituel assure l'entretien du premier, l'action politique le maintien du second : ce sont des processus estimés parents. Ils contribuent tous deux à imposer la conformité à un ordre global qui est présenté comme la condition de toute vie et de toute existence sociale.* »[475]

Si rituel et action politique coalisent, c'est bien parce que la signification des mythes a un sens pour tous, celui de l'équilibre harmonieux de la société politique.

Aristote[476] et Montesquieu[477] ont insisté sur les rapports existant entre le climat et les institutions politiques. L'un et l'autre ont saisi la manière dont les déterminations culturelles se plient à la réalité environnementale. La réalité sociale grecque vient d'être présentée, celle de l'Afrique aussi. On peut mesurer la distance anthropologique qui les sépare et dont on apprécie bien l'impact des déterminismes climatiques et environnementaux sur les faits de culture. L'Afrique a bénéficié de conditions favorables à une meilleure organisation.

La raison dans l'histoire est avant tout ontologique. Il faut la saisir comme telle pour décrypter l'histoire politique comparée des peuples. Si dans les traditions africaines, les mythes et les rituels

---

[474] Cheikh Anta Diop, *L'Unité culturelle de l'Afrique Noire*, Paris, 2e édition Présence Africaine, p. 154.

[475] Georges Balandier, *Anthropologie politique*, Paris, 4e édition Quadrige, 1999, pp. 125-126.

[476] Avec Aristote, il s'agit davantage de justifier l'inégalité des races et la supériorité de la race "blanche" sur les autres races.

[477] Montesquieu y voit les origines des différentes institutions politiques.

investissent un contrôle social qui conjurent les forces du désordre, de la violence et de la mort aux fins de préserver l'harmonie universelle et le projet téléologique, en Grèce, ces principes ne sont ni formalisés dans les mythes, ni instaurés dans la logique institutionnelle. La dérive mythologique prête ainsi sa démarche à l'anthropologique et, bien entendu, à la phénoménologie juridique et politique.

Henri Wallon, célèbre historien anti-esclavagiste nous éclaire sur ce point "aveugle" de la pensée qui a gravement affecté les institutions et régimes politiques occidentaux. Il entrevoit notamment l'esclavage comme un caillou dans la chaussure de la constitution. Il écrit :

> « *Quelles excitations à la cruauté, quelles facilités à la débauche, quel abus dans tous les droits, quel relâchement dans les devoirs de famille ! L'histoire du foyer antique en donne un triste enseignement. Mais l'esclavage ne vicia pas seulement l'organisation de la famille. Il altéra la constitution des Etats.* »[478]

A présent, découvrons les idées immanentes et juridiques qui ont promu l'idéal politique occidental.

B- L'idéalisme juridico-politique occidental

La pensée juridico-politique dominante est tributaire de la vision hellénistique du monde. Formalisée par Aristote, cette pensée a aussi servi de repère à l'idéologie de domination historique de l'Europe. Elle permettra de situer l'enjeu du mythe indo-aryen dans l'expérience spirituelle et politique collective ainsi que les idéaux qui ont engagé l'Europe dans la conquête de l'humanité.

1- *La raison hellénistique*

L'impact dorien qui introduit l'âge héroïque (XIIe siècle avant J.C.) rompt avec les coutumes sédentaires et agraires mycéniennes dont la caractéristique a été l'instauration du mode de gouvernement et d'administration palatiale proche du modèle égyptien. Les Doriens introduisent ainsi le droit privé semblable au droit des Aryens qui envahirent l'Inde au XIVe siècle avant Jésus-Christ. De fait,

---

[478] Henri Wallon, *Histoire de l'esclavage dans l'Antiquité*, Paris, édition Robert Laffont, 1988, p. 18.

contrairement aux africains où les vainqueurs ne s'approprient pas les terres des vaincus, les migrants s'approprient les terres, richesses principales au lieu de composer avec les vaincus. Aussi les Achéens, Pélasges et Egéens déshérités ont-ils formé l'embryon de la Plèbe amenée à combattre les nouveaux maîtres. C'est la dialectique du maître et de l'esclave qui instaure le mode de régulation politique conforme à l'esprit du droit. Les vaincus sont sans droits, peuvent être tués ou vendus là où les Africains accordent à ceux-ci des droits, droit à la terre et à l'intégration sociale par exemple. L'antagonisme politique est alors consacré : soit on est maître, soit on est esclave. Toute la praxis politique s'organise autour de cette rupture. L'abstraction logique se saisit aussi par la catégorisation, le classement, l'opposition contre le consensus, la participation, la complémentarité des sociétés africaines. De cette catégorisation va découler la défense des intérêts acquis et une démocratie de type militaire qui débouchera sur la violence institutionnelle, voire préventive. Le monde hellénique hérite donc dans son ensemble de la sociologie du pouvoir inhérente à l'esprit des coutumes « doriennes ». Les chefs de clans cherchent à conserver le pouvoir, pour ne jamais plus le perdre. La réalité politique est donc la suivante : l'esclave et le maître, les vaincus et les vainqueurs, les forts et les faibles, qui ne peuvent que s'opposer, condamnés qu'ils sont à se combattre, et y subir *le sens de la loi du plus fort qui devient aussi le sens du droit*. Autrement dit, contrairement à l'Afrique où la révolution politique chasse un roi du pouvoir sans que les institutions soient mises en cause, la conscience occidentale elle, invalide les régimes politiques, réclame le changement des hommes et des institutions ; l'idéal démocratique y est sans cesse fugitif.

C'est dire combien l'Afrique précoloniale était satisfaite de ses institutions bien avant l'Islam peul conquérant. La générosité (même avec les étrangers et les vaincus de guerre), la compensation des préjudices moraux liés à la hiérarchisation des castes (division du travail et hérédité), renvoient à des équilibres qui rendent presque impossible le mécontentement de la société globale. Les prêtres, les guerriers, les commerçants, les interprètes, les pêcheurs, les bergers, etc., partagent la vie sociale et politique par le consensus, la participation, l'argumentaire de la palabre, et un sens inné de l'équité et de la juste mesure. Le droit privé et le droit public sont présents dans la monarchie constitutionnelle africaine et ne débouchent pas sur la République bien qu'il y ait eu des pratiques mercantiles sans doute résorbées par le savant dosage de l'idéalisme religieux et sa logique institutionnelle, à la fois axiologique et théocratique.

Au moment où le Moyen-Âge hellénique introduit l'apparition des premières cités et l'époque homérique l'alphabet, les clans s'affrontent rudement et ont chacun un régime politique propre. Les grands traits sociaux demeurent le sens aigu de la propriété privée (bétail, terre et esclaves) sous l'égide de la toute puissance paternelle (*patria protestas*). La cellule familiale est autonome d'un point de vue religieux, politique et économique : le *pater familias* peut tuer ou vendre ses esclaves, sa femme et ses enfants. Le droit privé est ainsi une institution antérieure à l'avènement de l'Etat et de la cité, si bien que Abraham peut donner son fils Isaac en sacrifice, tout comme Agamemnon peut sacrifier sa fille Iphigénie pour se concilier les dieux de la victoire lors de guerre de Troie, sans que ceux-ci aient de compte à rendre à l'ensemble de la communauté. En Afrique, la vie est sacrée et l'étranger, l'enfant, l'esclave autant que la femme en général, sont socialement intégrés[479].

La vocation impérialiste de l'Occident prend corps dès le IVe siècle avant Jésus-Christ. Une seule entité politique est envisagée pour la première fois d'abord par Philippe de Macédoine puis, Alexandre Le Grand son fils : la Grèce se déporte à l'extérieur. Même s'il y a introduction de la dynastie, la structure politique y demeure inchangée. L'individu, posé en absolu dans sa famille, déploie son autoritarisme aux dimensions de la cité-état et maintenant de l'empire. Le *continuum* politique est logique et organiquement lié aux valeurs du nomadisme ancestral. On comprend mieux pourquoi la pensée d'Aristote est une authentique appréciation des faits sociaux dans la cité-état grecque esclavagiste. Coloniser, tuer, détruire ou déstructurer, tel est le vrai visage du rationalisme politique.

2- ***Le rationalisme d'Aristote***

La réalité que découvre Aristote est celle que nous venons de décrire. Elle a d'ailleurs été rapportée par Homère et prolongée par les témoignages éloquents de bien d'auteurs au rang desquels Théognis, Thucydide, Xénophobon, Plutarque, Démosthène, Diodore de Sicile,

---

[479] Lire Cheikh Anta Diop, *Civilisation ou barbarie*, Paris, Présence africaine, 1981, pp. 141-145.

Hérodote, Platon ou encore Polybe. Le père du « droit naturel », a repris à son compte les conçus et vécus juridiques des traditions grecques, non sans élever l'esclavage au rang de dignité philosophique :

> « *Que la nature fasse cependant certains libres et d'autres esclaves, c'est ce qui est manifeste et pour les seconds, l'esclavage est aussi avantageux que juste.* »[480]

Et pour légitimer la guerre et l'expansionnisme, Aristote ajoute en substance :

> « *C'est pour cette raison que même la guerre est d'une certaine manière, un mode naturel d'acquisition - et la chasse est une partie de l'art de la guerre -, mode d'acquisition dont il faut user à l'égard de ceux d'entre les hommes qui, destinés naturellement à être condamnés s'y refusent, avec l'idée que c'est là, et selon la nature, une guerre juste.* »[481]

La philosophie du droit d'Aristote se veut réaliste : le droit se donne à être connu à partir de la réalité sociale relevant de la nature humaine observable. L'objet de connaissance, c'est ici la description des rapports entre individus dans la cité-état où sévit l'esclavage. Dans le partage des choses et des biens prescrit par la raison du plus fort intériorisée comme légitime, les inégalités, les injustices et l'esclavage sont de l'ordre de cette nature, voire le produit d'une volonté supposée divine. Pour dire l'ordre juste et le droit, il suffit d'observer les choses et les êtres, descriptibles à travers leurs relations. L'objet du droit se trouve ainsi constitué et institué, traduisible dans un code de lois inscrites dans la nature elle-même, et sécrétées par un organisme vivant : la cité-état donnée à notre expérience pour en valider les normes, la Loi de la République. Telle est la méthode d'Aristote qui, du reste n'est qu'une certaine approche du droit ne pouvant que produire une certaine théorie du droit[482] : *le jugement de valeur s'y constitue comme une science.*

L'état de nature (mode de vie nomade) que prolonge l'état civil (cité-état) inflige à la pensée un cinglant gauchissement de la logique

---

480 Aristote, *op. cit.*, p. 162.

481 *Idem*, p. 166.

482 L'enjeu serait précisément de tenir compte de la proposition africaine que nous tenons pour rigoureuse et pertinente.

juridique ; les sophistes l'ont bien compris. En légitimant la propriété privée, esclavagiste, posséder un homme au même titre que les bêtes sauvages, le père de la science moderne devient artiste et l'artiste pense établir le droit en découvrant son « droit naturel ». Ce que ce « droit » a alors d'imparfait, il voudrait le formaliser dans un droit conventionnel, légal, rationalisé (*nomikon*) qui serait complémentaire du premier, c'est-à-dire du droit naturel (*phusikon*). Malheureusement, ce droit conventionnel, positif, pourrait-on dire, a gardé les séquelles de la raison opportune et promu un jugement de valeur essentiellement esclavagiste.

Le drame de la pensée juridico-politique moderne, c'est précisément que la philosophie du droit d'Aristote a traversé l'histoire, parfois même grâce à de précieuses embellies philosophiques et religieuses qui, bien souvent, dissimulent mal le malaise de l'Etat - notion juridique - et de la société moderne : c'est l'omnipotence de l'Etat qui prévaut contre la rationalité affinitaire et cosmologique des sociétés traditionnelles africaines.

§2- L'EMERGENCE DE L'ETAT CONQUERANT

Les guerres médiques, celles du Péloponnèse ou de Corinthe se prolongent dans le bassin méditerranéen par les conquêtes d'Alexandre Le Grand. Elève d'Aristote, ce dernier hérite du trône de Philippe II son père, soumet les Perses et colonise l'Egypte. Le grand empire romain est alors à son apogée. On peut même penser que le savant Aristote aurait inspiré cette conquête par le biais de sa théorie esclavagiste inculquée à Alexandre dont il a été le maître.

Dès le départ, il semble bien que le droit romain se serait constitué en l'absence de textes écrits. Les jurisconsultes auraient eu pour tâche de mettre sous la forme de sentences et de règles écrites, le « droit naturel ». Ainsi naît le positivisme juridique moderne, annoncé par Aristote. La méthode consiste à observer les mœurs et les rapports sociaux, à y découvrir le droit, objet de la justice. Le droit n'est pas ici le produit de la volonté du souverain. On le découvre dans la répartition des choses observables. On peut lire Villey qui écrit à ce propos :

> « *La science du droit classique romain se donne pour mission de dire sur le mode l'indicatif, ce qui est à X ou*

Y ; des rapports justes qu'elle découvre au sein de l'organisme social. »[483]

Cela dit, le droit ne peut pas taire la manière dont une chose a été acquise, en droit. Car comment justifier l'esclavage et la domination par le biais d'un droit primé après coup de force et parler des rapports justes ? Au nom, précisément, de quelle valeur ? la question des rapports justes pose dès le départ, le problème de l'organisation et du contrôle social de la propriété privée, du droit de posséder justifié par des règles équitables, ou tout au moins moralement acceptables, bien avant le dire-droit qui n'en serait que le langage.

Or, c'est bien l'idéologie d'Aristote qui va servir, à y regarder de près, de matière première aux jurisconsultes romains. Elle produira le *jus civil* qui n'est autre qu'une forme de droit, mieux, *un discours relatif au droit*. Il s'agira comme en Grèce, d'un point de vue interne à la société qui la décrit. Si le nominalisme[484] introduit le rationalisme moderne, il ne rompt pas le cadre d'Aristote, ni le féodalisme et l'absolutisme qui suivront. La nature humaine est ce qu'elle est et rebelle aux nouveautés. Le prince introduit des lois pour réguler la société, en prescrivant, hélas, des ordonnances juridiques taillées à sa mesure. Ce faisant, il ne fait qu'instituer par l'écrit ce que hier, les maîtres programmaient par la force à leurs esclaves.

L'omnipotence de l'Etat est née de la capacité des princes à contrecarrer les mouvements sociaux et les révolutions des exclus du système. L'écriture y a rendu la norme irréfutable car il s'est agi d'instituer (par la rédaction), puis d'institutionnaliser (de légitimer en mettant au pas par la violence et la force). De nos encore, le droit tente par ce biais de supplanter d'autres formes de droit suggérées à l'esprit européen comme inférieures, vernaculaires, par référence au droit dit positif, c'est-à-dire des écrits nourris d'une suffisance intellectuelle. Les droits locaux y sont alors appréhendés comme des coutumes, du non

---

[483] M. Villey, *Philosophie du droit. Définitions et fins du droit*, Paris, Dalloz, 1975, p. 97.

[484] Le nominalisme, ruinant l'ontologie d'Aristote se propose un recours à la Raison des sujets. Pour Occam, à la suite de Scot, le droit naturel ne peut être objet de connaissance. Le droit doit être crée. Le nominalisme nie la qualité des relations entre les substances individuelles ; il n'y a pas d'ordre juridique dans une nature dépourvue de « sens ». Cela dit, le nominalisme est un précieux moment d'une objectivation théorique de la pensée juridique moderne.

droit. La loi devient la seule Loi de l'Etat tout puissant. Elle se veut impérative, contraignante, conforme à son besoin d'audace et de puissance. C'est en somme le réflexe de l'auto-conservation du pouvoir qui engage le droit étatisé. Avec Machiavel, ce réflexe instruira la pensée du Prince. Le « père » de la science politique reprend la logique d'Aristote en paraphrasant ce dernier, lui qui écrit :

> « *Un Prince ne doit donc avoir d'autre objet, d'autre projet, d'autre art que celui de la guerre et des préparatifs la concernant. Car c'est le seul art convenant à qui commande ; et il possède en lui tant de vertu que non seulement il préserve le trône d'un Prince héréditaire, mais bien souvent élève à ce rang les hommes de simple condition.* »[485]

En reprenant Aristote précité qui parle de la guerre « comme un mode naturel d'acquisition » et la chasse comme « une partie de l'art de la guerre », on entrevoit Machiavel rationalisant celles-ci comme un mode de régulation politique. La guerre y est envisagée comme un art et la violence ne relève plus uniquement de l'instinct nomade. Il devient un fait de culture et assure la stabilité des sociétés. L'institutionnalisation de la violence d'Etat a alors un seul objectif : l'auto-conservation du pouvoir si bien que l'intelligence de Machiavel à consister à instituer, tout simplement les pratiques pré-existantes, à les légitimer, en droit comme en philosophie.

L'idéologie d'Aristote, le corpus juriste de Justinien dans l'empire byzantin, le droit canonique et les conceptions politiques de la papauté font organiquement corps : il est question-on devait s'y attendre - d'une conception du monde soutenue par l'idée selon laquelle certains peuples méritent d'être soumis au joug du plus fort, ou du moins du plus « civilisé », selon cette loi naturelle qui veut aussi qu'à l'instar de la loi de la jungle, il y ait des plus forts et des plus faibles.

La distinction entre la *protestas* (pouvoir) réservée au Prince et la limitation de l'*auctoritas* (autorité) reconnue aux chefs traditionnels d'une part, le *jus civile* (droit commun des citoyens) supérieur au *jus gentium* (coutumes des peuples conquis), de l'autre, procèdent d'une volonté de maintenir une coupure distincte, nette, pour s'assurer

---

[485] Machiavel, *Le Prince*, le livre de poche, 1983, p. 75.

« juridiquement », la légalité constitutionnelle des institutions forgées pour les besoins de cette cause. L'avantage pris par le colonialisme spirituel et monarchique permet de mettre en ordre, au pas, de gouverner pour ainsi dire les esprits et comportements. Saint Thomas a repris cet avantage en produisant son arsenal philosophique en support d'une foi elle-même irrationnelle et réfutable. Mais on sent bien Aristote tapis derrière son commentaire sur ses *Ethiques* et sa *Somme théologique.* De même, la philosophie de Kant elle y a fait naufrage. Car il s'agit presque toujours, de cet effort de suggestion mentale qui sert, en fin de compte, de support d'expression et de reproduction de la version abâtardie du discours ontologique sur le droit. Certes, ce n'est plus Dieu, mais la Raison, une raison avariée par l'inégalité juridique, politique et enfin économique, sans support ontologique fiable, c'est-à-dire sans un discours sur ce qui *réellement est*.

En rationalisant le positivisme moderne, Thomas Hobbes voudrait faire œuvre de pragmatisme. Si « *l'homme est un loup pour l'homme* » (*Homo Homini lupus*) dans les traditions occidentales de vie, l'ordre juridique doit être un produit légal, purifié du droit naturel (à l'état de nature) : il faut en organiser les lois pour éviter l'anarchie. Le droit résiderait ainsi dans les lois du Prince : Hobbes prolonge donc la pente de Machiavel. Mais, pour contrebalancer le pouvoir écrasant des lois, il faut y mettre une « Raison » proclamée législatrice. Cette « Raison » doit servir de tampon à la version standardisée de la loi du Prince. Kant lui-même s'est rendu compte de l'opportunisme de cette Raison. Quant à Rousseau et Voltaire, si prompts à la contradiction, on les verra ainsi indifférents à l'esclavage noir[486]. La doctrine des « droits de l'homme », (ce n'est qu'une doctrine)[487] demeure aussi une fourberie qui masque l'impuissance des régimes libéraux à initier le « droit ». Chez qui par exemple irait-on rendre exigibles les droits des peuples colonisés au moment même où Jules Ferry explique que les races supérieures (entendues européennes) ont un droit vis-à-vis des races inférieures ? N'est-ce pas cela qui explique les massacres en terre africaine et indochinoise au moment même où la France fête sa victoire sur le nazisme le 08 mai 1945 ? Curieux paradoxe qui montre combien sont illusoires les beaux principes de droit formulés.

---

[486] Rousseau et Voltaire n'ont fait que se conformer à l'ordre politique établi.
[487] Les droits de l'homme ne sont pas, de fait, universels.

Le Code Napoléon a uniformisé le cadre juridique de l'empire colonial français par la stratégie du corpus *Juris Civilis*. Celui-ci y joue le même rôle que celui de Justinien dans l'Empire Byzantin. Le droit commun des citoyens (*jus civilis*) réintroduit alors les archétypes romains supposés culturellement supérieurs aux coutumes en étendant son modèle aux sujets de l'empire colonial dans la constitution de 1946. L'enjeu, c'est la diffusion d'un système capitaliste apte à consolider les options coloniales et désormais, à assurer dans les termes bien compris de ses intérêts, la mondialisation des économies, et ceci contre ceux des peuples marginalisés et déshérités. L'ambition ainsi considérée a contribué à fonder la déraison et l'émergence des Etats totalitaires.

L'Occident a en somme légué à l'Afrique politique moderne son sens du pouvoir. Lisons Raymond Aron qui écrit au titre d'une option universaliste de cette pensée du pouvoir :

> « *La politique est action et l'action tend à la réussite. Si la réussite exige l'emploi de moyens moralement répréhensibles, le Prince doit-il renoncer au succès ? Se salir les mains ? Où arrivera-t-il sur la voie qu'il ne peut pas emprunter ? Quel mensonge refusera-t-il s'il précipite sa perte en avouant la vérité ?* »[488]

Si donc le Prince, contraint d'abandonner la dictature doit justifier ses actions en raison de l'évolution des mœurs politiques et de l'idéal démocratique, la Raison d'Etat peut être considérée à cet égard comme une porte de sortie honorable pour expliquer ses exactions. Le mobile de la raison d'Etat protège l'élu du peuple et sa majorité gouvernementale. Pourtant, les principes dits « démocratiques » s'y trouvent menacés : Tocqueville y a entrevu les possibilités réelles d'une dictature de la majorité élue[489] contre les beaux principes hégéliens idéalisant par la raison, l'élaboration des termes d'un « contrat social » entre individus libres, supposés égaux et rationnels, et de fait déterminés à surmonter les antagonistes de la société grâce aux principes d'une « vie éthique ».

[488] Raymond Aron, préface à Machiavel, *op. cit*, p. 8.

[489] Lire Alexis de Tocqueville, *De la démocratie en Amérique*, Garnier-Flammarion, 1981. Ce même Tocqueville justifie pourtant le droit de la guerre et le massacre des algériens à partir de 1830.

Comme en Grèce antique, le rationalisme individuel ruse avec le droit. Hegel n'a pas vécu longtemps. Il se serait aperçu combien il est illusoire de rendre les hommes vertueux dans le cadre des libertés individuelles promues par une idéologie libérale qui corrompt les mœurs et accroît la raison opportune. Toute la spéculation juridiste procède d'un déficit de maturation de la logique du droit et des institutions politiques, déficit que l'on retrouve dans la planétarisation du suffrage universel et du pluralisme politique.

§3- LES LIMITES DE L'IDEAL DEMOCRATIQUE ET ORGANISATIONNEL

Le paradoxe de Condorcet (1785) démontré par le théorème d'Arrow (1951) fixe le problème des limites de suffrage universel : plus le nombre de votants est grand, plus augmente la probabilité d'incohérence des décisions. Dans un cas sur dix, l'intérêt général ne peut être atteint et avec lui la démocratie. Herbert Marcuse y saisit le moment de ruse du pluralisme politique :

> « *Si la forme actuelle du pluralisme a une grande influence sur le blocage du changement qualitatif et "prévient" la catastrophe de l'autodétermination, il ne le déclenchera pas. S'il en est ainsi,* conclut-il, *la démocratie est le système de domination le plus efficace.* »[490]

Le philosophe y relativise à son aise la qualité du régime dit « démocratique ».

Dans une interview accordée à l'hebdomadaire *Le Nouvel Observateur* du 29 mai 1997, Jacques Delors, homme politique français et penseur confesse à son tour :

> « *Compte tenu des habitudes monarchiques détestables et même les risques de confiscation de l'Etat inhérents aux institutions de la Ve République, il n'est pas sain de donner tous les pouvoirs à la même majorité pendant cinq ans encore.* »

---

[490] Herbert Marcuse, *L'homme unidimensionnel.* Essai sur l'idéologie de la société industrielle avancée, traduit de l'anglais par Monig Wittig et l'auteur, Paris, les Editions de Minuit, 1968, p. 149.

Pour le penseur, il est clair que les réflexes monarchiques restent présents dans la pensée républicaine. Ils y consacrent le paradoxe démocratique de la durée des mandats contre l'intérêt général.

L'œuvre de Karl Marx sature cette réalité par des vérités, même si ses détracteurs annoncent pour des raisons évidentes le triomphalisme de l'idéologie libérale. Il a, en l'occurrence, permis de comprendre que les formes juridiques de l'Etat sont solidaires de l'expansion du capital. Des savants en témoignent. Citons quelques-uns.

Immanuel Wallerstein, brillant spécialiste des questions de civilisations envisage le scénario à venir :

> « *Je constate, d'un côté des pressions structurelles sur les possibilités d'accumulation du capital qui vont s'accentuer dans les vingt à trente ans à venir, d'un autre côté, le début d'une désintégration des structures étatiques parce que le peuple leur retire sa légitimité. Or le capitalisme a besoin des structures étatiques. L'Etat est essentiel à sa survie.* »[491]

Voilà la réalité qui commande, aujourd'hui encore, la résurgence des réflexes identitaires, tribaux ou religieux. Cette résurgence dit les dysfonctionnements de la machine juridico-administrative moderne, si bien que l'avenir présage bien de conflits davantage exsangues. Samir Amin en traduit les conjectures en des termes alarmés :

> « *L'expansion du capitalisme pourrait par conséquent se poursuivre, mais d'une manière catastrophique. C'est-à-dire qu'il sera contraint contre son propre discours, dans le but d'assurer l'extension de l'aliénation à de nouvelles catégories en puisant sur la réserve, de recourir à des formes d'oppression politique de plus en plus violentes et d'aller ainsi non pas dans le sens de la démocratisation du monde, mais dans le sens opposé, y compris en Occident.* »[492]

---

[491] Cf. *Jeune Afrique Economie*, n° 242 du 02 juin 1997, propos recueillis par Mamadou alpha Barry, pp. 46-50.
[492] *Idem.*

Ce diagnostic posé, il y a lieu de demander si nous sommes éloignés de la prémonition qu'il recèle.

L'enjeu est donc de taille. Les nationalistes émergents s'organisent autour du modèle affinitaire pour résister à l'adversité. Les Etats européens eux-mêmes sont submergés par les options séparatistes : Basque, Corse, Tchétchène, en témoignent. Qui eût pensé que la démocratie libérale ait eu à sécréter contre son propre projet d'uniformisation des cultures tant de replis tribaux dont elle entrevoyait ailleurs un trait de caractère prélogique ? Sans doute aussi saisit-on enfin l'enjeu de la démocratie dont l'organisation tribale et communaucratique enserre le modèle de l'Etat-nation de cette lame de fond potentiellement insurrectionnelle.

SECTION II : LA FAILLITE DE L'ETAT-NATION EN AFRIQUE

La faillite de l'Etat-nation en Afrique n'est pas seulement politique ; elle a ses manifestations économiques, sociales et religieuses. Mais leurs racines sont socio-historiques : l'Occident conquérant a mis en place de véritables stratégies d'asservissement politique dont l'Afrique a peine à tirer quelque enseignement. Le savant africain Cheikh Anta Diop souligne :

> « *Ainsi, l'impérialisme, tel un chasseur de la préhistoire tue d'abord spirituellement et culturellement l'être, avant de chercher à l'éliminer physiquement. La négation de l'histoire et des réalisations intellectuelles des peuples africains noirs est le meurtre culturel, mental, qui a déjà précédé et préparé le génocide ici et là dans le monde.* »[493]

Il s'est agi de neutraliser la mémoire historique et culturelle en imposant aux africains, par la ruse, la démagogie et la force, un lessivage culturel suffisant pour permettre à l'ex-métropole de gouverner les esprits et les comportements. Face aux résistances, la loi de l'épée a été de règle. L'Afrique y a perdu la maîtrise de son destin, la croisade contre sa religion africaine et ses prêtres s'étant poursuivie sans relâche avec la complicité des Africains eux-mêmes, théologiens chrétiens et musulmans dont on peut affirmer, aujourd'hui encore, qu'ils participent avec l'élite

---

[493] Cheikh Anta Diop, *op. cit.*, p. 10.

locale, au projet historique de contrôle de l'ordre politique, économique et religieux africain par le biais du système impérialiste « triomphant ».

§1- LES CAUSES SOCIO-HISTORIQUES DE LA FAILLITE

Un ensemble de stratégies sont intervenues en vue de l'asservissement politique des peuples dominés ; mais c'est surtout dans l'ordre institutionnel africain que les transformations fondamentales et décisives s'effectueront, même si çà et là, des résistances plus ou moins importantes enregistrées au cours des siècles ont permis de conserver secrètement, l'essentiel des connaissances maâtistes aujourd'hui dispersées, en recul ou disparues.

Il est possible d'envisager quatre temps dans le cadre de la perte de l'initiative historique africaine ; ceux-ci se relaient ou se chevauchent selon le cas. Le premier temps fut la croisade contre les sanctuaires et prêtres africains ; le deuxième, la chefferisation des institutions traditionnelles devenues auxiliaires de l'administration coloniale ; le troisième l'éducation des enfants de chefs et la conversion de leurs parents aux religions importées et le dernier, la programmation de l'universalisme de la pensée libérale, aujourd'hui pesante dans le système éducationnel. C'est en ces termes que se pose la défaite historique de l'Etat africain et la démission d'une élite paresseuse qui n'hésite pas à travestir toutes les luttes politiques, en les transformant en jouissances individuellles.

A- La croisade chrétienne

Pour Mubabingo Bilolo, philosophe et égyptologue, « *L'action évangélisatrice était, en fait, une croisade cruelle et sanglante contre la religion africaine.* »[494] Discutons-en.

Qualifiée d'"animisme", de "fétichiste" pour les besoins de justification de la mission dite civilisatrice, de graves exactions ont été commises. On peut citer quelques unes :

---

494 « La religion africaine face au défi du christianisme et de la techno-science » in *Présence Africaine*, Revue culturelle du monde noir, n° 119, 3e trimestre 1981, pp. 32-33.

« *Les prêtres traditionnels furent chassés de leur sol, mis en prison, s'ils ne furent pas condamnés à mort ; les couvents traditionnels et les bosquets initiatiques massacrés ou détruits ; les objets de culte ramenés dans des musées de l'Occident ; les forêts et les arbres sacrés saccagés (...) Bref, la religion africaine a vu son enveloppe brûlée. Elle n'a plus de "bosquets" - ceux-ci appartiennent désormais à l'Etat "chrétien".* »[495]

Partout où cela a été possible, une église ou une croix ont été dressées sur les sanctuaires saccagés. Les cas de ce genre sont connus : *Ngog-Lituba*, grotte sacrée et lieu présumé de l'origine et de la dispersion des peuples Bantou a été transformée en un lieu de pèlerinage pour les catholiques romains du Cameroun. Une croix se trouve placée au sommet du dôme rocheux : elle est le symbole de la violation des consciences et celui de la vaste entreprise coloniale. Il s'agit là, d'une profanation en bonne et due forme de la religion des assiégés ; elle mérite commentaire. Le recours à cette forme de violence symbolique dénote une volonté de substituer à ces peuples, une identité historique non autochtone que les musulmans, bouddhistes, Juifs ou hindouistes eussent ponctué par le manifeste du sang. Un initié de la tradition africaine du Mbog chez les Bassa du Cameroun met en garde contre le caractère prétendument universel des religions révélées :

« *L'histoire montre que les institutions qui cherchent à étendre leur influence hors de leur société d'origine et à conserver la direction de cette influence, ont systématiquement des visées qui débordent les beaux principes dont elles s'entourent. Elles constituent de véritables chevaux de Troie qui cachent, sous les apparences angéliques, la volonté hégémoniste et impérialiste de leurs pays commanditaires.* »[496]

L'élite africaine nourrit encore une sorte de naïveté atavique vis-à-vis de l'idéalisme occidental. Triste réalité : « *Seule l'Afrique demeure le terrain de chasse libre pour les prosélytismes de tous bords et prétend*

---

[495] *Idem.*

[496] Mbombog Nkoth Bisseck, « Religions, sectes importées et destin de l'Afrique » in *Papyrus magazine*, Revue culturelle n° 11, mai - juin 1998, p. 30.

synthétiser tous ces systèmes sans n'en posséder aucun qui lui soit propre. »[497]

Les arguments pour justifier la désintégration de l'espace socio-culturel africain ne manquent pas. Les écrits trahissent la réflexion des « bien-pensants » même si ceux-ci ne soutiennent plus depuis quelques temps - du moins de vive voix - leur point de vue qui se résume à peu près à ceci :

> « *Nous pensons que la religion doit être mise entre parenthèse quand il s'agit d'organiser l'existence temporelle, la seule qui nous paraisse concevable et qui mérite qu'on s'en préoccupe, la religion n'est vraiment pas un besoin de l'homme.* »[498]

Curieuse personnalité ! Curieuse philosophie de l'histoire, quand on sait que la Renaissance doit aux monastères l'éveil à la connaissance scientifique, que l'Islam, le Tao, le Zen ou l'Hindouisme sont les vecteurs de la pensée scientifique et de l'idéal organisationnel de l'existence, à la fois temporelle et a-temporelle. Comme si la mentalité religieuse africaine était incapable de connaissance et de science ! Il est donc temps de défaire ou de subvertir l'ordre des opinions qui perdent l'Afrique. Léopold Sédar Senghor est de ceux qui ont perçu, certes tardivement, avec le maximum de lucidité l'enjeu de la connaissance. Il écrit :

> « *Pour le négro-africain, la réalité d'un être, voire d'une chose est toujours complexe puisqu'elle est un nœud de rapport avec les réalités des autres êtres, des autres choses. Et ce n'est pas la première fois que la pensée nègre aura précédé une découverte scientifique. Or donc cette réalité multivalente, la raison multivalente, la raison discursive et l'expression abstraite ne peuvent l'embrasser intégralement, qui simplifient, et d'une manière univalente, tandis que la raison intuitive saisit l'ensemble des rapports dans leurs quantités, bien sûr, mais surtout dans leurs qualités. Pourquoi celle-ci*

---

[497] *Idem.*

[498] E. Njoh - Mouelle, *Jalons I. Recherches d'une mentalité neuve*, Yaoundé, Clé, 1970, p. 56, cité par Mubabinge Bilolo, *op. cit.*

s'exprime par images analogiques, qui suggèrent des rapports, et où le symbole multivalent dépasse l'équation signifiant = signifié. »[499]

En cela, l'expression africaine de la réalité procède de la complexité comme tend à le spécifier le jargon de la théorie quantique.

En d'autres termes, la pensée "animiste" n'est pas opposée à la science. Mieux, elle saisit la réalité dans sa totalité et l'énonce par des symboles qui intègrent son expression ontologique. En fait, ce sont les religions révélées qui sont dorénavant sommées de justifier ce qu'elles ont de scientifique et de spécifique. Le jugement d'un philosophe africain bien connu est sans appel :

> « *Pour un philosophe ou pour un esprit scientifique, la Bible est un ouvrage comme "les contes des mille et une nuits" ou bien "l'épopée d'Homère". (...)*
>
> *Je voudrais dire que du point de vue philosophique et du point de vue scientifique la Bible, le Coran et tous les livres sacrés ne sont nullement sacrés, ce sont des livres.* »[500]

Nous partageons largement cette thèse.

Il y a quelque chose de vrai et de précieux dans cette affirmation ; elle permet de sortir des doctrines qui enchaînent la libération de la parole, et ce faisant, d'assurer l'authenticité, la rationalité et la scientificité du discours africain sur la Vérité de l'Univers. La pensée africaine fait montre d'objectivité et de responsabilité de l'homme face à l'enjeu de l'existence. Le projet christique en reprend, point par point les idéaux, discours et symboles et petit à petit, les langues se délient. L'africanité de Moïse n'est plus discutée[501] ; celle de Jésus est attestée[502]. Aujourd'hui, l'origine africaine des principales religions révélées n'est

---

[499] L. Sédar Senghor, *Œuvre poétique*, 5e édition Seuil, 1990, p. 390.

[500] Marcien Towa, *Actes du Colloque de Philosophie de l'Ecole Normale supérieure de Yaoundé*, 4-8 avril 1983, intervention du 07 avril, p. 249.

[501] Lire cet important ouvrage de Messod et Roger Sabbah, *Les secrets de l'Exode. L'origine égyptienne des Hébreux*, Paris, Jean- Cyrille Godefroy, 2000.

[502] Sarwat Anis Al-Assiouty, *Jésus l'Egyptien d'après les monuments*, tome 2. Naissance Divine du Pharaon et de Jésus, summa Aegyptiaca, 1999.

plus contestée [503]. Le legs de l'Afrique à l'humanité n'est plus seulement une réalité ; elle ouvre la voie à d'autres certitudes, plus profondes encore.

L'Egypte a fourni au christianisme une claire illustration de la résurrection osirienne. La mort d'*Osiris* s'illustre comme une transition qui ne mène pas au néant, mais à l'immortalité. S'il y a nécessité de l'existence de Dieu en l'homme, celle-ci fait de l'homme un être de lumière après la mort. Cette pérennité de la vie par la dématérialisation de l'être est symbolisée par la croix ansée *Ankh* qui affirme aussi le caractère spatio-temporel de l'esprit logé en l'homme, son enveloppe corruptible.

D'un point de vue psychologique, la réplique chrétienne de la pensée égyptienne solennisée par la mort du Christ sur la croix ne peut laisser indifférent. Elle dévoile l'impressionnante emprise de l'idéalisme nègre sur la raison occidentale et sémite. Elle consacre aussi, du point de vue de la sémantique de l'image, l'extraordinaire sens du symbolisme nègre et, en particulier, la forte iconicité des signes hiéroglyphiques. Pour comprendre le symbolisme de la vie et de la mort du Christ, il faut interroger la religion égyptienne qui lui est antérieure et moins dogmatique. Le chapitre V du présent ouvrage s'est appesanti sur les déterminations ontologiques de la pensée africaine. Le lecteur y trouvera la justification de nos propos (cf. en annexe l'origine de la croix).

L'Occident colonial est loin d'être dupe ; autant par ailleurs que les missions évangélistes avec lesquelles il a fait front. L'examen de certaines archives coloniales montrent clairement les buts poursuivis par l'administration coloniale. On peut lire dans le message du Ministre des Colonies (Monsieur Renouin) adressé en 1920 aux missionnaires du Congo Belge ce qui suit :

> « **Prêtres, vous venez certes évangéliser. Mais cette évangélisation doit s'inspirer de notre grand principe : les intérêts de la métropole.*
>
> ** Le but essentiel de votre mission n'est point d'apprendre aux noirs à connaître Dieu. Ils le*

[503] Un pasteur et anthropologue S. B. Njami Nwandi opère une démonstration sur cette question. Son article « Origine africaine des principales religions révélées » in *Nomade*, Revue culturelle n°4, Paris, l'Harmattan, 1993, pp. 8-17, est digne d'intérêt.

connaissent déjà. Ils parlent et se soumettent à Mengu Zambe ou Ngalkola, et que sais-je encore ! Ils savent que tuer, voler, coucher avec la femme d'autrui, calomnier, injurier, etc. C'est mauvais !

** Ayons le courage de l'avouer. Vous ne venez donc pas leur apprendre ce qu'ils savent déjà. Votre rôle consiste essentiellement à faciliter la tâche aux administrateurs et aux industriels.*

C'est donc dire qu'il faut interpréter l'évangile de façon qu'il serve le mieux nos intérêts dans cette partie du monde. »

Voilà qui est clair. L'administration coloniale a eu la pleine conscience de la valeur allusive des symboles rituels et religieux africains. Mieux, la religion chrétienne y avait déjà puisé les normes, symboles et enseignements qui ont rythmé et façonné la vie du Christ. La religion africaine nous est revenue par le christianisme en des termes qui, fixant notre attention, ont trouvé des repères sentis et vécus dans les traditions. Malheureusement, la vérité sur l'origine et la culture de Moïse et Jésus, figures historiques africaines, reste confortablement tue, pour ne point ébranler le piédestal sur lequel s'est constitué le patrimoine religieux, culturel et intellectuel de l'Occident. C'est ainsi que :

« *On étudie la religion africaine pour en dégager des éléments et valeurs permanents - valeurs appréciées au regard des canons romains - qui seront intégrés dans le discours théologique et dans la liturgie chrétienne. D'ici cent ans, nous risquons de ne plus parler de religion africaine, mais plutôt d'un christianisme africanisé et fécondé par la religion africaine". Il n'y a pas encore de dialogue entre ces deux religions. Le projet de la mission coloniale est tout simplement adapté, avec la complicité des africains au contexte néo-colonial ?* »[504].

L'enjeu, c'est de finaliser avec le concours des Africains, le projet d'universalisation de la pensée occidentale et ce faisant, d'éponger la capacité d'initiative intellectuelle des colonisés relégués une fois de plus,

[504] Mubabinge Bilolo, *op. cit.*, pp. 33-34.

certes de manière plus élégante, au rang de fossoyeurs de leur propre histoire. Quel gâchis !

Si l'Afrique est donc menacée de l'intérieur par ses propres fils, il existe bien une frange minoritaire de cette élite qui a perçu les enjeux, à savoir, la restauration des traditions religieuses africaines et leur confrontation directe avec l'expérience scientifique. Ce dont il est question, c'est la prise de conscience de la profonde harmonie entre la vision africaine du Réel et la science physique moderne[505], laquelle pourrait être porteuse d'un changement social, politique et scientifique véritable.

Il va falloir, pour reprendre les termes de Mubabinge Bilolo, « *systématiser le langage religieux de nos pères en vue de le rendre pertinent pour le monde actuel.* »[506]

Cela suppose, en plus d'une recherche scientifique approfondie, la réhabilitation du sacré africain, et la légitimation du pouvoir traditionnel corrompu par la chefferisation des institutions traditionnelles devenues auxiliaires de l'Etat, contre les intérêts matériels et immatériels des colonisés. Apprécions ce qu'il en a été.

B- La chefferisation des institutions traditionnelles

Avec la chefferisation des institutions politiques traditionnelles, les sociétés africaines vont perdre le contrôle de leur destin historique. Il s'en est suivi une désintégration des structures religieuses chargées de pérenniser l'ordre maâtiste avec comme corollaire, l'accroissement de l'entropie dans l'ordre social.

Il est vraisemblable que partout en Afrique, les stratégies d'asservissement politique soient restées les mêmes. Nous nous contenterons de ce qu'il en a été au Cameroun.

Le sociologue Titi Nwel en situe l'enjeu en pays Bassa. Il y souligne que les chefs désignés par l'autorité coloniale, « *devinrent pour la plupart des alliés inconditionnels de leurs maîtres dans l'œuvre de destruction de la culture indigène et particulièrement de l'organisation socio-politique traditionnelle.* »[507]

---

[505] Cette question a été abordée au chapitre V.
[506] Mubabinge Bilolo, *op. cit.*, p. 45.
[507] Titi Nwel P., « *Thong Likeng fondateur de la religion Nyambebantu* », thèse de doctorat de 3e cycle en sociologie, Paris, Nanterre, 1979, p. 322.

A la ruse coloniale, se sont greffées la ruse et la complicité des usurpateurs de trônes prêts à asseoir leur pouvoir contre celui des *Mbombog* chefs légitimes, au prix de bien de compromissions. La technique est simple :

> « *Les Allemands choisissent d'abord le Mbombog du lieu pour servir de porte-parole devant les populations autochtones. Ils font apparemment reposer leur gouvernement sur l'autorité traditionnelle, mais en réalité, ils destituent le mbombog de sa place d'instance suprême et de référence sociale dernière en faisant de lui un chaînon irremplaçable dès que son usure et les besoins du nouveau système se font sentir.* »[508]

Dès lors, le pouvoir n'est plus légitime. N'importe qui peut y accéder par imposture. De la sorte, les nouveaux chefs ne sont pas représentatifs de l'ordre politique et sacral africain. Dans leur nouveau rôle, l'administration coloniale s'arrange à ce que ceux-ci soient pour les besoins de la cause, « *Exempts de peines d'emprisonnement et de poursuites judiciaires.* »[509]

L'ordre sacral qui vise en dernier ressort la justice devient ainsi la source des nombreuses convoitises, des désordres et d'opérations de fragilisation du système tout entier au nom des intérêts égoïstes des individus ou de ceux de la métropole. C'est la raison pour laquelle, « *Nous voyons également poindre les luttes d'influence, les intrigues souterraines, pour briguer le bâton de commandement. Le plus frondeur, le plus fonceur et parfois le moins aimable devient chef.* »[510]

Ainsi, la légitimité du pouvoir n'est plus fondée sur un savoir social établi, sur la valeur morale, intellectuelle et comportementale des individus, mais aussi sur l'approbation du groupe social auquel appartient le *mbombog*. Cela aussi l'autorité coloniale en a eu conscience. C'est la raison pour laquelle elle a prescrit à l'égard du nouveau chef, auxiliaire de son administration, un traitement particulier pour en renforcer le prestige et minorer les défauts. Une lettre du commissaire de la

---

[508] *Idem*, p. 330.
[509] *Idem*, p. 331.
[510] *Ibidem*.

République Française au Cameroun adressée à ses proches collaborateurs donne de la teneur à ce propos :

> « *La valeur de ces auxiliaires étant en grande partie fonction de l'autorité qui leur est reconnue par le groupement qu'ils sont appelés à commander, il s'ensuit qu'il est essentiel d'éviter tout ce qui est susceptible d'amoindrir le prestige du chef, base première de son autorité...* »[511]

En destituant le *Mbombog*, autorité religieuse, politique et judiciaire, c'est toute la société bassa qui a été prise dans le cercle vicieux d'une modernité corrompue par la lutte pour le pouvoir et l'avoir, et avec elle, la dégradation d'une éducation qui valait son pesant d'or même si par ailleurs, celle-ci accusait sur le plan des techniques matérielles, un certain retard, somme toute compensé par une intelligence de la nature et des choses bien en dessus de celle alors acquise par la science cartésienne. De nos jours, ces chefs tendent à perdre cette notoriété d'antan, puisqu'ils sont par exemple incriminés dans le bourrage des urnes qui faussent les processus électoraux.

Ailleurs, le scénario est à peine différent. Ndam Njoya révèle les machinations dont le Sultan Njoya a été victime :

> « *Les Blancs se sont ingéniés à dresser les membres de sa famille les uns contre les autres, ou contre lui, excitant les convoitises, multipliant les injustices. La présence de Njoya, qui a encore de nombreux fidèles dans le pays, limite malgré tout leur emprise et réduit leur influence. Les conseils du gouvernement général se font pressants : le roi (ils disent maintenant "l'ancien roi") doit être éloigné de Foumban.*
>
> *Il faudrait quelques années encore pour le préparer à l'exil. En 1931, ce sera chose faite. Njoya sera contraint d'aller résider à Yaoundé.* »[512]

Le rôle des missionnaires dans ces intrigues de palais n'est pas des moindres. Lisons ce témoignage de Moume Etia à propos du sultan :

---

[511] Bonnecarrière, cité par Titi Nwel, *op. cit.*, p. 331.

[512] Adamou Ndam Njoya, *Njoya réformateur du royaume Bamoun*, Paris, ABC, 1977, p. 116.

« *Mais on comprend que les administrateurs, dominés par sa stature intellectuelle et morale, aient été incapables de l'apprécier à sa juste valeur et se soient efforcés de le réduire à l'image qu'ils dressaient de lui, d'un despote anti-français et antichrétien. Les missionnaires prirent part à ce travail de dénigrement, colportant la rumeur imbécile selon laquelle il faisait arracher les paupières des chrétiens pour les empêcher de prier les yeux clos.* »[513]

Même son de cloche du côté du Ngondo, Assemblée coutumière du peuple Sawa. Une fois de plus, la croisade est menée contre l'ordre social traditionnel. Doumbe Moulongo nous en dit un mot :

« *L'administration allemande, sans le dissoudre officiellement mit néanmoins quelque peu le Ngondo sous l'éteignoir en restreignant ses activités, surtout judiciaires, considérées alors comme contraires à la morale chrétienne.* »[514]

Nous avons évoqué ci-dessus, les stratégies de ruse coloniale pour fragiliser le pouvoir traditionnel. Cela a facilité bien souvent la conversion des chefs à la chrétienté et l'envoi des princes à l'école « nouvelle ». Ailleurs, les écoles traditionnelles ont été fermées ; dans d'autres cas, les missionnaires ont crée à leur place des écoles coloniales pour poursuivre leur œuvre d'évangélisation. C'est ainsi que petit à petit, l'éducation traditionnelle a été compromise, puis remplacée progressivement par une éducation « moderne » véhiculant les valeurs du maître que nous avons déjà décryptées dans cet ouvrage.

C- <u>L'éducation traditionnelle compromise</u>

Dans la majeure partie des cas, les familles royales n'ont pas été enclines à envoyer leurs enfants à l'école nouvelle. Le cas échéant, la résistance a été conduite par les patriarches, chefs légitimes. Ceux-ci avaient perçu avec une étonnante clairvoyance ce qu'ils y perdraient. Les choses se sont alors vite passées partout où le pouvoir religieux et

---

[513] Léopold Moume Etia, *Cameroun. Les Années Ardentes*, Paris, Japress, p. 18.
[514] Doumbe Moulongo M., *Le Ngondo. Assemblée traditionnelle du peuple duala*, Yaoundé, CEPMAE, 1972, p. 13.

politique traditionnel était vacillant, voire peu éprouvé. Et c'est davantage par un effet d'entraînement que les populations ont suivi, malgré elles, les chefs convertis aux nouvelles religions. La spiritualité consommée, il ne leur restait plus qu'à envoyer leurs enfants à l'école.

Kala Lobé signale chez les Douala que :

> « *C'est avec un grand étonnement que ces grandes familles enregistrent la décision de la famille royale des Bell d'envoyer Douala en classe.* »[515]

Elles vouaient tant de révérence à la famille royale et entrevoyaient dans cette école « blanche », le lieu par excellence de l'envers de l'éducation, à l'instar du comportement cynique et injuste des colons, elles se sont néanmoins résolues à envoyer leurs enfants à l'école.

L'instruction traditionnelle a été combattue. Ce fut le cas avec les écoles shümon du sultan Njoya dont le rayonnement était acquis dans les contrées voisines. Les enfants de notables venaient des contrées Bana, Baham ou encore Knutié et les savoirs traditionnels étaient volontairement acceptés par les autres chefs traditionnels ; l'administration coloniale en fut donc inquiétée, elle qui prétendait à un hégémonisme total sur ses colonies. Adamou Ndam Njoya écrit :

> « *Les Français ne pouvaient tolérer pareille situation, tellement incompatible avec leur politique coloniale. Il était nécessaire de mettre fin à cette expérience, de fermer les écoles bamoun et d'installer ici, comme dans tout le reste du Cameroun, la "présence" française. On dit qu'ils firent détruire la machine à imprimer, œuvre des artisans locaux. Tous les caractères d'écriture shümon que Njoya avait fait fabriquer amoureusement auraient été jetés dans la rivière Shi.* »[516]

La politique coloniale a donc parfaitement intégré l'action missionnaire comme complémentaire. Comme on l'a noté, il fallait assurer la "présence" française, l'organiser, l'adapter aux situations qui se présentent par la force, la ruse, le droit ou les manœuvres de fragilisation

---

[515] Iya Kala Lobé, *Douala Manga Bell - héros de la résistance douala*, Paris, ABC, 1977, p. 36.

[516] Adamou Ndam Njoya, *op. cit.*, pp. 115-116.

du système social. Nygandji Ndi Samuel souligne dans une étude soutenue sur la christianisation des Habé de Bankim :

> « *L'éducation était également un élément indispensable à l'évangélisation. Outre la langue vernaculaire, les missionnaires enseignaient aussi le français (...). Les écoles "satellites" fonctionnaient partout. Ces écoles avaient pour maîtres : les moniteurs catéchistes.* »[517]

Education moderne et catéchisme ont fait bon ménage dans la dépossession culturelle du négro-africain. Il faudra donc que la réhabilitation du Sacré africain s'accompagne un jour d'une re-codification des savoirs ancestraux en vue d'une re-enculturation de l'élite africaine. Certes, c'est toute une autre histoire.

Pour s'assurer la totale adhésion des autochtones, les colons et missionnaires en faisaient des personnels d'appoint. L'auteur précité poursuit :

> « *Ils employaient les indigènes comme cuisiniers, gardiens, et ceux qui s'occupaient de l'entretien des maisons. Parmi ceux qui avaient appris à lire et à écrire, d'autres étaient recrutés comme catéchistes et interprètes et, plus tard d'autres furent nommés évangélistes.* »[518]

Tout est donc fin prêt pour substituer à la religion traditionnelle la religion chrétienne, et à l'éducation traditionnelle celle du colon. L'enjeu c'est de s'assurer une radicalisation du pouvoir et la soumission politique des dominés. C'est ainsi que :

> « *La France rêvera d'emblée d'une domination politique éternelle en rabotant consciemment, autant qu'elle pourra, toutes les convivialités et cultures propres aux vaincus. Le but ultime, encore que lointain, était d'en faire des individus français de race noire, dans le cadre théorique d'un empire unitaire et centralisé.* »[519]

---

[517] Nygandji Ndi Samuel, *Pourquoi les Kirdi du Nord-Cameroun ont-ils préféré le christianisme à l'islam ? Le cas des "Habe" de Bankim*, mémoire de maîtrise, 1993, p. 47.
[518] *Idem.*
[519] Yves Person, « *L'Etat-nation et l'Afrique* » in : *Le Mois en Afrique*, n° 190-191, Octobre - Novembre 1981, p. 30.

Il ne faut pas sous-estimer le rôle actif de l'action missionnaire dans la défaite historique du peuple noir et cette tentative de dépossession définitive et orchestrée de ses cultures. La circulaire Carde (1924) souligne :

> « *Tout enseignement de l'histoire et de la géographie doit tendre à montrer que la France est une nation riche, puissante, capable de se faire respecter, mais en même temps grande pour la noblesse de ses sentiments, généreuse et n'ayant jamais reculé devant les sacrifices d'hommes et d'argent pour libérer les peuples asservis ou apporter aux peuplades sauvages avec la paix, les bienfaits de civilisation.* »

Si l'élite africaine moderne sortie de la torpeur coloniale croit encore aux possibilités de l'Afrique, la majeure partie vit encore le complexe du colonisé, adepte qu'elle est du Christianisme, de l'Islam, des sectes et des modèles importés. De fait, elle pense le monde par référence aux schèmes de pensée hérités de la culture dominante. Telle est la réalité qui prévaut aujourd'hui encore, et qui explique en partie, les causes de la faillite de l'Etat-nation. Cette affirmation n'exclut pas, du reste, les implications de l'ordre capitaliste mondial dans cette faillite. Pour conclure, nous insisterons sur ce dernier aspect qui nous semble mieux accrocher l'esprit de notre démarche, à savoir, re-considérer la dérive humaniste du modèle dominant.

§2. LE CONTEXTE NEO-COLONIAL

Le contexte néo-colonial constitue le résultat logique d'une mise en scène de décisions fondées sur une rationalité économique où prédomine une conception du monde axée sur le profit, la rentabilité, les intérêts, la compétition, la domination, et par conséquent, le règne des conflits et de la violence à toutes les échelles. Un penseur français soutient le jugement suivant :

> « *Comprendre la forme à venir de l'ordre marchand c'est aller, au moins en pensée, au bout du cauchemar, assurer l'intolérable. C'est assumer et expliquer le fait que toutes les luttes de classes ont été jusqu'ici récupérées, toutes les libertés détournées en objets marchands, toutes les valeurs aplaties en monnaie. C'est prendre conscience que les*

hommes et les machines du cœur se gavent de ce qui manque aux peuples de misère. C'est décrire aussi comment la jouissance solitaire de la violence contre soi devient la seule issue à la crise du cœur et comment elle généralise la faim comme la seule réalité de la périphérie. »[520]

La puissance des moyens de production, les rythmes d'exploitation, l'accumulation et la circulation du capital qui semblaient apporter la promesse ferme du bonheur à l'homme et la création des richesses ont cédé le pas au calcul économique et à la rentabilité, le coût pour l'homme et la nature ayant été relégué au second plan.

Un fait nouveau apparaît : l'humanité mondialisée subit partout sur la planète le contrecoup de l'esprit de l'Ordre marchand devenu une menace au regard des effets pervers induits par la surexploitation des ressources naturelles disponibles. A cela s'ajoute le pouvoir de destruction de la nature accru par les équipements technologiques, sans que pour autant, il soit possible d'en compenser les effets induits dans les délais de la durée du renouvellement écosystémique.

La relation au développement doit être enfin pensée dans les termes du durable. Bien plus : c'est l'être social et relationnel dont les ressorts sont atteints, ressorts à la fois culturels, spirituels et mentaux. C'est le principe de la responsabilité humaine qui s'y trouve posé : ce principe suppose aussi une attitude normative qui a été la grande intuition des sages africains tenus au respect de l'ordre maâtiste, en philosophie, en droit, en politique comme en actes sociaux. Si la science de la complexité intensifie dans cette direction la philosophie du Sens, l'occident marchand est loin de céder en échange ce sur quoi il a bâti sa logique de domination : seule une mutation spirituelle et ontologique pourrait lui permettre de s'affranchir de sa texture anthropologique. Au moins aura-t-il appris, en fin de compte, que la science politique est avant toute chose, une science de la vie. Poser ainsi le problème revient à dissoudre l'empire du capitalisme : on saisit ainsi mieux la clairvoyance des sages africains. Ceux-ci redoutaient d'ailleurs tout pouvoir qui aurait pour fondement le calcul, le profit ou l'argent. Car un tel pouvoir est effectivement corrupteur de la grande entreprise humaine

---

[520] Jacques Attali, Les trois mondes, Pour une théorie de l'après crise, Fayard, 1981, pp. 294-295.

d'accomplissement de la loi de l'éternité, à savoir *Maât*. Il est clair désormais que « *Entre la logique du vivant et celle de l'argent se joue l'avenir du monde.* »[521]

Peut-on seulement prévoir ce qui se passera au cours de ce millénaire ? Un savant et homme politique français conscient de cet enjeu écrit :

> « *Enfin, il faut que vienne au pouvoir un "groupe social" ayant intérêt et capacité à dépenser les surplus pour mettre en œuvre les nouvelles technologies en un "projet", une "culture", une conception des rapports des hommes avec le monde. Ce groupe existe dans toute nation.* »[522]

Nous entrevoyons ce projet et cette culture, comme un effort de cohérence entre l'ordre de l'Univers et l'initiative humaine. Ils nous conduisent à envisager une lecture épistémologique de l'après-crise du modèle sociologique dominant.

---

[521] René Passet, *L'Economique et le Vivant*, 2e édition Economica, 1996, p. 231.
[522] Jacques Attali, *op. cit.*, p. 295.

CHAPITRE VIII : QUELQUES PROLEGOMENES A UNE LECTURE EPISTEMOLOGIQUE DE LA SOCIOLOGIE MODERNE

> « Tout va s'éclairer si nous plaçons l'objet de connaissance dans une problématique, si nous l'indiquons dans un processus discursif d'instruction, comme un élément situé entre rationalisme enseignant et rationalisme enseigné. »
>
> Bachelard, *Epistémologie*, Textes choisis par Dominique Lecourt, PUF, 1971, p. 128.

Après avoir analysé les fondements idéaux et symboliques de l'action politique dans l'Afrique précoloniale, puis apprécié les limites du modèle dominant, il est possible, à présent, d'effectuer une lecture épistémologique de l'après-crise de la sociologie. Le défi à relever, c'est de faire de la sociologie, une dimension de la théorie générale du droit, du politique et de l'Etat. Tel Est l'objet de notre analyse.

La sociologie africaine en tant que discours rationnel (*logos*) sur le savoir (*épistémè*) appelle par conséquent l'élaboration d'une théorie de la connaissance dont nous exposons en annexe un schéma des principes.

Les chapitres V et VI nous ont permis de justifier nos prétentions ; le chapitre V a présenté la pensée africaine de ce qui *est*. Elle y a rejoint la théorie cosmologique moderne. Il s'agissait d'un discours sur la connaissance saisie en écho dans la phénoménologie politique. Le chapitre VI a indiqué de manière claire que science et philosophie ne faisaient qu'un. Le juridique et le politique, rendus à *Maât* qui en condense l'exigence de rigueur scientifique dans la démarche méthodologique, fondent une norme du savoir scientifique, une théorie scientifique et un paradigme opératoire digne d'intérêt en philosophie des sciences et particulièrement de l'Etat (de droit).

Il est question, à présent, de substituer à la vision épistémologique idéaliste, héritée de la science classique, une sociologie constructiviste, légitimée par la pensée de la complexité.

L'épistémologie politique, définissant et décrivant de manière essentielle la philosophie politique et la science politique, doit aussi envisager, entre autres, les enjeux conceptuels, méthodologiques et constitutionnels auxquels la sociologie moderne est confrontée, après que celle-ci s'est interrogée sur la raison d'être des normes, idéaux et symboles donnés à l'expérience politique africaine.

Ce qui vient d'être dit justifie en section I, l'étude de la portée épistémologique de la pensée africaine, et en section II, l'étude des enjeux précités. Notre tâche est de parvenir à l'intelligibilité de la théorie sociologique africaine de l'Etat posée comme une réponse aux errements de la sociologie classique, de la sortir de sommeil académique dans laquelle elle a longtemps séjourné.

SECTION I : LA PORTEE EPISTEMOLOGIQUE DE LA SOCIOLOGIE POLITIQUE AFRICAINE

Cette analyse requiert un point de départ pour la réflexion.

§1- POINT DE DEPART : L'EXPRESSION DE LA VALEUR

Le déficit d'une rationalisation cohérente, pertinente et complète de la notion de droit est au cœur du cul - de - sac théorique de la pensée politique dominante et son corollaire, la montée de la violence, des dysfonctionnements sociaux, politiques, économiques et environnementaux partout dans le monde.

Il s'y pose, de manière fondamentale, la problématique du statut ontologique (scientifique) de la vérité pour laquelle la « théorie » du droit n'a pas de réponse et *a fortiori*, l'Etat (de droit) supposé arbitrer le cadre juridique des phénomènes politiques en termes d'éthique, d'équité, de justice sociale, de paix et de prospérité collective.

Le droit est en crise : crise à la fois ontologique et épistémologique, au terme d'une invention politique orientée par des intérêts multiformes. Si l'esclavage, la colonisation, les guerres, les génocides, etc., en sont le produit, bien d'autres maux aux ramifications économiques, religieux, culturels, militaires ou simplement sociaux, ont fini par généraliser les paroxysmes de la mort.

En Bosnie, au Kurdistan, en pays corse, basque, au Soudan, aux Congos, en Tchétchénie, etc., les revendications des communautés historiques rendent compte de l'ampleur des conflits. Elles y ruinent la prétention d'une validité universelle des concepts de justice et d'Etat au nom de laquelle des peuples entiers ont été soumis au joug d'une domination idéologico-politique et contre laquelle, les élites des nations conquises s'insurgent désormais avec fougue et détermination.

La question des prémisses ontologiques à partir desquelles le droit doit répondre pour justifier la règle d'inférence à valider se pose.

Il a été question, dans le chapitre précédent, de re-interroger les fondements du droit et des institutions politiques dominantes, intériorisés comme légitimes en raison du rôle accordé au texte par la pensée, même lorsque la norme, devenue réfutable, requiert une objectivation de sa réalité.

La science du droit et la science politique, en tant que connaissance (il n'y a de connaissance que de ce qui réellement *est*, et par conséquent, de l'ontologie), nous permettent d'invalider une dogmatique idéaliste et de reconsidérer par le même fait le méta - langage des communautés où l'oraliture a fini par transcender le diktat de l'écriture.

Il nous est clairement apparu dans les chapitres V et VI que la philosophie africaine du droit appréhende le droit comme une science inférée de la vérité générale de la nature et de fait, comme fondement du sens appliqué à la réalité humaine et non l'inverse, c'est-à-dire, la raison humaine préposée à l'idéalisme comme un aboutissement de la logique du vrai. Le conflit épistémologique est ainsi ouvert, en droit comme en philosophie du droit, le droit africain constituant son objet à partir d'un ordre éthique transcendant, *Maât,* contre le rationalisme occidental.

Aussi, contrairement aux sociétés occidentales où le droit est « prescrit » par la logique « rationnelle » émanant du prince, des législateurs et autres juristes, le droit africain vise-t-il un arrimage de la pensée au cosmos objectif.

Quant à la science politique, elle ouvre le débat sur l'indispensable intégration d'autres formes de pensée dans la théorie générale du politique. Ce n'est plus la *réduction ad unum* d'Auguste Comte[523] ramenant la diversité des institutions à une unité sociale et

---

[523] Auguste Comte considérait la diversité comme un frein à l'édification d'une culture universelle dont l'occident serait porteur en raison d'une supériorité congénitale de la race blanche sur toutes les autres et surtout, son aptitude ontologique à l'expression des valeurs du progrès.

humaine au nom du progrès par la science, mais le *tertium datum* (tiers donné) des alchimistes prenant en compte d'autres valeurs culturelles, d'autres données, d'autres espaces de pensée.

On se souvient que l'Europe conquérante a tenté une uniformisation des cultures, des religions et de l'éducation au nom de ses seules valeurs prétendues universelles. Même les notions de lignages, clans, tribus, sollicitées pour expliquer et interpréter les cultures des sociétés « archaïques », y ont alors justifié l'inaptitude de ces sociétés à s'organiser en Etats modernes.

Contre toute attente, la résurgence des tribus harcèle de nouveau la pensée politique dominante : Corses, Basques, Tchétchènes, Kurdes, Serbes, etc., rivalisent d'adresse pour imposer leurs convictions culturelles, tribales, voire séparatistes. Le sociologue Michel Maffesoli analyse la situation tribale dans l'Europe moderne:

> « *Pour rendre compte de cette manière de se rapporter à l'autre, j'ai proposé le terme de tribu, bien qu'il dénote l'idée de construction et de durée. La tribu intègre des éléments caractéristiques des sociétés primitives, antiques ou traditionnelles qui curieusement, reviennent sur le devant de la scène.* »[524]

Mais c'est davantage un euphémisme d'envisager le terme tribu pour ce qui peut aussi être considéré comme un clan. Ce qu'il y a lieu de retenir, c'est bien que le jargon anthropologique s'ajuste désormais aux concepts sociologiques du prélogisme des sociétés traditionnelles, surtout que les solidarités horizontales européennes prennent le pas sur la verticalité citoyenne de l'individu :

> « *La solidarité ne semble plus être dictée par le haut, les pouvoirs publics par exemple. Elle s'effectue tant bien que mal par le bas. Tant bien que mal on s'ajuste à l'autre dans le mouvement de solidarité.* »[525]

Il faut s'attendre, par conséquent, à une révision du concept de la citoyenneté et de l'Etat-nation. Le processus est déjà engagé ; des voix

---

524 Entretien avec Jean-Claude Ruano-Bordelan, *Sciences humaines*, n° 48, mars 1995, p. 31.

525 *Idem.*

s'élèvent en Occident pour fustiger la philosophie politique dominante. Les leaders du courant communautariste tels Alasdair McIntyre, Charles Taylor, Michael Sandel ou Amitaï Etzioni proposent une alternative au modèle libéral : ils suggèrent de rendre aux communautés leur pouvoir. L'erreur, selon ces derniers, c'est « *de vouloir construire la société à partir d'un individu supposé libre, rationnel et calculateur.* »[526] **S'il en est ainsi, c'est le rationalisme individuel prôné par l'idéologie de l'Etat-nation qui est ici mis en cause. Dès lors, le retour des tribus en Occident marque un sursaut qualitatif de l'idéal organisationnel et l'opportunité est enfin donnée à l'Afrique de consacrer comme par le passé, le rationalisme communaucratique ancestral puis, d'élever au rang de concepts scientifiques, les termes de lignages, clans, tribus, nations, naguère péjoratifs. La section II approfondira cette question.**

La sociologie dominante, réductionniste et la sociologie complexe, africaine, dévoilent deux visions du monde confrontées et affrontées. On peut résumer l'esprit du monde occidental à peu près à ceci :

> « *Si donc la nature ne fait rien sans fin et en vain, il est nécessaire qu'elle ait fait tous ces êtres en vue de l'homme.* »[527]

Descartes a prolongé la pensée d'Aristote avec sa théorie des animaux - machines : l'homme, maître et possesseur de la nature, devient aussi porteur d'utopies et de fantasmes dont il est loin de s'en tirer aujourd'hui à bon compte. L'ordre de la nature, déréglé, et l'être social, atteint, le contraignent à penser autrement la destinée humaine et celle du vivant.

A l'opposé, la proposition africaine formule un effort d'appréhension de la Vérité générale de la nature qui sert aussi son code de régulation politique :

> « *L'équilibre de tout cet univers, le rapport harmonieux de ses éléments, leur nécessaire cohésion au maintien des formes créées c'est ce que les égyptiens appellent Maât.* »[528]

---

[526] Cf. *Sciences humaines,* n° 48, mars 1995, p. 29.

[527] Aristote, *Anthropologie,* textes choisis et traduits par J. C Fraise, PUF, 1976, p. 166.

[528] Georges Posener en collaboration avec Serge Sauneron et Jean Yoyotte, *Dictionnaire de la civilisation égyptienne,* Paris, Fernand Hazan, 1988, p. 156.

C'est autour de ce dilemme anthropologique que s'organisent les nouveaux enjeux de la théorie sociologique moderne. L'Afrique peut lui apporter son savoir éprouvé depuis des millénaires. Un politologue africain écrit à juste titre:

> « *L'occasion est belle de profiter de cette époque carrefour d'incertitudes, de ruptures et de recomposition générale des sociétés pour donner des repères à l'Afrique et l'orienter avec certitude en cet instant de déclin qui précède la fin d'un temps et la naissance d'un nouvel âge.* »[529]

La pensée africaine entrevoit *Maât* comme une double déesse de la Vérité - Justice, comme un jugement scientifique, une éthique et une norme d'action. C'est une aspiration philosophique à un idéal de maîtrise de l'existence, c'est-à-dire, la conscience de l'Ordre universel. Cette conscience instaure un discours à la fois philosophique et épistémologique sur la connaissance :

> « *Si l'homme a appris à voir et à connaître ce qui réellement "est", il agira en accord avec la vérité. L'épistémologie est éthique par elle-même et l'éthique est épistémologie.* »[530]

Ce qui "*est*", ce qui est "*vrai*", ontologiquement parlant, est vécu par les africains, en droit comme en philosophie et justifié par l'Etat de droit. Le rationalisme axiologique introduit, en plus de l'équité, la paix judiciaire, l'ordre social, les attentes populaires, la légalité (sécurité), la raisonnabilité juridique, l'acceptabilité logique du verdict et l'approbation collective.

La philosophie de l'Etat s'interroge ensuite sur la raison d'être des normes juridiques premières et leur justification rationnelle, mais encore celle des normes secondes inférées ou édictées par le législateur (le conseil des chefs).

---

[529] Mwayila Tshiyembe, « Le défi de la renaissance africaine au XXe siècle » in *Inpact tribune, n° 018*, 1er trimestre 2001.

[530] Herbert Marcuse, *L'homme unidimensionnel. Essai sur l'idéologie de la société industrielle avancée,* traduit de l'anglais par Monig Wittig et l'auteur, Paris, Les éditions de Minuit, 1968, p. 149.

En Afrique, le droit existe bien avant le politique et l'Etat. La famille élargie au lignage ou au clan, jouit d'un terroir reconnu où s'organise la vie sociale et juridique. Progressivement, le droit et le politique y constituent un champ d'approfondissement, d'investigation et de systématisation des connaissances juridiques et politiques qui cristallisent avec l'avènement de l'Etat. Historiquement donc, lignages et clans au sein de l'Etat sont à la fois sujets et objets de droit. Sujets en raison de leurs sites mythiques particuliers, opératoires, heuristiques, d'autonomies productrices, de savoirs organisateurs projetés, mais s'identifiant à l'esprit de l'ordre engageant les fins ; objets parce que susceptibles d'être étudiés en tant qu'objets par l'ordre étatique transcendant qui coordonne les finalités particulières à la finalité du Tout. Ainsi donc, chaque entité historique participante se réfère à sa connaissance du monde et agit en conséquence pour réaliser les finalités qui sont siennes, historiquement acquises et consensuellement perçues.

La philosophie sociale est donc objectivement rationalisable en l'occurrence, celle du droit, du politique et de l'Etat, qui sont le produit d'une expérience collective liée à l'influence de l'environnement. La neurobiologie de la cognition confirme cet état de fait :

> « *Il y a une trace physique dans notre cerveau de l'empreinte culturelle. C'est tout à fait clair (...) Reste que cette empreinte reflète seulement chez un individu donné, l'impact de l'environnement sur les connexions cérébrales.* »[531]

On comprend mieux pourquoi la justice, l'ordre, la vérité sont perçues par tous de la même façon, à tous les niveaux d'organisation lignagère, clanique, tribale ou étatique. Dans l'ensemble, la création des normes prolonge, en résonance avec des sources mythiques de niveaux inférieurs, l'idéal juridique conforme à la réalité perçue par les sens et à la dynamique du pouvoir avec ses mythes, symboles et rites.

En effet, l'Etat démocratique se pose ainsi comme une identité : mythes et coutumes se relaient et se complètent pour élaborer la Loi :

[531] Jean Pierre Changeux, entretien accordé à Guitta Pessis-Pasternak en compagnie d'Axel Kahn, Stephen Jay Gould et Henri Atlan in : *sciences et vie,* n° 910, juillet 1993, p. 63.

Maât. Cependant, elle devient une et plurielle dans son déploiement vers l'extérieur aux plans social, politique, économique et environnemental.

L'Etat de type occidental affirme le droit dans une perspective contraignante, tyrannique. Sa structure est verticale ; elle confronte l'Etat au citoyen en excluant les structures intermédiaires que sont les communautés historiques productrices de droit. Elle traduit une approche protégeant les intérêts de classe des individus. Son essence est l'exclusion et l'individualisme anthropologique ; sa logique est outrecuidante et crisogène.

La scientificité du social a changé de camp depuis que la sociologie dominante, s'insurgeant contre les apriorismes idéologiques du rationalisme « classique », a ouvert les vannes de la connaissance à une exigence toujours plus accrue de la vérité scientifique et d'une socialité plus humanisée.

Tout nous persuade, enfin, de la nécessité de re-considérer à la hausse intellectuelle, la philosophie africaine de l'Etat. Celle-ci réalise l'unité des essences dans une combinaison associative des entités, des circonstances et des évènements. La réalité y est corrélation de toutes choses : si les entités historiques sont distinguées, elles ne sont pas pour autant séparées, etc. La totalité signifiante de l'Etat prend corps avec la dynamique mouvante, spirituelle, matérielle, visible, invisible, unitaire ou diversifiée. Recherchant en toute chose, cette complétude inhérente à la réalité ultime, la pensée africaine organise le politique et l'Etat avec la même rigueur logique, densifiante et densifiée, qui produit sa texture adaptée aux entités historiques contractantes que l'action politique cristallise en un système de valeurs et de normes d'action.

§2- L'ACTION POLITIQUE EN TANT QUE SYSTEME

Il apparaît clairement que l'action politique est un véritable système dynamique. A l'analyse, ses éléments constitutifs sont les suivants :

- les acteurs politiques : ceux-ci constituent des unités actantes, justifiées et légitimées comme porteuses de devoirs et d'obligations. Les acteurs ici ne sont pas des individus, mais des personnes ou des groupes sociaux de coopération considérés dans leurs rapports avec les autres et ayant une collectivité politique où ils se trouvent situés, avec une position au sein de celle-ci, accomplissant chacun le rôle ou les rôles qui leur sont assignés. Le statut juridique de l'individu (chap. II) en a fait mention ;

- les devoirs, rôles et sanctions grâce auxquels se structurent les unités politiques liées les unes aux autres (clans, tribus) pour organiser le corps politique observé, mais aussi les guides d'une action commune consensuelle, acceptée et souhaitable pour la survie de la communauté. Le chapitre III s'est appesanti sur cette question ;

- une interdépendance caractérise la structuration de toutes les unités. Chaque acteur a un statut juridique et remplit son rôle en fonction des autres acteurs et des attentes où hiérarchies, rétro – contrôles et finalités sont en résonance ;

- un équilibre en résulte, en termes d'équité, d'échange, d'attribution, de complémentarité ; équilibre toujours instable, mouvant au gré des migrations ou des conquêtes, passant d'un état à un autre tout en conservant sa cohérence interne, tant qu'un élément perturbateur, profondément aliénant, (invasions des pasteurs nilotiques, conquêtes islamo-peules, autoritarisme de tous bords) ne vient engendrer un état d'entropie maximale.

Dans l'ensemble, il est apparu important de montrer que l'orientation des manières de penser, et de sentir la réalité est coordonnée par des normes et vécus juridiques ontologiquement partagés par les collectivités africaines. L'action des usurpateurs de trône montre bien l'existence de deux niveaux de réalité dans l'analyse :

- le palier de la *conduite des individus* qui invite à saisir le palier de l'action et de l'interaction des personnes engagées dans la pratique ou la saisie de la réalité : il s'agit d'une *orientation normative de l'action* en vue des fins idéologiques, comme cela s'est imposé avec la diffusion de l'islam peul ;

- le second palier est celui de la *totalité sociale* dont le consensus fournit un modèle qui inspire l'action des individus. Ce consensus engendre la *structure normative de l'action.* C'est cette *structure normative* qui a justifié l'expression de notre approche phénoménologique.

Ces deux niveaux ont permis de saisir comment des ensembles sociaux fondent une *structure normative,* et comment quelques individus peuvent aussi *orienter* une action qui, elle-même, par interaction entre individus engendre progressivement un phénomène social. Les érudits de l'islam peul en ont fait une démonstration saisissante. Leur idéologie a rencontré les ressorts naturels de la dialectique dynamogène ordre-désordre.

Notre analyse s'est ainsi située à ces deux niveaux de la réalité ramenant tantôt la *structure normative* à *l'orientation normative,* tantôt *l'orientation normative* à la *structure normative.* Avec la contamination du modèle arabo-islamique, s'est justifiée l'altération de la *structure normative de l'action politique*, notamment dans les droits, successoraux et l'accession du trône, mais aussi dans la désignation des ministres relevant du bon vouloir des souverains. Ainsi s'y trouvent altérés les traits d'ordre, de régularité, de hiérarchisation symbolique, de différenciation consensuelle et complémentaire. *Maât*, la Valeur, n'est plus visée. L'explication durkheimienne du fait social est à présent subordonnée à la dimension compréhensive de la pensée webérienne. L'histoire politique ni clôturante ni clôturée.

Les transformations des archétypes mentaux et des mœurs qui ont caractérisé le développement des structures islamo-peules ne peuvent être appréhendées de source certaine et vérifiable que par l'intermédiaire des institutions politiques : ce sont des combinaisons juridico-politiques nouvelles et activées qui marquent en fait, les périodes de transition dans le développement de l'Etat. A l'analyse, la juxtaposition des deux systèmes économiques issus du collectivisme sédentaire paysan et de l'individualisme marchand islamo-peul (précapitaliste), structurellement incompatibles, augurait des bouleversements institutionnels et constitutionnels.

Les théoriciens de l'Etat, précisément de type libéral et productiviste ont, pour la plupart, négligé la prise en compte des institutions politiques africaines et surtout, celle du rôle que le droit est sensé résoudre dans les sociétés humaines ; nous pouvons leur adresser les mêmes reproches que ceux que nous adressons aux africains eux-mêmes, encore parfaits zélateurs, des modèles dominants. Leur ambition de présenter un schéma purement fonctionnel et déterministe des sociétés humaines s'est coupée de l'histoire universelle.

Nous touchons, de ce point de vue, le domaine sur lequel échouent le plus fondamentalement, les théories qui tendent à présenter l'Etat comme une machinerie douée de raison. Le spectacle de l'exclusion sociale, de la corruption, du chômage, de la pauvreté, etc., relève du suicide de la raison et d'un rapport non résolu entre l'homme, l'esprit et la matière. Or c'est bien de ce caractère que toutes ces théories, (résolument) engagées tirent une parcelle de leur glorieuse mémoire, mais aussi leur généralité ou, plus exactement encore, ce dont on a voulu déduire de leur généralité.

La conception des sociétés sans Etat ou des sous-Etats se déduit logiquement du modèle africain de l'action politique considérée. L'Etat diffus peut même parader : "l'homme n'est pas un loup pour l'homme". C'est ce que témoigne, en fin de compte, la société sans Etat, tant l'ordre s'y trouve intériorisé, captivé. De fait, l'Etat dit diffus oriente conséquemment la vocation historique de l'Etat de droit : mettre l'homme devant sa responsabilité historique. Il boude, par conséquent, la trajectoire historiciste du complexus politico-fonctionnaliste dominant. Concluons cet intermède qui nous aidera à exposer notre théorie.

Les insuffisances des théories politiques (fondées sur l'idée "table rase") des autres cultures sont apparues clairement comme des manœuvres de distraction de la pensée. De nombreux chercheurs, soucieux eux aussi d'alimenter une théorie moniste de l'histoire, ont choisi de taire l'avance conceptuelle des sociétés qu'ils qualifiaient de "primitives" et dont ils étaient incapables d'expliquer la norme, encore moins de la situer dans leurs propres catégories conceptualisatrices.

Bien entendu, le modèle théorique de l'Etat apparaît alors comme un vaste processus historique. Le sous-Etat, le non-Etat, l'Etat diffus n'est plus un Etat primitif, mais une mise en berne de l'Etat, au sens où nous avons perçu son postulat de valeur, à savoir, une territoire, une population et une organisation politique (sous entendue) perfectionnée. Il est question d'une totalité sociale en devenir, en perspective.

L'Etat diffus est, en ce sens, une virtualité de l'Etat, faute d'inflation politique. Avec les migrations et l'essor démographique accentuant les inégalités, s'actualise le corps politique du clan qui prépare l'avènement de l'Etat, d'où notre théorie qui suit.

§3- THEORIE SOCIOLOGIQUE DE L'ETAT DE DROIT

La pensée africaine colle à la texture phénoménologique de l'Univers. L'homme fait corps avec le cosmos et trouve sa fonction, son domaine et ses attributions autant que les règnes minéral, végétal et animal. Il contribue par là à l'équilibre de la totalité universelle où toutes les interactions produites sont d'authentiques manifestations de l'unité primordiale, c'est-à-dire Dieu, réalité ultime, indivisée et indivisible. Les événements sont eux-mêmes perçus comme des processus solidaires et inséparables. L'homme ne s'y place pas en maître, mais en régulateur, *en re-créateur du projet divin, co-gestionnaire de l'ordre pré-établi.* D'où cette profonde religiosité qu'accompagne la royauté. Entre la logique de l'Univers et la gestion de l'ordre politique, il y a une continuité remarquable, épistémologique, qui prolonge le projet divin humanisé ordonnant sa texture. Celle-ci instaure une théorie sociologique dont nous projetons la construction paradigmatique en cinq points :

1- *l'interrogation ontologique : elle rend intelligible l'interprétation phénoménologique et l'histoire des sociétés analysées* ;

2- *l'unité globale d'un univers considéré comme complexe et qui elle induit une conception systémique de l'ordre du monde : Râ.* Il est le principe organisateur de ce monde et fonde les sociétés qui elles-mêmes donneront naissance aux religions, langues, cultures et sociétés. L'Etat est un tout organisé dont le roi, fils de *Râ*, re-crée l'ordre divin ;

3- *les sous-systèmes et composantes du Tout sont hiérarchisés, interdépendants et relativement autonomes, à tous les niveaux de l'organisation totale du système. A leurs propres niveaux, ils sont doués de finalités complémentaires du Tout, intégrant pour ainsi dire les relations complexes entre les parties et le Tout :* Etat, tribu, clan, lignage et famille, bref, *sociétés et individus mobilisent le consensus, la participation, la synthèse, l'argumentation, comme facteur d'ordre.* Ce qui les lie, c'est *Maât,* la valeur, l'information - valeur ;

4- *chacune des parties (sous-systèmes ou composantes) est en interaction avec son environnement sociétal, physique, matériel ou psycho-affectif ; elle y subit la loi Khéperienne* de transformation des entités. Etat, tribu, clan, lignage et famille constituent un ensemble réversible : il s'agit de totalités sociales complexes, capables de re-organisation sous l'influence du milieu. Entre famille et Etat s'établit un continuum logique ;

5- *le principe d'ordre - désordre intègre l'idée d'antagonisme, d'entropie, de contrainte, de « bruit » avec possibilité de réorganisation évolutive ; son expression est celle de la victoire de Horus (auto-ré-organisation) sur Seth (entropie, désordres sociaux, perturbations écosystémiques, etc.)* : l'antagonisme principiel des unités politiques est organisationnel et pose l'Etat comme organisation transcendant cet antagonisme.

Cette théorie sociologique, cosmo-logique (voir formalisation schématique en annexe) complète les dispositions principielles déjà entrevues au chapitre VI. À l'analyse, les choses comme les sociétés subissent une corruption entropique, meurent et se transforment en puisant dans l'environnement de l'énergie, de l'information. Elles sont donc sujettes à des évolutions de plus en plus complexes, diversifiées. Le temps est ainsi irréversible et résolument tourné vers la réalisation de nouveaux équilibres, de nouvelles fluctuations, grâce aux lois révélatrices du rôle constructeur de l'irréversibilité. La Loi de la valeur, *Maât,* est inscrite en toute chose et structure l'invariant et le code engendrant l'éternité dont *Râ* totalise l'unité des existants. Ces "déterminismes" naturels, dirions-nous, fondent aussi un déterminisme organisationnel, sociologique dont la théorie ci-dessus présente les principes essentiels rendant intelligibles les phénomènes politiques en général (cf. schéma en annexe).

La théorie sociologique se constitue ainsi comme un champ d'expérimentation et de confrontation pour toute interprétation (de l'histoire politique) qui se veut dynamique et dépouillée de tout dogmatisme. Elle développe, pour ainsi dire, une conception de la sociologie en tant que science universelle en rendant possibles de nouvelles constructions conceptuelles, méthodologiques et théoriques. Il y a quelque temps encore, une théorie africaine de l'Etat n'aurait pas été possible. En saisissant ce qui, jusqu'ici a fait problème, à savoir les aspects normatifs de la rationalité cartésienne posée en ultime vérité, il nous a été permis d'entrevoir ce qui doit être résolu sur le plan de la théorie sociologique[532]. L'analyse des sociétés traditionnelles ne saurait correspondre à celle d'une société qui a justifié sur le plan de la pensée et

---

[532] En planétologie, nous formalisons mathématiquement l'esprit et les fondements géométriques et topologiques de cette théorie.

de l'organisation, un "atomisme" anthropologique revendiquant le rationalisme individuel comme seule disposition de la pensée rationnelle.

Notre démarche a visé l'être en-soi des choses se manifestant aux sens, avant d'en représenter les données phénoménales saisies dans la formalisation de la théorie. Elle nous a permis de construire un raisonnement explicatif de la réalité politique africaine, révélant ainsi son paradigme : *Maât.* Si donc l'architecture logique du système explicatif a été mise à jour, c'est bien parce que la résolution de l'énigme organisationnelle a conduit au maâtisme philosophique.

On peut s'étonner que la théorie sociologique africaine ainsi élaborée ait une forte option explicative, mais peu prédictive. Reconnaissons qu'à l'inverse, il existe des théories fortement prédictives qui n'ont pas nécessairement de valeur explicative. Le cas de la théorie de l'évolution montre par exemple une forte capacité explicative, mais peu ou presque pas prédictive, les aléas et autres bifurcations possibles ne permettant pas d'envisager un déterminisme des espèces. Par - delà sa faible conjecture, la théorie sociologique décrite nous a éclairés sur les raisons profondes du comportement des systèmes politiques africains. Une trame explicative de la réalité articulée autour d'un ensemble de faits a rendu possible l'intelligibilité de ces systèmes, mais la privant de sollicitudes prédictives.

Les phénomènes politiques décrits sont encore aujourd'hui observables, les sociétés traditionnelles étant des ensembles organisés, vivants, et donc susceptibles d'interprétation et de formalisation théorique de leur modèle politique.

Etienne le Roy soutient, relativement à ce mode organisationnel :

> « *Il paraît original par rapport à l'occident. Là où celui-ci conçoit un rapport dualiste d'unités autonomes entre le concept et la réalité, le sujet et l'objet, la nature et la culture, l'Afrique tentera de découvrir une seule unité de sens, soit par association spécifique (non - dissociation des éléments sémantiques constitutifs), soit par une démarche de type dialectique, qui cherche à dépasser la différenciation des éléments pour une donnée plus large*

qui les englobe dans un complexe plus significatif que celui de leur simple addition. »[533]

Le schéma théorique en annexe le montre bien.

A bien d'égards, il s'agit d'une opposition entre deux modes d'appréhension du réel, le premier, atomistique de la réalité et le second, participativiste.

Le conflit est ontologique et fait écho de cette disposition au niveau épistémologique de la rationalité :

> « *Là où l'Europe dichotomise pour généraliser ensuite, l'africain oppose une vision globale du monde pour singulariser après coup.* »[534]

Le dualisme cartésien a pensé le monde en objets séparés, sans rapport de dépendance, sous l'emprise des lois éternelles, invariables, consacrées par la logique newtonienne. Cette méthode d'appréhension du Réel alors qualifiée de rationnelle a légitimé la mesure, la catégorisation, la simplification, la compartimentation, comme méthode analytique.

A cette logique de fragmentation a correspondu l'atomisation de la société en individus isolés, aux intérêts différents, autant séparés que les nations, sans liens communs, sans destins communs. Ainsi se sont aussi constituées les oppositions forts / faibles, dominants / dominés, égaux / inférieurs, civilisés / indigènes, mais aussi esprit / matière, nature / culture, sujet / objet, etc.

La pensée de la complexité, appelée à supplanter les catégories déterministes et réductionnistes de la logique cartésienne nous invite à saisir la dimension complexe du Réel et expérimente le monde comme un réseau de relations intégrées, complexes, s'imbriquant en sous - unités hiérarchisées, relativement autonomes et en interdépendance, se complexifiant aussi dans le temps et dans l'espace pour gagner davantage en autonomie. Le monde est ainsi unité dans la diversité des choses et des êtres aux finalités complémentaires et ce, dans le bon sens des traditions

---

[533] « L'expérience juridique de l'Afrique Noire » in *Domination ou partage ? Développement endogène et transfert des connaissances,* Paris, UNESCO, 1980, p. 96.

[534] Prince Dika-Akwa nya Bonambela, *Problèmes de l'anthropologie et de l'histoire africaines,* Yaoundé, clé, 1982, p. 117.

intellectuelles africaines. Qu'en est-il donc de cette pensée de la complexité :

> « *La pensée de la complexité se présente comme un nouveau paradigme né à la fois du développement et des limites des sciences contemporaines. Elle n'abandonne pas les principes de la pensée classique mais les intègre dans un schéma plus large et plus riche.* »[535]

Bernard d'Espagnat, un physicien de renom en dévoile la portée symbolique:

> « *La grande ambition de la pensée complexe serait sans doute de dépasser les grands clivages entre inclusion et disjonction, entre holisme et analyse en parties, entre matérialisme et spiritualisme.* »[536]

Elle implique, par conséquent, l'émergence des nouveaux fondements de la connaissance. Tel est l'objet de ce qui suit.

SECTION II : LES FONDEMENTS COMPLEXES

La théorie sociologique invite à présent à un re-aménagement des cadres conceptuel, méthodologique et constitutionnel de la sociologie classique.

§1- LES ENJEUX CONCEPTUELS

La théorie africaine peut légitimer ses concepts dès lors qu'ils rendent compte de la réalité et miment l'Ordre universel. Cela va sans dire, le recours au plan philologique de leur parenté avec la langue égyptienne ne peut que consolider la perspective conceptuelle africaine. La possibilité de mettre chaque fois en parallèle les termes négro-africain et égyptien renforce davantage l'exigence lexico-sémantique. C'est pour cette raison fondamentale que nous n'avons pas hésité à conceptualiser les codes égyptiens. Ce premier travail doit rencontrer dans d'autres langues, des recherches philologiques complémentaires susceptibles de combler les lacunes linguistiques. Dans l'ensemble, l'égyptien ancien permettra d'unifier le discours conceptuel, chaque fois que des points

---

[535] Edgar Morin in : *Sciences humaines,* n° 47, février 1995.

[536] Bernard d'Espagnat, *Penser la science ou les enjeux du savoir,* Paris, Bordas, 1990, p. 92.

d'équivoque feront apparaître quelque opacité dans le raisonnement. Rien n'empêche, ce faisant, que chaque savoir prudemment élaboré dans nos traditions respectives fasse l'objet d'une légitimation conceptuelle. D'autre part, les concepts élaborés par la sociologie classique peuvent servir de point de départ pour une réflexion plus rigoureuse de la pensée. Il en est par exemple des concepts de lignage, clan ou tribu qu'une inflation européocentriste du discours avait indigénisés. Ceux-ci peuvent à présent rencontrer une dignité épistémologique naguère contestée par les tenants du discours déterministe.

Georges Balandier[537] a souligné les enjeux de l'ordre et du désordre dans l'organisation des sociétés traditionnelles. Il y a prolongé l'idée d'une spécificité africaine du politique, notamment à propos des Nyoro de l'Ouganda dont le concept *Mahano* rappelle d'un point de vue sémantique, celui de *Maât*. « *Ainsi*, écrit-il, *la théorie de la royauté élaborée par les Nyoro de l'Ouganda recourt au concept de mahano, pouvoir qui permet au souverain d'entretenir l'ordre convenable et qui se transmet, au long de la hiérarchie politico-administrative, selon une procédure rituelle rigoureuse.* »[538]

Maât comme *mahano*, engagent l'ordre et le primat de la valeur à toutes les échelles et niveaux d'organisation politique, de la base familiale, lignagère ou clanique à l'échelle nationale. Autant le pharaon veille sur *Maât*, autant on note que : « *Le souverain nyoro est, pour ses sujets et son pays, le détenteur suprême de mahano.* »[539] Pourtant, quatre mille ans d'histoire séparent l'Egypte de l'Ouganda. Il trouve aussi que le souverain, le roi, est lui-même un « captif » soumis à la loi maâtiste ; mais celle-ci pose le roi comme le garant de l'ordre social, le régulateur politique des idéaux de vie communautaire. Pour les Nyoro aussi, « *c'est la possibilité d'être et d'être ensemble que les hommes révèrent à travers leurs dieux et leurs rois.* »[540]

Le principe de l'unité de l'univers et de la société humaine en particulier est un idéal que consacre l'esprit du droit, de la justice et de l'équité.

---

537 *Anthropologie politique,* Paris, 4e édition Quadrige, 1999.
538 *Idem*, p. 120.
539 *Ibidem,* p. 121.
540 *Ibidem,* pp. 121-122.

La similitude avec l'Egypte n'est pas seulement frappante. Sous son angle philologique et sémantique, la relation *Maât* - *mahano* semble traduire une parenté génétique des langues égyptienne et nyoro, autant que par ailleurs, les autres langues négro-africaines.

Georges Balandier a raison de préciser :

> « *L'examen des concepts africains qui expriment le pouvoir et sa substance révèle des aspects communs - les plus importants - et des variantes significatives, car ils se diversifient de même manière que les systèmes politiques auxquels ils se reportent.* »[541]

Chez les Alur de l'Ouganda, Georges Balandier souligne ce qui suit, se référant aux travaux de A. W. Southall :

> « *Si les chefs tiennent leur sujets, le pouvoir tient ceux qui sont ses dépositaires, parce qu'il trouve sa source dans le champ du sacré. Il s'impose donc comme facteur d'ordre alors que l'entropie menace le système social, et se manifeste comme garant de la permanence, alors que la mort emporte les générations et ceux qui les gouvernent.* »

La norme rend les chefs « captifs » de l'ordre. Cela est un fait récurrent. Il y a autre chose : la notion de kèr[542] chez les Alur est désignée en terme de puissance bienfaitrice qui rappelle ainsi le ka[543] égyptien. Autant de similitudes qui forgent une identité culturelle entre l'Egypte et les sociétés traditionnelles.

Chez les Tiv du Nigeria, cités par Georges Balandier, « *tout pouvoir légitime requiert la possession du « Swèn », capacité d'être en accord avec l'essence de la création et d'en maintenir l'ordre ; ce dernier connote plus largement les notions de vérité, de bien, d'harmonie.* »[544]

Swèn a ainsi sa correspondance sémantique avec *Maât* et *mahano*.

---

[541] *Ibidem*, p. 122.
[542] *Ibidem*.
[543] Dans la pensée égyptienne cette puissance est symbolisée par deux bras portés vers le ciel qui ramènent à une même approche sémantique.
[544] *Op. cit.*, p. 123.

Maât est ainsi éprouvé par la majorité des peuples africains. Si les concepts changent, ils restituent, en revanche, la même densité sémantique liée au sacré et à l'ordre indépassable. Cette question a été largement abordée aux chapitres V et VI.

Chez les Mossi, le concept *« nam »* confirme les interprétations précédentes :

> « *Il exprime la nécessité du pouvoir comme défense contre les dangers de déculturation et de retour au chaos ; c'est en ce sens que le roi et les chefs doivent "manger le nam" pour que le désordre ne "mange" pas les œuvres des hommes.* »[545]

Il y a bien, dans tous ces exemples décrits au sein des lignages, des clans, et des royaumes, unité et condensation du sens, contre les forces du chaos. C'est la tragédie osirienne qui se joue ainsi partout en Afrique en assurant la victoire d'*Horus* (l'ordre) sur *Seth* (forces du désordre). La bipolarité fondamentale des éléments de l'Univers est posée comme tensionnelle et génératrice d'ordre. Ailleurs, « *elle manifeste une bipartition de l'univers organisé (le cosmos) et de la société, et se reporte à des principes antithétiques et complémentaires, dont l'opposition et l'association sont créatrices d'un ordre, d'une totalité vivante.* »[546]

Le principe est dès lors posé à l'intérieur de chaque niveau organisationnel. Au niveau du lignage, du clan et de la nation, l'antagonisme est un moment de l'ordre : l'antagonisme fait place à une pulsion programmatique, organisatrice d'un niveau d'émergence plus affiné. Les groupes sociaux opposés fécondent un lien topologique nouveau, complexifié, capitalisé en une entreprise sociale enrichie, par articulation d'oppositions et solidarités conçues de façon dynamique. Georges Balandier les conçoit comme intimement liés à la vie politique des Tiv[547]. Avec cette emprise organisationnelle, elle oriente finalement, chez les africains, l'esprit dans lequel s'organisent les principes de descendance.

---

[545] *Idem,* p. 125.
[546] *Ibidem,* p. 128.
[547] *Ibidem,* p. 63.

Il convient, pour ainsi dire, de donner aux concepts de lignage, clan, tribu, une dignité épistémologique. Ceux-ci fondent l'idée d'une profondeur historico-généalogique où les liens de fraternité, matérialisés par l'existence d'un ancêtre commun, finissent par s'altérer progressivement, en raison de la complexité du jeu des alliances matrimoniales, rituelles ou parentales. Perdues, retrouvées ou revivifiées, ces alliances subissent, pour ainsi dire, les lois de l'entropie. Généalogies légitimées, réelles ou fictives, ces alliances permettent aussi d'affirmer, l'intégration, la parentalisation, voire l'assimilation des individus ou des groupes sociaux dans un cadre davantage pacifié, opératoire, répondant aux besoins de la sédentarisation. Désintégrés, recomposés, complexifiés, lignages, clans, tribus et nations utilisent les canaux de l'information en vue de leurs organisations ou réorganisations.

La société globale est donc informationnelle. Si l'opération cognitive ainsi effectuée valorise l'internalité affective et affinitaire, c'est précisément pour mieux saisir le sens de l'ajustement à effectuer. Le passage du lignage au clan, à la tribu et à la nation selon une échelle réversible n'a d'importance que du fait de sa normativité. Il obéit au principe de l'antagonisme organisateur devenu une règle du jeu politique, de la théorie politique. L'Etat africain est, pour ainsi dire, multi-lignager, clanique, tribal ou national : il est à l'instar de tous les systèmes sociaux complexes, politisés et étatisés, toujours soumis à l'entropie, donc dégradable ou politico-dégradable. Les sites de régulation ainsi désignés par les concepts lignages clans, tribus, nations, s'inscrivent par conséquent, dans une théorie des systèmes politiques, comme des référents scientifiques. Ils justifient le recours à la rationalité africaine comme modèle opératoire intégrant l'organisation complexe des niveaux systémiques disposés en marches autonomes, en interaction dans le Tout social devenu une notion juridique : l'Etat.

La société occidentale, devenue paradoxale, émet de nouveaux signaux. Se sédentarisant progressivement, elle commet enfin une élucidation de ses paradoxes organisationnels. D'abord sur le plan de la connaissance, et ensuite celui d'une mutation de la réalité sociologique. Le positivisme réductionniste est désormais affecté par des valeurs affinitaires qui, agissant sur le Réel, affectent aussi la connaissance et la sociologie de la connaissance. L'incertitude heuristique dans laquelle végète la pensée occidentale autorise une auto-distanciation précautionneuse de ses isolats génétiques. Enfin, les constructions théoriques de la pensée africaine peuvent rencontrer la réalité scientifique en quête d'universalité. Vu sous cet angle, la pensée africaine peut donner du relief aux concepts de la sociologie classique. Le chapitre IV a permis de saisir les implications anthropologiques des concepts de chefferie, royaume, ou empire. Examinons les autres concepts.

Le *lignage* regroupe les membres d'une lignée, mais les critères d'appartenance à la lignée sont à la fois sociologiques et biologiques. Les captifs de guerre, les esclaves de gage, les étrangers, les conquis, etc., sont progressivement intégrés dans un espace social et territorial où ils jouissent des droits correspondant à un groupe uni par un ancêtre commun, réel ou fictif.

Le *clan* est une grande famille constituée par plusieurs lignages, exogames ou non, intégrés dans un espace territorial donné. Ses membres considèrent avoir en commun un ancêtre légitimé en tant que fondateur de la grande famille. La descendance peut se faire par les hommes ou les femmes (patrilinéaire ou matrilinéaire). Le clan est une extension d'un lignage.

La *tribu* elle est constituée de plusieurs clans partageant la même langue et la même culture, occupant aussi un territoire qui lui est propre, notamment chez les peuples dont le mode de vie est sédentaire. Les fractions nomadisées et établies ailleurs permettent de considérer cette tribu comme un peuple, du grec *ethnos* renvoyant à ethnie. De la sorte, il apparaît bien qu'on peut parler par exemple, du *peuple* Bassa ou encore de la *nationalité* Bassa pour mettre en évidence cette réalité issue de la grande fresque migratoire étalée aux Bassa du Nigéria, du Zaïre, du Mozambique, du Togo ou du Sénégal. Cette même réalité s'appliquerait aux Foulbé de la Guinée jusqu'à l'Adamaoua camerounais. Pour Dika-Akwa que nous reprenons, la terminologie *tribu raciale* correspondrait alors aux stocks des clans et lignages recomposés, dont le XVIIe siècle voit aussi émerger les Douala du Cameroun. Dans ce jeu politique nouveau, on verrait émerger Douala, fils de Mbedi, Adie fils de Likande Mpoo et Ewondo. Pour ce chercheur, la *tribu raciale* située à la 11e génération, voire la 12ème, verrait apparaître le clan à partir de la 7e génération aussi considérée comme le terme du *lignage majeur*.

Ces concepts représentent autant que le concept Etat, des niveaux de langage adaptés à des contextes expressionnels mouvants, l'un exprimant la réalité de l'autre tant que la perspective généalogicointerprétative de l'histoire n'est pas affirmée. Ils mettent en œuvre une méthode de la complexité

§2- LES FONDEMENTS DE LA METHODE

La réflexion épistémologique est fille de la crise sociologique dont les causes ont été dévoilées dans le chapitre précédent. De plus, la sociologie, devenue complexe, impose une polycompétence disciplinaire pour appréhender avec davantage d'objectivité la substance sociologique. Elle suscite même un pari : penser autrement la sociologie, dans les dimensions qu'implique une connaissance objective du social, avec ses globalités structurelles, complexes et signifiantes.

Le droit, l'histoire, l'anthropologie, la mythologie comparée, l'herméneutique, la théorie des systèmes, la cybernétique, la théorie de l'information ont été convoqués pour objectiver la réalité sociologique africaine. Chacune de ces disciplines a permis d'éclairer une facette de cette réalité. Nous n'avons pas la prétention d'avoir épuisé la démarche. Il est évident que la linguistique, l'économie, la psychologie, par exemple, ont leur part dans la connaissance du social. Reprenons les premières citées, pour préciser les problématiques, socio-épistémologiques qu'elles mettent en œuvre dans l'analyse sociologique.

En ce qui concerne le droit, la problématique concerne les méthodes qui permettent de le produire et de définir l'objet de cette connaissance. *Maât* a été saisie comme connaissance objective, sens et méthode engageant la norme, avec ses acteurs, ses ordres ainsi que les responsabilités et rôles affectés à ces divers acteurs. Insistons davantage sur les méthodes utilisées en droit, à savoir l'interprétation, l'argumentation et la solution des conflits pour lesquelles l'itinéraire ontologique a permis à l'Afrique de mobiliser une culture politique de non-violence et d'Etat de droit.

Dans l'ensemble, ces méthodes ont pour objet l'interprétation "scientifique" de *Maât,* l'ordre indépassable fondé sur la conscience de l'Ordre universel et la volonté de conjurer le chaos aux fins de pérenniser l'ordre socio-cosmique menacé par la faillibilité humaine. L'indéterminisme juridique est levé ici par une opération cognitive, intellectuelle. La prise de position s'en réfère au critère analogique, normatif, mythique, coutumier, légal et intègre la recherche de l'équilibre social rompu par des actes conflictuels.

En tant que référentiel, *Maât* est une. Mais les normes qui en sont extraites sont plus larges, de sorte que la Loi devient plurale tout en restant fondamentalement une. Celle-ci y circonscrit la raison du système juridique africain apte à prévoir la crise. Le droit est davantage considéré dans l'interaction juridique qu'il entraîne, dans la correspondance introduite entre les acteurs, les rôles et les attentes spécifiques. Le référentiel maâtiste et les règles édictées procèdent alors des lois de formation établies comme des équivalences. La logique y est celle de l'équité. Elle y contrecarre tout dogmatisme méthodologique et prescriptif du juridictionnel.

La théorie des systèmes, la théorie de l'information et la cybernétique appréhendent le sens prolongé aux systèmes sociaux et traitent de la production de la Valeur dans l'univers ordonné. Un double mouvement affecte l'organisation du vivant et du social :

- la lutte contre l'entropie et le désordre qui menacent la stabilité et la vie du système dans un environnement donné ;

-l'évolution complexifiante de ce système soumis aux aléas et bifurcations régulateurs d'ordre.

En empruntant dans le milieu les éléments qui lui sont indispensables, le système maintient sa structure, se développe, se reproduit, se complexifie.

Le système social développe des activités en rapport avec l'environnement physique, sociétal, biologique et psychoaffectif. Il s'agit d'une activité structurante qui agit sur le courant entropique de l'Univers. Le système social constitué des individus compense les dépenses d'énergie en puisant dans le milieu les aliments, le matériel, et les objets indispensables au maintien de la vie. Il doit s'adapter au climat, lutter contre un environnement hostile (animaux, famine, guerres), en augmentant le registre des informations nécessaires à la maîtrise de l'espace et du temps. En somme, il est question de produire de l'ordre en s'organisant ou en se réorganisant face à l'entropie qui menace l'extinction de l'espèce, de la culture, des croyances, etc. Vue sous cet angle, l'histoire de la société humaine est une histoire politique de structuration de l'ordre social et d'organisation complexifiante. L'augmentation d'entropie est aussi une condition indispensable à la production de plus d'ordre dans le système. Sur le plan politique, celle-ci signifie formation du pouvoir, consolidation, diversification et différenciation du corps politique. L'excédent d'énergie permet alors à tout le système de se complexifier pour gagner davantage en autonomie.

Le principe de l'ordre à partir du bruit est facteur de complexification. Par les brassages auxquels les peuples sont soumis, il se crée de nouvelles affinités qui, combinées, constituent de nouvelles structures appelées à se densifier, à franchir des seuils qualitatifs : le système social acquiert alors la propriété d'augmenter la complexité. A partir d'une valeur critique, le système social se dote des moyens de sa performance. Les finalités des structures de base s'agrègent conformément à la finalité de l'ensemble. Si l'organisation est liée aux comportements des individus, la variété est davantage conduite par une interaction milieu intérieur / milieu extérieur au système social. Si une certaine identité est conservée dans la complexité, les propriétés nouvelles créent des risques permanents : elles représentent de nouvelles irrégularités, donc des perturbations par rapport à la norme.

Dans un certain sens, l'ordre est une combinaison de régularités, de contraintes, d'antagonismes, d'aléas, d'événements, d'écarts à la norme. Autrement dit, la prévision consiste à intégrer la complexité et les crises comme facteurs d'ordre à condition de les comprendre comme des processus socio-systémiques. L'analyse des sociétés africaines passe par de telles considérations. On y saisit les caractères diffus de l'Etat jusqu'à la complexité organisationnelle des empires. La sociologie se saisit ainsi comme un *continuum* exploré, comme un passé et un présent : système et écosystème y sont enchevêtrés. Plus le système social est complexe, c'est-à-dire autonome, plus il dépend de l'écosystème dans lequel il puise un minimum d'énergie pour lutter contre le second principe de la thermodynamique, à savoir l'accroissement du désordre, la production d'entropie. On sait depuis Schrödinger que tout système ouvert transfert sa production d'entropie dans le milieu. Telles sont les leçons que nous tirons de la logique du vivant dont nous bénéficions des enseignements pour la compréhension du système social. On y mesure la qualité signifiante de l'information qui permet de structurer l'énergie. Entre lois sociales et perturbations critiques se joue le couple énergie - information en vue de leur traitement.

L'histoire elle, nous livre enfin ses vérités longtemps tues par la contre-culture des historiens coloniaux. Elle met en lumière les rapports entre les sociétés négro-africaines actuelles et l'Egypte pharaonique. Les migrations successives intervenues montrent l'enjeu de l'interprétation anthropo-historique. La sociologie de l'Etat trouve son origine dans ces brassages continus des populations autour d'un pouvoir sacralisé et d'une unité territoriale définie.

L'Etat africain a éprouvé le caractère multinational et multiculturel de son espace géographique. Il a été le produit d'une élaboration complexe à partir des clans auto-institués, ayant une longue expérience de vie communaucratique. Dans bien de cas, cette conscience objectivante s'est dressée contre des chefs indignes. Ailleurs, une sécession s'est produite quand il ne s'est pas agi d'un affaiblissement pur et simple du pouvoir central. Dans tous les cas, les nations ont essaimé, rendant possibles des ponts culturels, intellectuels et humains dont la configuration donnera à partir du 17e siècle, les grandes familles linguistiques observées aujourd'hui.

Il n'est plus possible de faire de manière sérieuse, une sociologie d'actualité sans évoquer la racine historique de la problématique envisagée. Pour que l'interprétation soit cohérente et pertinente, la réalité observée doit prendre acte de l'historicité du phénomène en ses aspects anthropologiques et communicationnels. C'est de cette façon qu'on peut mieux saisir la nature de la crise qui affecte les sociétés modernes. L'interprétation sociologique est abstraite lorsqu'elle est dépouillée de ses dimensions mythologique, historique, et surtout, anthropologique.

L'anthropologie sort donc de sa posture universaliste : le caractère relatif du site culturel d'appréciation de l'objet de connaissance est pris en compte dans l'essayisme. Les théories qui prétendaient élucider les archaïsmes des sociétés traditionnelles n'ont plus pour seul atout que leurs verves obscurantistes, dégradées. Tarsky et Gödel ont montré l'incomplétude des systèmes qui paradaient les possibilités de leur explication, justification ou élucidation complète. Ces systèmes, on le sait, procèdent d'un métalangage réductionniste qui permet enfin de relativiser l'analyse, et ainsi d'y entrevoir les limites de la connaissance. La relativisation devient une posture scientifique qui anticipe aussi l'auto-distanciation épistémologique. Enfin, le positivisme s'est avéré une construction psycho-culturelle non induite de la réalité scientifique.

Maât a été saisie dans notre démarche comme *fundamentum* de la pensée africaine. Ce qui frappe, c'est la simplicité de sa formulation :

connaissance de l'ordre universel et éthique qui consiste à agir conformément à cette connaissance. Celle-ci a alors dévoilé le couple *Horus - Seth* comme des complémentarités systémiques et des antagonismes indissociables de l'ordre. Tous les mythes et dérivés mythiques africains en font mention ; le système mythique le crée pour mieux organiser la société. Il est à noter que ces antagonismes sont souvent virtuels, organisés ou organisants, du lignage à la nation étatisée. Ils sont aussi à la fois complémentaires, concurrents ou antagonistes : entre familles, lignages, clans, peuples, s'actualise une réorganisation permanente de l'ordre politique rendu systémique.

Enfin, le contraste ordre/désordre produit l'autonomie et le finalisme organisationnel où les rétroactions évoquées rendent le système dynamique, dans une désorganisation qui elle est permanente, potentiellement présente. Il introduit aussi la flèche existentielle, à l'interface de l'instabilité dynamique et de l'information transmise de génération en génération. Langages, techniques, règles juridiques, savoirs, interdits, normes et les cultures, y structurent l'énergie phénoménaliste : ainsi se projette une vérité organisationnelle susceptible de perturbation, de bruit. L'anthropologie fournit, *in fine*, des perspectives significatives quant à la conceptualisation de la démarche sociologique.

La lumière supplémentaire ainsi apportée justifie la recherche de nouveaux mécanismes explicatifs de la réalité africaine. La rationalisation des sources orales tout comme celle de la généalogie sont aussi porteuses de dispositions heuristiques. Il suffit de chercher la bonne information et de démêler les équivoques possibles. Dans l'ensemble, il n'est pas exclu que les théories à venir révèlent l'existence de familles anthropologiques de la connaissance avec ce glissement discursif attendu entre l'Afrique et l'Orient. Pour cette raison, nous devons marquer un intérêt pour l'approfondissement de la connaissance de notre religion, ne serait-ce qu'en raison des analogies opérées quant à leur valeur allusive, en philosophie et en science. Un célèbre physicien français dont les propos sont rarement de velours écrit :

> « *D'une manière générale, les religions dites orientales, avec ou sans Dieu(x), sont encore celles pour lesquelles une conciliation avec la science actuelle soulève, dans le détail, le moins de difficultés : ceci en raison de leur*

dépouillement dogmatique d'une part, et de leurs visions holistes d'autre part. Aussi convient-il au moins en mon sens, de considérer d'un œil favorable le développement de, par exemple, le bouddhisme européen. Et cela d'autant plus qu'il apporte avec lui une sagesse véritable. »[548]

Voilà qui est sagement dit et signifié. Y aurait-il encore lieu de s'interroger sur la justification des phénomènes les plus triviaux que la religion africaine prépose comme dignes d'intérêt scientifique et en particulier l'exigence ontologique maâtiste comme source de toute vérité ? De fait, comment expliquer la sémantique troublante entre *Maât, Mahabarata (hindouïsme) et Mahayana (Bouddhisme)* ?

L'intérêt désormais accordé aux sources spirituelles toujours vivifiantes des religions orientales a sans doute quelque chose à voir avec l'indispensable toilettage de l'esprit qui conçoit la science. Tout ce que nous retenons, à juste titre, c'est qu'à l'instar des civilisations orientales précitées, la pensée africaine est restée attachée à son essence religieuse, jamais détachée de l'abstraction logique. A commencer par le Verbe créateur et l'écriture ontologique qui fixent la réalité du monde saisie comme un ensemble d'événements solidaires, en état de participation, où rien n'est exclu, définitif ou inaccessible. D'où ce caractère symbolique du langage pour mieux embrasser la totalité complexe, appréhendée par les dispositions pré-cognitives de la pensée. C'est cette cohérence spécifique qui potentialise la rationalité politique et en même temps, nous permet d'opérer une lecture philosophique et épistémologique de la sociologie nouvelle. L'Afrique doit re-vitaliser sa pensée religieuse.

L'herméneutique comme méthode pour signifier les faits de religion va prendre de l'importance dans la pensée africaine. La nécessité de saisir le sens profond et caché du sacré dont on peut évaluer la portée théorique va conduire à une étude critique de l'exercice sociologique, aux conditions de possibilité heuristique qu'elle laisse entrevoir. Épistémè en tant que langage scientifique et système cohérent engageant les formes symboliques du savoir africain suppose le questionnement philosophique depuis longtemps engagé par la religion africaine considérée à tort comme une religion morte. De fait, « *Dans l'Afrique actuelle, la religion africaine continue son animation et interprétation de la vie ; elle bénit la*

---

[548] Bernard d'Espagnat, *Penser la science ou les enjeux du savoir,* Paris, bordas, 1990, p. 265.

nouvelle voiture ou la nouvelle usine (cadeau et preuve de la sollicitude divine sur la famille) ; elle bénit l'enfant avant son départ pour l'étranger, à la fin de ses études et avant d'aller au travail ; elle guide l'art (musique, rituel, danse, etc.) ; elle continue la domestication de la sexualité et de la solidarité (famille étendue en dépit de l'exiguïté des logements urbains) ; elle parle à travers les nouvelles religions dites messianiques ou syncrétiques ; elle intervient dans le problème de la sorcellerie et les techniques de guérison, revit à travers la médecine traditionnelle revalorisée ; elle informe ou programme la théologie chrétienne, sa liturgie, son langage pastoral. Les institutions actuelles (juridique, politique, économique, social...) commencent à s'y ressourcer de plus en plus. C'est même un idéal. »[549]

Au vrai, la sociologie politique africaine est cernée de part en part par le fait religieux qui l'a produite. En général, la science politique tire du fonds religieux et mythologique son essence. Pour nous, l'après - crise signifie alors une réhabilitation du patrimoine religieux africain. Et toute sociologie peu ou non avertie sera condamnée à l'errance philosophique et épistémologique sans cette dimension religieuse.

La thèse ontologique mérite donc un plus large approfondissement susceptible d'éclairer l'ensemble des sciences sociales, puis de changer le discours dominant sur la situation de l'homme dans l'univers. C'est là le lieu possible d'un re-déploiement de la pensée africaine en des termes qui soient véritablement philosophiques. Autant envisager aussi le point de vue constitutionnel.

§3- LES FONDEMENTS CONSTITUTIONNELS

La sociologie politique doit enfin assumer la part "compréhensive" de l'essayisme. Les propositions qui vont suivre ne sont que des *propositions* reflétant les conclusions logiques de l'analyse. C'est à juste titre qu'on peut se demander, *in fine,* si le courage politique ne doit pas inclure une re - interrogation des constitutions modernes dont les stigmates de l'appauvrissement réflexif animent encore l'aventure politique nationale.

---

[549] Mubabinge Bilolo, « La religion africaine face au défi du christianisme et de la techno – science » in *Présence Africaine,* Revue culturelle du monde noir, n° 119, 3e trimestre 1981.

Les droits de l'homme ne sont pas *universels.* Nous avons montré que le droit africain repose sur *Maât,* l'Ordre universel, connaissable et indépassable, dont la cosmo - objectivité fonde la Loi à la fois une et plurale. Le droit occidental lui s'en réfère à un rationalisme ontologiquement vidé de toute phénoménalité cosmo-logique.

Si l'idéal républicain est proclamé par la fondation d'une nation juridique, il ne peut que prendre à témoin les nations sociologiques (tribus), auto-instituées, qui constituent la texture anthropo-historique de l'ordre politique. Il nous a été donné de souligner l'importance croissante des revendications socio-politiques dont la toile de fond tisse les grandes lignes de fracture identitaire ou affinitaire. Ainsi, le préambule stipulerait que l'Afrique dispose dans son histoire et sa culture de sources juridiques pertinentes et susceptibles d'orienter son destin. Il aurait pour référence normative, les sentiments juridiques que véhiculent les nations sociologiques toutes productrices du droit, en même temps qu'elles en sont l'objet.

Parce que le préambule fait partie de la constitution, sa visée programmatique doit rencontrer les représentations scientifiques et culturelles de la réalité telle que perçue par les nations sociologiques auto-instituées aux fins d'y vitaliser leurs intérêts matériels et immatériels dignes de protection juridique. La paix, le bonheur, l'équité, la justice sociale, la démocratie, le progrès ont une intonation particulière dans la pensée africaine et ne sauraient s'accommoder de la dérive civilisationnelle de l'ordre dominant. De plus, l'Afrique a une expérience éprouvée de l'idéal multinational et multiculturel de l'Etat. Vu sous cet angle, la concrétisation de cet idéal ne peut que cristalliser dans la républicanisation des chefferies, c'est-à-dire l'affirmation de leurs légitimité et légalité, institutionnelles et constitutionnelles, au sens de Mwayila Tshiyembe précité. D'où les critiques qui vont suivre.

A- <u>De l'Etat et de la souveraineté</u>

Si la République, *la chose publique,* est un Etat unitaire qui se dit décentralisé, cette décentralisation, pour être effective, doit épouser les contours des nations sociologiques auto-instituées auxquelles seront associées des sources de pouvoirs légaux et légitimés. De fait, la Nation n'est nation que parce que constituée de communautés historiques auto-instituées, douées de particularismes culturels, religieux, symboliques, sociaux et politiques qui entendent les conserver, les valoriser et en réaliser les finalités. Les élus du peuple qui engagent leurs responsabilités dans la défense des intérêts de ces communautés doivent être désignés par celles-ci. Ce n'est qu'en ce sens bien compris que la souveraineté appartient au peuple qui l'exerce. Aussi le Parlement doit-il être constitué de deux chambres : l'Assemblée nationale des citoyens (élus par le biais des partis politiques) et le Sénat des nations sociologiques auto-constituées ou reconstituées. Le suffrage universel s'effectuerait en vue de l'élection des Députés. Quant au Sénat, ses membres seraient constitués d'Autorités désignées par les nations sociologiques. Les principes de démocratie y seraient le consensus, la participation, l'argumentaire et la délibération dans les bonnes traditions de la sagesse ancestrale. L'autorité de l'Etat serait alors exercée par le Président de la République et le Parlement, comme ce fut le cas avec le roi africain entouré de son conseil.

B- <u>Du Pouvoir Exécutif</u>

Le Président de la République est le Chef de l'Etat. Son élection ne saurait se faire par les citoyens, la réalité africaine reposant sur une disposition socio-affinitaire. Le cas du Rwanda et du Burundi inspire une réfutation du principe de démocratie fondé sur le suffrage universel. Les Hutu constituent une majorité beaucoup trop forte pour que les Tutsi et les Twa fassent le poids. Les premiers (85% environ de la population) ne laisseraient aucune chance aux Tutsi dont les différends historiques ont laissé des séquelles socio-politiques. Il est possible de donner le privilège électif au Sénat, voire aussi à l'Assemblée si ceux-ci représentent effectivement les grands ensembles socio-politiques. De plus, le président élu effectuerait sa prestation de serment rituel en présence des Autorités traditionnels légitimes, reconnus par leurs pairs comme dépositaires de la connaissance profonde.

Pour que le Sénat puisse valablement jouer son rôle, le Président de la République ne saurait prononcer sa dissolution. Une telle disposition peut être prolongée à l'Assemblée Nationale. De même, le Premier Ministre ainsi que les membres du Gouvernement une fois nommés par le Président ne sauraient être révoqués sans l'aval du Sénat et/ou de l'Assemblée Nationale.

Le Gouvernement serait alors responsable de la mise en œuvre de la politique de la Nation et responsable devant l'Assemblée Nationale et le Sénat.

C- Du Pouvoir Législatif

Il est exercé par le Parlement doté des deux chambres précitées. Le Parlement légifère et contrôle l'action du Gouvernement. Il reçoit les serments, entend les messages du Président de la République et se prononce sur tout ce qui met en péril l'intégrité du territoire. Le Président ne saurait, à lui tout seul, avoir ce privilège. Le Sénat peut aussi se prononcer sur un projet ou une proposition de révision constitutionnelle, voire élire le Chef de l'Etat, ou présider à son élection.

1- De l'Assemblée Nationale

Les Députés sont élus au suffrage universel. Mais cette disposition répond davantage au souci de préserver un certain « style » de modernité. En raison des tournures démagogiques et des exactions qui entourent les élections, les règles d'organisation et de fonctionnement de l'Assemblée, il est important que les textes soumis à son examen soient adoptés ou rejetés par le Sénat. Le véritable rôle de l'Assemblée Nationale consisterait, outre le vote du budget, en l'harmonisation des propositions de loi et amendements entre l'Etat et les nations sociologiques.

2- Du Sénat

Le Sénat doit représenter, de manière convenable, les nations sociologiques. Le Sénat n'adopte pas les lois à la majorité simple des sénateurs. C'est une instance qui doit opérer par consensus. En cas de contradictions graves, le bureau du Sénat peut trancher. Le Sénat apporte des amendements ou rejette tout ou partie des textes soumis à son examen par l'Assemblée Nationale.

Les textes adoptés ou rejetés sont transmis à l'Assemblée Nationale et au Président de la République, accompagnés des motifs du rejet.

D- Du Pouvoir Judiciaire

Le pouvoir judiciaire doit avoir recours aux autorités traditionnelles et autres professionnels du droit africain concernant les problèmes dont la nature a trait aux coutumes, à l'état civil, aux droits de possession ou de propriété, aux mariages, à la législation tribale, aux conflits tribaux, aux droits de la femme, des enfants, des handicapés sociaux, etc.

L'organisation, le fonctionnement, la composition, les attributions des cours d'Appel, des tribunaux de l'ordre judiciaire, des tribunaux administratifs et des juridictions inférieures des comptes doivent intégrer l'esprit du droit africain qui vise la conciliation et non la sanction, l'équilibre social, l'équité, la réinsertion des coupables dans la société, etc. ; en d'autres termes, le droit africain doit sortir du domaine « coutumier » dans lequel le positivisme juridique l'avait cantonné. Pour cette raison, les chefferies doivent être réhabilitées et républicanisées pour servir de tampon à la dérive du droit. Leur pouvoir doit être indépendant et affranchi de la simple autorité que leur confère le modèle sociologique dominant.

E- Du Conseil Constitutionnel

Si le rôle du Conseil Constitutionnel est de veiller à la régularité de l'élection présidentielle, des élections parlementaires et de la proclamation des résultats, il représente, avec le Sénat, les instances régulatrices de l'ordre national. Ses membres ne peuvent qu'être des personnes recommandables, légitimées par le Sénat et responsables devant celui-ci. Ils ne peuvent qu'être nommés par le Président.

F- De la Haute Cour de Justice

Le recours à une Haute Cour de justice pour le jugement des actes accomplis par le Président de la République, le Premier Ministre, les membres du Gouvernement et autres assimilés ayant reçu délégation des pouvoirs suppose un principe de responsabilité des personnes ayant ces charges et contrôlés par le Sénat.

G- Des collectivités territoriales décentralisées

Les collectivités territoriales décentralisées doivent prendre la configuration des nations sociologiques et leurs terroirs. Pour jouir d'une saine gestion des intérêts de groupes sociaux, il convient de s'en tenir aux vertus ancestrales du pouvoir, avec ses rétrocontrôles et ses harmonies rituelles toujours fonctionnelles. La création des collectivités territoriales décentralisées sur proposition du Parlement doit alors s'accompagner d'une légitimation du pouvoir traditionnel et sa républicanisation. L'enjeu c'est la restauration d'une cohérence entre tradition et modernité. Il apparaît clairement que le Sacré africain, avec ses chefferies, ordres et valeurs, mérite enfin d'être réhabilité. Ainsi pourrait-on résumer toute l'œuvre de re-construction attendue par le continent noir.

CONCLUSION

En effectuant notre analyse des fondements théoriques de la sociologie politique africaine, il nous a paru indispensable de situer les origines de la crise du politique dans la greffe de deux rationalités : la rationalité communaucratique africaine et la rationalité individualiste et libérale héritée du modèle politique des sociétés nordiques. Leur juxtaposition en Afrique et l'emprise du capitalisme ont cristallisé une crise multidimensionnelle : la première faisant des contradictions engendrées, la manifestation de l'échec des sociétés africaines dans l'organisation politique de leur développement ; la deuxième cause montrant le modèle capitaliste comme le produit de l'histoire singulière des peuples occidentaux adoptant à l'égard du reste du monde des comportements de domination et d'exploitation.

Chacune des rationalités analysées a sans doute fourni un apport propre à l'élaboration du concept d'Etat. Chacune a apporté sa contribution à l'édification d'une histoire politique universelle, avec plus ou moins de succès ou d'infortune. Elles ont permis, ce faisant, de situer les étapes d'une actualisation du concept d'Etat.

Dans la présente conclusion, nous voudrions nous méfier d'un syncrétisme vulgaire qui consisterait à associer des constructions théoriques dont les rationalités sont anthropologiquement opposées. La mise en relief de leurs oppositions théorique, conceptuelle et méthodologique a provoqué une réflexion plus fructueuse qui a justifié l'élaboration des termes d'une sociologie moderne.

Nous n'avons aucune prétention à les penser complets et définitifs, même s'ils rassemblent, pour l'essentiel, les conclusions de notre analyse. C'est la raison d'être de celles-ci qui a animé une telle démarche prospective.

Au terme de cette étude, il est indispensable de reposer la question initiale concernant l'intérêt et l'originalité de l'analyse entreprise. Nous la reprenons : l'Afrique dispose-t-elle dans son histoire et sa culture de ressources éthiques pouvant servir d'alternative à un modèle d'Etat dominant qui ne sert ni ses intérêts, ni ceux du développement durable dont l'humanité a besoin pour continuer d'exister ?

Nous avons évoqué notre scepticisme à l'égard d'un concept d'Etat qui renvoie davantage, dans la sociologie courante, aux caractéristiques du modèle dominant et son suffrage décrétés universels. A l'opposé, nous avons montré que le modèle africain constitue un phénomène historique, original et pertinent. Mieux : il correspond aux attentes des intuitions rationnelles de la science complexe.

Parce que les sociétés africaines sont vivantes, ce modèle est encore à l'œuvre dans nos chefferies, tribus et clans relativement conservés. Des écarts à la norme peuvent être observables selon les influences environnementales ou civilisationnelles, occidentalo-chrétiennes et islamo-peules. Cependant ces écarts, autant qu'on puisse les évaluer, apparaissent comme un vernis et ne sont pas ressentis comme irrémédiables. On assiste même à une sorte de redynamisation sociale dont les manifestations sont révélatrices d'une intégration du "bruit", en termes d'augmentation de l'adaptabilité du système culturel tout entier. Des faits nouveaux apparaissent alors : le dynamisme tribal prend le pas sur les dysfonctionnements de l'Etat en renforçant ses bases sécuritaires contre l'entropie et ce, comme par le passé, chaque fois que les conditions politiques ne permettent plus une objectivation de l'ordre maâtiste. De fait, l'Etat doit être en état perpétuel de re-actualisation des données juridiques et le réajustement de son modèle à la lumière des antagonismes sociaux et politiques.

Le tribalisme, les conflits fratricides et les génocides sont, à divers degrés, les manifestations de l'état d'entropie dans le système étatique. Ils traduisent le caractère rigide et obsolète des institutions. De l'antiquité à nos jours, ils se révèlent comme des marqueurs de l'ordre politique défaillant, ou ceux d'un Etat régenté par un mode de régulation contre nature et culture des sociétés humaines.

Mais toujours, la réalité africaine manifeste un *continuum* qui se veut intégrateur entre clan et Etat complexifié. Celui-ci est un ordre supra-clanique ou supra-ethnique qui a pour objet de fédérer les pouvoirs locaux.

De plus, ce concept d'Etat ne doit pas être seulement considéré comme un instrument d'explication ou d'aboutissement du phénomène politique, il doit aussi être un instrument d'analyse de la réalité observée.

Le fait fondamental pour expliquer le déficit du modèle de fonctionnement du champ politique africain est le conflit de deux systèmes : colonial et précolonial, occidental et africain. Le système précolonial était avant la pénétration coloniale un système intégré aux valeurs de l'Afrique profonde. La technique qu'il maîtrisait et l'esprit de l'activité politique y avaient engendré une organisation sociale cohérente. La pénétration d'un modèle étatique procédant des mœurs de la culture dominante a dé-structuré le champ politique traditionnel, faisant perdre son autorité à l'organisation juridique et institutionnelle et contestant pour ainsi dire, le système de valeurs traditionnelles et ses héritiers légitimes. Le modèle étatique actuel ne représente non plus un ensemble intégré ; il n'est qu'un prolongement de l'économie métropolitaine. Il se réduit à une addition d'individus appelés citoyens dont le rationalisme et les comportements contrarient la rationalité communaucratique. Aussi le modèle étatique dominant est-il incapable d'organiser une base autre que celle dominée par l'esprit de profit, l'organisation individualiste, la technique moderne, la domination et la prédation, à une échelle qui asservit les Etats souverains eux-mêmes.

En somme, il est donc question dans le système actuel, de la superposition de deux modèles sociaux antagonistes, non-intégrés : un modèle traditionnel qui résulte de la désintégration du système précolonial antérieur et un modèle colonial qui est une excroissance géographique du système capitaliste dominant. Il s'en suit un blocage du développement qui ne peut que se dénouer, avant tout, sur le champ du politique. Car, les principes déterminants dont les ressorts procèdent du choix politique s'opposent aux formes de rationalité économique traditionnelle et à la transmission de leurs effets dans l'environnement où ni les approvisionnements, ni les débouchés nécessaires n'existent, à défaut d'être tournés vers l'extérieur.

Nous ne céderons pas à la tentation de proposer, à la fin de cette recherche, une nouvelle définition de l'Etat qui s'ajouterait à la liste de celles connues jusqu'à présent. Un concept n'est pas une définition et ne saurait se réduire à une définition. Il procède d'une saisie historique d'un phénomène en évolution permanente. Il s'efforce, par conséquent, de dégager les moteurs théoriques de cette évolution. Ensuite, il est la saisie analytique d'un phénomène envisagé *hic et nunc*. Celui-ci doit permettre de dégager la problématique, puis de fixer le cadre opératoire d'une démarche de conceptualisation.

Tel est l'objectif que nous avons poursuivi et les deux perspectives adoptées nous ont conduit à admettre l'existence de deux réalités, occidentale et africaine, anthropologiquement opposées. Ainsi sommes-nous en désaccord avec les thèses européocentristes qui tendent à organiser la réalité politique et étatique uniquement sous l'angle du rationalisme individuel et de la démocratie libérale hérités du modèle dominant. La multiplicité des formes de résistance observées qui ont survécu à l'épreuve coloniale justifie la flexibilité du modèle africain dont les manifestations, en termes de replis identitaires, confirment les dysfonctionnements de l'Etat moderne.

Pour nous, l'Etat est donc le produit d'une histoire. S'il existait une théorie générale de l'Etat, le concept d'Etat y serait un répertoire dans lequel on rangerait en catégories opératoires toutes les formes anthropologiques étudiées dans l'histoire du monde. La théorie générale de l'Etat est à faire, tout comme celle de la théorie générale du droit. Nous considérons, à juste titre, que toutes les théories "pures" sont le produit du complexe de supériorité des sociétés occidentales dont on appréhende désormais les limites.

Les recherches poursuivies autour des concepts d'Etat, de démocratie, de parlementarisme, etc., ne sont donc pas une quête vaine pour savoir comment organiser les sociétés africaines qui ploient encore sous le poids de l'étatisme démocratique dominant. Elles doivent viser à étudier les contradictions nouées autour d'un certain type de développement et d'Etat qui, par eux-mêmes, méritent une approche de la réalité autre que celle qui jusqu'ici, a justifié le sens commun.

D'autant plus que la désorganisation observée entraîne une rupture de bon gouvernement, de cohérence et de maintien de l'harmonie sociale. L'Etat dit démocratique a perdu sa crédibilité. Il ne peut conjurer la violence née des inégalités sociales criardes, de la pauvreté structurelle, et des richesses détournées. Il ne peut non plus s'accommoder des hommes de mérite, de vérité, de justice, d'équité. C'est la nature même de l'Etat et ses rapports avec la société globale qui est en cause.

Or pour contrôler le capital qui défait l'ordre social, puis mobiliser le Sens en un projet multinational et multiculturel cohérent ; pour faire passer la création et le développement durable avant la violence des hommes et des choses, il faut dévaloriser les institutions dominantes dont l'objectif repose sur la mort des autres. *Or le Sens et le Projet contre la mort nous viennent des valeurs éternelles de l'Afrique ancestrale, avec ses sages et leur culture de non-violence.* L'Occident chrétien n'aura sans doute d'autre choix que de s'en référer à leur sagesse, au sacré de leur ordre politique ancestral, s'il veut produire une culture de paix.

Des risques sont donc à prendre pour que la nouvelle génération prenne conscience des valeurs profondes de la culture africaine. Nous ne saurions nous satisfaire, plus longtemps encore, des valeurs guidées par l'instinct de prédation et de domination hérité de la culture dominante. Un nouvel idéal républicain, tel est le sens d'un programme politique cohérent dont l'ambition serait de fixer les fondements théoriques d'un cadre constitutionnel nouveau, pragmatiste et réformiste, par conséquent, de nature à sauvegarder les intérêts matériels et immatériels du continent noir. Nous nous y sommes essayés.

L'enjeu c'est alors de restaurer, en politique, le langage du vrai, du bien et du beau, contre la ruse, la démagogie, l'infantilisme, le clientélisme et la violence dominants ; ce qui nous conduirait alors à re-considérer la légitimité et la légalité traditionnelles dans le contexte actuel de la modernité.

Fixons bien les idées. Faudrait-il le rappeler, la Constitution de la Ve République a répondu à la nécessité d'une réaction à l'instabilité parlementaire et à un découpage sur mesure aux dimensions d'un personnage dont la stature s'est révélée exceptionnelle, en l'occurrence, De Gaulle. Il s'agissait de bâtir autour de ce personnage, une constitution qui corresponde à l'esprit d'une époque prolongeant la période coloniale.

L'après - gaullisme révèle désormais les limites d'une réalité politico-institutionnelle où, d'une part, se pose le problème de l'équilibre entre le Législatif et l'Exécutif ainsi que la dyarchie au sommet de l'Etat. De plus en plus, s'impose une redéfinition des pouvoirs du Président de la République et du Chef du Gouvernement, de la responsabilité de ceux-ci devant l'Assemblée, celle du principe de septennat, ou encore d'une juste représentation de toutes les sensibilités légitimes, etc. Là encore, on est bien loin des performances attendues de l'Etat moderne, en termes d'équilibre et d'harmonie que servent les principes d'éthique et de responsabilité du développement durable.

Les sociétés africaines ont créé le droit et le politique bien avant l'avènement de l'Etat-nation bourgeois. C'est un truisme de l'affirmer.

L'Etat moderne n'en tient compte que pour valoriser ses intérêts de classe.

En contradiction avec l'esprit du pouvoir africain, les sociétés modernes organisent le droit autour des actes dont les privilégiés des régimes sont juges et parties : d'où l'organisation des élections truquées, le maintien des chefs traditionnels et agents de l'Etat comme acteurs d'un système verrouillé, le refus de l'alternance politique, les ruses juridiques et politiques, le pillage des ressources naturelles et des services publics, les haines tribales, les putschs militaires, la violence politique et la purification ethnique.

Dans le modèle africain, les clans et les tribus satisfaits de la réalité politico-institutionnelle, se sont préoccupés de la bonne gouvernance. Parce qu'il s'agit d'une vérité historique, nous sommes autorisés à fonder en lui les espoirs de l'avenir, dès lors que les rois et les privilégiés peuvent être destitués sans que pour autant, soient remises en cause les institutions. Si comme nous l'avons vu, la "royauté possède le roi" c'est bien parce que les pouvoirs se trouvent limités et les intérêts des peuples protégés par un contre-pouvoir efficace. Le roi-président n'est pas au-dessus de la Loi, comme on l'observe régulièrement dans le modèle démocratique moderne. C'est tout cela qui doit orienter notre première préoccupation. *La légitimité traditionnelle doit être consacrée pour faire face à la dérive de l'Etat, et le sacré re-instauré dans tous les actes de la vie politique. La modernité ne serait, en somme, que la tradition positive* : telle est sa nature véritable.

La résurgence des tribus, partout dans le monde, préfigure l'ordre des changements à venir. La tripartite constitutionnelle, Etat-nations sociologiques - citoyens devient ainsi une réalité. Mais elle doit aussi prendre possession de la rationalité politique traditionnelle afin que celle-ci serve de fondement à une philosophie politique postmoderne attendue par la pensée devenue complexe.

La pensée classique elle, a eu recours à Descartes pour la rigueur intellectuelle de son *Discours de la méthode*. L'explication des phénomènes s'est alors développée en direction des lois causales exprimées du point de vue de la mathématique et de la physique, puis généralisée aux sciences sociales. Elle y garantissait la validité de la raison raisonnante dans le cadre d'une confrontation des idées.

Mais faut-il le rappeler, la connaissance est liée à l'Etre. En Occident elle a subi des torsions ontologiques : la sagesse grecque antique, la philosophie chrétienne de Dieu, le dialogue expérimental inspiré des traditions artisanales médiévales et la dimension philosophico-historique de l'existence humaine en ont subverti la réalité phénoménologique.

Descartes a suggéré une analyse par parties des problèmes complexes de manière à obtenir une opération simplifiée. Mais une telle vision fragmentée en notions évidentes a aussi permis de considérer l'univers matériel comme un ensemble d'objets distincts, séparés et exploitables, autant qu'il a contribué à traiter la société humaine en partis, en races, en tribus ou en groupes d'intérêts isolés. Les injustices sociales, les haines, les discriminations raciales, les désordres écologiques, la violence et les déviances en général résultent de cette approche séparative. Cette vision s'oppose à l'harmonie participative de toutes choses et échappe à un style de vie où l'interdépendance conduit à l'état d'harmonie et d'équilibre dynamique comme le suggère la physique moderne de la complexité ; « l'atomisme » de la pensée cartésienne s'est ainsi constitué comme un mode de pensée exposé à une méthode d'investigation en conflit avec la nature elle-même.

La pensée de la complexité ruine l'édifice cartésien en soumettant l'ordre des choses à une logique égalitaire, de complémentarité, d'interdépendance, d'autonomie relative, d'harmonie, de vie et d'existence. De toutes parts, fusent désormais des actions visant la quête du sens et d'harmonie qui avait échappé au contrôle d'une science alors inapte à pénétrer l'essence des choses par son langage et sa méthode. L'ignorance des rapports existants entre le monde des origines et l'esprit qui crée la science, aux frontières des phénomènes paranormaux, pose encore un certain nombre de problèmes complexes, en particulier ceux relatifs à la valeur de l'intuition et à l'idéal ascendant de l'esprit sur la matière. On se souvient néanmoins du dualisme esprit/matière de l'école cartésienne, enraciné dans le vieux fonds culturel grec dont le développement a eu des conséquences néfastes sur la civilisation moderne.

La théorie synthétique de l'évolution aidée par la théorie quantique, laisse désormais entrevoir un mouvement ascendant de la conscience primordiale vers l'intelligence de l'homme par une complexification des formes d'organisation minérale, végétale puis animale, de nouveaux rameaux apparaissant avec davantage de singularités en vue de compenser le déficit d'adaptation des espèces à l'environnement, puis d'y assurer leur plus grande autonomie. En capitalisant l'information et en usant de son intelligence pour saisir le sens du projet de l'existant, l'homme s'est doté de pleins pouvoirs pour en s'assurer le Sens. Mais il peut disparaître comme les autres espèces si ces facultés intelligentes lui font défaut. Il n'est, de fait, qu'un maillon dans le chaînon biologique qui s'étend sur près de trois milliards d'années, comme l'attestent les toutes premières manifestations de la vie signalées par les stromatolithes d'Afrique du Sud et d'Australie.

Telles sont les perspectives que suggèrent la question de la connaissance et la situation de l'homme dans l'Univers. Dans le fond, elles ne sont pas étrangères à la pensée africaine dont *Maât* condense l'esprit de la lettre et la sagesse du monde en dévoilant le Sens de ses expressions particulières en droit, en politique, en religion, en morale, en logique, en éthique et en esthétique. *Maât* est donc *Logos*, tout simplement, *fundamentum* du réalisme philosophique et épistémologique africain. En philosophie de l'Etat, ce réalisme prend du relief relativement à cette question toujours d'actualité, celle de savoir si le droit précède l'Etat ou alors si la production du droit relève des prérogatives de celui-ci. Notre analyse l'a clairement montré. Elle se résume ainsi qu'il suit, en reprenant les termes de Nding Dyatlm :

> « *Si l'Etat suppose le Droit, qui dès lors s'impose à lui, le droit, lui, peut être sans l'Etat. C'est un fait d'observation notamment en Afrique Nègre pré-coloniale.* »[550]

Dans cette optique, le clan et la tribu sont *sujets* et *objets* de droit.

Maât est Vérité-Justice, conscience de l'Ordre Universel investie comme une norme d'action. En droit, elle formule l'équité, en morale le bien, en politique, le vouloir-être ensemble. Chaque lignage, chaque clan, chaque tribu la reconnaît indépassable et fixée dans les mythes, coutumes, rituels et manières de vie qui l'actualisent.

On ne peut que déplorer l'impertinence de la sociologie politique dominante. Celle-ci prolonge, en vain, l'idéalisme des épigones de

---

[550] *Civilisation et science juridique en Afrique et dans le monde*, Yaoundé, Clé, 1982, p. 121. Coll. Etudes et documents africains.

l'hégélianisme avec cet accent modernisant et pseudoscientifique. La vérité dans cette aventure navrante de l'intellection routinière, c'est qu'elle corrode l'esprit déjà considérablement appauvri de bien d'intellectuels africains. L'illusion d'une parfaite neutralité du discours dit scientifique entretient encore, dans bien des cas, le *statut quo ante* et la logique questionnante de l'histoire.

Mais, on l'a vu, point de salut dans le cadre du patrimoine constitutionnel dominant, pour l'Afrique, comme pour l'humanité. En revanche, *Maât* offre une alternative conséquente. Et dans un sens encore plus conclusif, l'Afrique oppose à l'histoire occidentale, une logique constitutionnelle où la diversité culturelle s'impose comme une loi de la survie humaine, autant que la diversité biologique l'est pour les autres espèces, végétales et animales, avec leurs ordres organisationnels respectifs. Le politologue Mwayila Tshiyembe en mesure la portée :

> « *Revanche de l'histoire, elle donnerait une leçon à l'Europe poussée vers l'hétérogénéité des nations, des langues, des religions, des cultures, des normes, des terroirs, etc., par la crise de l'Etat-nation et l'élargissement de l'Union européenne.* »[551]

Force est alors de reconnaître qu'une scientification de la praxéologie endogène a fait défaut, quand il ne s'agissait pas de confiner les vécus et les conçus juridiques et politiques au prisme des opinions les plus diverses, sans rapport avec la nature profonde des sociétés africaines.

La sociologie moderne a besoin, pour se constituer, de se saisir des sommes d'expériences qui ont cristallisé la sagesse des temps anciens. On peut lire le très distingué penseur Edgar Morin :

> « *Aujourd'hui, à mon avis, l'une des prises de conscience les plus fécondes dans le domaine de l'anthropologie, c'est qu'on se rend compte que l'homme des civilisations archaïques n'est pas un pauvre enfant, un pauvre diable, mais qu'au contraire il a des développements sur le plan personnel, sur le plan de ses*

---

551 « Le défi de la renaissance africaine au XXe siècle » in *Inpact Tribune*, Bulletin trimestriel d'analyses et de débats de la Fondation Panafricaine de lutte contre le tribalisme, n° 018, premier trimestre 2001, p. 4.

sens, de sa psychologie, de son savoir-faire, beaucoup plus riches que n'importe quel individu spécialisé de notre société, et qu'il a aussi une pensée philosophique. »[552]

Nous avons crevé l'abcès en faisant de cette pensée celle appelée à supplanter le mode de connaissance dite rationnelle de l'Occident, en droit comme en philosophie. En cela, l'Afrique entre sociologiquement dans l'ère de la modernité. Avec ses matériaux logiques purifiés. Et pour terminer, cette formidable leçon de la sagesse ancestrale du Mbog des Bassa du sud du Cameroun en conformité avec le modèle systémique complexe de l'univers :

> « *Le Mbok symbolise l'Univers et s'organise comme lui, en deux faces. D'ailleurs le mot "Mbok" signifie, dans son sens restreint : "Univers" et vient du terme Bok ; ranger, disposer en ordre pour obtenir le contenu le plus dense possible.* »[553]

Telle est la logique de la théorie sociologique africaine : elle se veut cosmo-objective et s'associe l'idée d'unité, de participation, de complémentarité, de contraintes, d'apparition d'ordre et de densification à partir du désordre antagoniste inhérent aux systèmes sociaux, lesquels intègrent le temps khépérien et *Maât*, la Loi de la Valeur. La théorie sociologique de l'Etat de droit ainsi formulée est profondément vécue. Elle nous a conduit à approfondir son mouvement historique d'objectivation, à savoir, l'épistémologie du politique dont l'Egypte pharaonique apparaît, dans la pensée africaine, comme le modèle d'aboutissement, voire d'achèvement.

---

552 *Sociologie*, Edition revue et augmentée par l'auteur, Fayard, 1994, p. 450. Coll. Points. Série Essais.

553 Théodore Mayi Matip, *L'Univers de la parole*, Yaoundé, Clé, 1983, p. 35. Coll. Etudes et documents africains.

ANNEXES

LA THÉORIE AFRICAINE DU RÉEL

Topologie du Nombre d'or et de son Angle

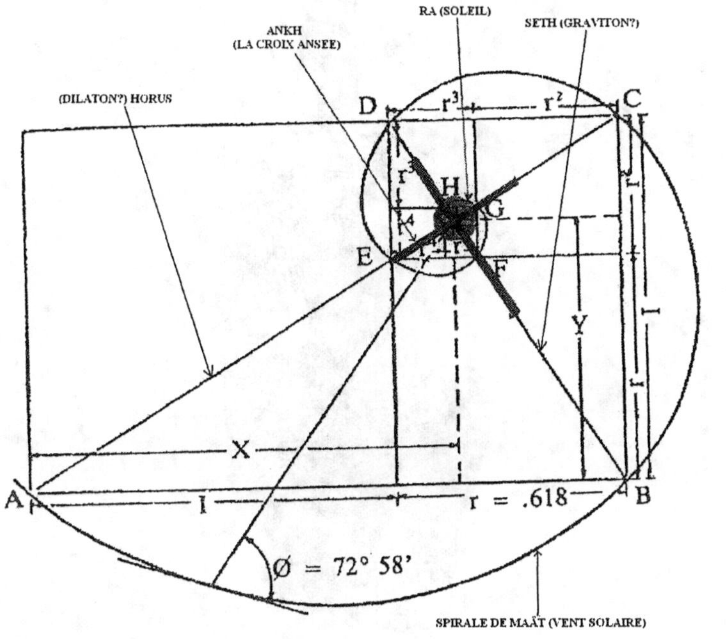

Cf. Max Toth & Greg Nielson, Pyramid power. The secret energy of the ancient reveal, New York, Destiny Books, p. 99.

Nos commentaires du point de vue de la cosmologie:

La croix ansée (Ankh) devenue la croix du christ est à l'intersection des forces de l'expansion de l'Univers (Horus) et de la gravitation (Seth). Maât représente la spirale du vent solaire irradiant le cosmos. Ainsi cette pensée solaire met-elle en jeu la complexité de l'Univers et la théorie de l'invariance d'échelle en physique.

MÂAT, double déesse de la Vérité - justice

Elle porte une plume dans sa chevelure. C'est cette plume qui, aujourd'hui, orne le bonnet des patriarches négro-africains. Celle-ci témoigne de leur rectitude morale et de l'impartialité dans le jugement. Le cœur du défunt doit être aussi léger que cette plume qui symbolise l'état de "pureté"et de droiture inhérent à cet idéal de Vérité-justice recherché dans tous les actes de la vie.

GLOSSAIRE*

(Concepts - clefs de la sociologie complexe)

Action politique : L'action politique est l'ensemble des manières d'agir et de penser relativement à des normes et valeurs contraignantes et imposées par une société donnée à tous ses membres (dimension durkheimienne) ; mais elle suppose en retour une interaction entre individus et groupes sociaux (dimension subjective) orientés par des idéaux, symboles et intérêts dans un objectif de défense publique visant, ce faisant, une *aggiornamento* des opinions des comportements ou des institutions.

Approche systémique : C'est la manière d'aborder l'analyse des sociétés envisagées comme des systèmes ; celle-ci intègre l'ensemble des éléments et des sous unités qui les composent, ceux-ci étant en interdépendance et jouant chacun à son niveau, un rôle dans le fonctionnement du Tout. Il s'agit d'une conduite prudente, plus souple que la méthode. Cette approche prend en compte l'idée de contrainte, de participation, de complémentarité, et d'antagonisme à l'intérieur de ce Tout ayant par ailleurs des finalités.

Autonomie (politique) : Intégrée à l'analyse systémique, il s'agit de la capacité qu'a un sous-système à réaliser ses propres finalités et d'influencer l'autorité politique centrale, voire de contrôler l'influence et l'action de celle-ci, indépendamment des pressions qui s'exercent en retour sur lui. Dans la pensée africaine, lignage, clan et caste manifestent une telle autonomie.

Caste : Groupe social spécialisé dans une certaine profession et organisant des tabous religieux pour préserver ses atouts et ressources face aux autres clans eux aussi spécialisés. Lorsque le système social se complexifie, la caste devenue un groupe de coopération peut évoluer comme une classe sociale, mais il ne s'agit pas là d'une domination économique au sens occidental du terme.

---

* Ce glossaire indique le sens général dans lequel les notions et concepts ont été utilisés dans notre analyse. Il complète ainsi les définitions effectuées. Celles qui nous ont semblé quasi explicites pour la compréhension des concepts n'ont pas été abordées dans ce glossaire certainement peu exhaustif au regard de la dimension complexe de notre sujet.

Chaos **:** Dans la pensée moderne, c'est l'indéfini, le non structuré, faute de réalité. La théorie du chaos intervient dans les sciences "dures" et de plus en plus, dans les sciences "molles" (sciences sociales, naturelles, économiques, etc.…).

Chefferie **:** Groupe social, lignager ou clanique se développant dans un territoire déterminé, et soumis à une autorité permanente, rituelle ou politique.

Clan **:** Groupe social solidaire, se réclamant d'un même ancêtre éponyme, fondateur du clan. Les membres sont unis par des liens de sang plus ou moins lâches, car dilués dans les combinaisons de processus d'échanges exogamiques. De nombreux chercheurs s'accordent à considérer son étendue plus vaste que celle du lignage dont la profondeur généalogique varie entre la 5e et la 7e génération. Un clan est ainsi une fiction politique dans la mesure où il intègre des groupes sans liens de parenté, mais assimilés, politiquement ou stratégiquement.

Complexité **:** La nature est en elle-même complexe et se présente davantage sous la forme d'états que d'objets. La réalité objective et rationnelle se double d'une réalité "transcendante" qui soumet la raison à une posture relativiste.

Décentralisation **:** Transfert des pouvoirs de décision du pouvoir central aux collectivités, clans ou lignages auto institués. Le pouvoir central conserve, ce faisant, le privilège des grandes décisions dans le domaine de la guerre, des grands travaux, du commerce, des impôts, etc.…

Démocratie politique **:** Organisation politique fondée sur le respect de l'autonomie des fictions politiques (lignage, clan) ; celle-ci considère la décentralisation comme la marque la plus sincère de son attachement à l'autorité du peuple. Les représentants de ces entités sont par conséquent, légitimes et légitimés, mais aussi légaux du point de vue constitutionnel.

Epistémologie **:** Discours rationnel sur la connaissance ou la science. Elle équivaut à une théorie de la connaissance chez les anglo-saxons. En France, elle est critique des fondements, des principes, hypothèses et résultats des sciences et plus diverses. A cette première tradition appartiennent Descartes, Kant, Rudolf, Carnap, Karl Popper, etc. On reproche à cette méthode sa généralité à toutes les sciences. Auguste Compte, Thomas Kuhn, Gaston Bachelard insistent ainsi sur une épistémologie historique des diverses sciences.

Ethique : C'est l'ensemble des normes légitimées par un groupe social et exerçant une contrainte s'appliquant à l'ensemble de ses membres. Dans la pensée politique africaine, *Maât* est la Norme, la Loi, mais aussi l'Ethique qui gouverne. Elle est conscience de l'Ordre Universel et en même temps Ethique qui consiste à agir conformément à cet Ordre.

Ethnie : Groupe social politiquement plus important que le clan. Il rassemble des membres liés par la langue, la culture et souvent un ancêtre commun. L'ethnie est une fiction politique qui engage les membres d'autres clans et lignages assimilés sur une profondeur généalogique pouvant atteindre la quinzième génération, voire plus, dans certains cas. Elle tend à s'y confondre à la nationalité, voire au peuple qu'on pourrait qualifier de racial. Dans certains cas, on lui trouve le synonyme de tribu au sens d'une parenté sociologique.

Finalité : C'est une postulation des fins poursuivis. Celles-ci influencent en effet les phénomènes observés. En cybernétique, elle permet de saisir la dynamique d'ensemble du système par une analyse des fonctions des sous-systèmes, des effets rétroactifs y assurant la stabilité du Tout. Il est surtout question d'un processus dynamique soumis à une causalité probabiliste.

Herméneutique : Etude des significations ; encore considérée comme une science philosophique de l'interprétation, elle s'applique ici au phénomène de religion avec ses symboles, mythes, signes, etc. Elle est l'objet d'une "recollection du Sens" en considération de la science qui se fait.

Holisme : (Holos = tout). Cette méthode d'analyse qui considère la réalité sociale comme une totalité s'oppose à la méthode analytique, par parties, qui catégorise pour en obtenir par addition des données, une synthèse globalisante.

Lignage : Groupe social unit par une parenté sociologique, avec un ancêtre éponyme dont se réclame ses descendants. Extensif, il peut coïncider avec le clan qui en est le dépassement.

Nation : Elle est la conscience d'une entité historique constituée en un Etat et établie sur un territoire donné. Cette entité culturelle et moins souvent linguistique et religieuse, procède dans l'activité politique moderne d'une invention psychoaffective non enracinée dans la réalité sociologique des peuples. L'identité fixée dans un territoire donné accorde ainsi sa manifestation à une histoire plus ou moins glorieuse.

Paradigme : Modèle d'approche théorique permettant d'expliquer un phénomène, ou encore, explicatif de la marche des connaissances scientifiques. Le paradigme permet de résoudre une énigme. *Maât* nous a servi de paradigme pour l'élaboration de la théorie de l'Etat.

Phénoménologie : Discours rationnel sur les faits, ce qui apparaît dans l'espace et dans le temps, et objet d'expérience possible. Ex : le phénomène étatique.

Régulation : Fonction permettant de réduire des écarts à la norme par des mécanismes de rétroaction correctifs en vue de stabiliser un système menacé d'entropie.

Théorie : Système hypothético-déductif construit en un ensemble d'hypothèses structurées et permettant d'ordonner la connaissance. Il s'agit, par conséquent d'une construction de l'esprit explicative de la réalité, du phénomène qu'elle entend interpréter. Aussi s'appuie-t-elle sur des données certaines sans pour autant qu'elle le soit elle-même.

Tribu : Cf. ethnie.

Valeur : C'est le critère de référence que nous accordons non point aux normes (subjectives ou objectives) envisagées par les diverses sociétés humaines par rapport à leurs propres jugements, mais à la norme inférée de l'Ordre de l'Univers où s'établissent des critères transcendants du beau (esthétique), du bien (éthique) et du vrai (logique). *Maât* est cette valeur-là que l'Afrique insuffle à tous les niveaux de régulation politique et socio-écologique de ses sociétés.

BIBLIOGRAPHIE GENERALE

Cette bibliographie sélective comprend cinq rubriques : Histoire et Egyptologie, Anthropologie et Sociologie générale, Sciences de la complexité et Epistémologie générale, Droit et Science politique, Philosophie.

I- **<u>Histoire et Egyptologie</u>**

- *Ankh,* Revue d'Egyptologie et de Civilisations africaines, Paris, Khepra, n° 1-6, 1992, 1993, 1994, 1996.
- Baba Kaké, I., et comte, G., *Askia Mohamed. L'apogée de l'Empire Songhay,* Paris - Dakar - Abidjan, ABC/NEA, 1976. Direction historique. Ibrahima Baba Kake ; Direction littéraire : François Poli. Coll Grandes figures historiques.
- Barguet, P., *Le Livre des Morts des Anciens Egyptiens,* Paris, Cerf, 1967.
- Baumann et Westermann, *Les peuples et les civilisations de l'Afrique,* Payot, 1948.
- *Colloque national sur l'histoire et son enseignement.* 19-20-21 janvier 1984, Montpellier, Ministère de l'Education nationale. Paris, CNDP, 1984.
- Cornevin, R., et M., *Histoire de l'Afrique des origines à nos jours,* Paris, Payot, 1966.
- Daumas, Fr., *La civilisation de l'Egypte pharaonique,* Paris, Arthaud, 1971.
- Daumas, Fr., *Les dieux de l'Egypte,* Paris, PUF, 1977. Coll. Que sais-je ?
- Deschamps, H., *L'Afrique Noire précoloniale,* Paris, PUF, 1962.
- Diallo, T., *Alfa yaya, Roi du Labé (Fouta Djallon),* Paris - Dakar - Abidjan, ABC/NEA, 1976. Direction historique : Ibrahima Baba Kaké ; Direction littéraire : François Poli. Coll. Grandes figures africaines.
- Dika-Akwa Nya Bonambela, P., *Les Descendants des Pharaons à travers l'Afrique,* Yaoundé, Editions Osiris - Africa, 1985.

- Diop, C. A., *Nations nègres et culture,* T. I., Paris, 3e édition Présence Africaine, 1979.
- Diop, C. A., *L'Afrique noire précoloniale,* Paris, 2e édition. Présence Africaine, 1987.
- Diop, C. A., *Civilisation ou Barbarie. Anthropologie sans complaisance,* Paris, Présence Africaine, 1981…
- Diop, C. A., *L'Antiquité africaine par l'image,* Dakar, IFAN-NEA, Numéro spécial de Notes Africaines, 1975.
- Diop, C. A., *Antériorité des civilisations nègres : mythe ou vérité historique ?* Paris, Présence Africaine, 1967.
- Diop, C. A., *Parenté génétique de l'égyptien pharaonique et des langues négro-africaines,* Dakar, IFAN-NEA, 1977.
- Frobenius, L., *Histoire de la civilisation africaine,* Gallimard, Paris 1952.
- *Histoire générale de l'Afrique. Méthodologie et préhistoire africaine,* ouvrage collectif, Jeune Afrique/Stock/UNESCO. Directeur de volume : Joseph Ki-Zerbo.
- Kala Lobe, I., *Douala Manga Bell. Héros de la résistance douala,* Paris, ABC, 1977.
- Kaya, D., *Epigraphie africaine. Grammaire & Exercices de l'égyptien ancien du Moyen Empire,* Paris, Présence Africaine, 2000.
- Ki-Zerbo, J., *Histoire de l'Afrique Noire,* Paris, Hatier, 1972.
- Ki-Zerbo, J., *Méthodologie et préhistoire africaine,* Présence Africaine, Edicef, UNESCO, Paris, 1986.
- Lalouette, Cl., *L'Empire des Ramsès,* Paris, Fayard, 1985.
- Lalouette, Cl., *La littérature égyptienne,* Paris, PUF, 1981, Coll. Que sais-je ? n° 1934.
- Le Monde diplomatique, *Polémique sur l'histoire coloniale,* Bimestriel juillet - août 2001, n° 58. Coll. Manière de voir. Collectif d'une vingtaine d'auteurs.

- Menu, B., *Petite grammaire de l'égyptien hiéroglyphique (à l'usage des débutants)*, Paris, Libraire orientaliste Paul Geuthner, S. A., 1989.
- Montet, P., *L'Egypte et la Bible,* Neuchâtel, 1959.
- Morenz, S., *La religion égyptienne. Essai d'interprétation,* trad. De l'allemand par L. Jospin, Paris, Payot, 1962.
- Moret, A., *Le Nil et la civilisation égyptienne,* Paris, Albin Michel, 1926. Coll. L'Evolution de l'Humanité.
- Ndam Njoya, A., *Njoya. Réformateur du royaume bamoun,* Paris - Dakar - Abidjan, ABC/NEA. Direction historique : Ibrahima Baba Kake ; Direction littéraire : François Poli. Coll. Grandes figures africaines.
- Obenga, T., *La philosophie africaine de l'époque pharaonique. 2780-330 avant notre ère,* Paris, L'Harmattan, 1990.
- Peet, T. E., *The Rhind Mathematical Papyrus, British Museum 10057 and 10058,* Liverpool, et Londres, Hodder & Stoughton, 1923.
- Posener, G., *Dictionnaire de la civilisation égyptienne,* en collaboration avec Serge Sauneron et Jean Yoyotte, Paris, Fernand Hazan, 1959.
- Sauneron, S., *L'Egyptologie,* Paris, PUF, 1965. Collect. Que sais-je ? n° 1312.
- Sauneron, S. et Yoyotte, J., La naissance du monde selon l'Egypte ancienne, dans l'ouvrage collectif *La naissance du monde,* Paris, Seuil, 1959.
- Vandier, J., *La religion égyptienne,* Paris, PUF, 1949, Coll. Mana, Tome I.
- Wallon, H., *Histoire de l'esclavage dans l'Antiquité,* Paris, robert Laffont, 1988.
- Woldering, I., *Egypte. L'art des pharaons,* Paris, Albin Michel, 1963.
- Yoyotte, J., *Trésors des Pharaons,* Génève, Skira, 1968.

- Yoyotte, J., Le jugement des Morts dans l'Egypte ancienne, dans l'ouvrage collectif *Le jugement des Morts,* Paris, Seuil, 1961.
- Yoyotte, J., *Egypte ancienne,* dans l'ouvrage collectif Histoire de l'art, Pléiade Coll., Paris, Gallinard, Coll. La Pléiade.

II- <u>Anthropologie et sociologie générale</u> :

- Aristote, *Anthropologie,* textes choisis et traduits par J. C. Fraise, PUF, 1976.
- Ayitteh, G., B., N., « La démocratie en Afrique précoloniale », in *Afrique 2000,* Revue africaine de politique internationale de l'Institut Panafricain de Relations Internationales, n°2, Juillet-Août-Septembre 1990.
- Aron, R., *Les étapes de la pensée sociologique,* Paris, 4e édition Gallimard, 1980.
- Balandier, G., *Sociologie actuelle de l'Afrique Noire,* Paris, 3e édition, PUF, 1970.
- Balandier, G., *Anthropologie politique, PUF, Paris, 1967.*
- Balandier, G., *Le désordre. Eloge du mouvement,* Fayard, Paris, 1988.
- Boudon, R., *Les méthodes en sociologie,* PUF, Paris, 1969.
- Bourdieu, P., *Homo academicus,* Paris, Ed. de Minuit, 1984.
- Bourdieu, P., *Questions de sociologie,* Paris, Ed. de Minuit, 1984.
- Bourdieu, P., *Choses dites,* Paris, Ed. de Minuit, 1987.
- Chazel, F., *Normes et valeurs sociales,* Encychopédia Universalis, 1971.
- *Colloque de Cotonou. Les religions africaines comme source de valeur de civilisation.* Présence Africaine, Paris, 1972.
- Cullivier, A., *Manuel de sociologie,* Tome I, PUF, Paris, 1952.
- Dieterlen, G., et G. de Ganay, *Génie des Eaux chez les Dogons,* Paul Geuthner, 1942.

- Dieterlen, G., *Essai sur la religion bambara*, préface de Marcel Griaule, Paris, PUF, 1951.
- Dieterlen, G., Griaule, M., *Le Renard pâle,* Paris, Institut d'ethnologie, 1966.
- Dika-Akwa Nya Bonambela, P., *Problèmes de l'histoire et de l'anthropologie africaines,* Yaoundé, Clé, 1982.
- Durand, G., *Les structures anthropologiques de l'imaginaire,* Paris, Bordas, 1969.
- Durkheim, E., *Les règles de la méthode sociologique,* PUF, Paris, 1986.
- Durkheim, E., *de la division du travail social,* Paris, 4e éd. PUF, 1960.
- Duverger, M., *Sociologie de la politique,* Paris, PUF, 1973.
- Ela, J.-M., *Afrique : L'irruption des pauvres (Société contre ingérence, pouvoir et argent)*, Paris, L'Harmattan, 1994.
- Ela, J.-M., *Restituer l'histoire aux sociétés Africaines. Promouvoir les sciences sociales en Afrique Noire, L'Harmattant,* Paris, 1994.
- Eno Belinga, M. S., *Introduction aux civilisations orales africaines,* Yaoundé, 1978.
- Essomba, J. – M., *L'art traditionnel au Cameroun. Statues et masques,* Jean Dupuch Editions, 1982.
- Etounga Manguele, D., *L'Afrique a-t-elle besoin d'un programme d'ajustement structuel,* Nouvelles du Sud, Paris, 1991.
- Fonkoue, J., *Différence et identité (Les sociologues africains face à la sociologie),* Paris, Silex, 1985.
- Ferréol, G., et Noreck, J. – P., *Introduction à la sociologie,* Paris, Armand Colin, 2000.
- Griaule, M., *Dieu d'eau. Entretiens avec Ogotommêli,* Editions du Chêne, Paris, 1948.

- Homère, *L'Odysée,* Traduction, introduction, notes et index par Médéric Dufour et Jeanne Raison, Garnier – Flammarion, 1965.
- Laburthe – Tolra, P., *Les Seigneurs de la forêt,* Publication de la Sorbonne, Paris, 1981.
- Lebeuf, J. – P., *L'Habitation des Fali,* Paris, Hachette, 1961.
- *La Parole Africaine,* Revue du Cerva, Paris, Cerva, 1993.
- Leroi – Gourhan, *Le geste et la parole,* T. I. Albin Michel, 1972.
- Lévy-Brühl, *Carnets,* Paris, PUF, 1949.
- Lévy-Strauss, Cl., *Le cru et le cuit,* Paris Plon, 1962.
- Lévy-Strauss, Cl., *Anthropologie structurale,* Plon, 1974.
- Lombard, J., *Introduction à l'ethnologie,* Paris, 2e édition Armand Colin/HER, 1998.
- Lumières et vie, *Christianisme et religions,* Novembre - Décembre 1966, n°80, T. XV. Ouvrage collectif. Revue de la formation doctrinale chrétienne.
- Mayi Matip, T., *L'Univers de la Parole,* Yaoundé, Clé, 1983.
- Mboui, J., *Mbog Lia,* thèse d'ethnologie, 3e cycle, Bordeaux, 1964.
- Montoussé, M., et Renouard, G., *100 fiches pour comprendre la Sociologie,* Bréal, 1997.
- Morin, E., *Sociologie,* Ed. revue et augmentée par l'auteur, Fayard, 2e édition, 1984.
- Mveng, E., *L'art d'Afrique Noire*, Yaoundé, Clé, 1974.
- Mveng, E., *L'art et l'artisanat africains,* Yaoundé, Clé, 1980.
- Nkoth Bisseck, *Mbog. Concept et portée d'une autre vision du monde* Textes inédits.
- Nzhie Engono, J., *Cent ans de sociologie. Du positivisme "dogmatique" à une approche intégrée du social,* Presses universitaires de Yaoundé, 2001.

- Petiska, E., *Mythes et légendes de la Grèce antique,* Paris, 11e édit., Gründ, 1982.
- Pisani, E., *Pour l'Afrique,* Paris, Odile Jacob, 1988.
- Quivy, R., et Van Campenhoudt, L., *Manuel de recherche en sciences sociales,* Paris, 2e édit. Revue et corrigée, Dunod, 1985.
- Rocher, G., *Introduction à la sociologie générale,* T. 2. *L'organisation sociale,* HMH, 1968.
- Rosny, E., *Les yeux de ma chèvre,* Plon, *1981.*
- *Schwartz, A., Colonialistes, africanistes et africains,* Nouvelle optique, 1979.
- Sperber, D., 3. *Le Structuralisme en anthropologie,* Paris, Editions du Seuil, 1968.
- Snyders, G., *Ecole, classe et lutte des classes,* Paris, PUF, 1976.
- Titi Nwel, P., *Thong Likeng. Fondateur de la religion Nyambebantu,* Thèse de doctorat de 3e cycle en sociologie, Paris, Nanterre, 1979.
- Touraine, A., *Pour la sociologie,* Paris, Seuil, 1974.
- Touraine, A., *Production de la société,* Paris, Seuil, 1980.
- Vernant, J. P., *Mythe et pensée chez les Grecs,* Maspéro, 1971.
- William Zartman, I., (Dirr.), *L'effondrement de l'Etat,* ouvrage collectif, nouveaux Horizons, 1995.
- Weber, M., *L'éthique protestante et l'esprit du capitalisme,* Paris, Plon, 1964.
- Wei, E., *Le paradis perdu. Autopsie d'une culture assassinée,* Douala, 1999.
- Welfort, F., « Les démocraties nouvelles : analyse d'un phénomène », *Revue internationale des sciences sociales,* n°136, mai.

- Ziegler, J., *Sociologie et contestation,* Paris, Gallimard, 1969. Coll. Idées.
- Ziegler, J., Les vivants et la mort. Essai de sociologie, Paris, Editions du Seuil, 1975. Coll. Esprit.
- Ziegler, J., *Une Suisse au dessus de tout soupçon,* Paris, Seuil, 1976.
- Ziegler, J., *Main basse sur l'Afrique,* Paris, Seuil, 1980.
- Ziegler, J., *Les rebelles,* Paris, Seuil, 1985.
- Ziegler, J., *La terre qu'on a*, Paris, Edi., 1989.

III- <u>Sciences de la complexité - Epistémologie</u>

- Atlan, H., *L'Organisation bilogique et la Théorie de l'Information,* Hermann, 1972.
- Atlan, H., *Le Cristal et la fumée*, Paris, Le Seuil, 1979.
- Bachelard, G., *Le nouvel esprit scientifique,* Paris, 10e édition PUF, 1968.
- Bachelard, G., *Epistémologie*, textes choisis par Dominique Lecourt, Paris, 6e édition PUF 1995.
- Brillouin, L., *La science et la théorie de l'information,* Masson, Paris, 1959.
- Sciences et Avenir, *L'avant Big Bang ouvre les portes des Univers parallèles,* mars 2003.
- Capra, F., *Le TAO de la physique,* Paris nouvelle édition complétée Sand, 1985.
- Capra, F., *Le temps du changement,* Rocher, 1983.
- Delors, J., *Changer,* Stock, 1975.
- D'Espagnat, B., *Penser la science ou les enjeux du savoir,* Paris, Bordas, 1990.
- Feyerabend, P., *Contre la méthode, esquisse d'une théorie anarchiste de la connaissance,* Seuil, Points. Coll. Sciences. 1979.
- Gleick, J., *La théorie du chaos,* Albin Michel, 1989.

- Jacob, F., *La logique du vivant,* Paris, Gallinard, Idées, 1973.
- Jonas, H., *Le principe Responsabilité,* trad., française, Ed. du Cerf, Paris, 1990.
- Lestienne, R., *Le hasard Créateur,* La Découverte, 1993.
- Morin, E., *Le paradigme perdu : la nature humaine,* Seuil, 1973.
- Morin, E., *La Méthode I. La nature de la nature,* Paris, Seuil, 1977.
- Morin E., *Introduction à la pensée complexe,* ESF, 1990.
- Morin, E., *Science sans Conscience,* Paris, Fayard, 1982.
- Nicolescu B., *Nous, la particule et le monde,* Le Mail, Payot, 1985.
- Passet, R., Reeves, H., Stengers, I., Salomon, J.-J., *Du cosmos à l'homme,* L'Harmattan, Paris, 1991.
- Passet, R., *L'Economique et le Vivant,* Paris 2e édition Economica, 1996.
- Peirce, C. S., *textes anticartésiens.* Prés. et trad. de Joseph Chenu, Paris, Aubier-Montaigne, 1984.
- Perrin, J.-F., *Pour une théorie de la connaissance juridique,* Genève, Droz, 1979.
- Piaget, J., (ss la dir. de), *Logique et connaissance scientifique,* Paris, Gallimard, Encyclopédie de la Pléiade, 1967.
- Pomian, K., *L'Ordre du temps,* Paris, Gallimard, 1984.
- Prigogine, I., *Introduction à la thermodynamique des phénomènes irréversibles,* 3e édition Dunod, 1967.
- Prigogine, I., et Stengers, I., *La Nouvelle Alliance,* Gallimard, 1979.
- Ruelle, D., *Hasard et chaos,* Odile Jacob, 1991.
- Sciences et Avenir, *La science en 10 questions,* Décembre 2002/Janvier 2003, Hors - série.
- Senghor, L. S., *Œuvre poétique,* 5e édition Seuil, 1990.

- Simmel, G., *Les Problèmes de la philosophie de l'histoire. Une étude d'épistémologie.* Introd. et trad. de l'allemand par Raymond Boudon, Paris, PUF, 1984.
- Thom R., *Stabilité structurelle et morphogenèse,* W. A. Benjamin, 1972.
- Thom, R., *Modèles mathématiques de la morphogenèse,* UGE, 1974.
- Von Bertalanffy, *Théorie générale des systèmes,* Dunod, 1972.

IV- <u>Droit et science politique</u>

- Attali, J., *Les trois mondes. Pour une théorie de l'après-crise,* Fayard, 1981.
- Badié, B., *Culture et démocratie,* Economica, 1983.
- Badié, B., *L'Etat importé, l'occidentalisation de l'ordre politique,* Fayard, 1992.
- Bayart, J.-F., *L'Etat en Afrique,* Fayard, 1989.
- Berger, J.-L., *Théorie générale du droit,* Paris, 12e édition Dalloz, 1994. Collect. Méthodes du droit.
- Bourdieu, P., La force du droit. Eléments pour une sociologie du champ juridique », in *Actes de la recherche en sciences sociales,* n°81-82.
- Chantebout, B., *Droit constitutionnel et science politique,* Paris, 2e édition Armand Colin/ Masson Editeurs, 1996.
- Chevelier, J., *L'Etat de droit,* Paris, Montchrestien, 1994.
- Cohendet, M. A., *Droit Public. Méthodes de Travail,* Paris, 3e édition Mont-chrestin, 1988.
- Colas, D., Emeri, C., (EDS) *Droit, institutions et systèmes politiques, mélanges en hommage à Maurice Duverger,* Paris, PUF, 1987.
- Favre, P., *Naissance de la science politique en France 1870-1914,* Fayard, 1989.

- Gicquel, J., et Hauriou, A., *Droit consitutionnel et institutions politiques,* Paris, 8e édition Montchrestien, 1984.
- Godelier, M., « L'occident est-il le modèle universel de l'humanité » *in Revue intenationale des sciences sociales,* n° 128, mai.
- Gonidec, P.F, *Les systèmes politiques africains,* Librairie Générale de droit et de jurisprudence, Paris, 1978.
- Kelsen, H., *Théorie pure du droit,* trad. française de la 2e édition par Charles Eisenmann, Paris, Dalloz, 1962.
- Kojève, A., *Esquisse d'une phénoménologie du droit,* Paris, Gallimard, 1982.
- Olawale Elias, T., *La nature du droit coutumier,* Paris, Présence Africaine, 1961.
- Platon, *La République,* traduction et notes par Robert Baccore, Paris, Garnier-Flammarion, 1996.
- Prélot, M., Boulouis, J., *Institutions politiques et droit constitutionnel,* 6e édition Dalloz, 1972.
- Renaut, A., et Sosoé, L., *Philosophie du droit,* PUF, 1991. Coll. Recherche politiques.
- Timbal, P. C., et Castaldo, A., *Histoire des institutions et des faits sociaux,* Paris, 7e édition, Dalloz, 1985.
- Tocqueville, A., *De la démocratie en Amérique,* Garnier-Flammarion, 1981.
- Villey, M., *Philosophie du droit. Définitions et fins du droit,* Paris, Dalloz, 1975.
- Weber, M., *Sociologie du droit,* Paris, PUF, 1986. Coll. Recherches politiques.

V- **Philosophie**

- *Actes du colloque de philosophie de l'Ecole normale Supérieure, Yaoundé* 4-8 avril 1983. communications de Ondoua Pius, Mfoulou Jean, Dimi charles, Fouda Basile, Aloys-Raymond Ndiaye, Njoh - Mouelle, Mono-Djana, Marcien Towa, Hountondji Paulin, Manga Bihina, Nanga

Bernard, Ngoura Celestin, Bidja Rachel, Ngnepi Guillaume Henri.

- Agblemagon, F. N., « Totalité et systèmes dans les sociétés d'Afrique Noire » in *Présence Africaine,* Revue culturelle du monde noir (Paris), n° 41, 2e trimestre 1962, pp. 13-22.
- Azombo - Menda, S., et Meyongo, P., *Précis de philosophie pour l'Afrique,* Paris, Editions Fernand Nathan, 1981.
- Dyatlm, Nd., *Civilisation et science juridique en Afrique et dans le monde,* Yaoundé, Editions Clé, 1982. Coll. Etudes et documents Africains.
- Eboussi Boulaga, F., *La crise du Muntu. Authenticité africaine et philosophie.* Essai, Paris, Présence Africaine, 1977. Collect. Situations et perspectives.
- Eteki' a Mbumua, W.A., *Un certain humanisme*, Yaoundé, Editions Clé, 1970. Coll. Point de vue, n°3.
- Fouda, B.-J. et Pokam, S., *La philosohie camerounaise à l'ère du soupçon : le cas Towa,* Yaoundé, Editions Le Flambeau, 1980.
- Griaule, M. « Philosophie et religion des Noirs », dans l'ouvrage collectif intitulé Le *Monde noir,* numéro spécial 8-9 de Présence Africaine dirigé par Theodore Monod, Paris, Présence Africaine, 1950.
- Heidegger, M., *Les problèmes fondamentaux de la phénoménologie,* Texte établi par Friedrich - Wilheim von Herrmann. Traduit de l'allemand par Jean François Courtine, NRF, Gallimard, 1985.
- Kinyongo, J., « Essai sur la fondation épistémologique d'une philosophie herméneutique en Afrique : le cas de la discursivité » in *Présence Africaine,* n°109, 1er trimestre 1979.
- Mabona, A., « Aspects de la philosophie africaine », in *Présnce Africaine,*n°30, février-mars 1960.
- Mbiti, J., *Religions et philosophie africaines*, traduit de l'anglais par Christiane Le Fort, Yaoundé, Editions Clé, 1972. Coll. Etudes et documents africains.

- Ndaw, A., *La pensée africaine. Recherches sur les fondements de la pensée négro-africaine,* Dakar, NEA, 1983, préface de Léopold Sédar Senghor.
- Ngoma-Binda, « Pour une orientation authentique de la philosophie en Afrique : l'herméneutique », in *Zaïre - Afrique* (Kinshasa), 17e année, 1977.
- Njoh-Mouelle, E., *De la médiocrité à l'excellence. Essai sur la signification humaine du développement,* Yaoundé, Editions Clé, 1970. Coll. Etudes et Documents africains.
- Njoh-Mouelle, E., *Jalons I. Recherches d'une mentalité neuve,* Yaoundé Edition Clé, 1970.
- Njoh-Mouelle, E., *Jalons II. L'Africanisme aujourd'hui,* Yaoundé, Clé, 1975. Collect. Point de vue, n°16.
- Njoh-Mouelle, E., *Considérations actuelles sur l'Afrique. Questions posées par H. Mono-Ndjana,* Yaoundé, Editions Clé, 1983.
- Nkrumah, K., *Le Consciencisme,* traduction revue d'après l'édition anglaise de 1969, par Starr et Mathieu Howlett, Paris, Présence Africaine, 1976.
- Thompson, R. F., *L'éclair primordial. Présence africaine dans la philosophie et l'art afro-américains,* trad. de l'américain par Odile Demange, Paris, Editions Caribéennes, 1985 ; 1ère édition originale 1983.
- Tort, P. et Désalmand, P., *Sciences humaines et philosophie en Afrique. La différence culturelle*, Paris, Hatier, 1978.
- Towa, M., *Essai sur la problématique philosophique dans l'Afrique actuelle,* Yaoundé, Editions Clé, 1971. Coll. Point de vue, n°8.
- Towa, M., *L'idée d'une philosophie négro-africaine,* Yaoundé, Edition Clé, 1979. Collection Point de vue, n°18.
- Zahan, D., *Religion, spiritualité et pensée africaine,* Paris, Payot, 1970.

TABLE DES MATIERES

L'HARMATTAN, ITALIA
Via Degli Artisti 15 ; 10124 Torino

L'HARMATTAN HONGRIE
Könyvesbolt ; Kossuth L. u. 14-16
1053 Budapest

L'HARMATTAN BURKINA FASO
Rue 15.167 Route du Pô Patte d'oie
12 BP 226
Ouagadougou 12
(00226) 50 37 54 36

ESPACE L'HARMATTAN KINSHASA
Faculté des Sciences Sociales,
Politiques et Administratives
BP243, KIN XI ; Université de Kinshasa

L'HARMATTAN GUINEE
Almamya Rue KA 028
En face du restaurant le cèdre
OKB agency BP 3470 Conakry
(00224) 60 20 85 08
harmattanguinee@yahoo.fr

L'HARMATTAN COTE D'IVOIRE
M. Etien N'dah Ahmon
Résidence Karl / cité des arts
Abidjan-Cocody 03 BP 1588 Abidjan 03
(00225) 05 77 87 31

L'HARMATTAN MAURITANIE
Espace El Kettab du livre francophone
N° 472 avenue Palais des Congrès
BP 316 Nouakchott
(00222) 63 25 980

L'HARMATTAN CAMEROUN
BP 11486
(00237) 458 67 00
(00237) 976 61 66
harmattancam@yahoo.fr

652636 - Mai 2016
Achevé d'imprimer par

1livre.com
du rêve à la réalité !

www.ingramcontent.com/pod-product-compliance
Lightning Source LLC
LaVergne TN
LVHW011143061026
849535LV00003B/577